FREE TRADE DOESN'T WORK
What should replace it and why

自由貿易行不行？

Ian Fletcher

伊恩・佛萊契 / 著

吳四明 / 譯

—— 經濟學家不告訴你的秘密

三民書局

國家圖書館出版品預行編目資料

自由貿易行不行?：經濟學家不告訴你的秘密 / Ian
Fletcher〈伊恩・佛萊契著〉;吳四明譯.－－初版一
刷.－－臺北市: 三民, 2012
　　面; 公分

ISBN 978-957-14-5694-2 （平裝）
1. 自由貿易

558.15　　　　　　　　　　　　　　　101011854

©　自由貿易行不行？
——經濟學家不告訴你的秘密

著 作 人	Ian Fletcher〈伊恩・佛萊契〉
譯　　者	吳四明
責任編輯	王惠民
美術設計	石佩仟
發 行 人	劉振強
發 行 所	三民書局股份有限公司
	地址　臺北市復興北路386號
	電話　(02)25006600
	郵撥帳號　0009998-5
門 市 部	(復北店)臺北市復興北路386號
	(重南店)臺北市重慶南路一段61號
出版日期	初版一刷　2012年7月
編　　號	S 480270

行政院新聞局登記證局版臺業字第○二○○號

有著作權‧不准侵害

ISBN　978-957-14-5694-2　（平裝）

http://www.sanmin.com.tw　三民網路書店

※本書如有缺頁、破損或裝訂錯誤，請寄回本公司更換。

獻給茱莉

在班加羅爾 (Bangalore)……我站在門口觀察摩肩接踵的年輕知識份子，川流不息地進出這道大門……他們每個人都看起來好像 SAT（美國學術能力測驗）考了滿分，我真切地感受到，腦袋及眼睛突然好像成了兩股撕扯著我的力量。我的腦袋不斷地告訴我：「李嘉圖*是對的，李嘉圖是對的。」……可是，緊盯著這些充滿活力的印度青年的雙眼，告訴我的卻是另一回事。

——《紐約時報》專欄作家

湯瑪斯・佛里曼 (Thomas L. Friedman)

《世界是平的》(*The World Is Flat*)，頁 264

---

* 李嘉圖 (David Ricardo,1772–1823) 是英國的經濟學家。他創立了比較利益理論；也就是今日自由貿易經濟學的基石。想知道李嘉圖為什麼是錯的，請參見本書第五章。

To my readers in Taiwan—

Taiwan is the 24th-largest economy in the world, and trade plays a crucial role in your economic activity. Your government, back in the 70s, used to devise specific trade and industrial policies, and they have helped create the world-famous "Taiwan miracle." However, things are a bit different now.

In recent years, pursuing ever-freer trade has been considered the best policy for any country. It will, according to many economists, help every country to realize its potential and thus achieve the greatest efficiency. Most, if not all, people will benefit from this process. However, there are some fundamental flaws in the underlying economic theory of free trade, which I would like to invite you to explore with me.

In the coming years, as the rise of China, India and many other countries makes the world more competitive, and as the demand for solutions to global environmental problems becomes more urgent, and as the gap between the rich and the poor widens, the free traders will just keep telling us that everything will be OK and free trade will solve all these problems. But is this really the case? Is free trade really the best policy for every country and the world as a whole? This is a very important question that must be answered.

I have great confidence in the Taiwanese people's good judgement. You have made a great miracle once. I am sure you are ready for another.

Ian Fletcher

致我在臺灣的讀者：

　　臺灣是世界上第 24 大的經濟體，而貿易在你們的經濟活動中扮演著重要角色。過去 70 年代時，你們的政府曾運用特定的貿易與產業政策，幫助創造了世界知名的「臺灣奇蹟」。然而，現在情況卻變得不太一樣了。

　　近年來，追求更自由的貿易被視為是各國的最佳策略。根據許多經濟學家的說法，這麼做將能幫助每個國家發揮潛力，因而獲致最高的效率，使大多數（甚至是全部）人從中獲益。然而，自由貿易背後的經濟理論存在著根本上的問題，而我想邀請你們和我一同去瞭解。

　　在不久的將來，隨著中國、印度以及許多其他國家的崛起，世界將會變得更加競爭；解決全球環境問題的需求也會更加迫切，而貧富差距則會日益擴大。但是自由貿易擁護者只是不斷告訴我們一切都會很好，追求自由貿易就能解決所有問題。不過真的是這樣嗎？對每個國家還有世界整體而言，自由貿易真的是上策嗎？這是一個必須獲得解答的重要的問題

　　我對臺灣人的智慧充滿信心。你們曾創造了一個偉大的奇蹟。而我確信你們已經準備好要再造高峰。

伊恩・佛萊契
Ian Fletcher

反思自由貿易

王健全

　　接到撰寫推薦序言邀請時，看到本書的書名《自由貿易行不行?》，相當猶豫，因為書中的內容和當前經濟學的主流思潮格格不入，但細細拜讀後，發覺其中若干論點也確實縈繞在本人及不少民眾的腦海中：「自由貿易的推動，擴張了經濟，但並不意味著民眾的生活過得比以前好，放眼望去全球各國所得分配不斷惡化，即可見一斑。到底自由貿易的推動誰得利，誰又受害了呢?」

　　其次，所有理論、政策不可能完美，透過本書的反面論述及觀察，來矯正缺失，使貿易的發展讓更多人受利、得到更多人支持，也未嘗不是件好事。

　　再者，本書的若干論點也代表美國菁英階級與民眾對自由貿易的反動與省思，也提供了臺灣和其他國家談判、洽簽自由貿易協定 (FTA) 時的可能因應與作法。

　　思考至此，不禁釋懷，藉由正反面的論述、辯證，讓真理得以展現，並揚善補惡，對貿易的長期發展反而更為有利，此乃本書的積極性意義與最大的貢獻。

　　本書一反以往大力推薦自由貿易的觀點，由作者紮實的理論背景與豐富的實務經驗，以及對美國政壇的了解，針對自由貿易的假設、發展及結果提出大膽的批判，尤其是完全放任的產業發展，以及不切實際的比較利益理論等。作者並指出自由貿易對個人、社會、國家不必然是最好的。開放貿易的架構，也應有適度的保護、貿易政策、產業政策的配套，才會朝良性的發展，是本發人省思的書。

　　作者本身為一經濟學者，對若干自由貿易的經濟論點提出尖銳的批判。經濟自由化、自由貿易的思潮固然有利於世界貿易的擴張，但也會產生諸多的問題。作者在本書所提出的以下論點相當中肯，值得在自由貿易協定蔚為主流思潮下的反省：

第一，不少自由貿易及相關協定是外交政策、利益團體遊說下的產物

在人為扭曲及政治考量下，儘管貿易的擴張使不少人受利，但受害的人數可能更多。加上不少進口產品來自節能減碳記錄較差的國家，也引起了政府的干預與民眾的反彈。

第二，自由貿易的效益通常透過複雜的模型、不切實際的假設的推導，故結論亦值得商榷

在假設不符實際或貿易障礙未能排除下，整體自由化利益不易實現，尤其總體的利益不必然代表個別產業受利，大企業受利不代表中小企業受利，強勢產業受利不必然意味著弱勢產業也受利。

第三，自由貿易及全球化後，包括人才、資金、技術等生產因素會選擇最有效率的配置，使得就業、所得重新洗牌

全球化以後，人才、資金會跨越國界選擇報酬率最高的地方，而生產則會選擇成本最低的地方投入；若再加上科技化，將使生產外包更為普遍，導致若干國家的失業增加、所得分配為之惡化。

第四，開放的貿易仍需產業政策、貿易政策的配套，對國家社會才會有利

本書作者指出，亞洲國家理性的保護主義、適度的產業政策，是支持未來經濟的成長動力；反之，英國、美國目前採取缺乏產業政策的自由放任主義，是他們的產業及競爭力式微的關鍵。因為經濟成長是路徑依賴 (path-dependent)，是良性循環的，某一產業的升級會帶動其他周邊產業的升級，進一步向外擴散。因此，選擇若干具有報酬遞增、有科技

進展及外部效果的產業，有助於提升產業競爭力，才能在競爭劇烈的貿易環境中取得一席之地。照當前受到主權債務困擾的歐洲國家而言，在歐盟經濟整合中，德國聚焦資源大力發展化學、機械、汽車等產業，而得以在歐債危機中受到較小的衝擊。反之，希臘除了政府治理的失當外，缺乏產業政策，競爭力衰退，隨著財政赤字的不斷攀升，只好以債養債，陷入衰退的泥淖中。

當然，本書的觀察也提供臺灣在推動更自由化的貿易時的不少啟示。臺灣在和他國洽簽自由貿易協定或和大陸簽署《兩岸經濟合作架構協議》(ECFA) 的同時，也應意識到兩岸除了合作之外，也有競爭的關係。因此，聚焦若干具有報酬遞增、有對外擴散性的新興產業，提升競爭力，才不致在更開放的貿易體系中失去競爭、談判等籌碼。此外，貿易自由化會衝擊到弱勢產業及廠商，政府除了採取補助、輔導、救濟措施外，還須協助其創新、發展品牌、凸顯產品的差異性，才能讓中小企業、弱勢產業在貿易自由化的洪流中安身立命，個人也才不會受到太大衝擊，或失去工作機會。而執政者除了在推動貿易、自由貿易協定前做好溝通、宣導及配套，配合新興產業的推動，維持競爭力之外，盡可能消弭負面效應，如此，開放的貿易體系才能得到民眾的支持。

除了以上所述外，本書也有不少值得留意之處。首先，美國為大國，擁有龐大內需市場，若降低貿易自由化的程度，國家仍可以發展；但臺灣為小國，出口佔國民生產毛額 (GDP) 的七成以上，如果全世界都推動保護主義，對出口導向的臺灣經濟將大大的不利。

其次，今天美國經濟上的問題如工作機會流失等，以及一般民眾對自由經濟的排斥，不能完全以自由貿易為代罪羔羊，因為利益團體的強大遊說壓力是其中原因之一。同時，華爾街的貪婪加上金融過度的自由化，使美國人熱衷於以金融創新，衍生性金融商品的設計及房地產泡沫遊戲，進而放棄了製造業及背後的工作機會，也是重要原因。

　　另一方面，美國老百姓在自由貿易中享受了低廉的產品，加上美元為國際關鍵通貨的優越性，雖然物品貿易呈現逆差，但外國投資流入美國，購置美元資產，也造就了 2000 年以來美國長期的經濟榮景與所得的攀升。

　　綜合而言，貿易自由化使企業人才、資金、技術的跨國移動，造成產業的外移、所得差距的擴大、失業的增加等後遺症，應透過救濟措施與產業政策的配套來加以消弭，才能說服更多民眾、國家支持開放的貿易。至於個人則必須加強專業化、跨領域、語言能力，培養自己國際移動的能力，方能在全球化的潮流中立於不敗之地，並贏取高薪的工作機會。

王健全
中華經濟研究院副院長
2012 年 6 月

大國的隕落與貿易 黃登興

拿破崙敗於滑鐵盧與李嘉圖提出比較利益理論

這兩個事件怎麼會扯在一起？事實上，拿破崙在滑鐵盧戰敗、昭告英法戰爭的結束，是發生在 1815 年；英國除掉了心頭大患，乃有餘裕可以檢討一些戰前管制措施的存廢，其中之一就是對進口農產品課徵高關稅的《穀物法》(Corn Laws)。主張應該廢除的代表是大名鼎鼎的李嘉圖，我們現在學習國際貿易理論時，第一堂課必講的經典內容，就是他在 1817 年所提出的比較利益原理。李嘉圖以糧食與成衣的貿易為例，運用簡單的數字演示：如果英國廢止其保護國內農業的《穀物法》，讓英法恢復自由貿易，則更多的糧食進口將伴隨著更多的紡織品出口，使得兩國都可獲利。值得一提的是：李嘉圖在當時不僅是經濟學家、英國國會議員，他同時還是靠著證券操作致富的商人；也就是說，他是可能可以從更自由的貿易中，獲得商業利益的資本家。

回到十九世紀的場景，當時的英國國會並沒有終結《穀物法》，而是到了 1846 年才廢止這個保護法案——這時英國的國力如日中天，工業技術也自恃無敵，因而自認可以透過自由貿易讓工業落後國成為其出口市場，且不會威脅其工業領先地位。有趣的是，鼓吹自由貿易的《經濟學人》雜誌 (The Economist) 也於同年發刊；中國被迫開放門戶的鴉片戰爭 (1839–1842)，也是發生在這個年代。

雖然大英帝國意氣風發地持續朝著自由貿易邁進，但自由貿易派所預言的繁榮卻沒有隨之到來。相反地，自此開始，英國的經濟不斷走下坡，並在 1929 年全球經濟大蕭條時，將國際經濟龍頭的地位讓給了曾經是其殖民地的美國。然而，這個國際經貿版圖的消長現象，似乎沒有停過：1980 年代日本再度崛起，而進入二十一世紀的中國，則從「世界工廠」起家，成為新時代舉足輕重的經濟強權。這些輪替的戲碼，往往都有相同的情節主軸，其故安在？本書提供了一個值得玩味的答案。

這個世界從來沒實現過自由貿易

美國此刻正面臨了嚴重的困境：鉅額的貿易逆差與外債、製造業出走、失業率高於 10%、技術密集產業失去國際競爭力等，作者佛萊契認為，這主要是因為近年來，不論是由共和黨或民主黨執政的政府，都偏好自由放任的貿易型態，以至於在和日本、亞洲四小龍（臺灣、南韓、香港、及新加坡）、歐洲各國、及中國等善用保護主義的國家進行競賽時坐失良機。不過，本書指出，美國並未總是服膺「自由貿易最好」的信念，而實行「自由貿易」。事實上，美國自建國以來的很長一段時間，都曾運用貿易政策與產業政策加強國力；即便到了 1960 年以後的「自由貿易」時代，美國與歐洲、東亞的貿易保護角力也從來沒有停過。

簡單地回顧 GATT 改組為 WTO 的過程，我們可以發現，截至目前為止，這個世界從來沒有百分之百純粹的自由貿易。GATT 剛成立時，有兩個產業不在「自由貿易」的項目裡，它們分別是紡織業與農業──所有邁向零關稅的國際談判與角力，都不包括這兩個項目。骨子裡的原因在於：紡織品仍是當時重要的策略性產業，能提供極多的就業機會；至於農業則更是各國出於考量到糧食安全戰略考量的因素，是各國不想也不敢放手任其自由貿易的產業。

歐美各先進國家競相保護國內農業的結果，在 1980 與 1990 年代，卻演變成自身糧食生產過剩的問題；與此同時，紡織業的總體經濟戰略地位，也已被家電、資訊、及重要科技產業所取代。因此，當 1995 年 WTO 取代 GATT 時，農業與紡織業就被列入貿易自由化的重要短期目標，以藉此強迫開發中國家開放其農業市場（在 1970 年代的國際貿易文獻上，GATT 曾被冠以「富人俱樂部」的稱號，而接替的 WTO 也沒有免除這種傾向：它們主要的遊戲規則都是由大國所主導，落後的開發中或未開發的第三世界只是陪襯的角色）。不過，既然自由貿易不曾存在於這個世界上，那是否表示自由貿易不算是個議題？答案為是也不是。其中的一個關鍵就在於「什麼是自由貿易」（當「保護主義」一詞成了禁忌、貿易政策與產業政策被歸類為「政府干預」而遭到撻伐時，也許就可視為某種程度的自由貿易時代?）。這也是讀者在閱讀本書時，需要多加留意、思考之處。

臺灣經驗的對照

本書中的有些論述，對臺灣的讀者來說，應該有點熟悉：國家應該要有策略地扶植「好的產業」。臺灣過去的經濟發展，被各國與國際學界認定是成功的案例，其中的確有透過產業政策搭配出口導向的貿易政策的軌跡：1960 年代初期，臺灣以農業養工業，從農產加工業到成立加工出口區，邁進成衣、製鞋等輕工業；1960 年代中期到 1970 年代，藉由出口導向政策發展了家庭電器與電子工業；1973 年的石油危機後，實施第二次進口替代政策，以扶持臺灣的機械設備產業。

我們聽到的「臺灣自由化經貿政策」，其實是在 1980 年代的中期以後才出現的，與之同時並行的，是吸引許多後繼新興經濟國家前來取經的科技產業發展策略（新竹科學園區則為取經團必定參觀的地點）。通常論文一提到臺灣這時期的半導體產業發展，就會提到工業技術研究院或資策會等政府人才培育以及帶頭研發的措施，也會想到美國 RCA 與荷蘭的飛利浦等大廠來臺投資，把關鍵技術傳授給臺灣。然而，墨西哥同樣設立了加工出口區，並加入了體現自由貿易精神的 NAFTA——NAFTA 號稱能吸引跨國企業投資、擴大出口市場、提高資源運用效率。結果發現，墨西哥卻沒有如預期般成為「南韓第二」；其中緣由就留給讀者自己到書中去尋覓吧。

美國衰落的啟示

不過，主導 NAFTA 的美國也未因此得利。書中提到，事前預估 NAFTA 能為美國創造約 20 萬個工作機會；然而實施後，卻反而令美國減少 52 萬到 76 萬個左右的工作機會。何以離譜至此？關鍵在於美國的政治勢力為了順利推動自由貿易，要有精準的答案以昭告天下，於是把應該是展現專業智慧的「經濟預測」給政治化了。1990 年代以來，為經濟學界所喜好用來計算各項預測數據的 CGE 模型（中譯為「可計算一般均衡模型」，或許也可戲稱為「可算計」或「可操控」一般均衡模型），在臺灣也頗為流行。讀者有空時，不妨上網搜尋一下 2010 年兩岸簽下 ECFA 之前，不同政治立場的智庫對 ECFA 效果的預測（特別是對臺灣就業的影響），比較其南轅北轍的估計與解讀，然後再看看今天一樣是各說各話的事後統計估測。讀了這本書，或許可以讓讀者未來在看經濟預測時，對其結論帶點保留。

回到美國來看，佛萊契認為，美國憑著與現實不甚相符的比較利益理論，便不分青紅皂白地大力推動自由貿易，正是導致美國在經濟上日漸衰落的原因。如果超級強權美國，因為沒有採取貿易保護政策而使自己太快被新興國家趕上，以至於落到今天的國際經貿地位的劣勢，那麼臺灣是否也會因為對於後起的新興經濟，採取過度自由放任的貿易與投資政策，而步上後塵？這點值得我們深思。

綜合而言，這本書相當有看頭，書中內容對於臺灣當今面對的情勢，也頗有啟發，具有參考的價值。如果你是經濟學者、經濟相關科系的學生，可以看看佛萊契所闡釋比較利益原理與國際貿易的現實距離有多大；如果你是政治人物、行政官僚、智庫人員，乃至一般大眾，對於簽署各種自由貿易協定滿懷期待，或是擔心會在貿易自由化的過程中丟掉飯碗，都可透過本書看看美國的經驗，有個借鏡。

黃登興

中央研究院經濟所研究員

2012 年 6 月

重拾通往繁榮之路

愛德華・魯瓦克

(Edward Luttwak)

在 2008 年經濟崩潰之前，美國的權力及道德權威之所以能夠維繫，憑藉的除了政治理念、文化魅力、及軍事力量以外，還有它的財富。美國在許多方面均擁有絕對優勢，它既有作為全球最成熟、先進的金融體系大本營的投資能力，又有作為全球最大進口者的購買力。在後者終於毀掉前者時——因為經過數十年縱容所累積的鉅額貿易赤字，終究會引發去資本化及去工業化——美國在外交方面，突然必須在缺乏過去所熟悉的談判籌碼的情況下運作。

有些美國人，一直很不喜歡美國力量的強大，大概是因為他們在道德上對美國的行動感到不安，因而將這種情緒整個投射到美國身上。對這些人而言——一如對於各類型的獨裁者、伊斯蘭激進份子、及少數真正的共產主義者來說——現階段美國國力轉弱的現象，是他們所樂見的。然而，對於包括作者在內的其他人來說，這種國力轉弱的現象卻挑起了一個不受歡迎的問題：在失去這些談判籌碼的情況下，美國還能保有多少力量？當美國勢衰力危時，我們又會面臨何種弱肉強食的無政府世界？不論一個人對這個強權的能力或意圖有多少不滿，世界上能取而代之的其他霸權，相較起來還是比較欠缺道德顧慮的。美國的經濟實力轉弱，不只會助長美國敵人的氣焰，也會危及世界整體的穩定，尤其是對拉丁美洲、中東、及東亞而言。

美國在經濟方面的談判籌碼減少的初期徵兆之一就是：2009 年初，美國的盟邦法、德、義、及荷蘭等國，拒絕配合剛上任的歐巴馬政府採取擴張性措施。由於需求萎縮拖累產出，全球經濟活動因而向下沉淪；這又導致需求進一步減少。此時，唯有增加公共支出或減稅這類凱因斯式的刺激措施，才能打破這個不斷向下的循環。幾乎每個重量級玩家都認同這個理論，可是，除了英國之外的每一個主要歐洲國家，其政府都拒絕與美國一同實行這項措施，反而彼此心照不宣地擬議，要讓別國來扛起物價再膨脹的重擔（主要是指國債及物價膨脹風險的增加）。他們非常清楚，全球需求的增加，一定可以使自己的出口商獲利。

最重要的是，美國無法運用關稅、配額、資本管制、或其他保護主義手段，來迫使這些盟邦乖乖就範。這些本來是美國的一副順手牌，但卻被一種不知變通、堅決反對任何形式保護主義的菁英共識所揚棄。這種共識自立於一般選民的想法之外，它連國際協議**所認可的**那類較溫和的保護主義作法，也全力禁絕。相對地，它對保護主義的根本概念，懷有一種近乎道德潔癖的恐懼，因而拒絕將其單純視為是經濟政治現實的一種形式，必須根據其利弊及成本效益，來作冷靜的評估。反而，保護主義被視同是在反對「競爭」及「開放」這兩個最重要的美德。

美國的盟友及敵人都很清楚上述情形，而美國的商業對手也據以制定他們的新重商主義 (neo-mercantilism) 貿易政策。後果就是：長期以來，美國無法捍衛自身經濟（尤其是美國的製造業）免遭外國毒手。最明顯的例子就是匯率操控，但這只是冰山的一小角罷了；美國的統治階層似乎還搞不清楚，這座冰山究竟有多大。這種匯率操控，讓廉價的外國資本如潮水般地湧入美債及資產，進而推高美元，造成美國的利率近年來一直維持在異常低的水準。結果，助長了投機性房地產及房貸泡沫，最終導致 2008 年發生金融海嘯。因此，美國最近的許多經濟問題，不論是否看來與貿易直接相關，其實最後都與背後的貿易問題脫離不了干係。

這本書不像之前其他評論自由貿易的書，只是表達對資本主義殘酷現實的憤怒，或是對現實作進一步的誤解分析。事實上，伊恩‧佛萊契無疑是偏好資本主義的。雖然可能有一些前提，包括：能更廣泛地分享繁榮的果實；包含更多的福特主義（如一天工資 5 美元的那些日子。譯：當時平均工資為 2.5 美元）；不那麼堅持自由市場的教條；獲得產業政策的更多支持；以及，比現今少一些腐敗的金權政治。只要是在經得起現實考驗的情況下，他都偏好自由市場機制：這仍然是治療平庸及怠惰的最主要良方；它的活力能創造財富，並迫使經營、生產、及配銷不斷地進步。自由市場能刺激創新，而創新正是帶動經濟成長最根本的基礎。這些事實，這本書全都認同；這點應該能讓那些通常都抱持懷疑態度的人，稍稍卸下他們的心防。

擁護自由貿易的人，對自由貿易為美國消費者帶來的好處額手稱幸。這些好處的確都是真的。而且，即使自由貿易對產業具有破壞力，它有時也還是有益的。例如，關閉因不當運用勞工及資本而效率低落的國內生產線，以空出明日產業所需的資源。可是，自由貿易派人士除了讚美這些優點以外，其他的卻什麼都沒說；就好像美國人只要扮演消費者就好，也好像毀掉一個夕陽工業後，並不需要再去尋找接手替代的產業一樣。美國產業根本基礎的活力，不是被忽略、就是被有問題的經濟理論所遮蔽（如果這還不算是全然受到意識型態的欺凌）。

這就是佛萊契獨樹一格的地方，因為他揭開了一般公認的貿易經濟學的教條黑盒子。雖然迷思宣稱，嚴謹的經濟學已證明自由貿易的正確性是**普遍且絕對的**，但他卻一絲不苟、鉅細靡遺地指出，那些理論上可以支持「任何情況都應實施毫無限制的自由貿易」的機制，事實上是根據不切實際的假設，所導出的有問題的學術新把戲。最明顯的，就是假設匯率市場是自由且不受操控的，這還只是眾多其他例子的其中之一。佛萊契也說明：最近經濟理論的突破，終於為學院派貿易經濟學的教條主義數學化世界，帶進了現實世界的氣息；而且，現在一般人所認識的傳統自由貿易理論，其在知識界所受到的尊崇，也因為這項突破而正在逐步瓦解當中。

最近，某些實踐自由貿易的實務界領導者，如美國大型企業的執行長，都已開始默默地轉變方向。他們現在也主張，美國應該要生產更多、出口更多工業製品。某幾間著名的公司，就是這種轉變的前導。例如，在過去十五年之中，波音的管理階層發表過無數次的演講，慶賀該公司製造作業的全球化。他們不厭其煩地提出自由貿易的比較利益邏輯，以解釋他們為什麼遣散美國的工程師及生產線勞工，同時，分擔該公司風險的夥伴也在海外不斷地增聘員工。他們努力用定期縮編數千名員工的行動，去加深華爾街分析師對他們公司的印象。這項移轉製造及設計工作到海外去的努力，其顛峰之作正是波音 787 夢幻客機 (787 Dreamliner)：它的翼箱及機翼是由日本製造；合成機身則大部分是在義大利製造；留給美國的，幾乎只剩下最終的組裝工作。這些海外生產之所以比較便宜的理由，可能只是他國政府為了能跨入這個利潤豐厚的戰略性產業，因而提供自身業者補貼所致。但波音公司不在乎這件事，因為它不過是個追求利潤的企業罷了，並不需要為美國整體經濟負責。

可是，波音這種沾沾自喜的狀況卻突然告終。由於出現非常嚴重的開發延誤，整個 787 計畫因而陷入癱瘓；這大半都是因為海外製造的錯誤所致。該公司為了生存，必須鉅幅改變路線。它向華爾街承諾，將會把大部分的設計及生產業務遷回美國。奇異公司 (GE) 也低調地改變路線：這家美國單一最大的工業公司，在投入大量資金於海外設廠後，現在也開始加強其國內的製造基礎。其執行長傑佛瑞・伊梅爾特 (Jeffery Immelt) 也已公開說明，為什麼整個美國都應該採取相同的行動。

現實就是：製造業是不可或缺的產業。像企業管理或投資銀行業之類的菁英領域，不論它們在美國統治階層的腦海中佔了多大的地位，還是只有極少數的美國人可以在裡面工作。此外，絕大部分的服務業工作（例如餐廳裡的工作）薪資都很低；而農業在所有先進國家中，都只聘雇了數量微不足道的就業人口。即使是被各種光環所圍繞的高科技產業，扮演雇主角色的能力也還是相當有限。在 2009 年美國汽車業嚴重不景氣的時候，美國人發現，福特、通用、及克萊斯勒等汽車公司，雖然已經歷了數十年的衰退，但它們所雇用的勞工，還是遠多於矽谷中所有著名廠商（從 Adobe 到 Yahoo!）加總起來的雇用人數。因此，不算貧窮的美國人的所得及生活水準，終究主要是隨著製造業就業人口的增減而起伏。即使這些人本身並不在製造業工作，他們還是需要有一個強勁的製造業部門，才能撐得起勞動市場及美元的匯價——美國現在從成衣到汽油都依賴進口，因此，這正是其生活水準之所繫。

新的美國經濟已在成形之中，在這個經濟之下，美國人會少消費一點、多儲蓄一些，以重建美國的資本基礎；美國人也會少進口一點、多出口一些，以從目前深陷的外債中抽身（事實上，美國**必須**這麼做，除非美國意圖藉著美元貶值來吞沒外資持有的美元資產）。然而，我們很難想像，美國要如何在不拋棄自由貿易（到某種謹慎選定的程度）的情況下，重建其製造業，並達到貿易收支平衡。至少，為了抵銷他國的重商主義，勢必得這麼做。

這不是只有美國人才應該憂慮的事情，因為除非他國需求增加，否則全球經濟一定會隨著美國的需求衰退而縮減。所以，美國出口增加，事實上是維持當前美國進口，進而維持全球需求的唯一方法。因此，美國的保護主義這劑處方，或許很快就會成為全世界所真正需要的。

愛德華・魯瓦克博士

查維・徹伊斯，馬里蘭州 (Chevy Chase, MD)

2009 年 11 月

目 次 CONTENTS

序　論 |
為什麼我們不能相信經濟學家？

對，我知道，不少於三百六十四位學術界的經濟學家，最近不斷告訴我們這件事是不可能的……他們對自己預言準確性的信心令我害怕。但是，因為我是在雜貨店裡長大的，所以我有時會想，不知道他們會不會花自己的錢，為自己的預測下賭注。

——瑪格莉特・柴契爾 (Margaret Thatcher)，1981 年[1]

美國的貿易赤字：2008 年為 6,960 億美元；2007 年為 7,010 億美元。創下全球紀錄的是 2006 年的 7,600 億美元[2]。2009 年，一如過去經濟不景氣的時候，這個數字的確大幅減少了將近一半，可是 2010 年又立刻跳回 5,000 億美元的關卡，2012 年應該會更糟[3]。

　　老實說，若要估算自由貿易的代價，那貿易赤字並不是一個完美的指標。一個國家總是可以藉著迫使薪資降低之類的粗糙行政手段，來達到平衡貿易的目標。所以，理論上我們可能會有很小的貿易赤字，但卻有巨大的貿易問題；許多貧困的第三世界國家不就是擁有平衡的貿易收支？說實在話，單單一年的赤字，其實不具任何意義。但是當數字達到這麼高的水準時，如果這算是個問題的話，那顯然就是個非常大的問題。

　　然而，美國人還是不敢採取任何行動，保護主義可能引發的危險早已臭名在外。況且，若從學術的角度去認真質疑自由貿易，很快就會陷入滿是經濟難題的危險深水區。所以，我們在大難臨頭時，仍維持麻痺的狀態。

這本書的目標就是希望能減輕一些這種麻痺的現象。

在過去二十年間，美國人從世界其他國家買進的貨物金額，遠比賣出去的多了 6 兆美元（相當於 6 萬億、6 百萬個 1 百萬美元），平均每個人超過 2 萬美元[4]。好笑的是，如果美國是個開發中國家，那麼我們的赤字已經達到 5% 的門檻；也就是國際貨幣基金 (International Monetary Fund, IMF) 用來界定金融危機的水準[5]。

美國經濟在國際貿易相關的產業部門（不論是製造業或服務業），已經停止創造新的額外工作機會[6]。具有慰藉效果的迷思仍然堅持，我們的就業型態正從低科技轉型至高科技產業中。但事實並非如此。我們在這兩類產業的工作機會都在減少中；就業人口正轉移至非貿易類服務業——這些大多是附加價值低、待遇差的工作。根據美國商務部的資料，我們所有額外增加的工作機會，**全部**都是警衛、餐飲業服務生之類的工作。

本世紀以來，被吹捧的新經濟 (New Economy) [①]並未替美國創造任何新的額外工作機會[7]，一個都沒有。

表面上，美國似乎擁有神奇的國際金融力量，能對世界的其他國家無上限地透支。但這點看起來也很可疑，因為這**意味**著美國的進口可以無止盡地超越出口。但是到頭來，這些錢到底要從哪裡來呢？我們真的可以一直不勞而獲嗎？或者，我們是不是又要陷入如 2008 年般的金融危機？當年，次級房貸看起來好到不像是真的，然後一切就破滅了，直到現在後遺症還在衝擊著我們。貿易會不會是下一個未爆彈？

一般的看法是：美國在與中國或印度等國家進行貿易時，美國

---

① 編譯按：「新經濟」一詞最早出現於 1983 年《時代雜誌》的封面故事，用來指「一個經濟體的生產型態，從以製造業為主，轉變成主要依賴以創新作為動力的服務業」。

勞工將會遭遇問題，因為這些國家的平均工資遠低於美國的最低工資（精確來說，中國製造業的平均時薪為 1.36 美元）[8]。美國企業界甚至難掩竊喜地承認，來自外國勞動力的競爭，已經把美國勞工壓得死死的了。固特異 (Goodyear) 的一位副總裁是這麼說的：「除非我們把工資壓低到逼近巴西及南韓的水準，否則我們無法在將生產力的提升 (productivity gains) 反映到工資後，還能維持競爭力[9]。」

巴西？南韓？我們的工資？

這兩國及其他國家都因成為美國的出口國而趨於繁榮。可是他們仍然太過窮困，以致無法進口足夠的**美國**產品來平衡美國的貿易赤字。他們低得嚇人的工資及管制標準，加上經濟致勝策略的組合，到現在為止，還是無法創造出夠高的生活水準，讓他們有能力成為美國產品的重要進口國。即使近數十年來，亞洲的經濟已有長足的進步，目前當地仍有超過 10 億人，每天賺不到 2 美元[10]。

在開發中國家，工作環境是與低工資對應的另一面向。已開發國家很早以前就已經棄置不用的生產方式（包括許多危險及不利於環境的方式），仍被開發中國家廣泛地採用。例如，印度鑄造廠裡的工人常常不著鞋襪、護具、耳塞、甚或護目鏡。他們通常都只穿件內褲，蹲在火舌四竄的熔爐旁工作[11]。狄更斯②小說中的世界，彷彿已移到了亞洲。

此外，自然環境也備受威脅。中國數千座鑄造廠使用的是工業級的焦煤，但煙囪上卻沒有任何防治空氣汙染的配備，因此在衛星照片上畫出一道橫跨太平洋的羽毛狀煙霧。氟氯碳化物在美國已遭禁用，但在中國仍被用作生產聚氨酯泡沫墊及類似產品的發泡劑；

---

② 編譯按：狄更斯 (Charles Dickens) 是英國維多利亞時代的小說家，他的作品反映了當時勞工階層困苦生活的實況，直至今日仍廣受歡迎。

中國製造業者亦因而得以享有顯著的價格優勢[12]。

　　這些都不是巧合。他國政府把貿易當作是一場戰爭，他們會運用各種謀略詭計 (不論是否符合國際協議)，以確保自身的產業擁有競爭優勢。就算不走旁門左道，他們還是比我們懂得如何扶助產業。豐田汽車 (Toyota) 即使陷入困境，也沒有像通用汽車 (General Motors, GM) 一樣宣告破產。

　　由於自由貿易的緣故，美國持續受到上述事實的打擊。可是經濟學家一直告訴大家，一切都會很好。按照他們的說法，自由貿易對我們有好處，而且他們有辦法證明。在接受調查的美國經濟學家中，有 93% 都支持自由貿易[13]。不可避免地，這令人不禁質疑：他們到底有沒有盡責？而美國是不是應該繼續堅持這些經濟學家所建議的政策？

為什麼經濟理論很重要？

　　這是一本關於現實世界經濟問題的書──殘酷而真實的問題。可是這也是一本關於經濟**理論**的書，因為在經濟學裡，純粹的事實如果沒有理論予以解釋，是沒有什麼意義的。這對經濟學中，某些跟貿易一樣較具爭議性、或未有定論的部分尤其如此。錯誤的理論讓美國陷入當前的貿易困境之中，所以我們需要正確的理論，來協助自己脫離這個泥沼。當然，問題**不只在於**理論，可是沒有理論也不能成事。

　　難道我們不能直接找個實際有效的解決方法嗎？這是許多覺得經濟理論過於深奧、甚至令人困惑的美國人的第一直覺。很遺憾地，答案是否定的。要直接採取有效的方法，前提是要有個顯而易見的有效方法才行，但在貿易問題上並沒有。常識告訴我們飛機不應該會墜毀，可是並未告訴我們如何設計出一架真正能飛的飛機。這需要所謂的「航空動力學**理論**」才能做得到。還好，如果你肯用點心的話，正確的經濟理論其實並不那麼難以理解。而且，各位稍後也可以看到，在這些經濟理論中，其實就藏有解決問題的方法。

最低限度而言，一般人至少必須對**可能**支持自由貿易的經濟理論有足夠的了解，以便在面對專家時不受動搖，而且不會因為知識不足，而無法參與公共討論。在這麼重要的議題上，如果其中一方因為受到恫嚇而緘默的話，美國就不能算是個民主國家了。所以一般人需要學習如何以經濟學家（及仰賴他們提供政策建言者）認為合理，且必須認真看待的語言，去評論自由貿易的經濟理論。

但是，首先我們要看看，為什麼我們不應該直接聽從經濟學家的意見。因為，如果我們可以這麼做的話，我們就應該把貿易問題全部交給這些專家，而類似本書的書籍也不會有存在的空間。所以了解經濟學家的錯誤，是我們的第一步。

自由貿易不完全是買來的

有些人相信，經濟學家是無足輕重的。自由貿易之所以成了美國的政策，只是因為大企業及其他既得利益者，擁有推行自由貿易的政治實力。這是錯誤的。首先，沒有經濟學，既得利益者不會知道自由貿易對他們是否有利，就好像一家公司不靠會計原則，就沒辦法知道有沒有獲利一樣。在自由貿易下，既得利益者的確是可以看到他們的銀行存款不斷累積。可是，如果**沒有**自由貿易，他們會賺得更多或更少？沒有經濟學的話，他們就無從判斷。某個政策如果會產生複雜的影響，就不容易看出誰會從中獲利或因此受害——即使贏家或輸家本身可能也搞不清楚，尤其是從長期的角度來看。

他們一定要去**分析**貿易政策才能了解這一切；而沒有關於經濟如何運作的相關理論，是無法分析任何經濟政策的。這正是英國經濟學家凱因斯（John Maynard Keynes, 1883–1946，可說是二十世紀最偉大的經濟學家）之所以寫了以下這段話的理由：

> 經濟學家和哲學家的思想，無論對或錯，其威力之大往往遠超出人們的一般認知。事實上，這世界正是由這些思想所統治。那些相信自己不受知識份子影響的務實之人，通常都是某些已故經濟學家的奴隸……我確信，相較於逐漸滲入人心的觀念，既得利益者的力量已被過度誇大……然而，或遲或早，也不論其帶來的影響是好是壞，真正危險的其實是思想，而非既得利益者[14]。

此外，既得利益者並不是威力無限。他們必須說服國家裡的其他人，尤其是國會裡的人，支持他們所想要的政策。雖然政治是黑暗的，但就算用上全世界的錢，也不能收買國會通過法律，要求人們必須溜直排輪上班；立法總是需要一些並不可笑的正當理由。因此，要成功遊說推動自由貿易，也需要有值得信賴的經濟觀點予以支持。這就是有名的自由派經濟學家兼《紐約時報》專欄作家克魯曼（Paul Krugman，他在 2008 年時因為貿易方面的研究而獲得諾貝爾獎；他也是本書會常常引用的一位思想家），會寫出以下關於他在政府任職時期狀況的理由：

> 更令人吃驚的是，明顯缺乏良好分析基礎的提案，即便其背後有強烈的政治考量，有時也會遭到摒棄。我知道曾有這麼一家公司，他們有一個要求，廣受其他業者及在政府高層任職的朋友的支持。可是努力了一年多仍毫無進展，最主要是因為該公司的論點，很容易

就被政府的經濟學家攻擊得體無完膚。最後，這家公司聘請了幾位
優秀的經濟學家，協助他們做出一份立論嚴謹的報告。或許是因為
這份報告，也或許是因為其他理由，該公司最後總算取得了一些進
展[15]。

所以，即便自由貿易的經濟理論，多半是一堆經過合理化的說法，
但要讓整個體系能夠運作，這些說法仍是不可或缺的。按照這樣推
論，如果反對自由貿易的人能推翻這些經過合理化的說法，這些反
對者就可以除去自由貿易者的偽裝、可信度、及他們所最不能失去
的自信。這正是本書的目的之一。

經濟學家隱瞞的祕密

平心而論，就某種程度而言，經濟學家對於自由貿易的看法一
點都沒有錯。但前述比較有概念的 7%（反對自由貿易的經濟學
家），卻放任某些對經濟學共識的錯誤印象，被強加到社會大眾身
上。雖然其他 93% 的經濟學家表示支持自由貿易，但並不代表他們
毫無保留地支持[16]。通常這只意味著他們了解自由貿易有它的問題，
但相權之下，還是優於其他他們擔心可能會更糟的選擇。

最重要的是，經濟學家擔心，如果他們承認這些已知的自由貿
易問題，可能會令政治人物做出一些蠢事。十九世紀美國激進的經
濟學家亨利‧喬治 (Henry George) 是這麼說的：「向國會或是議會提
出關稅案，就好像把一根香蕉丟進滿是猴子的籠子裡一樣[17]。」這裡
面最深的恐懼是：如果承認保護主義有任何正當性，則特殊利益團
體就會奪去控制權，而經濟邏輯就會被丟在路邊。例如，國會可能
會對進口鋼鐵課徵 30% 的關稅，以拯救美國北部「鐵鏽」工業地帶

(rustbelt) 本來就即將因科技改變而萎縮的工作機會。這項措施，每年需要對每份工作機會花費 30 萬美元；其中包括美國製造業購買鋼鐵時，必須較其競爭對手多付的成本[18]。接著，其他每種產業都會想要分一杯羹，不消多久，美國就會有一個像碎布拼縫而成的百納被般的產業政策；它是基於國會裡的選票互助 (logrolling) 及遊說競標戰所制定出來的。這將會是一團糟：以政治角力為根據，毫無理性的經濟策略；而且每年會耗費我們數千億美元。

對於這種災難的恐懼，令絕大多數（並非全部）的經濟學家得以不需要面對自己全然的無能或不誠實。可是它也暴露出一個更深層的問題：這種恐懼其實並不是經濟學的一部分；它只是對美國政治制度的若干悲觀直覺罷了。經濟學家當然有權保有自己的政治直覺（這些直覺甚或可能是真的），但是這些直覺並不是他們作為經濟學家的真正**知識**的一部分。這並不是那些有博士學位的人才能專精，而我們其他人就不能的東西[19]，所以他們的直覺並不比一般有知識的平民百姓高明多少。選民有權利聆聽正反雙方的說法，並作出自己的決定，這才是民主。

經濟學家的恐懼也可能是虛幻的。我們的政府有時會有點腐敗愚蠢，但有時又卓有成效。如果不是這樣的話，這個國家現在早就不存在了。近數十年來，某些外國政府確**實看起來**是採取了很有效的貿易保護政策。例如，利用關稅或非關稅障礙來刺激本國的經濟。日本當年顯然不是因為實施自由貿易，才成為全世界第二富有的國家[20]；而在中國，不論是強硬派還是溫和派，全都一致藐視自由貿易，但是它的經濟卻有長足進展。

即使是歐洲，在處理這個問題時，好像也比美國高明。日耳曼及斯堪地那維亞歐洲（包括：德國、瑞士、奧地利、荷蘭、比利時、盧森堡、丹麥、瑞典、挪威、及芬蘭等國）通常都擁有健康的順差；
而整體來說，歐元區自 1999 年歐元誕生以來，貿易收支大都只有小
幅差額[21]。目前有十三個歐洲國家，他們付給工廠勞工的工資水準都
優於美國[22]，而且直至 2008 年為止，德國（不是中國！）仍是全世界
最大的出口國[23]。這些國家是不是全都知道某些美國不知道的事？

墮落的政治人物、選民、及經濟學家

　　嘲諷政治人物變成了另一個藉口。美國的政治人物是我們選出
來的，所以他們的作為終究是反映我們所要的。如果我們是墮落的，
投票時選擇的是短期滿足、不勞而獲、以及針對自身特定利益的小
恩小惠等，那麼選出來的政治人物，也將是墮落、貪腐的。可是如
果我們放聰明一點，而且，對國家陷入危機的風險意識又能引發對
國家的使命感的話，那麼我們就可以要求（並得到）夠正當、也夠
理性的有效貿易政策。這種情形以前也曾在其他議題上發生過。

　　經濟學家也可能是墮落的，有些純粹就是受雇於特殊利益團體
的騙徒。像環球透視 (Global Insight)、MiCRA、及戰略型策略研究
(Strategic Policy Research) 等經濟顧問公司，基本上就是在賣服務
──他們可以提供任何你所需要的結論。不過，他們的手法相當老
練，以至於沒有人需要在言語上撒謊[24]。有時候，墮落又是很微妙、
不斷累積、而且是無意識的。事實上，情況很少是「你說 X 我們就
會付你 Y 元」。在私人企業服務的經濟學家（作者以前就是），為了
要贏得客戶，必須建立起「會說客戶想聽的話」的口碑。某些像是
「自由貿易有問題」的特定見解，最好敬而遠之。因為它們不是「經
濟正確」的，所以就不在流通之列，也無法獲取應有的關注。這種
現象只要維持個幾年，就足以扭曲整體的共識；因為忽略事實與否

定事實的效果是一樣的（事實上，它的效果更甚於後者，因為這麼做可避免製造衝突，以免招來不必要的關注）。

因此，到底壞政策是來自於墮落腐敗，還是拙劣的思考，這個由來已久的問題其實並沒有答案，因為兩者緊密地互相糾結。**隨著時間經過，墮落腐敗會無情地降低思考的品質**。而一個國家如果只想聽自己想聽的話，最後終會失去明辨真相的能力。

當然，有時候的確會出現財務上的霸凌及其他公然的施壓。雷根政府時代的財政部助理部長、兼經濟學家羅伯茲 (Paul Craig Roberts) 是今日最著名的自由貿易評論家。他表示自己在華盛頓的戰略暨國際研究中心 (Center for Strategic and International Studies) 服務時，曾看到幾份備忘錄，當中分析如果該智庫把他開除，就可以從老布希政府獲得多少補助[25]（他因為批評經濟政策而觸怒了當局）。老布希的科學顧問布魯尼 (David A. Bromley) 在 1991 年告訴《華爾街日報》美國需要產業政策之後，被下了封口令，六個月內不得對媒體發言[26]。2003 年，美國國防部暫停內部電子元件顧問團的運作，因為該團發布了一份報告，詳細說明進口品如何摧毀了美國電子業的創新能力[27]。雷根時代的早期供給面經濟學家之一巴雷特 (Bruce Bartlett)，2005 年則因譴責小布希為保守派「騙徒」，而被保守派的國家政策研析中心 (National Center for Policy Analysis) 開除[28]。他不久後就以「騙徒」為名出了一本書。出錢的人總是會**試著**插手干預；沒有任何政府會喜歡聽壞消息，而射殺信使仍然是擺脫噩耗最受歡迎的手段之一。

另一方面，有時候政治菁英乾脆完全規避貿易問題。例如，在 2008 年美國總統及副總統大選的四次辯論會上，從未提及進口，也從未提及貿易赤字，而出口只提到過一次[29]。相對地，中國則出現了十五次之多。顯然地緣政治競爭 (geopolitical rivalry) 遠比經濟問題來得刺激得多。

　　這也喚起一個重要的問題：美國那些高社會地位的人，**私下**是不是知道自己正在用自由貿易把一切搞得一團糟（但為了利益仍一意孤行）？或是，他們真心地相信這個政策？作者不能假裝自己知道每個人內心深處的想法，可是看起來，似乎每個人的情況都不太一樣。這些人絕大部分（尤其是專業不在經濟的人）都由衷地相信社會上對於自由貿易的主流意見。他們直覺上會聽從官方任命的專家，而每個專家都告訴他們自由貿易是正確的。受過訓練而**成為**經濟學家的既有體制擁護者，通常都是屬於相信自由貿易的那 93%。即使是屬於剩下那 7% 不相信的人，通常也會因為事業考量而緘默不語。

　　「改變」也可能只因為它是改變而遭到抗拒。美國國家標準與科技研究院 (National Institute of Standards and Technology) 的資深經濟學家塔西 (Gregory Tassey)，曾批評自由貿易經濟學[30]：

> 那些與現狀有利害關係的人及他們在政府中的支持者，力挺舊的競爭策略及經濟成長模式。更精確地說，在實體資本或智力資本等經濟資產、或現行勞力技術等方面具有既得利益，或只是對於改變可能帶來的傷害和代價感到害怕，都會使人抗拒調整。這就是既有基礎效應 (installed-base effect)，而這種效應非常普遍[31]。

　　不過，正如同克里姆林宮裡腦袋最清楚的人，從來沒有真正相信過共產主義一樣，美國有些社會菁英也非常清楚自由貿易的害處。畢竟他們不是笨蛋（尤其是提到錢時），況且，如同我們即將看到的，揭露自由貿易行不通的分析，其實並沒有那麼困難。如果你稍微注意一點，有時候你可以從他們的神情中窺見，其實他們是了然於心的。本書引用了許多重量級人物的言論，雖然他們不願意公開承認，但他們顯然了解自由貿易的某些缺陷。超級億萬大富豪是另一群曝光率最高的異議份子，因為他們可以不管其他社會菁英對他們的看法。美國的華倫‧巴菲特 (Warren Buffet)、羅斯‧佩洛特 (H. Ross Perot)、及英國已故的詹姆斯‧高德斯密 (James Goldsmith) 爵士是其中最知名者 (我們會在第十一章討論某些巴菲特的觀點)。

不食人間煙火的學院派經濟學家

有些學院派的經濟學家關在象牙塔內，對真實世界漠不關心，因而失去了活力。他們身陷一套「發表與升遷」的循環系統中，而這套系統常會強化團體迷思：他們藉由博取資深經濟學家的好感而得以發表文章，而他們發表文章的多寡又能決定他們的升遷。這些人的事業取決於取悅其他學術界人士的能力，所以去蹚公共辯論這渾水的風險實在太大。從來沒有人因為向《華爾街日報》宣戰而獲得終身職。

學院派經濟學家常會說一些東西，讓真正以處理貿易事務為業（如企業主管、外交官、工會幹事等）的人發現，如果把他們的話當一回事，自己的工作可能就會不保。在貿易的議題上，甚至連在商學院工作的經濟學家，也是出了名的與其他經濟學家不同調。這一點也不意外，因為在業界的經濟學家必須推銷經過實務驗證的理論，而經濟系的經濟學家一般來說並不需要。此外，商學院的經濟學家較傾向於將國際貿易視為國與國之間的**競爭**，會有贏家及輸家；而經濟系的經濟學家則傾向於將蠻荒的貿易世界，看成是美麗的熱帶雨林（其中的每個人都是贏家）。但是，如果實務工程師和物理學家對不上眼，難道我們不會開始質疑物理學的理論？

例如，美國經濟應該要具有國際競爭力，這是近三十五年來的共識。可是很多學院派經濟學家卻從根本上詆毀競爭力的概念，最主要是因為它沒有普遍接受的定義[32]。它的確沒有，理由很簡單，那就是所有的競爭都是根據輸贏來定義；而對美國來說，並沒有明確的標準，可用來判定美國在國際經濟競賽中「贏」的意義為何[33]。但這並不代表美國不需要有競爭力。幸福，同樣也沒有明確的定義。

深奧的數學不等於成熟的思考

如果你不看那些只談經濟理論皮毛的文章，而是直接面對其智慧的精髓，你會發現一大堆數學等式。這些等式會讓人覺得，某些經濟理論像是對客觀事實的陳述，因為任何東西如果數學化到了這種程度，怎麼可能會是某些人的主觀意見（它看起來也很像是不了解的人就應該閉嘴不談的事）？然而事實上，以作為經濟學工具的角色來說，複雜的數學運算有被過度推崇的狀況。2008 年的金融風暴中，套用數學運算的避險基金，表現完全沒有比較高明[34]。

現代的經濟學過度仰賴複雜的數學運算，帶來了許多問題[35]。最根本的問題就是，有些論點比較容易數學化，因此它們會看起來比實際上更像是事實。但不論有多少經濟學家多麼地希望，物理學所擁有的特質（在數學上顯得優美簡鍊的理論比較可能是真的）並不適用於經濟學[36]。大量使用簡化的假設，可以讓人獲得心中想要的優美算式，但代價卻是遭到扭曲的事實。

支持自由貿易的理論通常在數學上都比較工整，主要是因為它們假設市場具有完美的效率，所以市場是可預測的。相對地，批評自由貿易的理論，通常在數學上都很雜亂，主要是因為它們假設市場並**不具有**完全的效率，以至於無法預測。所以經濟學家偏好自由貿易，往往只是因為它的數學式比較工整罷了。正如同克魯曼所說：「國際貿易理論是遵循數學上阻力最小的路線行進[37]。」

　　這其中其實存在非常嚴重的矛盾。因為推論嚴謹（數學毫無疑問可以做到這點）**聽起來**是個不言自明的優點[38]。但可惜的是，推論嚴謹只能保證推論本身的一致性：也就是結論來自其前提假設。但它並不能保證最初的這些前提假設是正確的。若前提定得很糟，即使經過最嚴謹的推論，也只會導出無意義的結果。甚至不一定是**錯誤的**前提才會導致錯的結論。前提只要不完整就行了，而沒有任何一套前提假設，可以用來證明自己是完整的。經濟學只要運用愈多深奧難懂的數學，最根本的事實就愈會被隱藏在一大堆符號後方而益趨模糊，這也讓經濟理論更容易因為難以簡單判斷其合理性，而在不知不覺中誤入歧途。

　　數理經濟至上主義與自由市場激進派之間的關係，要回溯到第二次世界大戰後的現代經濟學萌芽時期。例如，當年的新穎觀點（企業唯一的目的**應該**就是追求利潤）的主要提倡者，正是著名的芝加哥大學經濟學家及自由意志主義者 (libertarianist) ③米爾頓‧傅里曼 (Milton Friedman, 1912–2006)。發人省思的是，他正好也在 1953 年的一篇學術性文章中主張，經濟理論所作的假設是否符合現實並不重要，只要能作出正確的預測即可。這篇文章至今仍飽受爭議，不過他的論點已為後續兩個世代的經濟學家定了基調。他是這麼說的：

　　你會發現真正重要且具意義的論點，對現實有著離奇、不正確的

---

③　編譯按：在美國，概略而言，自由意志主義在社會與經濟兩方面都強調自由，主張小政府、自由市場、自由貿易。另一方面，自由主義（liberalism，本書視情況亦譯為自由派）則在社會方面強調自由，經濟方面則不認為市場總是有效率的，因此需要政府適時的干預，像是提供社會福利、限制貿易以保護國內就業等。

「假設」，而且一般而言，理論愈是重要，假設就愈不實際（從這種角度來說）。

有沒有解決前述問題的替代方案？有的。作法就是：導致前述失真問題的正規數理經濟模型，應被視為一項工具，而不等同於經濟學本身；這也正是第二次世界大戰以來這個學術領域常犯的錯誤[39]。有時候建立模型非常具有啟發性，但有時候卻會遮蔽了難以用數學包裝的現實[40]。有時候，它甚至還可能會**摧毀**知識，因為某些重要的事實，會只因為難以數學化而不受認可。一些近代最具創見的經濟學著作極少使用數理模型，這些著作的作者包括 2009 年的諾貝爾獎得主奧利佛・威廉森 (Oliver Williamson)、哈佛商學院的麥可・波特 (Michael Porter)、駐東京的財經記者艾蒙・芬格頓 (Eamonn Fingleton)、及挪威經濟學家艾瑞克・雷納特 (Erik Reinert) 等[41]。北京、東京、及首爾等地的經濟技術官僚，雖然近數十年來創造了驚人的經濟成就，但他們除了基本的數學統計之外，對數理模型完全一點興趣也沒有[42]。

經濟學不是宗教

就因為經濟學是一門社會科學、不含主觀價值判斷，所以單靠經濟學並不容易了解自由貿易的問題。許多人可能會感到訝異，但實際上，經濟學並沒有說繁榮比貧困好，就好像神經解剖學並沒有說歡愉比痛苦好一樣[43]。然而，經濟學會用一些**聽起來**很像價值判斷的術語，例如「有效率的」。所以經濟學家說自由貿易是「有效率的」，其實只代表一種狹義的意義；它與經濟福祉之間的關係，其實並不像大多數人所認為地密切。

　　相對地，經濟學也有忠誠的信徒。對他們來說，包含自由貿易的無瑕自由市場是個棒極了的點子；就像往昔的馬克思主義一樣，是個俗世的宗教。位於華盛頓、崇尚自由意志主義的卡托研究所 (Cato Institute) 就是他們的梵諦岡，而艾茵・蘭德 (Ayn Rand) 的「客觀主義」則是他們的基本教義派。這些人企圖將政治意識型態假冒成經濟學，但這根本是兩碼子事。他們最喜歡用的技倆，就是把自由貿易的所有問題，都歸咎於真實世界裡的自由貿易並不純粹，不是百分之百、完美的自由貿易。然而，真實世界裡沒有什麼是百分之百純粹的，所以如果自由貿易非得在完美的狀態下才有效，那麼它也就不是什麼特別有用的理想了。

　　像經濟學這一類旨在處理可觀察現象的學科，也不是讓人投注**信仰**的適當對象，宗教性的議題及其他非實證性的事物才是。如果經濟現象可以觀察得到，那麼就應該由觀察的結果來決定我們對這些現象的看法。沒有人應該對自由市場（或其對立面）「深具信心」；他們應該要有正面或反面的證據支持，才能作成定論。冷戰使美國人養成了一個壞習慣，就是把經濟學幾乎當成了一門神學，是在談絕對價值 (absolute value) 之間的衝突。有效的經濟理論從來就不會令人激動；就如同羅素 (Bertrand Russell) 所說的，沒有人會因為相信二加二會等於四而感到熱血沸騰。

經濟學要花數十年的時間才能弄清真相

　　四百年前現代資本主義即將成形時，首度有人提倡自由貿易的觀點[44]。自此以後，經濟學家便曾斷斷續續地加以批評。不過，目前新一波的學術批判算是相當「年輕」。新貿易理論 (new trade theory) 成形於 1970 年代後期，它的名字雖不怎麼響亮，但卻富有開創性，並構成本書第三部的學術基礎。直到 2000 年，該理論才藉著羅夫‧格莫里 (Ralph Gomory) 和威廉‧鮑莫爾 (William Baumol) 令人驚嘆的小書《全球貿易與國家利益衝突》(*Global Trade and Conflicting National Interests*)，而獲得突破性的整合（他們的觀點將於第十章討論）。由於蒐集資料及思考所有相關的問題需要時間，所以在新見解成為該學科的普遍共識前，數十年的光陰可能早就過去了。因此，整體經濟學界可能還需要一段時日才能消化這些創見，並改變對自由貿易的看法。

目前經濟學界的共識（正逐漸瓦解之中），主要是來自於 1980 年代獲得公認的研究成果。這是自由市場派經濟學家的全盛時期：傅里曼及其他學者成功推翻了凱因斯學派（他們當年正是在這個學界共識下成長）。凱因斯學派的理論算是經濟大蕭條的產物，它也是 1940 至 1960 年代的聖經，後來在 1970 年代才因為遇上停滯性通膨而失效。它本身也曾推翻過更早期的學界共識——源自於十九世紀後期、採取自由放任的金本位世界。1960 年代，政治界的共識是凱因斯學派，經濟學界也是凱因斯學派當道；1980 年代，自由市場在雷根及柴契爾夫人時代重獲政界歡迎，經濟學界也熱切支持所謂的「效率市場」理論。但今天已經沒有多少經濟學家把這兩種觀點的正統內容當一回事了[45]。這意味著經濟學家恐怕是政治現實的可靠傀儡，而他們與一般關心國家事務的人的想法差異，並不如他們令人敬畏的學術外表所顯示得那麼大。

非意識型態的經濟國家主義

有些經濟學家所提供的答案之所以無助於解決自由貿易的問題，只是因為他們認為**國家的**經濟利益並不重要。嚴格來說，純粹就經濟學的角度而言，他們是正確的：將美國的經濟福祉作為關注焦點，是一個任意主觀的決定。經濟學裡並沒有任何東西指出，應該給位於北緯 49 度與里歐‧格蘭德河 (Rio Grande) 之間的國家④特殊關注。

可是，對一個經濟上有大麻煩的國家來說，這種態度幾乎沒有任何實質幫助。就像以研究生態經濟學出名的馬里蘭大學經濟學家賀曼‧達利 (Herman Daly) 所說的：「自由貿易使人很難從國家的層級去處理這些最根本的問題，而國家卻是能夠對經濟體作出有效社會控制的唯一層級[46]。」因為我們**擁有**一個國家政府；因為美國人關心**自己的**經濟發生了什麼問題；也因為現狀改變與否，取決於針對這些問題所作的全國性辯論，所以美國的貿易問題，終究只能交由華盛頓特區解決。

從全球的角度來看，不論是福是禍，國家仍然是政治正當性之所終。不論是堪薩斯州或聯合國，這些層級較高或較低的政治實體能享有的正當性，都是由國家所賦予的。所以即使隨著時間的推移，能發展出其他足以管控世界經濟的工具，國家仍將是發展這些新工具的瓶頸。因此，如果連最輕微的經濟國家主義 (economic nationalism) 傾向（這是在政治光譜兩極都很常見的態度）都予以全面否定，那就會等同於將一張空白支票交給跨國企業、外國勢力、及（遭到扭曲的）市場力量，任令它們為所欲為。

最低限度而言，經濟學不應該被濫用來「證明」關心國家的經濟福祉是不適當的（它本身並無法證明這點）。純粹從經濟學的角度來看，國際主義者所作的前提假設和國家主義者是一樣的任意主觀。反對講求國家經濟利益的人應該公開表態，而不是躲在理論概念的背後暗放冷箭。

④ 編譯按：指美國。

　　國家主義與國際主義的最終價值屬於價值判斷的問題，不在本書的討論範圍之內。本書以中立的「軟性經濟國家主義」作為立場，單純是為了方便進行推論與說明，因為當問及自由貿易可能為某個國家帶來什麼益處或害處時，它的問題就會變得清晰可見。這種國家主義的唯一堅持是：一國的經濟基本上必須以追求其人民的利益為目標[47]。它並不含有「國家主義」一詞其他用法的任何意識型態，並開放給各黨派針對達成目標的最佳手段進行辯論。我們將可看到，美國所需用來解決貿易問題的辦法，可由兩黨中的任一黨予以落實，而且這些辦法是可被賦予豐富意識型態色彩的。

　　本書中的某些分析與美國以外的其他國家關聯較大，這只是因為其他國家比美國更具有應用這些分析的經濟條件。我們將嚴謹詳細地檢視為什麼自由貿易不利於開發中國家。至於這些分析的政策意涵是否也有利於美國，則端視列入討論的分析而定。這並**不是**一本凡事追求「美國優先」的書，因為並不是每一個對自由貿易的有效批判，都指向有利於美國的政策。其他國家也有權按照自身的利益參與這場遊戲，俾為他們自己的人民謀求幸福。其實，自由貿易真的問題百出，以至於全世界有半數的國家，可以因為終止自由貿易而輕易獲得若干好處。雖然發現某些自由貿易的漏洞，可能會讓哥斯大黎加比美國獲得更多好處，但因此而侷限我們分析的範疇是沒有道理的。

　　不過，不用擔心，**美國會因為終結自由貿易，而有豐碩收穫的。**

第一部

問　題

第一章｜
支持自由貿易的壞論點

在我們深入探究有缺陷的自由貿易經濟學之前，我們必須先將累積了相當龐大數量的垃圾清除掉。民眾的腦袋裡糾結了一大堆無關議題本身的問題，如果想要清晰地思考，我們必須先將這些結一一解開。

首先，我們不是要辯論世界主義到底好不好。從很多個角度來說，它是好的；但這是個關於文化的議題，與實際硬梆梆的國際貿易經濟學幾乎毫無關係。我們也不是要辯論（借用《紐約時報》專欄作家湯馬斯·佛里曼 (Thomas Friedman) 的說法）「凌志汽車與橄欖樹」之間的抉擇[1]，也就是全球市場上有效率、但無靈魂的理性主義，與國家社群根深柢固的地方主義之間的優劣。自由貿易經濟學**本身**就頗富爭議性，所以沒有理由把它當作既有的定論，並將焦點轉向如「繁榮與傳統的相對價值」之類無法衡量的事物上。

我們也不是在辯論全球化（歷史過程）或全球主義（傾向全球化的意識型態）的優劣[2]。雖然幾乎每樣東西都會受到自由貿易衍生的結果所影響，但嚴格說起來，自由貿易純粹是個經濟議題，而全球化所牽涉的東西遠遠超乎經濟學的範疇。它包括了文化交流、人口移動、全球治理、全球環境，以及許多其他的事物。所以人們當然可以在反對自由貿易的同時，就經濟以外的其他面向去支持全球化，反之亦然。

甚至某種程度的**經濟**全球化，也完全不會和終結自由貿易有所

牴觸。如果地球上的每個國家都課徵 10% 的關稅，就定義而言，這
會終結自由貿易，但全世界的經濟還是會持續邁向全球化——只是
步調會比目前緩慢，並受到更多約束。據估算，美國 1950 年到
1998 年之間降低的空運費率，與關稅由 32% 調降至 9% 具有同樣的
效果[3]——可是沒人會花力氣在制定空運費率的議題上爭論意識型
態。

經濟全球化是一種選擇

　　經濟全球化常被當成非「好」即「壞」、不是「成功」就是「失
敗」的辯論議題。可是將選項變成二選一的作法實在太過粗糙，而
且往往會迫使人們草率地認同其中一方。它會助長以下的假設：經
濟全球化只有單一一套方案，我們無從決定其中的個別內容，而我
們「必須」要讓它成功。比較好的作法應該是問它會到達什麼程度？
它會成為什麼樣貌？以及我們應該採取何種手段（若有的話）才能
影響上述兩者？

　　如果經濟全球化是件好事，那麼它應該要能禁得起考驗，讓我
們可以選擇想要達到的程度。封殺這種可能性的企圖，洩露了那些
打算擅自預先決定結果的人（通常都喜歡偏激的自由放任），對於大
家可能的選擇的明顯緊張情緒。自由貿易可悲的地方就在於，它放
棄了某些人類能用來塑造經濟全球化**樣貌**的最佳工具——關稅及非
關稅貿易障礙。在世界經濟方面，並沒有多少手段同時具備可行性
和重大影響力。如果我們把一些最棒的都排除掉，那就所剩無幾了。

　　本書所要傳達的基本訊息是：包括美國在內，每個國家都應該
尋求與世上的其他經濟體進行**策略性、而非無條件**的整合[4]。就像生
命中大部分的事物一樣，經濟上的開放在某個程度之內是有價值的，

但超越限度後就不是那麼回事了。適度開放的貿易在多數時候是合理的，但絕對的自由貿易在任何情形下都是一種極端的立場，因此並不合理（兩者之間的差異點，在於是否贊成理性的保護主義）。有效的經濟學不會支持太超過的概念，像是《連線》(Wired) 雜誌所說的那類：

> 開放，好！封閉，糟！把這句話印在你前額上，將它運用到科技標準、企業策略、或人生觀上面。這是未來個人、國家、全球社群的致勝觀點[5]。

在面對更大的世界經濟時，國家需要的其實是在開放與封閉之間的適當**平衡**。

有個跡象可顯現，對外貿易採取自由放任（這正是自由貿易）是錯誤的，那就是從二十世紀初，老羅斯福總統 (Theodore Roosevelt) 反托拉斯時代之前開始算起的一百多年來，美國從不曾在國內經濟上認真採行過放任主義。雖然自由市場派長期以來一直假裝事情是另一回事，但是我們發現，其實對我們經濟的大多數領域作適當的管制是最好的：既不是徹底的國家控制，也不是絕對的自由經濟。因此，美國的創國元老有意規範國際貿易並不令人意外。美國《憲法》第一條第八項明確地授權國會「規範與外國之通商」。

自由貿易不是必然的

大家常說（或是心照不宣）在今日的世界中，自由貿易是不可避免的。可是如果這個說法是真的，為什麼它的支持者需要這麼積極地為它辯護？從採行保護主義的資本主義經濟體（我們將於第六章看到，美國自己以前就是其中之一）的悠久歷史來看，自由貿易並不像某些型態的資本主義，是明顯不可避免的。

　　與迷思相反，近代歷史從來就不是單向朝「全球經濟日益緊密連結」的方向發展。相對地，連結程度一直是隨著更大的政治潮流上下起伏：殖民主義推升了連結趨勢，但當美國和印度之類的前殖民地獨立，並各自採行保護主義政策時，又向下滑落。它被右派的法西斯主義與左派的社會主義往下拉，又被冷戰給向上推。1970 年代之前，世界貿易佔世界經濟產出比例的巔峰出現於 1914 年，之後的兩個世代都未曾達到這個巔峰[6]。這樣的起伏可不是歷史上一件無關緊要的奇聞而已。認為世界貿易長期而言只會愈來愈多的人，應該思考一下石油產量過了高峰之後、或環保約束日趨嚴格，對運輸成本可能造成的影響。貿易量的增加也並非總是與繁榮程度同步，反之亦然：1960 年世界的經濟全球化程度其實**不如** 1910 年，但卻繁榮得多了[7]。

　　現代科技也並未讓自由貿易變得非做不可。雖然科技可降低運輸及交易的成本，確實有利於貿易的擴張，但貿易也並未因此就必須是**自由**、不受關稅限制的。事實上，如果科技會抵銷距離之類的天然貿易障礙，而有時候貿易障礙又是有益的話（我們後面會看到），則現代科技反而會增加課徵關稅的合理性。

　　不論如何，所有關於「必然性」的論點都是在迴避道德議題，因為把責任推到自由市場上，其實忽略了一個事實：是我們**選擇**是否管制市場，以及管制到什麼程度。這大概是深具保護主義色彩的美國總統老羅斯福，所寫的下列文字的意思：

謝天謝地，我不是自由貿易的支持者。在這個國家，耽溺於致命的自由貿易學說，似乎已經不可避免地使道德纖維產生肥胖退化[8]。

國家不是無關緊要的

　　有時候，會有人影射談論自由貿易是沒有意義的，因為全球化已經使國家變得「無關緊要」了。塞斯納 (Cessna) 飛機公司的奧利佛 (Doug Oliver)，在面對抗議聲浪時（他的公司將最初級的捕天者飛機 (Skycatcher) 外包給一家供應中國空軍的廠商）曾這麼說：

> 再也沒有什麼是美國製的，再也沒有什麼是德國製的，再也沒有什麼是日本製的了。哈雷機車的零組件都是來自世界各地。讓我們面對現實吧！我們現在是處於全球經濟的時代[9]。

技術上來說，這是事實（至少從零組件來自他國廠商這個部分來說），可是這個說法卻沒有掌握到真正的重點。即使現代供應鏈的國際性意味著，美國在零組件（而不是成品部分）的貿易金額大增，但我們仍然會有逆差或順差。況且，就算誰製造哪種成品已經不是繁榮與否的關鍵，但誰製造哪種零組件的重要性卻與日俱增。

　　不論如何，國家在經濟上絕非無關緊要。最根本上來說，它仍與**人**有關，因為絕大多數的人仍然住在他們出生的國家。這正意味著他們經濟上的福祉，取決於該社會的工資及消費水準。資本的情況也很類似。即使到了二十一世紀初，資本國際化的程度並不如一般人所想像的高。而且與「人」這種生產要素相同，它通常也與所在的地點有很大的關係（幾乎沒有人會希望在馬拉威居住**或**投資；許多人卻希望能住在加州，**並**在那裡投資）。首先，因為美國 70% 的資本是人力資本[10]，所以很多資本的移動模式與人完全相同，因為它們**就是**人。另外有 12% 據估算是社會資本，也就是無法歸屬於「人」的「制度」及「知識」的價值[11]。

　　因此，雖然**流動的金融資本**的確可以在轉瞬間環遊世界，但它只佔任何已開發國家資本存量的一小部分（低於 10%）。即使是非人力資本，大多也是不動產、基礎建設、實體工廠、以及無法（或難以）跨國流動的那類金融資本（經濟學家將這種「不太能流動」的現象稱為「本國偏誤」(home bias)，這種說法有十足的根據）[12]。結果，由這些資本所生產的產出，大部分還是與特定國家緊密連結。所以，雖然資本流動性確實造成一些問題（本書稍後會詳加討論），但它的力量並未大到足以廢除作為經濟個體的國家。

　　這種情況未來會不會成真呢？這也不太可能。即使像是光纖電纜線這一類很能促進無實體化及全球化的資產（照理會使實際地點變得不重要的資產），大都還是會被裝設於固有資本聚集的地方。例如，雖然光纖的骨幹網路已經延伸到某些在一個世代之前，還不是全球經濟中心的地方（像是印度的班加羅爾），但原本就居重要地位的曼哈頓、東京、矽谷、及香港等地，光纖容量也有大幅的增加[13]。因此，即使新的資本聚落可能會在出乎意料的地點形成，地理上的既有資本聚落大多仍會自我強化，並會留在原地。這些聚集體會因為過去的歷史而擁有國家的型態；延續效應的效果可以**極為**持久[14]。過去的科技革命（如鐵路的全球普及等）至少與今日網際網路之類的創新一樣意義重大，但它們並未摧毀國家。

　　諷刺的是，國家經濟體一直具有重要性的事實，在某些全球化的「模範生」身上（如日本、臺灣、南韓、新加坡、及愛爾蘭等）顯得最為清楚。前述各國的政府都具有某種程度的**國家主義**色彩，他們經濟上的成功則是政府政策的產物。日本為了避免淪為西方強權的殖民地，在 1868 年明治維新後進行工業化；臺灣工業化則是因為擔心中國大陸；南韓則是出於對北韓的畏懼；愛爾蘭則是為了擺脫英國經濟上的支配。這些例子中的驅策動力都不單純是對利益的渴求。逐利的心理存在於每一個社會（包括資源豐富的國家，如奈及利亞；但逐利的心理在那裡只造就了幫派主義），但是它未必會結晶成經濟成長所需的政策。真正的驅策動力是國家的**政治**需求，而這些需求從經濟發展中找到了解答。

根據哈佛商學院麥可‧波特的觀察，有一個很重要的相關因素：

> 透過高度在地化的過程，競爭的優勢才得以創造與維持。各國經濟結構、價值觀、文化、制度、及歷史的差異，都會深深影響競爭的成功與否。母國的角色似乎與過去一樣強，甚或更強於以往。雖然競爭的全球化或許看起來會減輕國家的重要性，但其實似乎是使它變得更重要[15]。

所以，可稱為「經濟的國家特質」(economic national character) 的這種東西是很重要的。支持這點的跡象之一就是，即使是跨國公司，通常也只與某些特定國家有特別緊密的關係。雖然有所謂無國界企業的迷思，但全世界只有少數十來家公司有一半以上的生產設備設在海外[16]。根據一項研究，跨國公司「通常有三分之二的資產位於其母國（或地區），而於其母國（或地區）也有大約相同比例的銷售量」[17]。2008 年另一個縝密的研究報告得到以下結論：

> 一般熟知的全球化並不存在。舉例來說，並沒有證據顯示美國公司採取全球化經營。相反地，它們的產銷都是以母地區為基礎；就如同來自歐洲及亞洲的跨國企業一樣[18]。

所以不論跨國企業有什麼過錯，「去除自身的國籍」絕對不是其中之一。

　　經濟國家主義常會被自由貿易派人士視為愚蠢、反動的力量，而事情有時的確是如此。愚笨的經濟國家主義和其他迂腐的意識型態一樣，應該被棄置於歷史的垃圾場，本書完全無意予以捍衛。但經濟國家主義如果運用得當，也可以是一種有智慧、技術、及前瞻性的力量，它其實正是讓經濟全球化**得以成功運作**的關鍵之一。像奈及利亞、阿富汗、或伊拉克等國家，近年來就因為國家的凝聚力很弱或四分五裂，以致無法確實掌握經濟全球化帶來的契機。

經濟無國界的迷思

　　我們處於無國界全球經濟時代的這種老生常談，其實禁不起嚴格檢視。

　　由於美國大約佔了世界經濟的 25%，所以在真正沒有國界的世界裡，美國的採購及銷售會分布於全世界[19]，使得進出口分別為美國經濟的 75%。這表示貿易總額（進口加出口）應該是 GDP 的 150%。但實際上，美國的貿易總額僅為 29%：其中進口為 17%、出口為 12%[20]。所以美國的經濟距離無國界的境界還遠得很。由於美國要平衡貿易赤字，幾乎肯定只能靠緊縮進口，而不是提振出口，因此未來數年中，美國的貿易水準幾乎必然會降低，而不是增長。

　　真正合而為一的世界經濟，也表示各地的利率及利潤一定會相等，因為套利行為會消除所有利差。但是實際的情況完全不是如此。即使對於美國與加拿大這種彼此相鄰、條件類似的國家而言，國界還是有重要意義的：經濟學家麥克考倫 (John McCallum) 的記錄顯示，加拿大各省之間的貿易額，平均要比加拿大各省與美國各州同類別的貿易多約二十倍[21]。據估算，不含關稅的國際貿易平均成本相當於 170% 的關稅稅率，其中 55% 是當地配銷成本、74% 是國際貿易的各項支出[22]。無論如何，大部分的國際貿易都是區域性、而非全球性的，並集中於歐洲、北美、及東亞等區域；近 50% 的農產品及工業產品都符合這種情況[23]。

事實上，世界經濟仍然維持長期以來的故我：也就是薄薄一層真正的**全球**經濟（由於多集中於媒體、金融、科技、及奢侈品之故，因此分量看起來比實際上多），包覆著由國家經濟體作區域性連結的網絡；也包覆著每個經濟體中，眾多完全不涉及國際貿易的經濟活動（例如，美國經濟 70% 的部分）[24]。根據目前的趨勢，這種狀況在我們有生之年仍將持續下去[25]。二十一世紀初的世界經濟，連無國界的邊都沾不上。

自由貿易能當作外交政策？

從十九世紀英國的柯布登 (Richard Cobden) 及法國的巴斯夏 (Frederic Bastiat) 等古典自由主義者開始，自由貿易派就保證自由貿易會帶來世界和平。甚至連世界貿易組織 (World Trade Organization, WTO) 也以發表這種樂觀、但禁不起歷史考驗的主張而聞名[26]。在十九世紀的主要國家中，就屬英國的貿易最為自由，但它打過的仗卻比任何強權都多，而且有時還公然以逼迫不願配合的國家實施自由貿易，作為出兵的理由（這正是香港過去成為英國屬地的由來）。二次大戰後的日本一直公開支持保護主義，但是其外交政策卻比自由貿易的美國更平和。事實上，自由貿易有時候會抑制國際衝突，有時候卻會使國際衝突惡化。它幫助好鬥的獨裁者致富，並協助他們規避民主改革。今日，它則促進了中國的經濟，並讓中國能夠經由貿易及採購美國科技公司的方式，以賺來的錢拓展取得軍事科技的管道，進而強化了中國的軍隊。

想要把自由貿易與消除恐怖主義連在一起也是行不通的[27]。美國是全世界自由貿易的老大哥，但因為某些緣故，反而也成為恐怖份子在這世界上最大的目標。自由貿易在全球普遍不受歡迎，這股不滿還與某種認知連成一氣：有人認為美國不僅躲在自由貿易背後拉攏世界各地的種族及政府，還時常挑起他們彼此之間的爭端。自由貿易偶爾能誘使他國政府與美國合作，但它也會使沙烏地阿拉伯及委內瑞拉這一類的國家獲利；這些國家的菁英份子可是熱衷於資助恐怖主義及其他不當的國際行為。像 WTO 那樣硬將自由貿易定義為一項法律責任，會減損我們運用貿易優惠作為籌碼，來換取其他國家合作對抗美國敵人的能力[28]。

好笑的是，相較於美國政府中理應是經濟學導向的那些單位，美國中情局 (CIA) 似乎更能掌握前述這些問題。在其《2015 年全球趨勢》(*Global Trends 2015*) 報告中，中情局警告：

> 邁向全球化的道路……將會崎嶇難行，慣常發生的金融波動及經濟對立的擴大會變成其特徵……各國生活水準的差距亦將擴大……與日俱增的貿易連結及全球金融市場的整合，會使某一經濟體的混亂，迅速擴散到整個區域以及全世界[29]。

自由貿易也無法促進人權。如果中國必須仰賴內需才能驅動經濟，那麼把自己的人民當成工廠的奴工就不會是個可行的策略。其他國家的情況也一樣。而自由貿易協定也不利於對違反人權者實施制裁。若在 WTO 現行的法規之下，1986 年對南非實施的制裁就會被視同違法[30]。

華而不實的空洞論點

　　某些支持自由貿易的論點，純屬知識份子的無聊吹捧，他們說我們應該參與自由貿易，因為它體現了這個時代的精神、歷史的潮流、或某些重新經過現代化包裝的陳舊觀點[31]。自由意志主義的《理性》(*Reason*)、技術烏托邦 (techno-utopian) 的《連線》(*Wired*)、以及企業家導向的《快速企業》(*Fast Company*) 等雜誌，在 1990 年代後半的整個網路泡沫時期，都非常沉迷於這種話題之中[32]。它們的招牌就是語焉不詳、令人呼吸困難的文體，其實際的分析內容則溶化在模糊的用語及浮誇的主張之中（請見第 25 頁的摘錄文字）。它們的目標是讓自由貿易變得**很炫**，有如未來的潮流。可是實際支持自由貿易的經濟學，只不過是十九世紀的放任主義罷了，也就是工資鐵律的經濟學[33]。其知識核心是 1817 年李嘉圖 (David Ricardo) 的比較利益理論。相對地，與它競爭的所謂新貿易理論，真的就是一個現代的學派──根本就是屬於二十一世紀。

　　對自由貿易的質疑，常受到**人身攻擊**的玷汙。這些攻擊大致可歸納為下列幾種類型：

「保護主義者是笨蛋、失敗者、無能、頹廢嬉皮、鄉巴佬、恐龍、隱性社會主義者、或是秘密的法西斯主義者[34]。」

以下是自由貿易支持者歐巴馬的版本。這是他 2008 年 4 月爭取民主黨提名時，於舊金山會員專屬太平洋高地社區（距本書的撰寫處不到幾條街之遙）對一群競選經費贊助者所發表的演講：

你們走進賓州的這些小城鎮，它們就和中西部的許多小城鎮一樣，工作機會已經流失二十五年了，而且沒有新的東西取而代之。所以，居民心中充滿了怨恨，一點都不令人意外。他們堅守著槍、宗教、或對不同於他們的人的反感、或反移民情緒、或**反貿易情緒**，這些都是他們用來表達自己沮喪情緒的方法[35]。（粗體為本書作者所加）

但願事情不是這樣。可是這些守舊工業州的失業人口，竟然會認為**貿易**與他們的問題有關！他們可真蠢。

然而，是否合乎經濟邏輯甚至已經不是這裡真正的重點，因為這些論點，其實是針對根本不**會嘗試**去了解經濟學，但又極度關心自己社會地位的人[36]。媒體中時常充斥著這種態度。因此討論貿易問題的雜誌文章，多將焦點置於失業者身上，暗示只有失敗者才會反對自由貿易（而且不管怎麼說，他們之所以會失業，八成都是他們自己的問題）。至於工作機會被外包到海外去的那些人的職業？肯定都是「單調乏味的」。他們的生活顯然根本不值得去掛心。**他們不像我們這些住在太平洋高地的人。**

這些論點大都只是一種蓋在階級偏見上的時髦面紗。雖然絕大多數的新聞工作者在討論社會及文化議題時，都是中立偏左的立場，但在討論包括貿易在內的經濟議題時，他們則會右傾[37]。舉例來說，1990 年代晚期由監督單位「公平與正確報導」(Fairness and Accuracy in Reporting) 所作的一份調查報告顯示，他們只有針對與環境相關的經濟議題，才會比大眾更偏向左派；對於貿易問題，他們則明顯右傾。例如，71% 的編輯及記者都支持《北美自由貿易協定》(North American Free Trade Agreement, NAFTA) 的快速通關 (fast track) 磋商單位，但 56% 的民眾是反對的[38]。這些編輯及記者中，有 95% 年薪超過 5 萬美元，其中更有一半以上年薪逾 10 萬美元，這種情況一點都不令人意外[39]。

自由貿易派人士的傲慢與前後不一

自由貿易派人士有時候會告訴我們，美國勞動力的技術水準遠高於其他國家，所以自由貿易可以讓美國人得到全球經濟中最精華的工作。下一分鐘他們又會說，我們的爛數學及不夠敬業的態度是我們經濟問題的根源，所以我們應該要怪自己。可是這兩件事顯然不可能**同時**都對。

有時候，他們要我們別再那麼傲慢，應該面對事實：世界已經不再是我們的盤中飧，且美國人沒有理由應該比其他國家的人更富有。說得沒錯：我們沒有權利**註定**能享受某種特定的生活水準。可是我們當然有權利擁有一個努力捍衛我們繁榮的政府——如果這是我們投票選出政府的理由的話。

美國貿易政策出現致命性錯誤的跡象，往往會被重新解讀，用來證明我們的經濟非常強勢，以至於即使面對這些問題，仍然可以倖免。例如，美國的貿易赤字水準在任何其他國家，肯定會引發貨幣崩潰危機，但我們卻存活下來了，所以貿易赤字一定是沒有什麼關係的。可是這就好像在說：因為某個病人體質強健，得以戰勝癌症倖存下來，所以癌症不是疾病一樣。如果自由貿易**就是**正在緩慢侵蝕美國經濟的癌細胞，我們現在就需要知道——尤其是它的解決方案需要相當長的前置期時更是如此，而這正是通常發生的情況。

美國人目前這種躊躇滿志的態度，正是過去許多經濟強權的翻版，如英國、西班牙、及中國王朝等。這些經濟強權不斷推遲經濟改革，以致延誤時機。看看以下誇耀自由貿易的言論是怎麼說的：

> 我們的資本遠超過他們可以掌控的水準。不論是獨創性、技術、或活力，我們都不輸給任何人。我國的特質、我們生活於其間的開放制度、思想、及行動的自由、不受箝制而得以傳遞科學上的每項新發現及每個新進展的新聞輿論，配合我們天然及物質上的優勢等，均將我們推向各國之首，這些國家全因自己的產品可以自由流通而受惠。這樣的國家會害怕競爭嗎？這個國家只能在令人厭惡的禁令環境中興盛嗎？這會是吹到一絲絲健康的競爭微風便顫抖不已的國家嗎[40]？

這很像是美國正反兩方之一的任何一位政治人物昨日才說的話。但其實，那是 1846 年英國首相皮爾 (Robert Peel) 爵士演講詞中的一段！他飛揚的信心最後證實是錯誤的，而英國的經濟在他發表這席談話後不久就急轉直下了。

冷戰期間，美國在自由貿易之下成功了（儘管代價愈來愈高）。可是當時的世界有一半的國家是共產主義或社會主義，而且還有許多如拉丁美洲諸國的國家採用內向型經濟，無法對美國構成強力的競爭。採固定匯率及資本管制的布列敦森林體制 (Bretton Woods system)，將貿易赤字維持在最低水準，所以我們過去其實並沒有面對真正的全球自由貿易；但現在則不同了。就和許多理想一樣，自由貿易在你不需要真正賴以生活時，會更吸引人一點。

口惠不實的論點

有很多支持自由貿易的論點聽起來非常具有說服力，但是加入實際的數字後就站不住腳了，例如：

「自由貿易對美國有好處，因為它表示十億中國人現在成了對美國產品很飢渴的消費者。」

但美國對中國不是順差，而是龐大的逆差（2011 年時為 2,950 億美元，約佔美國貿易差額的 53%）[41]。中國主要靠非關稅障礙來刻意阻礙進口，以減少消費、增加儲蓄、並刺激投資（高投資率是中國經濟得以出現快速成長的主要理由），結果使得中國大多處於貧窮狀態的人口，即使擁有有限的購買力，也很少花在美國產品上。賣產品給中國人的美夢，是用來引誘美國公司進入中國的餌。中國政府迫使美國業者交出關鍵的知識技術 (know-how)，作為進入中國市場的代價[42]，但美國業者直到在中國設廠之後才發現，該廠必須仰賴出口才能賺錢。中國市場仍然是十九世紀快速帆船航行海面、鴉片戰爭爆發以來的那個充滿神秘色彩的仙境（順便提一下，昔日的中國與今日一樣被大肆地宣傳）。

　　另一個相關的迷思如下：

「其他國家的工資水準已經迅速追上美國，例如，印度目前大約有 2 億 5 千萬人是中產階級。」

可是印度的中產階級是指印度階級的中間部分，而不是美國的中間部分。他們一個家庭的收入，大約是美國家庭收入的十分之一。印度的平均國民所得一年大約只有 1 千美元。一個年收入約 2 千 5 百美元的印度家庭就可以請得起傭人[43]，而美國外包工作到印度的企業每年只要花 5 千美元，就能雇用剛畢業的資訊系學生[44]。

　　這個迷思是用來安撫美國人的焦慮心情：

「海外轉包 (offshoring) 是個微不足道的現象。」

當然，海外轉包只是服務業的貿易。但現在只是個起頭，拜每年15% 的複合增長率之賜，未來規模很快就會大到具有分量[45]。美國前聯準會副主席，現任普林斯頓大學經濟學教授的艾倫・布蘭德 (Alan Blinder) 估算，未來將有 4 千萬個美國工作會受到波及[46]。

下面是某些人喜歡用來安慰自己的一廂情願的美夢：

「廉價的他國勞工對美國的工資水準不構成威脅，因為海外的工資水準會因為經濟日益繁榮而提升。」

雖然長期而言這種說法**可能**是對的，但從目前所觀察到的所得成長率來看，最快也要好幾十年之後才會成真。況且它甚至有可能根本不會發生，因為像日本這種由貧困蛻變為薪資水準逼近美國的例子，可能無法再被複製了。非洲撒哈拉以南地區目前的平均每人所得，甚至還低於四十年前的水準[47]。而且從全世界的角度來看，聯合國 2003 年的報導指出，有五十四個國家比 1990 年時還要貧困[48]。

下面這個廣為流傳的說法，並沒有實際數字作為基礎：

「自由貿易為我們帶來了巨大的利益。」

可是自由貿易有一個卑劣的小秘密，那就是：我們常聽別人告訴我們，一定要持續擴大自由貿易；然而實際上，這麼做所能帶來的益處其實很少，**即使根據自由貿易派人士他們自己的計算結果**，也是如此[49]（這部分在第七章會有更多的說明）。

下面的說法很符合美國人的優越感：

「因為外國人很渴望在我們絕佳的企業環境中投資，所以我們即使無限期地擁有龐大的貿易逆差，也不會發生問題。」

這種想法可惜的地方就在於，外國對美國的投資大都是流向現有的資產。例如，2008 年外國投資的 2,604 億美元中，有 93% 是用於收購既有的公司[50]。更糟糕的是，很多外資只是投入政府公債而已——這會藉由赤字支出的方式化為消費，而不是投資。

以下是個聽來很成熟的分析，似乎很認真看待自由貿易的缺點：

「自由貿易讓美國失去低階的工作，但會以高階的工作取而代之。」

這當然會是我們可以接受的自由貿易。可是實際的數據卻顯示，美國其實**兩種**工作機會都無法保住。例如，根據美國勞工統計局 (Bureau of Labor Statistics) 的數字，美國在 2000 至 2009 年之間，失去了超過 16 萬 2 千個工程師與建築師的工作機會[51]。

這個迷思特別不可靠：

「消費者購買低價進口品所省下來的錢，超過因沒有在本國生產這些產品而損失的工資。」

沒有數據真的可以證明這點，特別是其中的關鍵資料是關於長期的結果，而這是我們目前還沒有機會觀察到的。此外，並沒有任何經濟學的原理，能保證這個結果一定會出現，**即使是理論上而言**[52]。但我們的確知道從小布希總統執政以後，美國已經喪失了近 550 萬個製造業的工作機會了[53]。

以下的論點很具誘惑力，但老實說，它非常危險：

「美國還是全世界最富有的國家，而且我們是自由貿易派，所以自由貿易一定是對的。」

但是，藉由美國目前普遍的繁榮來支持自由貿易，忽略了短期的繁榮是國家經濟基本條件健全的**落後**指標。當下的繁榮大多是在享受過去創造的財富，像是房屋住宅，所以已經富有很長一段時間的國家，有相當雄厚的本錢可以再揮霍一段時間。步入衰退的產業甚至可以藉著委外生產、削減投資、及榨取過去所累積的品牌權益等手段，將原有的競爭地位變現，使其獲利在邁向衰退的這些年內創下歷史新高。

不論如何，許多用於顯示美國在經濟上表現優於世界其他國家的指標，其實是有問題的。美國的失業率曾長期低於德國等其他主要的已開發國家，但現在已經不是這樣了[54]。如果把囚犯及其他形式的失業算進去的話，數據會更不好看[55]。美國國民平均所得之所以比較高，主要是因為美國人的工作時數高於其他已開發國家，以及美國人口投入勞動市場的比例較高之故。所以美國每人力小時的產出數字遠沒有那麼亮麗[56]。如果再假定美元高估的情形無法持續（的確是這樣），那就更難看了。而且，由於在已開發國家之中，美國所得分配不均的問題最為嚴重，所以美國的 GDP 分配到底部 90% 人口的比例，也低於任何其他的已開發國家[57]。

自由貿易的熊抱

造成自由貿易壓縮今日一般美國人薪資的經濟力量是非常殘酷的。就像克魯曼所說：

> 我們很難避免作出這樣的結論：美國與第三世界國家之間的貿易成長減少了許多，甚或大多數美國勞工的實質工資也是如此。這個現實亦使貿易政治成為非常棘手的議題[58]。

自由貿易會壓縮一般美國人薪資的理由，主要在於它會使全世

界的勞動供給增加速度快過資本供給，因為勞動力能在一夕之間，
從稻田轉移到工廠，但資本在現行的存款利率下，卻需要數十年的
時間才能累積。因此，自由貿易強化了資本對勞動力的談判籌碼。
若再加上資本的全球流動性與日俱增，以及印度、中國等過去曾是
社會主義的國家投入資本主義等因素，這種現象就會變得更為真切。
其結果就是所得主要來自資本的人（富者）獲利，但主要來自勞動
力的人（其他的人）則遭受損失。

　　這可不是什麼馬克思主義的謬論，它的基礎架構一直都是主流
經濟學的一部分，也就是所謂的史托普－薩繆爾森定理 (Stolper-
Samuelson theorem) [59]。這個定理是說，較自由的貿易會使數量相對
豐沛的生產投入（在美國是資本）的報酬提高，並減少數量相對稀
少的生產投入（在美國是勞動力）的報酬。因為比起世界其他國家，
美國平均每人擁有的資本較多，而每一元資本相對的勞動力則較少，
所以這會讓美國的勞工因而受害。

　　自由貿易也會對不同勞工的所得造成不同的影響。自由貿易對
美國個別勞工的衝擊，基本上取決於藉著進口他國廉價勞工生產的
產品，來取代美國勞工生產的同類型產品的難易度[60]。對極需要高度
技術的工作而言，例如：投資銀行業務，找他國人來取代可能並非
難事，但由於他國勞工（可能是某個住在倫敦的雅痞）其實和美國
勞工一樣昂貴，所以對美國的工資不致造成影響。對不能遠距離從
事的工作而言，例如：用餐服務，由於不可能以他國勞工取代，所
以同樣也不會有直接影響（我們稍後會討論間接影響）。受害最深的
職業都是產品便於進行貿易，**而且**可以改由海外廉價勞工生產者。
這就是為什麼美國最先遭殃的，都是非技術性的製造業工作。因為
在海外，有一大堆會做這些工作的勞工，而且製造業產品包裝後，

可以運送到全球的任何一個角落[61]。

　　從前述內容可以推斷，即使自由貿易在其他方面，表現得與其支持者所描述的一樣（實際上並沒有），它還是會帶給大多數美國人較低的薪資。即使它能擴張美國整體的經濟，它還是會增加貧困。一語概括它所造成的結果，就是**巴西**（宛如第一世界的先進經濟體與第三世界的悲慘狀況比鄰而居）：富者住在有刺鐵絲網後面，而商店老闆則會雇用不當班的警察，殺害無家可歸、淪落街頭的遊童。

　　直到最近幾年之前，拉丁美洲普遍來說，都不是在這方面能激勵人心的好例子，引用前世界銀行 (World Bank) 首席經濟顧問史提格里茲 (Joseph Stiglitz) 的話：「拉丁美洲從 1981 到 1993 年之間，GDP 雖然激增了 25%，但每日所得低於 2.15 美元的人口比例，卻由原來的 26.9%，增加至 29.5%[62]。」成長的確發生了，但是大部分的人口並未因此受惠。這個區域中另一個值得警惕的例子是阿根廷：它的平均國民所得在 1910 年時為美國的 77%，但之後遭遇經濟衰退；目前它的平均國民所得已滑落至美國的 31%[63]（光環褪色的阿根廷是個搖搖欲墜的國家，它預示了衰退後的美國可能會是何種光景）。

　　最近這數十年來，貿易所引發的工資縮水現象，對美國經濟階層的下半部毫不留情，而且現在已經開始無情地往上擴大。根據一份相關數據的摘要：

　　就全職的美國勞工而言，1979 至 1995 年間，受過十二年教育勞工的實質工資下降了 13.4%，而受教育時間少於十二年者，降幅更高達 20.2%。在同一時期，擁有十六年或更多教育背景的勞工，實質工資增加了 3.4%。因此，低技術與高技術勞工間的薪資差距顯著地增加了[64]。

取現有估計數字的約略中間值，我們可以將最近美國所得分配不均
惡化程度的 25% 左右，歸咎於更加自由的貿易[65]。因此，據推估，
在 2006 年因貿易更自由而擴大的所得不均現象，使中等收入的一般
家庭損失逾 2 千美元[66]。對許多家庭而言，這個數字甚至高於聯邦稅
單──這是共和黨員企圖灌輸這些民眾「大政府是造成他們財務困
境的禍首」的觀點時，所應該注意的問題。

　　美國企業愈來愈容易取得外國勞工，它們因而不再將美國勞工
視為資產，反而視為肩膀上的沉重負擔了。支撐第一世界中產階級
生活的工資和福利水準，曾被視為完全合理，現在則被美國企業界
看成極端過分的要求。這種轉變的跡象之一就是，2007 年全美汽車
勞工聯合工會 (United Auto Workers) 同意接受雙重薪資結構，讓新
進人員適用較低的工資。那是在通用汽車甚至還未陷入破產困境**之
前**[67]。在這項協議之下，四年內通用汽車大約會有三分之一的員工適
用新案，他們的薪資約為以前員工的一半。這，抹殺了美國汽車產
業擁有中產階級工廠勞工的歷史性成就。

　　然而，美國政府正積極地促進這個過程。作為 2008 年紓困案的
條件之一，美國三大汽車業者被迫將工資壓低至外國汽車業者美國
廠的水準[68]。而且，從對外出口的重量級公司卡特彼勒 (Caterpillar)
用外包作為威脅，以迫使其勞工讓步的行為來看[69]，只要自由貿易還
有一口氣在，美國就很難靠著出口脫離目前的狼狽處境。

第二章│
赤字、期間長度、及負面的效率

貿易赤字是美國貿易問題中,單一最重要的統計數據。可是因為自由貿易派人士非常善於辯解為什麼這個問題沒關係,所以徹底了解他們為什麼是錯的,就變得非常重要[1]。這可不單純是某位重量級的自由貿易支持者所謂的「帳簿上的抽象數字」而已[2]!還好,這並不需要特別複雜的經濟學,只需要確實掌握一點基本定義及推論的前後關係就好了。期間長度 (time horizon) 也是同樣的道理(雖然公共討論不常涉及這個部分,但是若要藉著推論思考來擺脫美國的貿易問題,則期間長度會是我們所需的觀念架構中的關鍵部分)。把貿易赤字及期間長度放在一起之後,我們就可以了解匯率及匯率操控的概念了。

要了解貿易赤字,只要依循以下的邏輯思考步驟就可以了:

第一步: **各國都會投入貿易。**所以美國人會賣商品給其他國家的人,並回買他國生產的商品(此處的「商品」不單指實體的貨物,還包括勞務)。

第二步: **沒有人可以免費得到商品。**所以美國人向他國人購買商品時,必須給他們一些東西作為回報。

第三步: **我們只能給三樣東西作為回報:**

①我們今天生產的商品。

②我們以前生產的商品。

③我們以後會生產的商品。

這張清單非常完整。如果還有第四種的話，那就一定是在跟聖誕老公公作買賣，因為我們不用花錢就可以得到商品。以下是①-③的具體事例：

　　①就是我們賣他國人飛機。

　　②就是我們賣他國人美國的辦公大樓。

　　③就是我們欠他國人錢。

②及③是美國有貿易逆差時會發生的狀況。因為我們的①出口額無法付清全部的進口額，所以我們必須藉②出售資產或③舉債來補足兩者的差距。如果兩者之中任何一種狀況發生，那美國不是會慢慢地被拋售給他國人，就是會逐漸地陷入重重債務之中。

　　我們並不需要摻雜排外情緒，才會覺得這種情形是件壞事，只要單從簿記上看就知道了：美國人變窮，只不過是因為我們擁有的變少、欠的債變多，也就是，美國的淨值變低了。

　　但這種情形不可能永遠持續下去。美國可以變賣的既有資產不過就這麼多而已，而美國可以負擔的債務利息也只能達到一定水準[3]。相較之下，我們可以毫無止盡地生產商品。所以即使貿易逆差年年擴大，它終究還是必須被縮減——這也就是說，我們的消費必須減少[4]。

　　更糟糕的是，貿易逆差**現在**也在減損工作機會[5]。在①當中，出口飛機意味著我們必須雇用勞工進行製造，而賣飛機賺的錢則讓我們可以支付他們薪水。可是在②之中，那些辦公大樓早就已經蓋好了（很可能是數十年前的事），所以賣掉這些大樓並不會創造出**今天**的工作機會[6]。而③也不會在今天創造出工作機會，因為那些商品是承諾在未來交貨的。雖然**那時**生產這些商品將會創造工作機會，但這些未來工作的薪資將由我們（而不是他國人）來支付。因為他國人早在當初我們賒帳向他們購買時，就把商品給我們了，所以往後他們並不欠我們任何東西。所以我們實際上就得無償工作。

這種情況不只對美國而言是個問題，它也是深陷債海的第三世界國家所常常抱怨的那種債務負擔。因為他們必須在過去政權（通常都不太有誠信）高築的債臺下勞碌地工作。他們有時候會把國際債務視為一種新型的殖民主義：既能榨取勞動力及自然資源，又能省卻經營老派英式帝國的麻煩。這正是他們痛恨 IMF 的理由。因為當他們失去在民間部門心中的信用後，IMF 就會透過紓困案掌握許多這一類的債務。

精巧的金融手法無濟於事

只要根據常識就能判斷，以上這些事實全部都是我們可以預見的，因為「天下沒有白吃的午餐」（但「可以白吃白喝」卻是「貿易逆差沒關係」這種想法真正的意涵）。不過，的確有一些方法能提前或延遲消費的時間點。這當然會讓人在短時間內有種**錯覺**，誤以為有些東西真的不要錢。現代金融複雜的運作方式、以及在錯覺持續時，隨之起舞所帶來的利潤，往往會掩蓋住現實。正因如此，這種錯覺更為危險。

這些複雜的運作方式，絕大部分都等同於各種異曲同工的說法，用來主張現代金融的奇蹟，使我們有能力無止盡地借貸或出售資產。可是，只要你牢牢記得前述的推論，即使沒有搞清楚這些方案的細節，也會明確了解它們是不可能奏效的。這些金融神話說到底，通常都只顯現一件事：藉由膨脹看似沒有極限的資產價格所形成的金融泡沫，可以在一段期間內，讓某個國家**看起來**好像能憑空變出無限多的資產（或者有限的資產，但其價格會永遠持續上揚）。然後，這些資產可以賣給他國人。而且，由於債務可以用這些資產作擔保，所以同樣的情形也適用於債務。

因此，自 1990 年代中期以後，美國一連串的金融泡沫（新興的科技與網路類股、不動產、衍生金融產品、大宗商品、及更廣義的股票市場等都有發生）使美國維持鉅額的貿易赤字。就相當大的程度而言，美國是用遭泡沫灌水的股票、垃圾貸款、註定會與美元同步崩盤的債券、以及其他華而不實的金融商品等，去購買進口產品。即使是本身價值很令人信賴的資產，其價格也會因為金融市場中，存在沒有合理基礎的揚升走勢而扶搖直上。

美國的貿易赤字、美國的信用額度

最近幾年，美國人消費高於生產的部分已高達 GDP 的 5%，這個差額是靠對外借貸及對外出售資產來填補的。由於這種狀況已持續了三十多年，現在他國人持有美國將近 50% 的公開發行政府債券、25% 的公司債券、以及大約 12% 的上市公司股票[7]。他國持有的美國資產淨值（他國持有的美國資產減去美國持有的他國資產）目前約為 2.7 兆美元，大約是美國 GDP 的五分之一[8]（GDP 是年度數字，而投資則是長期以來的財富存量，所以這些數字並不適合直接進行比較，但這麼做還是可以讓人對上述狀況的規模有些概念）。

據估算，過去這十年之中，美國吸收了全世界跨國流出的儲蓄的 80%[9]。直到 1985 年為止，美國一直是全世界其他國家的淨債權人，但自那個時候開始，美國的債務便愈陷愈深[10]。下頁的圖表正說明了這個狀況。

據估計，每 10 億美元的貿易赤字就會讓美國人失去約 9 千個工作機會[11]。所以據估算，我們的赤字讓我們損失了所有製造業原本應

（單位：十億美元）

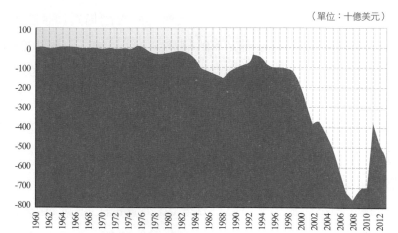

資料來源： 作者的圖表來自： "U.S. Trade in Goods and Services—Balance of Payments Basis," U.S. Census Bureau, http://www.census.gov/foreign-trade/statistics/historical/gands.txt.

美國年度貿易收支

該存在的工作機會的五分之一左右[12]。看待這個問題的另一種角度就是：我們會損失 GDP。經濟戰略研究所 (Economic Strategy Institute) 是華盛頓的一個智庫，他們在 2001 年時估計，貿易赤字至少使我們的經濟成長每年少了一個百分點[13]。這聽起來好像並不多，但由於 GDP 的成長是累進的，所以隨著時間的流逝，數字會以複利的方式累計。經濟學家巴爾 (William Bahr) 因此推估出來： 美國僅僅自 1991 年以來的貿易赤字（赤字可以一路回溯到 1976 年而不曾間斷），就已經使美國的經濟比原來應有的規模縮水 13%[14]；這是比整個加拿大經濟規模都還要大的經濟黑洞。

美國對他國人的金融負債不斷累積，意味著我們未來的產出中有愈來愈高的比例會成為他國人的消費，而不是我們自己的消費。這個現象在公部門及民間部門都會發生： 像是在 2010 年，聯邦預算中有 4.9% 是用於支付債務利息[15]，而聯邦債務約有一半是由外資持有[16]。過去英國為了支應第一次世界大戰而向美國借錢，讓我們得以還清自十九世紀以來對歐洲欠下的債務。自此以後一直到 2006 年，美國付給他國的利息才首次高於自他國收到的利息[17]。對美國人來說，幸運的是，美國海外資產的平均收益率（大部分是高殖利率的公司資產）超過他國在美國資產的平均收益率（大部分都是低殖利率的政府債券），所以美國在成為淨債務國許久之後，才跨過了收支平衡點[18]。

可是美國不可能持續借貸直到永遠。不論是民間部門或公部門，都將受到美國國際信用乾涸導致利率上揚的威脅。利率遽升可以輕易地將美國經濟再度打進衰退的深淵[19]。而數千萬個一般美國家庭目前已深陷債海，只要信用卡及其他機動利率債務的利率持續揚升，這些家庭就會被推入破產的困境[20]。

過去三十五年以來，工資的增幅僅微微高於物價膨脹[21]，所幸消費者懂得善加利用低利率購屋，消費支出水準才不至於落後。若非如此，最近幾年的支出增長是不可能持續的（消費者支出佔經濟的比重從 1980 年的 63%，增加為 2012 年的 71%）[22]。事實上，美國人在最近這數十年間，藉大量對外舉債來掩蓋其經濟困窘的實況。由於借貸助長了赤字，而赤字本身又是造成今日美國經濟困境的罪魁禍首，所以我們陷入一種慢動作、不斷自我強化的惡性輪迴之中。

美國的跳樓大拍賣

當然，美國對國際的透支並不是單由債務所造成的，另一股力量是拋售既有的資產；但只有在他國人購買大家確實聽過的某個龐然大物時，才會引起注目。例如，日本投資人 1989 年買下洛克斐勒中心 (Rockefeller Center)，或是阿拉伯聯合大公國籍的某企業，2006

年試圖收購美國六大主要港口（後來在美國進行國家安全審查時撤銷）。但事實上，拋售資產的情況一直在悄悄地進行著。有時候，買家是海外的民間機構（企業）；有時候則是貨真價實的他國政府，藉由所謂的「主權基金」(sovereign wealth fund) 進行收購。

就定義上來看，累積的貿易盈餘只能用於海外投資。據估算，到 2013 年時，把這些錢拿來作投資的亞洲主權基金可望達到 12.2 兆美元的規模，而石油輸出國家的基金也可達類似的水準[23]。彈丸小國新加坡就擁有 3,800 億美元[24]；受惠於北海石油的小小挪威則有 5,120 億美元[25]；科威特有 2,030 億美元[26]；而中國更擁有 8,310 億美元[27]。此外，南韓、汶萊、馬來西亞、臺灣、及智利等也都有這種基金[28]。即使加拿大也擁有鉅額的聯邦退休基金（雖然他們否認那在技術上屬於主權基金，也否認會將其投資決定予以政治化，但那還是在他國政府掌控中的一筆相當可觀的資本）[29]。

這些基金變得愈來愈精明老練，而且還有意朝此方向更上層樓。正因如此，中國國家投資基金近年來買下表現優異的一家紐約投資公司「黑石集團」(Blackstone Group) 10% 的股份。這個集團擅長收購大額的企業私募證券及其他精明的投資策略。中國政府不僅希望藉此提高在美國的投資獲利，就長期來說，或許還期待可以從這家公司學到企業收購及其他更積極之投資策略的箇中奧妙。

財富大規模轉移的結果，就是世界金融力量的中心，正逐漸由掌控長達數世紀之久的西方國家出走。事實上，科威特投資局 (Kuwait Investment Authority)、南韓投資公司 (Korean Investment Corporation)、及阿布達比投資局 (Abu Dhabi Investment Authority, ADIA) 在 2008 年的金融危機後，幫助華爾街受到重創的幾家主要業者進行紓困[30]。ADIA 投入了 75 億美元協助花旗集團重整財務[31]，花旗集團從主權基金獲得了總計大約 174 億美元的資金[32]；科威特及南韓的主權基金則給予美林集團協助[33]。整體而言，自 2007 年 3 月至 2008 年 6 月，亞洲的主權基金對西方金融機構資本重整所挹注的資金，達到 360 億美元，而石油國家則另外提供了約 230 億美元[34]。若沒有這些錢，對美國的納稅人而言，華爾街的紓困需求可能會大到無法消化的程度。

這些全都引發了意義深遠的經濟安全議題，尤其是提供紓困資金的政府中，有些對美國的態度並不怎麼友善（這就長期而言，更是如此）。可惜的是，預防這個領域發生問題的美國機構（主要是跨部門的「美國外資委員會」(Committee on Foreign Investment in the United States, CFIUS)）刻意將自我權限侷限於傳統的國家安全考量，而未理會經濟安全問題。CFIUS 幾乎從來不凍結任何交易案。在最近的公開報告期間（2010 年），送審的九十三件外資投資案中，雖然有些因為需要接受嚴格檢視而自行撤銷，但沒有任何一個案件真的遭到攔阻[35]。2007 年曾有人提議擴大 CFIUS 的職權範圍，以便將經濟安全納入，但未能成功。美國貿易副代表維絡努 (John Veroneau) 是這麼說的：

> 這麼做會混淆 CFIUS 的最主要功能，也就是國家安全評估。而且，對於什麼算是「經濟安全」，這其中的定義空間過於寬鬆且模糊……阻止外來投資案是政府權力的一種非常手段，唯有在最罕見的情況下才可予以援用；亦即在涉及國家安全利益而有需要時[36]。

所以美國政府就好像昔日的蘇維埃政治局一樣，對國家安全的思維仍然陷在狹隘的軍事定義中。它沒有專職保護美國**經濟**安全的機構，甚至並不確定應該如何定義這個觀念（我們或許可以直接比照傳統的軍事安全來加以定義，亦即，避免他國藉由經濟手段對美國造成傷害的能力）。

當水井乾涸時

當資產賣光了以後，美國終究得停止大規模拋售資產的行為。更精確一點來說，在美國殘餘的資產能給予他國投資者的報酬率，低於他們在其他國家可獲得的水準時，一切就必須結束。當美國政府的債信評比及美國民間資產的吸引力逐漸下滑時，拋售資產的情形可能會逐漸減少；或者，它會因為對美國經濟的信心突然崩潰，引發金融恐慌而戛然中止；或者，會因為重要買主的政治決定而迅速終結（他們其實都很清楚實際的狀況）。就好比網路刊物 Chinastakes.com 的總編輯周建工最近提出的問題：「中國憑什麼相信美國的國家信用可以無限擴張，因而應該幫助美國無止盡地發行債券[37]？」

答案很簡單：因為中國大約有 6% 的 GDP 是美國的進口[38]。中國的產能與其本身的消費者需求有很大的落差，所以無法一夕之間就以國內市場消化掉其外銷的部分。因為中國自己的人民還太窮，買不起自己工廠所生產用於外銷的傳真機及其他產品，所以如果中國不能維持鉅額貿易順差，將面臨大規模失業的風險，其失業人口可能會高達一億。因此相對地，中國必須大量吸收美國的債券及資產。中國目前正陷於一種尷尬的處境中，而中國統治者心中的下一步棋會怎麼走，大家也只能天馬行空地作各種揣測。顯而易見地，他們最理想的作法就是將外需平順地轉換成內需，而他們顯然也在努力朝這個方向前進。然而，看起來在美國消化他們貿易順差的能力耗盡之前，中國並沒有足夠的時間來促成這種轉變[39]。

在不夠富裕（也就是說，並未累積足夠資產）到可以大規模出售資產的開發中世界，前述問題所造成的結果，與在美國略有不同。自由貿易一旦結合了債務與相對應的資本自由流動，就會使這些國家很容易累積鉅額的外債。由於這些國家在國際上無法用自己本國的貨幣舉債，因此他們公部門與民間部門借錢欠下的債務，最終會以外國貨幣計價；只要匯率一下滑，外幣在當地的價格就會飆升，使上述債務問題更形惡化（這正是 1997 年泰國及其他國家在亞洲金融危機爆發時，所遭遇的主要問題之一）。

IMF 及 WTO 其實都非常清楚前述各項問題，至少從文件上來看是如此。例如，國際性的《關稅暨貿易總協定》(General Agreement on Tariffs and Trade, GATT) 第十二條（在 1994 年增列入接續它的 WTO 基礎協議中），明確允許各國可以為了避免貿易逆差，而限制進口的數量或金額[40]。同樣地，雖然 IMF 時常企圖將資本自由流通與自由貿易綁在一起，但這其實違反了 IMF 應該遵循的《國際貨幣基金協定》(Articles of Agreement of the IMF) 第六條的相關規定：承認各國擁有維持資本管制之權利（資本管制能限制外債規模及資產銷售）[41]。上述兩種睿智的特許權利，是由二次大戰那一世代的決策者所制定，他們比今日的主事者更明瞭自由貿易的陷阱。然而，這些權利在今天早已名存實亡了。

自由市場無法拯救我們的理由

傾向擁護自由市場的讀者可能會納悶：為什麼以上這些不愉快的結果，竟然會在資本主義經濟中出現？他們可能會猜想，自由市場會帶著足以證實前述問題「根本不是問題」的證據捲土重來。畢竟，自由市場不是保證經濟決策一定會是合理的嗎？這難道不是資本主義最基本的原則？

　　呃，不是的。事情未必絕對如此。

　　根本的問題很簡單：當自由市場經濟學聲稱，自由貿易對我們的經濟最好時，它並未說明是就長期或短期而言。事實上，自由市場經濟學對自己所建議的**各種**政策，究竟在長期或短期才是最好的，並不抱持任何特定立場。它認為短期與長期福祉之間的選擇，取決於消費者的主觀偏好，就好比經濟體應該生產豬肉還是牛肉的問題一樣。有些政策能帶來最佳的短期結果，有些則是長期效果最佳，但究竟哪一種比較好，則是一個主觀的選擇。自由市場經濟學當然**不會**說我們「應該」偏好長期的福祉。而且它並沒有一隻無形的手，可以將我們的經濟推向最理想的期間長度，就像它會將價格推到能使供需相等的水準一樣。

　　用較技術性的說法來表達的話，就是自由市場經濟學「視消費的時間折現率為外生的偏好」。「外生的偏好」的經濟意義，也就是「由經濟學本身以外所給定的偏好」，就好像法國人偏好葡萄酒，而德國人偏好啤酒一樣。消費的時間折現率反映出一個事實：經濟學並不會真的去討論期間長度；而「期間長度」的概念是說，未來某個時點之前的結果都有重要性，但在該時點之後則不具意義[5]。相對地，經濟學討論的是**時間折現率**，這個概念是說「一個經濟事件在愈遠的未來發生，它在今日就愈不重要」。這就是利率及某些其他事物的基礎。如果你今天借我錢，而我答應日後歸還，則你需要等待的時間愈長，你所要求的利息就會愈多。所以，「視消費的時間折

---

[5]　編譯按：白話一點來說，「期間長度」涉及了人們究竟關心到多遠的未來。例如，人們是只關心眼前的情況，還是會留意到一年後的日子？或者，人們只關心自己的有生之年，還是會考量未來的世代？

現率為外生的偏好」就是說，雖然自由市場經濟學可以提供許多建議，告訴我們如何最有效率地生產**任何**我們想要的東西，但是它無法告訴我們，究竟應該想要些什麼（或是我們何時應該想要那樣東西）！

即使進行小幅度的技術性調整，也無從迴避上述問題，因為整個自由市場經濟學的邏輯很清楚地就是這麼建構的，問題從根本上就鑲嵌在它的數學架構之中。因此我們必須將那種經濟學稍作更改，以便找到解決之道。

有效率的自我毀滅藝術

這一切怎麼會與貿易扯上關係？試試以下這個小小的思考實驗：想像有兩個緊鄰的國家，兩國之間禁止貿易。假設其中一國很「疏懶」，較喜歡短期消費；另一國則很「勤奮」，偏好長期的收穫。當然，這兩國之間的差異，就是消費的時間折現率。在經濟學的算式中，通常以希臘字母 rho (ρ) 來表示時間折現率。ρ 值愈高就表示愈傾向於短期主義，因為它會使未來結果折現時所打的折扣愈大。可以把 ρ 視為測量耐性的一項指標。

現在去除兩國間的保護主義障礙，讓它們能夠進行貿易、彼此借貸，並出售資產給對方，好讓它們出現順差及逆差，然後看看會發生什麼狀況。接著，可以用貿易的標準數學模型，推演接下來可能出現的各種發展；這些模型是連自由貿易派人士也能接受的[42]。

其中有一種發展情節特別有趣。在這種情節中，疏懶的那一國會竭盡所能地購買進口品，使其短期消費擴大到極限。所以它們會用盡出口所得，**同時**舉債、拋售資產，以購買商品。

就短期來說，兩國都會很開心。疏懶國很高興**現在**可以消費更多；而勤奮國則很高興鄰國幫它擴大投資機會，讓它未來能累積更多的財富，同時也能消費更多。

　　用經濟學的術語來講，兩個國家都已經將自身的「效用」極大化（「效用」是經濟學家用來表示「快樂」的一個怪字）。所以根據自由市場經濟學，兩國現在都更加幸福快樂了。此外，按照自由市場經濟學對於效率的看法，這個結果是有效率的，而且它也符合這個學派背後的核心自由思想：**更多的自由，可以增加人們改善自我處境的能力。**

　　所以，自由貿易獲得平反了嗎？

　　不！因為後果緊接而來。兩國福祉的增加（這是從自由市場派的定義來看，即不論這種增加，是以疏懶或勤奮的方式達成）是仰仗著疏懶國借貸及出售資產的能力，但疏懶國不可能永遠這麼做下去[43]。最後，當它出售資產及舉債的能力耗盡時，它會比不與鄰國進行自由貿易的情況還**更窮**。因為它出清了資產，並欠下龐大的債務，所以現在必須從自己的消費中撥錢給它的貿易夥伴！

　　這個結果應該可以清楚回答以下這個經常糾纏自由貿易批判者的問題：

減少人們的自由怎麼可能會讓人更幸福？

答案就是：

當人運用短期自由，會在長期對自己造成傷害時。

如果疏懶國限制人民的貿易，以避免他們**如此**疏懶的話，該國的人民應該會比較幸福一點。對他們而言，限制貿易就好像限制繼承人揮霍他所獲得的遺產一樣。人民繼承的「遺產」就是國家累積下來，可以變賣用來支付進口商品的全部財富，加上該國在能保持其債務流動性情況下的整體償債能力。

　　事實上，數學顯示在這些條件之下，墮落程度不一定要像拉斯維加斯一樣徹底才會出問題。它所揭露的是，只要時間折現率略為**不同**的國家，彼此進行自由貿易，有較高折現率（較沒耐心）的國家，往往會讓前一代（他們生產了可供拋售的資產）或下一代的人（他們將來必須償還債務）來支付現在的消費[44]。當然還有其他多種因素可能會影響結果，不過這仍是大體上的趨勢。

　　問題的關鍵在於，事情牽涉到兩個獨立的社會。如果一個社會中的「疏懶者」，只能向同一社會中的「勤奮者」借貸，那麼每一個借方都會在同一個社會中創造出一個貸方，整體社會的收支也得以維持平衡。所以不論墮落風氣有多麼嚴重（不論是否會造成任何其他的問題），這個社會的整體淨值及未來的消費潛力都不會因此減少。可是如果這個社會的成員可以對外借貸，那上述的情況就可能發生了。更嚴重的是，問題可能會陷入失控的惡性循環之中，因為社會及文化對行為的認可會創造更多的行為，然後又帶來更多的認可，如此不斷地自我強化下去。所以，人們建立經濟往來關係的對象，是與自己共享同一個社會及文化體系的同胞，還是只有在經濟利益方面往來的外國人，就變得非常**重要**（如第一章中所提及，各國絕對不是在經濟上無關緊要的）[45]。

負面的效率暗藏危險

　　其實，這裡最發人深省的事實就是：根據自由市場經濟學對效率的定義，上述的這整團亂象是有效率的。這正說明了為什麼就這個角度而言，經濟學家大都會忽略自由貿易的危險[46]。在主流經濟學邏輯嚴謹（但不當）的前提假設下，自由貿易可能誘使國家大肆揮霍，因而導致該國變糟的說法，從數學上來看，純粹是一件不可思議的事。既然該國想要來個短期大消費，而它也能如願以償，那還有什麼不好的？這其中的問題，早在設定基本前提的階段，就已被排除在外了。

一旦認清「效率」可能詭譎多變，而「偏好」又有多麼重要之後，就可以清楚地了解：經濟學應該對前者的關注少一點、對後者多一點。這整段推論最令人吃驚的結果，就是對於傳統中產階級文化（或至少它要人們多存錢、少花錢的諄諄教誨）的尊崇重新抬頭。看起來那些可笑的老邁新教守財奴還是懂得一點道理的[47]（由於他們創造了現代資本主義，所以他們掌握了**某種奧妙**並不值得大驚小怪）！說得更白一點，他們一再地拿錢投資工業，而不是像以前的頹廢貴族，將錢盡數揮霍於興建宮殿。

美國經濟沉迷於債務的跡象並不難找。對大蕭條時期景況記憶猶新、且傾向於儉樸生活的世代，已經漸漸式微，而一般家庭都已習於無止盡的消費者信貸。由於消費者貸款利率自 1982 年開始，已經超越所得成長率（這是債務陷阱的典型構成要素），消費者唯有依賴一連串以房地產市場為主的資產泡沫，來推升其資產淨值，才得以免除滅頂的命運[48]。在同一時期，美國各家庭的所得用於債務清償的比例，也由 11% 增加至 14%[49]。目前，美國各家庭及政府的債務合計已達 GDP 的 249%；甚至已經超出美國借錢支付二次大戰費用時期的最高（且合乎情理的）負債水準[50]。

在此同時，美國最精明的競爭者，用盡各種手段避免自己的人民陷入負債的窘境。因此，在中國申辦手機遠比申請高額度信用卡容易，這一點都不是偶然[51]。

負面的時間折現率所牽連的範圍，遠超過自由貿易議題，它也讓人開始質疑，過去這三十年來其他許多領域的經濟政策；例如，許多國家（特別是英、美）的金融體系都已經解除管制，因為他們認定這才是有效率的。或許在對效率的狹隘定義之下，這麼做的確是有效率的，但如果這只是讓人民能更有效率地**陷入債務**之中，那要怎麼辦？在錯誤的事情上有效率，可能是會造成反效果的。若不要那麼講究學理上的嚴謹性，那些約從 1980 年代以來遭解除的古老而怪異的金融限制中，有許多其實可能具有限制負面效率引發自我毀滅的效果。

由於壞事一開始總是看起來很棒（不然也不會有人去做了），所以負面的時間折現率極可能會摧毀經濟體中的每一環節。例如，期間長度著重短期的公司不會作長期投資，所以它們的設備並不足以應付科技創新；因應科技創新所需的鉅額投資，都要到許多年之後才能回本（我們常會以為，所謂的創新是指「敏銳度」及「對改變的迅速反應」等特質，但它其實還包括「如何等待延遲的財務報酬」）。所以這個看起來很抽象的問題，有助於解釋某些非常具體的事實，像是美國在高科技業的領先地位不斷下滑的情況。

這些是不是全都意味著，美國必須盡快使貿易赤字歸零？很遺憾地，從上面的分析可以清楚地看出來，美國的赤字是個慢性問題，而不是急性病症；雖然它持續拖累美國的經濟福祉，暗中破壞美國的未來，而美國人如果沒有它，就會更幸福一點。但是每一個嘎嘎叫嚷著天空就要塌下來的「烏鴉」，最後都只落得困窘的下場（這讓抱著懷疑態度的大眾作出「根本沒有什麼問題」的結論，但這也是錯誤的）。而且，雖然未能改善赤字必然會增加金融發生崩潰的終極風險，但是我們並無法明確預測這種情況何時會發生。我們不清楚他國投資人準備持有多少對美國的債權，以及多少美國的資產（他們自己可能也不清楚）。但我們知道一項足以避免跨越那條無形界線的可靠方法，那就是不再年年創造貿易赤字，並停止讓赤字餘額愈來愈大。目前，我們的赤字已無情地剝奪了我們的未來。

儲蓄氾濫的藉口

根據以上的現實情形（美國消費過多、儲蓄過少），有時會有人說，美國貿易赤字的真面目其實就是儲蓄問題。他們有時說，問題出在美國的儲蓄太少；他們有時又宣稱，真正的問題是他國（尤其是東亞國家）的儲蓄氾濫所致。不論如何，這些說法都意指問題與貿易政策無關（想透過它促成改變亦是枉然），因為只有改變儲蓄率才能改變現狀。例如，一個名為「中國商貿合作論壇」(China Business Forum) 的美國集團，就在其 2006 年的報告〈中國效應〉(The China Effect) 中斷言：

> 在全世界其他國家……都想儲蓄時，美國整體來看，卻想要借貸。
> 結果就是：美國對包括中國在內的所有國家的經常帳，都出現了赤字[52]。

這項分析從表面來看就很可疑，因為它意味著：不論美國製的汽車與電腦是廢物或是天才的結晶，都對美國的貿易收支沒有影響；而他國是否對美國的出口設立屏障，顯然也會變得毫無關聯。儘管如此，美國某些社會菁英仍固執地堅持這個論點，最主要是它能用來當成無所作為的藉口。

然而，這項分析的基礎，誤把貿易逆差與儲蓄率之間的**算數**關係視為**因果**關係。數學上來說，美國的儲蓄就是美國產出大於消費的部分，因為如果我們不消費掉自己所生產的東西，我們唯一能做的就是把它們儲存起來（如果我們用於出口，則會獲得等值的東西作為回報，但是這些東西我們也必須用於消費或是儲存起來，所以出口並不會改變這個等式）。貿易逆差則只是相反的情形。當我們想要的消費水準多於自己的產出時，只有兩種方法可以獲得所需商品：若非透過進口，就是提取過去所累積的庫存（動用儲蓄）。結論就是，貿易逆差並不會「造成」低儲蓄率，反之亦然。它們只不過是出現於平衡表帳目上，使收支兩邊相等的數字罷了。這就好比某人決定吃掉蛋糕，並不會「導致」他決定不儲存蛋糕，因為前者**就是**後者。所以美國的貿易逆差或儲蓄率，就本質而言，既不是影響彼此的因素，也不是合理化彼此的有效藉口。

有時候，甚至有人辯稱，向他國借貸有利於美國，因為這讓美國得以享有比起其他情況來說，更低的利率及更多的投資。但這個論點是一種比較基準不同的詭辯。如果把美國的低儲蓄率視為一個既定的事實，然後問：有海外籌資的投資或完全沒有投資，哪一個比較好？那麼有外資投資當然比較好。但美國的儲蓄率並不是既定無法改變的，而是**選擇的結果**；換句話說，真正的取捨是在於，選擇由海外籌資或國內籌資的投資。一旦從這個角度來看問題，則由國內籌資的投資顯然比較好；因為如此一來，美國人（而不是他國人）將可握有這些投資，並獲得它們所產生的利潤。

另有一個相關的謬論認為，美國的貿易赤字，是由於美國的貿易夥伴沒有實施足夠的擴張性貨幣政策所致（這基本上是說，這些國家的央行印鈔票的速度，比不上美國聯準會）。有些美國官員甚至幾乎要將這種情形，視為某種型態的不公平貿易[53]。的確，目前美國的主要貿易夥伴擴充貨幣供給的速度並不如美國。可是美國一直以來之所以這麼做，主要是為了吹大資產泡沫，讓美國有更多的資產可以對外出售，藉以獲得融通自身赤字的資金；這並不是個明智的對手會想要仿效的政策。我們很難要求世界上的各個勤奮國與我們一同加入頹廢競賽，即使他們真的參加了，結果也只會造成全球性的物價膨脹。

　　另一個令人質疑的理論宣稱，美國的赤字並不是什麼丟臉的事，因為這是他國經濟成長的腳步跟不上美國所致。因此，小布希總統任內的財政部長鮑爾森 (Henry Paulson Jr.) 在 2007 年時這麼說：

> 我們會有貿易赤字，是因為我們蓬勃成長的經濟，創造出對進口品的強勁需求，這些進口品包括了製造業生產投入、資本財、以及消費財等。在此同時，我們的主要貿易夥伴沒有相同的成長率，而且（或）其經濟體的消費水準也相對較低[54]。

這個分析，滿足了美國人的自傲，因為它意味著美國只是自身成功的受害者，而美國的貿易赤字，是其他國家未能與美國一樣富有生氣所造成。它暗示**別人**應該把自己的家裡整頓好。很不幸地，宣稱其他國家成長腳步緩慢造成美國赤字的說法，明顯是錯的，因為美國最嚴重的赤字問題，是來自與中國等快速成長國家的貿易。至於其他國家「消費水準相對較低」造成美國赤字的說法雖然沒有錯，但它也隱含：只要美國的主要貿易夥伴仍然擁有低消費水準（這也是實際發生的情形），美國就不可能平衡貿易收支。

固定匯率是解決之道？

　　前述分析提供了重大線索，能說明為何 1945 到 1971 年間，採取固定匯率的布列敦森林體制能運作得如此成功，雖然那是一套中央計畫的制度，蔑視自由市場才能有效率訂定價格（此處是指匯率）的基本原則。就現今的標準來說，該體系所產生的貿易赤字簡直微不足道。而且在它運作的期間，全球經濟成長的速度空前絕後，同時國際間及各國中的不平衡程度也較輕微[55]。

我們現在可以看出布列敦森林體制最重要的優點了。雖然浮動匯率或許比較有效率，但它的效率是在錯誤的地方。浮動匯率受到對一國貨幣**整體**需求的驅策，也就是不僅包含購買該國出口品的需求，還包括購買該國的債權及資產的需求。結果就是，對某國貨幣的需求不僅受其出口能力的影響，亦取決於該國出售資產及舉債的意願。但這會使人將無法永續的需求（對象是資產及債權），視同可持續不斷的需求（對象是出口）。所以浮動匯率形成的匯價水準，對經濟體中投入當前生產活動的部分，**未必**是最理想的。然而，相較於將生產活動提早或推遲的作法，這卻是經濟體中，唯一真正可以**在當下創造**財富的部分。因此，在我們所處的時代中，本來應該只是尾巴的金融業，反而時常喧賓奪主地牽動作為身體的實體經濟，一點都不是偶然（自 1945 至 1985 年間，金融業的獲利從未超過美國企業盈餘的 16%，但之後這個數字一路攀升，至 2005 年時達到 41% 的高峰）[56]！

浮動匯率最為人稱道的，就是它能讓經濟體有彈性。但這種彈性包含了讓人去做錯誤事情的能力（沒有人會想要開車經過「有彈性」的橋樑）。在布列敦森林式的制度之下，影響貿易的爛經濟政策很快就會觸礁，並造成國際收支危機。例如，英國在柴契爾上任前很長一段經濟衰退期間，便曾一再地遭遇這種危機，像是 1947、1949、1951、1955、1957、1964、1965、1966、及 1967 年，都有發生過[57]。這種危機迫使當局遠在嚴重傷害（透過債務累積及資產銷售等形式）形成之前，就在貿易方面採取修正行動。但如果是採用浮動匯率，並配上相對應的資本自由流動，則資產銷售及債務累積的緩衝效果就會延後促成改變的壓力，使不當的政策得以延續更久。所以基本上，某國可以變賣傳家的銀器，並抵押房子來繳交瓦斯費，而不會被迫去思索為什麼自己用掉那麼多的瓦斯。

以前，大家都很了解這一點。就如同 1944 年《布列敦森林協定》起草人之一的凱因斯所說明般：

> 〔世界上的各經濟體〕需要一套擁有內部穩定機制的系統，能在任何一國對全世界的國際收支帳偏離均衡時（不論順差或逆差），對其施加壓力，以避免它的行為，對鄰國造成數字相同、但正負相反的收支差額[58]。

布列敦森林體制的制定者，對 1930 年代的經濟混亂局面餘悸猶存，同時他們也擔憂來自蘇聯的威脅，因而想要創造一套既可避免徹底的社會主義中央計畫，又能預防金融危機的制度。他們了解要根除這種危機根本就是天方夜譚，所以他們退而求其次，決定**將危機維持在最小的程度**。凱因斯本人在這方面其實更為激進，在他的構想中，這套固定匯率制度是以名為 bancor 的國際準備貨幣作為媒介，並由名為清算聯盟 (Clearing Union) 的機構進行管理。IMF 就是這個構想的殘跡，不過最後世界各國仍決定以美元作為準備貨幣。

很不幸地，美元與所有其他國家的貨幣一樣，是一個主權國家的政治產物，同樣暴露於美國政治無常變化的影響之下。當美國詹森總統膨脹美元，以便在不增稅的情況下支付「大社會計畫」(Great Society) [6]及越戰所需經費時，布列敦森林體制終於陷入癱瘓

---

[6]　編譯按：「大社會計畫」是美國 1960 年代的一系列重大國內計畫，其規模可比擬羅斯福總統的「新政」(New Deal)。大社會計畫的主要目的在於進行社會改革，以消除貧窮及種族間的差別待遇。

了[59]。一開始，這種作法促成了「通膨外銷」（套用氣憤的法國總統戴高樂所說的話），使他國貨幣的價值，因為固定匯價而被美元拖著走。然而，當各國都試圖將自己手中價值縮水的美元兌換為黃金（黃金可用來支持美元發行，但美國的黃金存量有限）時，它最終徹底瓦解了該體制。1971 年美國尼克森總統半被迫地宣布放棄該協定，整個體制正式宣告結束[60]。匯率自此以後便進入了浮動時代。

這並沒有帶來快樂的結局。就本質而言，現行的體制**給予各國足以用來自盡的繩索：**它害各國陷入更大的麻煩，並讓自己在問題發生後別無選擇，只能以更具侵入性的作法幫助他們脫離困境。這並不能促進經濟穩定（更不用說成長了），但卻能提供一些唾手可得的機會，使人能用威脅的手段，積極將自由市場經濟政策，硬塞給本來對它們沒有興趣的國家（特別是第三世界國家）。世界銀行之類的機構懂得投機取巧，它們利用這些危機，強迫推行原來不可能達成的自由市場「改革」[61]。例如，根據哈佛的達尼·羅德瑞克 (Dani Rodrik) 的說法：「1980 年代開發中國家的貿易改革，鮮少是在未發生嚴重經濟危機的背景下進行的[62]。」白話一點來說，意思就是：**「既然你們已經破產了，你們就得將全部的國有資產私有化，並停止對窮人的糧食補貼，否則你們就拿不到緊急紓困貸款。」**

所以，或許固定匯率的最大優點在於，它其實是所有平衡世界貿易收支的可行政策中，**最不具侵入性的手段之一。**要改變一個社會在消費上的時間折現率難若登天，因為沒有任何作法能直接影響這個變數，而西方世界在承平時期曾企圖改變它，但大多宣告失敗。只有東亞的威權技術官僚才曾獲致成功，他們使用了一些高壓措施，包括：強迫儲蓄計畫（新加坡）、嚴格限制消費信用貸款（中國），以及讓建設大型住宅變得困難的土地使用分區管制（日本）[63]。這些政策是西方選民所無法容忍的，而大部分的第三世界國家，則沒有足夠的行政能力來加以推行。

　　另一方面，固定匯率制度在經濟體的外圍運作，因而對經濟體大部分的內部機制毫無影響。它只會侵犯少許的經濟自由；不過，儘管它並不干預商品貨物的流通，但只要限制支付商品貨款時所發生的相應資金流動，則仍能有效地平衡貿易收支。如果自由市場無法在貿易上獨力創造出最佳的結果，因而必須在**某些地方**受到管制，那不如就在這裡進行。此外，如果自由市場因為課稅和補貼而受到嚴重扭曲，因而需要予以修正的話，這應該是個下手的好地方。固定匯率是個複雜的議題，但是至少應該將它搬上檯面，視為可能解決美國（及全球）貿易問題的對策之一。

第三章|
行不通的貿易問題對策

當然，最近數十年來，美國人並不是完全不知道自己有貿易方面的問題，因此也已針對一長串的建議解決方案進行過公共辯論。不幸地，其中許多方案都不會奏效；有些建議是以內容混淆的分析為根據，少數則根本就是胡言亂語。如果想要了解美國問題真正的影響範圍，並建構確實有用的解決方案，就得斷然破除這些不實的希望。

例如，自 1990 年早期開始，輿論不斷暗示美國即將進入出口高峰期，可望能抵銷美國的貿易赤字，並創造大量高薪的工作機會（柯林頓很喜歡這種說法[1]，而歐巴馬則於 2010 年提案，要讓美國在五年之內出口倍增）。這種可能性看起來相當撩人，因為我們看到美國的出口的確正在迅速成長，只是還比不上進口的成長速度（1992 至 2010 年之間，美國的出口值成長兩倍以上，由 8,920 億美元增至 1 兆 8,340 億美元）[2]。這似乎意味著美國在全球市場上終究不是那麼缺乏競爭力，而只要美國的出口成長率能再多幾個百分點，整個問題就會迎刃而解。

不幸地，美國目前的赤字實在過於龐大，所以美國的出口必須每年都比進口多成長兩個百分點，並持續十幾年，才能消除這個赤字，更別提想要創造貿易盈餘，好讓美國人開始將自己從目前的龐大外債底下挖出來[3]。這個數字聽起來好像沒什麼，但這對於一個已開發國家而言，其實是非常強勁的出口表現；而在目前的國際經濟環境中不太可能可以達成，因為現階段每個國家都在努力擴大出口。

　　不論如何，美國近來的出口成長絕大部分都是空洞的，因為其主要項目大都是原物料及半成品，這些東西會在他國製為成品後回銷美國。例如，美國因為供應墨西哥邊境的**保稅加工出口廠**(maquiladora)，使得自身對墨西哥的出口毛額（也就是尚未扣除進口的金額）持續暢旺[4]。然而，這明顯是場必輸無疑的競賽，因為任何產品的原材料價值，絕對不可能高於成品加上利潤。

　　美國的貿易赤字不僅居於全球之冠，其進出口的**比值**也是全球最不均衡的（2011 年為 1.26 比 1）[5]。由於美國目前的進口佔 GDP 的 18%，而整個製造業所佔的比例僅為 11.5%[6]，所以美國即使出口整個製造業的全部產出，也無法平衡貿易收支。開放進口導致的去工業化，已經嚴重扭曲了美國的經濟結構。現在即使其他國家願意，也准許更多的進口（但其實他們並沒有），美國也沒有足以擴大出口來平衡貿易收支的產能了[7]。所以不論如何，解決之道唯有縮減進口一途。

　　出口勞務也無法平衡美國的貿易收支，因為美國在勞務方面的順差，與美國實體商品的逆差規模根本無法相提並論（2011 年的數字是 1,790 億美元比 7,370 億美元）[8]。

　　出口農產品同樣不能平衡美國的貿易收支（對已開發國家來說，這**看起來**就是個很怪異的點子）。美國在 2010 年的農業貿易順差僅為 280 億美元，大約是美國整體赤字的**十八分之一**。而 2010 年還是美國農產品出口異常暢旺的一年，在 2000 至 2010 年間，美國平均每年的農業貿易順差約只有 150 億美元[9]。

提高生產力救不了美國

　　有時會有人提出一種說法：美國只要提高生產力，就可以再度重振出口競爭力。一些令人寬心的統計數據顯示，美國的生產力仍然比競爭對手高出一截。這些數字常被大肆吹捧，用來支持前述論點。很不幸地，那些討論中國、墨西哥、及印度勞工的生產力數據，都是指這些國家的**平均**生產力，而不是單指他們的出口產業（但這是他們唯一會與美國競爭的產業類別）。這些國家的整體生產力之所以偏低，是因為他們有數億勞工目前仍是農民。可是美國電子業勞工是要與中國電子業的勞工競爭，而不是中國農民。

如果他國的生產力與其工資水準一樣低的話（只要結合激進的自由市場理論和精心篩選過的統計數據，就能輕易提出這樣的主張），偏低的他國工資就不會對美國勞工造成威脅。這個說法勉強算是真的，但如果他國的低工資**並不是**反映低生產力時，問題就產生了。事實上，正是第三世界的工資結合第一世界水準的生產力（這主要是拜跨國企業散播自身科技的能力所賜），才大幅削弱了低工資與低生產力在傳統上的關聯[10]。例如，美國生產一噸鋼，平均需要3.3 個人力小時，中國則需要 11.8 個人力小時，生產力幾乎是 4 比1 [11]。可是，美國與中國的工資差距，遠高於這個水準[12]。

不論如何，生產力本身並不是高工資的保證。在 1987 至 2008年的這二十年間，美國製造業的生產力其實成長了兩倍[13]，但是經物價調整後的製造業工資，僅增加約 11% [14]。大約從 1947 到 1973 年間，美國生產力與工資的成長率頗為緊密相連，然而自此以後，美國的勞工必須不斷地加快腳步，才能勉強保住飯碗[15]。在其他某些國家裡，工資與生產力分道揚鑣的情況甚至更為顯著。以墨西哥為例，1980 至 1994 年間，其生產力增加了 40%；但在 1994 年披索貶值後，實質工資卻**下滑**了四成[16]。

我們不能只是補償輸家

有時會有人主張，雖然自由貿易使某些人受害，但它帶來的效益大於所須付出的成本，因此贏家可以用他們的收益去補償輸家，最終使每個人都得以利益均霑（事實上，這是主流經濟學家在承認自由貿易確實有缺點時，常走的退路）。偶爾甚至會有人惡意辯稱，如果這種補償**沒有**出現，則發生任何問題都不是自由貿易本身的錯，而要歸咎於社會未能安排適當的機制。理論上，這或許是事實（如果自由貿易經濟學的其他部分都站得住腳的話），但這也意味著自由貿易若要有效運作，就需要政府扮演**救世主；即使是它的支持者也承認，事情的確應該如此**。結果到頭來，自由貿易其實是種仰賴大政府提供維生系統的放任主義。但不論如何，這種補償幾乎不曾出現過，因為自由貿易的贏家並不需要買通輸家，他們只需要打點好國會議員，讓他們投票支持更多的自由貿易協定。

補償自由貿易的受害者，一直是「美國貿易調整協助計畫」(Trade Adjustment Assistance, TAA) 的立論基礎，該計畫自 1974 年以來，持續提供補助性失業給付、訓練補助、及搬遷安置協助等。然而，相較於自由貿易所帶來的損傷，這項計畫的規模其實很小，大約一年不到 10 億美元。很少有勞工真正會去利用，而且這個概念也苦於自身先天上的問題。首先，通常不可能分辨出誰是因為自由貿易才丟了工作的，因為科技與消費者喜好的變化也會減少工作機會（這種情形正當合理）。此外，自由貿易所造成的傷害，不一定是工作機會**數量**的減少，它也可能會降低工作機會的品質，也就是工資及福利等。當自由貿易壓低工資時，它影響的範圍可能波及整個產業、整個區域、甚或整個國家，所以根本不可能精準地指出誰是受害者。TAA 通常能發揮的功用，僅是作為民眾等待找回舊工作時的補助性失業保險，而不是幫助民眾轉換新跑道的工具[17]。雖然這是它的正式目的，但它是根據一個錯誤的想法，也就是認為自由貿易所造成的傷害，全都屬於轉換工作所需的成本。

教育救不了美國

對於美國的貿易問題，一個常被提及的對策就是改善教育。雖然這麼做顯然會讓美國**更具**競爭力,但它的效果很可能不太足夠(所謂的「足夠」是指，美國在面對他國的競爭壓力時，仍能維持工資水準)。首先，美國的對手都很清楚教育的價值，所以這不可能是美國能夠獨享的優勢來源。而且不幸的是，從教育的觀點來看，美國已經不再令人敬畏。大約前三分之一的美國人口，能享有世界一流的學院及大學體制，以及其他形式訓練（像是軍事訓練，或更嚴謹的商貿學院教育）所帶來的益處。可是美國其餘人口的平均教育程度，其實比不上其主要競爭對手國的相應人口。

在高中畢業率方面（這是最便於比較各國教育水準的指標），美國曾一度執全球之牛耳，這主要是拜二十世紀初美國的中等教育改革所賜。然而，美國這數十年來卻不斷在退步，這點從以下事實可以清楚看出：美國 55 至 64 歲的人口（他們在四十多年前接受教育）仍居於領先地位，但在 25 至 34 歲這個級距，只排第十一名[18]（南韓排名第一）。美國的大學畢業率為 34%，不僅落在十五個國家之後，甚至還不及已開發國家的**平均**水準[19]。根據 2006 年的「國際學生評鑑計畫」(Program for International Student Assessment, PISA)，美國 15 歲的青少年，在數學及自然的表現不如其他二十二個國家[20]。美國最底層人口的狀況更令人擔憂，一份 2003 年的報告顯示，洛杉磯郡有三分之一的人口是功能性文盲[7][21]。

此外，「單靠教育就能保障工資水準」，其實是個有待驗證的假說，而目前證據是指向相反的方向。其中一個理由是，大學學位已經不再如以往般值錢了。事實上，只有學士學位的 25 至 34 歲勞工，在 2000 至 2008 年間，眼睜睜地看著自己的實質收入**下跌了 11%**[22]。社會研究新學院 (New School for Social Research) 的霍威爾 (David Howell) 在檢視了各產業的這個問題後寫下：「較高的技術水準並未帶來較高的工資。各產業中，平均教育水準上升的同時，工資卻見下滑[23]。」這應該不令人意外，因為如果各產業的市佔率及營收因進口品而受創，僅只是把知識教育塞進勞工的腦袋，顯然沒辦法拯救他們，也救不了他們所服務的產業。更何況，如果到頭來並沒有給大家工作機會，就不能期待人們會願意投入時間及金錢，去接受更多的教育（或有能力支付相關費用）。今天有誰會想要在汽車工程的領域進一步深造？因此，美國勞工教育水準偏低，是個不斷自我強化的惡性循環，因為高教育水準的勞工固然能讓產業強健，但另一方面，也需要有強健的產業來支持他們。

把教育當成是救命仙丹，也可能很容易就變質成「對未受教育及無法被教育者的忽視」。這個問題，在眾議員瑪西・凱普蒂爾（Marcy Kaptur，俄亥俄州的民主黨議員）的言談中表露無遺：

> 把錢投入研究中，就是這群全都受過大學教育、高高在上，自認無所不知的人的聖杯 (Holy Grail)[8]。但其實全國之中，未受過大學教

---

⑦ 編譯按：各國對於功能性文盲的評判標準不同，不過，相對於完全無法讀寫的文盲，功能性文盲具有簡單的讀寫能力，但卻不足以因應日常生活中的需要。例如，看不懂報章雜誌、銀行文件等。

⑧ 編譯按：渴望的目標。

育的人佔了大多數。我記得羅伯・萊奇（Robert Reich，前柯林頓政府的勞工部部長）曾說：「美國人應該這麼做，瑪西。有看到這個鹽瓶嗎?」「有，怎麼了?」「美國將會負責設計。」他說：「它會在別的地方製造，不過，是由我們來設計。」我心想：「這不是很像教授會給的答案嗎?」可是我兩樣都想要! 我想擁有工程設計及生產製造，因為我認識我選區裡的一些人，他們以前在製造東西，但現在卻沒有了。他們應該有權去製造那些他們最終也會購買的東西[24]。

並不是每個人都有能力讀到奈米科技碩士的學位。

　　反正，過人的優越科技能力是不太可能拯救美國的，理由很簡單，因為美國已經逐漸失去這種力量。雖然美國人印象中，仍覺得自己是科技業的龍頭，但其實美國在許多關鍵指標上，排名已經沒有那麼前面了。例如，美國今日的全國平均高速寬頻網路涵蓋率，僅排名世界**第二十六**，這將嚴重限制下一世代網路應用的發展[25]。美國的專利在全球的比重也正快速下降[26]，而聯邦政府對基礎科學的補助，趕不上與日俱增的支出，所以實質上來看是日益減少的[27]。美國國家科學基金會 (National Science Foundation) 整年度的預算，還不及美國四天的軍事支出[28]。

　　在同一時期，美國的競爭者正非常有計畫地積極追趕上來。根據經濟合作開發組織（Organization for Economic Cooperation and Development, OECD，是由已開發經濟體所組成的頂層團體）的數字，到 2005 年為止，中國投入研發的資金已高居全球第三，而且目前仍在持續增加中[29]。根據備受尊崇的喬治亞理工學院科技指數 (Georgia Tech Technology Index)，中國在高科技競爭力方面，已經超越美國。如果將二十七個歐盟國家視為一個整體，則歐盟也已經領先。這些情形絕非偶然[30]。

創意和自由救不了美國

另一個常被提及，能夠解決美國貿易問題的對策是：優越的創意。這個論點是來自「美國社會特別富有創意」的看法。美國常會被拿來與中國作對比，而我們也會聽到一些講法，宣稱中國受限於自己的政治制度，因而無法給予人民足夠的**自由**來發揮創意。這種看法很具誘惑力，因為它推崇美國的價值觀；大家都喜歡創意，而創意是一種非常模糊的觀念，任何人都能自由心證地把各種程度的經濟效應，歸因在它的身上。

不幸地，首先，美國許多重要的競爭者，根本就不是威權主義的社會。中國，是的。但印度呢？印度是個民主國家，日本也是，美國在歐洲的競爭對手也是，還有其他許多國家也都是。

雖然，相信自由是經濟成功的必要條件，也許是件好事，但是就可見的資料來看，像中國般的威權社會，並未在經濟方面向下沉淪[31]。對根深柢固的美國價值觀而言，不管這個事實有多麼令人失望，中國的威權統治幾乎可以確定是對其成長**有助益的**。例如，在抑制消費的政策下，中國得以擁有 50% 的儲蓄率及相對應的高投資水準[32]。雖然，在中國的工程學校裡，很難用谷歌 (Google) 搜尋到天安門屠殺事件，但中國對網路的審查制，並未阻礙其電子商務。外商通常都很喜歡中國爽快的決策、順服的勞工，以及其不受民主干預等特點。電腦晶片廠英特爾 (Intel) 最近正是基於前述理由，決定將亞洲地區的新廠設在中國，而不是印度。英特爾前任董事長貝瑞特 (Craig Barrett) 是這麼說的：

印度和美國有一樣的問題，他們是民主政府，決策的速度比較慢，

你一定得聽所有選民的話。在中國，他們直接得多……中國是**中央
計畫式的資本主義**……我們本來很認真地討論在印度生產晶片一
事，但該國政府對半導體製造的提案，反應都有點慢[33]。（粗體為本
書作者所加）

數字會說話：一直到 1987 年，印度的平均每人 GDP 還高於中國，
但今日中國的數字卻是印度的三倍，而且目前差距仍在擴大之中[34]。

　　自由貿易也不會使中國邁向民主化。這個迷思最近數十年來廣
受宣傳，以替美國在貿易方面對中國的讓步找藉口。北京很清楚自
身所面對的威脅，並擁有一套精密且冷血的策略，結合了古時候孔
子對人性的犬儒主義觀點，及現代威權主義的「全球最頂尖實務措
施」[35]。現在，這個政權在商業的優勢，已經使每個懂得掌握機會的
中國人口袋滿滿，所以其威權統治在政府之外也有廣大民眾的支持。

　　「自由可以拯救我們」這種主張的另一個版本，攻擊的是文化
上、而不是政治上的威權主義，這通常是以日本作為比較對象。目
前，與美國相較，日本的文化的確是相當封閉且孤立的。它可以合
理地被描述為我族中心、父權主義、及從眾型的社會，有時會讓觀
察家聯想到 1950 年代的美國。然而，日本在經濟上的創新記錄一直
非常亮眼：發明隨身聽的，並不是矽谷某個車庫裡的某個自由靈魂，
而是日本新力公司錄音機部門的經理大曾根幸三[36]。而往後的數十年
間，各種創新產品仍陸續出現，例如：具商業價值的汽電混合動力
汽車及平板電視等。遵守慣例的日本企業，在今日高科技業的初次
公開募股金額已高於美國[37]。所以，不論我們有多麼完美的理由去反
對這種文化，缺乏經濟創意絕對不是其中之一[38]。

　　如果有人幻想，美國因為文化**多元**而具有優勢，那麼擁有二十

三國語言及兩千五百年成熟文化的歐洲，輕易地就能擊敗美國（從這個標準來看，印度也可以）。

　　即使我們忘了所有以上說過的，還是認定美國在創意方面擁有根本上的優勢，但是絕大多數的公司、絕大多數的工作、及絕大多數的人，其實都不富有創造力。我們很容易會被令人神往的企業家故事唬得一愣一愣的，因而忘記**大多數的人並不是企業家**。而且，大多數的人一輩子永遠都不可能成為企業家，因為你不能只有企業家，而沒有一大群為他們工作的人。即使是蘋果公司這一類名符其實的創意廠商，其絕大部分的工作，從比較嚴謹的角度來說，也並不怎麼富有創意。

後工業化主義救不了美國

　　後工業化主義 (post-industrialism)，有時候會被認為是解決美國貿易問題的方法（或是用來讓人相信，這些現象根本不是問題），最簡化的說法如下：

製造業已經過時，美國正邁向更美好的未來。

然而，才過了不到幾年的時間，過去極富吸引力的後工業化時代經濟，早已不如當初那麼誘人。這主要是因為，印度在電腦軟體及企業流程外包等方面的成功，讓「美國的競爭者只會在製造業與美競爭」這個有點莫名的觀點威信盡失。可是我們三不五時還是會聽到後工業化主義的論點，這在 1980 及 1990 年代，說服美國人接受去工業化的過程中，扮演了重要角色。這個觀點受到多位不同派別的作家所鼓吹，例如：未來主義者陶福樂 (Alvin Toffler)、浪漫資本主義者吉爾德 (George Gilder)、技術自由意志主義者普斯特瑞爾 (Virginia Postrel)、及未來主義者耐斯比特 (John Naisbitt) 等[39]。政治

人物金瑞契 (Newt Gingrich) 則將它作為 1994 年「共和黨革命」的經濟理論基礎[40]。

很不幸地，後工業化主義的核心觀點不太受到實證支持；最重要的是，GDP 中製造業比例的下降，與經濟發展程度**並沒有**必然的關聯。在科技快速進步及財富激增的 1947 至 1966 年間，美國製造業佔 GDP 的比例其實還曾小幅**成長**[41]。最近幾年，製造業佔 GDP 的比例著實有所下滑，服務業則填補了因此出現的空缺。然而，這只是反映出製造業因為生產力提升較多，所以其物價膨脹率低於服務業（這個現象本身就顯示出，製造業可能還是具有其優勢！）。經過物價膨脹差異調整後，製造業的比例在過去約三十年間，其實還算相當穩定，一直要到 2000 年前後才開始下滑[42]。這個時間點實在太晚，以致無法用「經濟轉型成後工業化型態」來解釋。不過，它卻完全符合美國在製造業產品方面，貿易赤字快速增長的走勢。而且，如果我們不看美國製造業商品的**生產**走勢，而是看美國對它們的**消費**走勢，則完全看不到任何減少[43]。這個生產與消費之間的差距（如前一章所說明），就是美國的貿易赤字。所以，用後工業化主義來解釋美國在製造業方面的赤字，根本就已經預先把他們想要證明的論點，當成前提假設了。

儘管如此，後工業化主義在某些重要圈子裡，仍然相當受歡迎。在美國聲望很高的半官方機構「國家競爭力委員會」（Council on Competitiveness，由美國企業界、勞工界、學術界、及政府機關的領袖所組成），2006 年時有以下的言論：

今日高價值的產業是服務業而不是製造業。製造產品販售就其本身而言，價值相對很低，所以這類生產大都是在中國或泰國進行。現今，製造業的服務部門才是高價值的所在，這也正是美國能夠勝出的領域[44]。

不幸地，前面這段內容並不是真的，製造業也不是經濟體中過時廢棄的區塊。低階「螺絲起子工廠」所負責的最終組裝業務，的確很基本，而且可以在世界的任何一個角落進行，因此它會成為一項低工資的工作。但是，製造複雜精密的高科技產品卻是另一回事；這類生產活動目前仍集中於先進工業國家。傳真機、手機、及其他高科技產品的外層包裝上，雖然印了 "Made in China"（中國製造），但這通常只表示這些產品最後是在該地完成「套件」組裝罷了[45]。最關鍵的內部零件（佔了完成品成本中的一大部分），通常仍然是由日本等高工資的國家生產。如傳真機中的光電讀寫頭、印表機中的列印引擎，以及手錶中的錶心。例如，蘋果公司的 iPod 是在中國組裝，但其顯示螢幕是日本製、影像處理晶片是來自臺灣或新加坡、記憶體晶片是南韓製造，而其中央處理器 (CPU) 則是在美國或臺灣生產。這些國家的平均所得都是中國的數倍以上[46]。

比這些零件的價值更重要的是，生產它們所須投入的每勞動工時的價值是多少，因為這才是高工資水準最根本的基礎。例如，iPod 在零售與分銷之外所創造的 28,556 個工作中，有 19,190 個是生產線上的工作；其中，中國就掌握了絕大部分（11,715 個）。但另外的 9,366 個專業工作中，高工資的日本（有 1,140 個）及美國（有 6,101 個）則佔壓倒性的多數[47]。在生產成本主要是科技資本（而不是低技術的勞力）的產品上，低工資國家毫無優勢，因為科技和資本在這些國家並沒有比較便宜。

下表是一般美國製造業廠商的成本結構分析：

單位：%

原物料	45.98
勞　工	21.00
廣告行銷	9.00
研　發	8.50
利　息	3.44
交通運輸	2.90
健康及安全	1.60
能　源	1.53
環境保護	1.48
土地及租金	1.46
設　施	1.16
軟　體	0.80

資料來源：Peter Navarro, "Report of The China Price Project," Merage School of Business, University of California at Irvine, July 2006, p. 5.

　　據估計，有一半的美國製造業者，其直接勞動成本只佔總生產成本的 20% 以下[48]。事實上，相較於低工資國家的競爭對手，美國製造業者的平均成本劣勢，據估算約只有 17%。很明顯地，這個差距通常只需要借助靈巧的策略就能克服[49]。這正是其他一些高工資國家的製造業仍能欣欣向榮的理由[50]。這也說明了，為什麼美國在保衛藍領勞工工資上節節敗退，但它**其實是可以**成功的；還有，為什麼一些其他已開發國家，在這方面的表現能優於美國。

　　後工業化主義唯一搞對的是：銷售「內含高價勞動工時」的產品，幾乎就等同於銷售「實體化的知識技術」。但是，知識技術通常在送到消費者手上之前，必須以某種實體型態的「軀殼」呈現，而製造業產品正好很適合作為這種軀殼。因此，出口如設計服務之類、未經實體化的知識技術，絕對比較不利。因為根據實際數字，自

2004 年以來，美國在高科技產品的貿易赤字，已經超過智慧財產權、權利金、執照、及服務費等的貿易盈餘[51]。

某些像是蘋果公司之類的個別企業，藉由「將設計留在國內、將製造外包至其他國家」而獲得成功，但這並不代表此種策略，可以照本宣科地運用在整個經濟體上。蘋果是家很獨特的公司，這正是它成功的理由。然而，即使是夢幻的蘋果公司，從貿易的角度來看，它的故事也沒有一般人所想像的**那麼**成功。由於它在海外生產零件及組裝，以致在美國每賣一臺 300 美元的 iPod，就會為美國增加 140 美元的美中逆差[52]。所以，如果複雜精密的美國設計，必須變成進口品才能發售的話，那它也無法改善美國的貿易狀況。

在此同時，其他的公司正在關閉原來位於美國的設計中心，並遷移至靠近實際生產、且知識技術隨之累積的地點。就像生產印刷電路板的巴列特製造公司（Bartlett Manufacturing，位於美國伊利諾州凱利市）的董事長巴列特 (Douglas Bartlett) 所說的：

> 任何人只要對現實世界的製造業有點了解，就會知道工廠廠房與實驗室，會構成一個不斷循環的回饋圈。不幸的是，負責制定我國貿易及經濟政策的人，沒有半個知道任何關於現實世界製造業的狀況[53]。

於是，產業一個接一個地持續衰退下去。例如，繼 Italdesign、American Speciality Cars (ASC)、保時捷、日產、及 Volvo 陸續關閉設計中心後，2007 年 3 月，克萊斯勒汽車位於南加州的「帕西菲卡先進產品設計中心」也吹了熄燈號[54]；通用汽車公司的十一個設計中心，目前只剩下三個還在美國境內[55]。汽車顧問公司 The Car Lab 的諾伯 (Eric Noble) 說：「先進的工作室都會希望能開在新領域所在的地方，所以中國境內的工作室，就像雨後春筍般大量出現[56]。」這個趨勢對未來極為不利，就如同柯恩 (Stephen Cohen) 和濟斯曼 (John Zysman) 在他們合著的《製造業很重要》(*Manufacturing Matters*) 一書所說的：

> 美國必須掌控自身所發明設計的高科技產品的生產，而且必須採取直接、親自參與的方式……首先，大部分的附加價值是透過生產製造來實現獲利的……這是創造利潤的源頭，得以用來資助下一回合的研發費用。第二，也是最重要的：除非〔研發〕與產品的製造緊密結合……否則研發將落在不斷推進的創新的最前線之後……高科技總是會往最先進的生產者聚集靠攏[57]。

　　個別的科技或企業經營天才，不論在光鮮的雜誌上看起來多麼耀眼，他們也都救不了美國。佛羅里達 (Richard Florida) 及肯尼 (Martin Kenny) 在他們合著的《突破幻想》(*The Breakthrough Illusion*) 一書中，詳述了單打獨鬥的發明天才的有限（儘管很實在）價值[58]。雖然美國在純創新這個領域，擁有令人印象深刻的表現，但美國卻無法像日本及其他國家一樣，將創新轉化成大規模量產的產業（進而創造大量就業）。美國的高科技研究，散布於矽谷及其他地方的數千家小型公司。這種分散的情況或許對創新本身最為有利，但對大規模商業化而言，卻**不是**最理想的狀態[59]。事實上，它還會產生糟糕的副作用：使他國公司「單點」購買美國的個別創新技術，變得特別方便。此外，針對美國國防部近年所贊助的大多數研究，上述情形也幫助日本（而不是美國）的業者，成為這類研究的最大商業利益受惠者。

　　一家位於加州紅木市 (Redwood City)，名為 Ampex 的小公司，是集後工業化主義各種錯誤於一身的案例。這家執業界牛耳的公司於 1970 年發明了錄影機，但在轉換進入量產時卻搞砸了，最後只好把這項科技授權給日本人生產[60]。在整個 1980 至 1990 年代間，該公司收取了數百萬美元的權利金，並雇用了數百名員工。而他們授權的公司，營收則達到**數百億美元**，並雇用了**數十萬名員工**。

所以，自詡為「激進自由貿易派」的湯馬斯・佛里曼所寫的這句話，「全世界的好工廠工作機會可能是有限的，**但全世界由好構想所創造出來的工作機會卻是無窮的**[61]」（粗體為原文強調處），根本就是錯的[62]。雖然構想是抽象的，工廠生產的產品是具體的，但這並不代表人們對構想就會有無限的需求。構想能創造出來的工作數量，取決於人們願意**付出**多少錢來購買構想（不論是純粹的構想，或是構想落實後所生產的商品）。因為，最終仍是由這些錢來支付構想創造出來的工作。

當然，殺死後工業化美夢的最後凶手，是海外轉包；因為這意味著，即使「主打獲取服務業工作機會」**就是**理想的策略，但美國還是無法確實獲取、並留住這些工作機會。一開始，被轉包到海外的都是一些單調平凡的工作，像是電話服務中心，但最近涵蓋範圍愈來愈廣。根據 2007 年杜克大學福庫商學院 (Fuqua School of Business) 及博思艾倫顧問公司 (Booz Allen Hamilton) 的一份研究：

> 移轉產品設計、工程、及研發等公司核心業務的所在地點，顯示出一個嶄新、且正在成長的趨勢。雖然，借助工資差距進行套利的策略，仍然是目前推動海外轉包的關鍵，但是尋找供貨商及取得人才等，則為下個世代海外轉包最主要的動力……一直以來，海外轉包幾乎全都是指，在成本較低的國家，安置和建設 IT 服務、電話服務中心、及其他的企業流程。可是 IT 的業務外包已經達到成熟期，

現在的成長則大多圍繞在產品及流程的創新[63]。

在複雜的企業業務中，包括軟體開發在內的產品開發業務，現在是海外轉包的第二大項目。目前，金融、會計、銷售業務、及人事管理等較複雜的白領工作，以每年平均成長 35% 的速度進行海外轉包[64]。同一時期，雖然有幾家個別公司，已經將海外的電話服務中心移回美國，但是外移的電話服務中心及產品技術支援部門，仍以兩位數的速度成長之中[65]。

　　正如序論中所說的，僅僅在幾年之前，還對後工業化主義興致盎然的某些美國企業菁英，現在已經開始提出質疑。2009 年 2 月，奇異公司 (General Electric, GE) 董事長傑佛瑞‧伊梅爾特 (Jeffrey Immelt) 是這麼說的：

> 我相信，「美國可以從科技與製造業的龍頭，進化為服務業龍頭」，這個已流傳三十年的熱門看法，絕對是錯的。到頭來，這種思維把金融服務業由支援商業的行業，轉化為在經濟體之外運作的複雜交易市場。實體經濟的工程，已被金融財務工程給替換了[66]。

之後，伊梅爾特主張美國應該訂定目標，使製造業的工作機會至少應佔總工作機會的 20%（這是目前水準的兩倍左右）[67]。就在幾年之前，這個觀點一定會被評為無知且反動的中央計畫作法，而遭人嗤之以鼻；特別是當提議者並非備受尊崇的《財富雜誌》(Fortune) 世界 500 大企業的執行長時，更是如此。

製造美國的衰退

　　三不五時會聽到有人主張，美國的製造業出現復甦，但這種說法是錯的。它是根據一些軼事、美化後的數字，並剔除了「復甦」公司對進口零件的依賴程度。例如，高調宣揚美國電視工業因高畫質電視 (HDTV) 而復甦的狀況，其實根本沒有發生，日本製造業者迄今仍是這個產業的霸主[68]。

即使是自傲的波音航空公司 (美國最大的單一出口製造商)，近數十年來，也不斷把實際的生產製造從自己的營運業務中抽離[69]。波音及其他類似的公司將這種作法稱為「系統整合」(systems integration)。這個名詞聽起來很專業，但並不能改變波音公司已逐漸變形為「樂高積木組合者」的事實；它組合的零件分別來自歐洲、日本、及中國 (其比重愈來愈大)[70]。例如，整個波音 787 的複材機翼都是在日本建造的，而這正是飛機設計最關鍵的重點，因為機翼決定了飛機所能承載的重量[71] (相較之下，波音在歐洲的競爭者「空中巴士」，受到政策刻意限制，其委外生產的部分不得超過成品的 35%)[72]。

序論中也有提到，波音已經認清這種策略是在引火燒身[73]，因此正試圖將更多的製造流程，轉回公司內部以及美國境內。如果全球化是大勢所趨，那波音這種大動作並不可能發生。不過，這波方興未艾的反向潮流，是否能自行開花結果？或者，它只是美國公司因為採行空洞化策略而重創自身競爭力，因而需要關稅壁壘來協助復原，所發出的求救信號？這一切仍有待觀察 (在航空業這類美國仍然相對強勢的產業以外，後者很可能才是實際發生的情形)。

每隔幾年，就會出現一種全新的產業，例如汽電混合動力汽車。美國在這類產業中，並沒有強大的業者 (這裡所謂的「強大」是指，不仰賴重新包裝進口的主要零件，或外國科技的授權)[74]。而且，因為美國佔全球「旭日」產業的比例仍持續下降當中，所以這個問題不會好轉，只會更糟而已。例如，美國發明了太陽能電池，而且直到 1998 年產量仍居全球第一，但目前則跌落至第五名，落在日本、中國、德國、及臺灣之後[75]；全球十大風力發電機組製造商中，只有一家 GE 是美國廠[76]。隨著時間過去，明日產業不可避免地會變成今日產業，所以現在的情況，正是經濟朝向自動衰退的模式。

　　自 2002 年開始，美國在高科技產業上也出現了赤字[77]，甚至連對中國的高科技貿易也是如此[78]。理論上，中國應該會專精於低階製造業，如此美國才能專精於高科技產業。然而，中國正快速地在產業食物鏈中往上爬。2010 年，中國賣給美國價值 1,270 億美元的電子產品、320 億美元的成衣，以及不到 180 億美元，被當作典型「中國製劣等貨」的玩具[79]。結果，在 1989 年時，美國自中國的進口只有 30% 會與美國的高工資產業競爭；但到了 1999 年，該百分比已達到 50%，之後則更見進一步攀升[80]。從中國的進口，現在佔美國非石油貿易赤字的 83%[81]，而在科技產品貿易赤字的比例**更超過100%**（換言之，對世界其他國家，美國在這方面是順差的）[82]。

　　若以是否為產品的淨出口國來評估，則美國佔有優勢的產業只是少數，而且全都在不停地縮水。這些產業分別是航空器、航空器零件、武器、及特殊工具機等[83]。2007 年，這個把人送上月球的國家，竟成了**航太飛行器的淨進口國**[84]。前述的武器及工具機，許多都是航空相關的產品，這就意味著：實質上，美國製造業的**所有**淨出口，都是六十年來五角大廈產業政策的餘蔭（儘管如此，自由市場派思想家還是堅持，產業政策絕對不可能成功。關於這一點，第九章會進一步討論）。

　　甚至連美國經濟上的對手，都已經開始為美國的健康擔心。新力公司的前董事長森田盛夫，就曾指控美國「放棄自己身為工業強權的地位」[85]。當然，美國的對手也有他們自己的問題，但他們受到去工業化的傷害程度，遠不及美國。日本及德國都擁有暢旺的製造業出口（德國一直到 2008 年都還是全球第一大的出口國）[86]；兩國就業人口受雇於製造業的比例都比較高；兩國都是高工資的民主國家，而不是擁有血汗工廠的獨裁政體；而且兩國的失業率都低於美國。他們究竟藏有什麼秘訣？從某個程度上來說，答案就只是更偏重於製造業的企業文化罷了。此外，他們的金融制度較為長期導向。他們集資時多使用銀行債務，而不是股票市場有價證券，並搭配類似交叉持股之類的機制，以抵制短期投機客[87]。而且，這些國家對勞工訓練的投資也比較多[88]。

除了上述各點以外，日本及歐盟的非關稅障礙，也是根本關鍵之一，這類措施幫助他們的經濟，得以免除製造業被挖空的問題。這些非關稅障礙，很多都不是明文規定的法令，因此它們潛藏在表象背後，不易察覺。例如，自由派《國家雜誌》(The Nation) 的威廉・格萊德 (William Greider) 是這麼說的：

> 統合十五國市場的歐盟，照理說，應該已經邁向自由化了。然而，其底下各國仍有逾七百項對進口數量的國家管制，其中有許多被轉化為所謂的自動設限。英國汽車製造商及貿易商協會，仍與日本汽車製造商協會維持施行已久的「君子協定」；該協定有效地將英國市場中的日本車比率控制在 11%。法國及義大利的限制則更為嚴格。歐盟偶爾會公開表達消除此種非正式障礙的意願，但同時卻又讓這些障礙進一步地強化。1993 年年底的衰退期間，歐洲的日本車進口，更被肆意地削減了 18%[89]。

此外，歐洲還有其他暗藏的法寶，例如，使用依裁量權執行的反傾銷法，迫使外國公司將其科技密集部門設置在歐洲[90]。而歐盟對於與其他國家的市場開放互惠協議，則存在著制度性的差別待遇[91]。這些都在在顯示出，公然或隱晦的保護主義，是任何解決對策中的必要部分。

貨幣重估救不了美國

有時會有人說，只要貨幣的價值獲得調整，美國的貿易問題就會自動消失。這句話的重點是：**下滑的美元終將解決一切問題**。然而，即使我們假設幣值**終將會**調整，但僅是任令美元滑落，直到美國的貿易收支達到平衡，仍然會有嚴重的問題。

首先，只有在美元大幅下滑，使美國的平均每人 GDP 低於葡萄牙（根據調整後的市場匯率計算），美國的貿易收支才有可能平衡[92]。若以 2011 年年初的匯率為準，則美元貶值 50% 就可以達到這個水準[93]。然而，到底降幅要有多大才能平衡美國的貿易赤字，沒有人真的知道。尤其是我們無法預測，美國的貿易夥伴會多麼積極地以補貼、關稅、及非關稅障礙等手段，試圖保障他們的貿易順差。

美元貶值將會使美國人數十年來辛苦工作所獲得的財富價值縮水。普通美國人或許不在乎他們所擁有、被視為國際貨幣的美元價值為何，但他們在進口商品漲價的浪潮襲來時，就會深刻感受到美元貶值的後果。從牛仔褲到家用燃油，每樣商品的價格都會上漲，而本土製商品的價格水準也會受到波及[94]。

短期內，美元下跌甚至還會使美國的貿易赤字**更見惡化**，因為許多美國早已不能不進口的商品，其美元售價會因而增加。他國競爭對手早已幹掉多種商品的美國本土製造商了。商品項目從最普通的布製行李箱，到電腦晶片所使用、極複雜精密的甲酚環氧樹脂等都有[95]（全世界在 2008 年所生產的十幾億支手機之中，沒有一支是在美國生產的）。糟糕的是，美國境內某些產業的專業技術基礎已被嚴重削弱，所以即使現在企業真的想要把生產線移回來，也無法以合理的價格達成。

仰賴美元貶值來結平美國貿易帳目還有另一個問題：這種作法不只會讓美國的出口品變得更具吸引力，還會使他國人收購美國資產（從邁阿密的公寓到企業併購）變得更加誘人。結果就是，如果不搭配促進實際商品出口的政策的話，很可能只會刺激外資搶進美國資產罷了。

前一次美國藉美元貶值來改善貿易失衡的企圖（即 1985 年促使日圓升值的《廣場協定》(Plaza Accord)），所意外引發的重大後果之一，就是日本公司大量收購美國企業的熱潮。這個例子可作為今日重要的借鏡。理論上，日圓升值，加上幾項振興當時日本衰退中經濟的措施，應該可以大幅推升日本對美國商品的需求，並改善當時美國貿易問題的最大癥結，也就是美國對日本的貿易逆差。最初幾年，效果看起來還不錯。到了 1988 年，美元對日圓貶值了將近一半，不久後，美國對日本的貿易逆差也近乎腰斬，並在衰退的 1991 年觸底[96]。這情形已足夠舒緩政治上對日本不滿的沸騰情緒，美國國會與民眾對來自日本的威脅，也似乎不再感到興趣。然而，才不過短短幾年之後，一切又恢復既往，日本的貿易順差又重回往日的規模。日本對美國的貿易順差在 1985 年是 462 億美元，但到了 1993 年時，則已增加為 594 億美元[97]（2011 年時，這個數字是 626 億美元）[98]。

若要依賴貨幣重估來平衡貿易，還必須假定他國的經濟體並未受到人為操控，不會**無視於**美國出口品以他國貨幣計價的價格，而任意地拒絕這些產品[99]。然而，許多國家或多或少都在玩這種把戲。最厲害的應該還是日本，著名的前美國貿易代表克萊德·普羅斯托維茲 (Clyde Prestowitz) 是這麼寫的：

> 如果政府當局將自身在早期報告中所描述的日本結構性障礙一一
> 列出，例如：關係企業集團 (keiretsu)、特約配銷、以人脈關係為基
> 礎的交易、及產業政策等等，就等於是點出了日本經濟組織的精
> 髓[100]。

我們不能期待他國只為了多買一點美國貨，就重新設計他們的整個經濟體系[101]。

不論如何，「任由美元貶值以使美國貿易平衡」這種論點的致命傷，可以總結為一樣東西：**石油**。如果美元必須貶值一半才能平衡逆差，那麼以美元來算，石油的價格勢必會上漲一倍。即使石油在國際間仍然以美元計價 (**其實**有一部分已開始以歐元計價)，下跌的美元仍會推升它的價格。美國根深柢固的郊區土地使用模式，加上兩個世代以來，對大眾運輸系統的投資不足，都使美國在適應高油價方面的條件，遠不如競爭對手國。

貨幣沒有自由市場

「單純等待自由市場來修正貨幣匯價」還有一個更基本的問題：現實世界中，貨幣並沒有自由市場。操控一國貨幣所能得到的好處太多，所以各國政府很難抗拒這種誘惑。例如，根據美國汽車貿易政策委員會 (Automotive Trade Policy Council) 的統計，日本操縱匯率替自己出口業者所帶來的優勢，平均每輛車為 4 千美元，若是 Infiniti 等高級車種，更可達到 1 萬美元[102]。

　　目前最聲名狼藉的中國，其操控人民幣兌美元匯率的主要手法是：禁止其出口商自由使用他們所賺取的美元[103]。這些出口商必須依規定到中國人民銀行，將美元換成當地的貨幣。接著，中國人行為了進行「沖銷」，會用這些美元去買美國公債（以及愈來愈多的其他高殖利率投資標的），而不是花在美國商品上。結果，美元匯價因為對美元的需求而上揚，但這個需求卻與購買美國出口品毫無關聯。相關的金額如天文數字般龐大。迄 2011 年年中為止，中國所累積的美元外匯存底已達 1.7 餘兆美元，幾乎相當於中國 GDP 的 30%[104]。華盛頓的遊說團體「中國貨幣聯盟」（China Currency Coalition）估計，人民幣在 2005 年時被低估了 40%[105]。過去學術界的估算數字，則在 10% 至 75% 間不等[106]。

　　曾有人提議，強迫中國停止操縱匯率來作為解決之道[107]。最近一次的這類嘗試是《公平貿易貨幣改革法》（Currency Reform for Fair Trade Act）。該法案於 2010 年 9 月在眾議院獲得 249 位民主黨議員（總數為 255 票）及 99 位共和黨議員（173 票）的支持而通過[108]。這個法案或許會在 2011 到 2013 年的「共和黨國會」會期中敗北，不過如果它能通過，則美國的公司可以向商務部訴請，對操縱匯率的國家課徵較高的進口關稅。

　　然而，這項努力雖然立意甚佳，它卻是誤判形勢的結果。最重要的是，中國貨幣兌美元的匯價之所以會受到操縱，純粹是**因為美國人容許這樣的事情發生**；因為並沒有法律規定，美國要將債券及其他的資產賣給中國。事實上，美國隨時都可以結束這種操縱。美國只需要禁止中國購買，或把他們課稅課到死就行了。這差不多就是瑞士在 1972 年時採取的手法。當年因為世界其他地區的經濟問題，使得熱錢大舉湧入瑞士，企圖以瑞士法郎計價的資產作為避風港。這批熱錢推升了瑞士法郎的價格，眼看就要讓瑞士的製造業失去國際競爭力。為了避免這個問題，瑞士政府祭出了一些手段，來澆熄外國對瑞士法郎的投資需求，其中包括禁止對外銷售以瑞士法郎計價的債券、證券、及房地產等[109]。於是，問題迎刃而解。

但如果中國操控匯率的問題，是如此有害但又很容易阻止的話，為什麼美國到目前為止，還沒有採取對策？這主要是因為如果中國停止購買美國的債券及資產，他們就不再會每年都挹注數千億美元的資金給美國（這些資金算是相當便宜，因為其中絕大部分都是賺取美國政府公債的低率利息）。如果美國不提升爛到谷底的儲蓄率，來彌補這個缺口，則在簡單的資金供需運作下，利率必然會大幅揚升。所以，**「美國沒有能力提高國民儲蓄率」**其實才是問題的最大癥結，而不是任何中國做了（或沒有做）的事。美國的確應該終結中國對匯率的操控，但這是美國必須親自去做的一件事，而不是扭著中國的臂膀去推動。很諷刺地，在美國有能力處理所有可能的後果之前，中國一直不屈服於美國的壓力，這或許也算是幫了美國一個大忙吧！

這裡還有一個更基本的疑問：一開始到底為什麼會把浮動匯率視為最理想的？在辯論匯率操控議題時，存在著一種默契，那就是假定它的替代方案就是浮動匯率（這種看法認為根本的問題是「對自由市場的干預」，對堅持自由市場理念的人來說，這格外具有吸引力）。可是說老實話，美國真正想要的根本不是浮動匯率，而是經過操縱後，對美國比較有利的匯率罷了。這個想法並沒有錯，因為美國和全世界任何其他國家一樣，有權按照自己的利益來玩這場國際經濟賽局。然而，美國不應該欺騙自己，讓自己以為自由市場才是真正的答案。

所以實際的情況究竟如何？美國的選項並不是固定或浮動的匯率，而是固定或操控的匯率。如果匯率不論如何註定會遭到操控，那麼重拾直接的固定匯率制度（像是在前一章中所討論的《布列敦森林協定》），或許才是最佳的解決方案。事實上，固定匯率正是**每個國家**都操縱其幣值，最後大家達到不輸不贏，並獲致協議的結果。

總有一天，中國終究還是要停止操縱匯率的，因為只要操控後的匯率離應有的水準愈遠，未來的代價就會愈昂貴。而中國維持這個措施愈久，未來的損失就會愈大，因為中國所擁有的美元資產規模，以及這些資產價值未來很可能會縮水的幅度，都會雙雙揚升。人民幣緊釘住衰退中的美元，也會使中國因為進口品（尤其是石油）價格揚升而出現物價膨脹，並助長金融投機風氣[110]。

人民幣脫離美元的趨勢其實已經出現，只是步調並不大。中國首先於 2005 年 7 月開始將外匯存底多樣化，不再全部持有美元（這會有使人民幣脫離美元的效果）。並且從那時起，一直到 2008 年 7 月為止，放手讓人民幣由 8.28 元人民幣兌換 1 美元，升值至 6.83 元人民幣；而人民幣自此就持穩於該價位[111]。這是不是意味著問題本身會自行解決？答案是「不」。首先，雖然北京當局大肆宣傳，但前述的升值只是名目上的升值；其升幅經物價調整後小了很多，大約只有 2% 而已[112]。不論如何，就好像 2007 年，布希政府負責國際事務的財政部次長麥考密克 (David McCormick) 所說的：

〔人民幣升值〕並不是仙丹妙藥，無法解決美國產業面臨海外競爭時所遭遇的問題……我們早已見識過，中國出口業者在面對匯率升值時所展現的韌性[113]。

當然，這是因為匯率操縱只是中國低成本策略的其中一面罷了。加

州大學厄爾文分校的「中國物價計畫」(China Price Project)，曾對其
各種組成要素作了以下估算：

單位：%

工　資	39.4
補　貼	16.7
產業群聚網絡[114]	16.0
低估匯率	11.4
仿冒及盜版	8.6
外人直接投資	3.1
忽略健康及安全	2.4
忽略環境問題	2.3

資料來源：Peter Navarro, "Report of The China Price Project," Merage School of Business, University of California at Irvine, July 2006, p. 17.

　　而且，即使中國真的重新調整其貨幣匯價，他們還是有變不完
的戲法。他們透過非關稅形式的貿易障礙，還是可以順心如意，讓
美國的貿易失衡情形幾乎和以前沒有兩樣。保護主義並不光是指那
些顯而易見的政策，像是關稅及配額等，還包括本地成分法 (local
content law)、進口許可規定、及一些更細膩的措施（有些是隱晦不
明、很難察覺、或是永遠都具有爭議性），例如：刻意訂得很詭異的
國家技術標準、或差別待遇的稅負等。它還包括光明正大的詐欺，
例如：蓄意延誤港口作業、灌水的海關估價、選擇性執行安全標準、
及有系統的收賄等等[115]。美國國會研究處 (Congressional Research
Service, CRS) 所作的一項研究發現，全球各國對於美國的出口，共
有七百五十一種不同型態的障礙[116]。
　　於是，某些評論家就順理成章地往前推進一步，要求中國取消
這些隱晦的障礙。但此舉並不實際，因為要求他國改變其國內政策

以造福其他國家，是相當棘手的一件事，即使對手是像加拿大般有禮的自由民主國家，也是一樣。所以，期待北京的威權國家主義者會採取這種改變，簡直是一大笑話。儘管自由貿易派人士不斷重申，中國的保護主義政策，實際上會傷害到自己，但是中國政府顯然並不這麼認為，因為是由**他們**來選擇如何定義他們自己的國家利益。而且，中國還是閃避他國從經濟方面施壓的武林高手。例如，中國就阻撓自己 2001 年加入 WTO 時，所同意的各種市場開放協議。它通常只是尊崇這些協議的字面內容，卻迴避其精神意涵[117]。

　　美元持續貶值加上經濟衰退，已經使美國 2009 年的貿易赤字稍稍下滑，所以美國可能誤以為問題已經自行獲得修正。但是美國的貿易收支也曾在 1970、1973、1981、及 1991 年，由於經濟衰退而出現過短暫的改善[118]。所以，美國很可能又一次決定放任潛在的問題持續惡化。這是一種必須謹慎提防的假性救贖。

第四章 | 對自由貿易應避免的批判

因為自由貿易在理論上有許多漏洞，也在實務上產生許多問題，所以很容易讓人想把所有能想到的批評全都往它身上倒。畢竟，如果它是錯的，何樂而不為呢？但這麼做會是個錯誤。這將把我們帶進那些浪費時間的死巷裡，並破壞人們進行成果豐碩的辯論的努力、送出一些不實論點讓自由貿易派人士取勝，最後還會誤導大眾對於正確選擇的認知。總歸一句，不論你喜不喜歡，雖然某些有關自由貿易的批判廣受歡迎、眾所周知，但它們卻是錯的。

例如，有時會有人基於「自由貿易其實根本不存在」的理由，而否定它是一套政策。這並不是新的控訴：早在 1820 年，美國偉大的政治家亨利‧克雷 (Henry Clay) 就堅稱，自由貿易「從未存在過、現在不存在、或許未來也永遠不會存在[1]。」如果這是在描述美國從布魯塞爾到北京的主要貿易夥伴，那會很令人信服，因為他們並未對美國實施自由貿易。然而，當美國的關稅壁壘只是進口品價格的 1.3%，而非關稅壁壘（雖然就定義而言，很難量化）也沒高出多少，在這種情況下，否認美國的確是在實施自由貿易，純粹只是迂腐罷了[2]。

其他的批評則因為公開反對資本主義、支持社會主義甚或是無政府主義，而遠離掌控美國的政治主流。不認同這些偏激前提的人，很自然地就會予以排斥；事實上，也沒有多少選民或當權者是認同這些前提的。這類批評甚至可能會有反效果，因為它們可能讓大眾以為，只有它們的前提才是反對自由貿易的良好立論基礎。言下之意就是，任何不同意這些前提的人還是應該接受自由貿易。因此，最好避免出現激進批評者那種全然**可笑**的行徑：像是某個染了一頭綠髮的抗議青少年，被人錄下他正在砸毀星巴克櫥窗的影片；這只會讓人誤以為自由貿易的反對者都是怪咖，而他們的論點也就沒有討論的必要。那種極端行徑在美國當然還是有其存在的價值（別忘了當年是裝扮成美洲原住民的波士頓茶黨 (Boston Tea Party) 發起美國獨立革命的）；不過，街頭行動劇只有在作為整體戰略的一環時，才有效果。對抗自由貿易的戰爭，會在美國一般大眾之間決一勝負，而不是街頭藝術聖地格林威治村。

　　唯有**訴諸一般選民的自身利益**才能改變政策。所以，最好不要使用模糊的抱怨，例如：自由貿易很不好，因為它認同物質主義的生活型態；或者，因為它過度執著於經濟效率。當然，或許就某種程度來說，它的確是這樣沒錯；這讓人很容易就能包裝出一套說法，既能讓人感覺良好，又能與許多其他重要的議題連結[3]。然而，這實際上會變成是針對整體消費主義社會的批判；而這又不是國會可以立法禁絕的東西；但相對而言，自由貿易卻是。

　　另一個應該避免的觀點是：進口本身就是壞的。雖然民眾可能並不真的這麼相信，但它還是一種不知不覺就很容易陷入的隨便態度。消費包含進口品，如果我們擁抱廣泛共享的繁榮，與隨之而生的消費主義社會，則我們就必須將消費視為一件好事。事實上，我們必須假設進口是好的，以維護某些**對抗**自由貿易最有力的論點。例如，自由貿易會帶來貿易赤字，讓一國的貨幣貶值、進口品漲價，因而降低生活水準。所以長期而言，反對自由貿易的立場，很可能就會是支持進口的立場（當自由貿易派人士表現得好像是在捍衛

「貿易」這個概念的根本時，特別應該提出這個觀點；而他們也確實常會如此）！沒有人真的想把美國變成在「主體思想」⑨（或自給自足）的哲學下，完全封鎖進口的北韓[4]。

蛇打七寸：硬經濟學

　　唯有摧毀自由貿易硬經濟學的可信度，才能摧毀自由貿易派人士的力量。其作法就是：破壞他們在技術官僚政治能力方面的名聲，以及破壞技術官僚社會中源自於此的道德優勢。因此，對自由貿易的批評必須將焦點集中於經濟理論的要害，而不是諸如文化之類的衍生議題。雖然這些議題本身也極為重要，而且天生就能喚起鮮明而強烈的情感，但這並未使它們成為能終結自由貿易的有效手段。在公共辯論中，對衍生議題的批判往往會造成人們誤解：如果對自由貿易的批判，針對的都只是這類議題，那麼自由貿易的經濟理論本身一定是健全的。這是極為嚴重的錯誤，因為大多數人會很自然地認為，自由貿易的**經濟理論**，應該就是決定我們是否繼續推行自由貿易的根據。此外，自由貿易派人士要回應對衍生議題的批判，簡直易如反掌；他們可以提出與貿易無關的干預措施來解決任何特定的問題，同時持續推動自由貿易（像哥倫比亞大學的死忠自由貿易派巴格瓦蒂 (Jagdish Bhagwati) 這一類的經濟學家，已將這種作法升級成一個正式的理想）[5]。

　　例如，是否保護電影與雜誌產業確實是個議題，但不論從哪個

---

⑨　編譯按：主體思想是由北韓前領導人金日成所提出，作為北韓的國家基本路線。理論
　　上，它指的是「以人為自然和社會的主人」的想法；但實質上，它並不鼓勵個人獨立
　　思考，反而強調團體的獨立自主必須服從正確的領導，以使國家能夠獲得政治獨立、
　　經濟自足、及軍事自衛。因此，主體思想成為北韓領導階層掌控社會的一種工具。

角度來看，它都是個無法從經濟觀點予以解決的文化問題。不過，若主張「保護地方文化免於迪士尼化 (Disneyfication)，是牴觸自由貿易的行為」，因而要求世界各國接受文化同質化的情形，這當然是不合邏輯的。事實上，保護措施與自由貿易的確是相衝突的，可是我們並不會因此就出口武器給我們軍事上的敵人（即使軍售利潤可能極為誘人），因為我們了解，軍火在本質上與經濟無關，因此其產銷不應受到經濟邏輯的主導[6]。就好像任何經濟上的權衡，都不能用來判定，保護獨立的加拿大電影產業，到底應該算是對加拿大文化的照顧，或只是給予二流電影的補貼？這個問題（目前是 NAFTA 的一個重要議題）終究只能交由影評及觀眾來解決。

不需要反派角色

如果自由貿易是錯的，那也是因為客觀地從事實來看，它是錯的，因此沒必要將它轉化成一場有無辜受害者和壞蛋的戲碼。

有時候，第三世界會以這樣的姿態出現：他們是第一世界試圖以自由貿易進行壓制的無辜受害者。前馬來西亞總理（那位帶有偏見但可不笨的馬哈迪 (Mahathir bin Mohamad)）就曾經表達過這種觀點：

日本起步發展的那個時候，西方國家還不相信東方國家真的能迎頭趕上西方世界，因此日本獲得了機會。理所當然地，當後來日本的表現看起來總是好到有點過頭時，為了打壓日本的競爭力，日圓幣值被迫向上修正。可以看得出來，這些都是試圖減緩日本成長所刻意使用的手段……在此之後，一些東南亞國家當然也開始迅速發展，就連馬來西亞也是。於是開始出現一種恐懼心理，擔憂東方國家可能真的會對西方優勢地位構成威脅，所以一定要採取某些手段來加以阻止[7]。

基本上，馬哈迪控訴已開發國家，企圖鞏固自身在工業上的既有優勢，並讓世界上的其他國家只能負責供應他們原材料及低價值的工業廢料。第三世界國家往往將這視為殖民主義的重現（這是可以理解的）。

　　但第一世界不太可能這麼做。首先，如果第一世界對全球經濟的掌控力，真的像馬哈迪所想像的一樣，那他們現在應該早就成功了。然而，第三世界的巨人（像是中國和印度）目前卻還是能夠持續地大幅向前衝刺。況且，第一世界中實際從事國際貿易的企業，也不太可能拋下自身獲利，轉而為他們總部所在地的國家利益著想。今日，經濟、政治、及科技的力量，早已廣泛分散於全球各個角落，因此即使真的有人意欲如此（這點很值得懷疑），馬哈迪所編寫的劇本也不可能上演。

　　有時候，第三世界則被分配扮演壞蛋的角色。然而，像是中國之類的第三世界國家，不論他們透過貿易對美國造成了何種傷害，絕大多數的狀況都是美國咎由自取，因為美國人愚蠢地錯擁自由貿易。要是換成 1925 年主張保護主義的美國，大概頂多只會被傷到皮毛罷了。只有非常少數的情況，例如工業間諜及仿冒等，才真的是不可原諒、有如光天化日下的打劫行為。它們都是千真萬確的問題；在中國境內所使用的美國電腦軟體，三分之二都是盜版[8]。據估算，盜版讓美國每年都會蒙受約 26 億美元的損失[9]。此外，從某個角度來說，中國經濟成長中的 20% 都與智慧財產的侵權有關[10]。

　　另一個壞蛋理論是說「大企業都是邪惡的」。這項指控在政治光譜的兩個極端都能聽到，只是右翼通常會使用「叛國」之類的字眼。可是企業會做出某些行為，並不是因為它們是邪惡的（或是不忠的）。它們之所以那麼作，完全是因為，影響它們營運的各種規則，會使特定的行為有利可圖。如果自由貿易是合法的，那麼在企業開除美國境內高成本的就業人口，並將生產線移到海外時，我們就不應該特別地感到義憤填膺。我們應該做的是，改變那些會鼓勵這類行為的規則[11]。競爭的壓力往往會使不願同流合汙的企業（這種企業當然存在），被迫隨波逐流。

公平貿易還不夠

「公平貿易」這個概念非常誘人。不幸地，它只會是任何貿易問題對策的一個小部分而已。對諸如咖啡這類商品來說，公平貿易是件好事，因為大家很清楚知道，咖啡進口商怎麼對待咖啡農就算是不公平，以及要如何避免這類行為發生。不過，這種公平貿易，基本上來自於「第一世界的消費者，自願不充分運用他們相對於第三世界生產者的談判力量」。這非常令人敬佩。但是公平貿易只佔了可可、茶、及咖啡貿易的 1% 以下，所以在可預見的未來，僅會造成很小的影響[12]。

這個概念可以大力推廣嗎？也許吧。不過，目前仍有一塊巨石橫在眼前，阻礙人們進一步接受：主流經濟學主張，公平貿易的作法大多無濟於事，甚至可能還有反效果。例如，它認為公平貿易所意味的價格補貼，會鼓勵過度生產，並壓低其他種植者的產品售價。所以，要讓公平貿易實踐者以外的其他人，願意開始公正客觀地聆聽其概念，就必須先運用經濟學自身的概念術語，把這個經濟論點仔細地解析一遍。

公平貿易更重要的意涵還會涉及某些議題，像是美國公司在中國大型客機市場的公平市佔率應該是多少？因為美國的貿易問題，其中很大一部分是與大型客機之類的產品有關，而不是咖啡。這些高科技、高價位的產品，對美國的貿易表現具有舉足輕重的影響，而且它們會是任何美國未來產業政策的主要對象。這正是美國爭取就業機會的殺戮戰場。

不幸地，公平的概念是政治上的地雷區。要組成力量夠大、足以廢止自由貿易的政治聯盟，就會需要同時來自國會兩黨的支持。但這兩派每天都在爭論什麼是公平。如果事情又牽涉他國社會（在貿易活動裡，這種情況一定會發生），這個問題就會更嚴重；因為不同的社會對公平有不同的定義。以日本人為例，他們認為在經濟衰退期，遣散員工是不公平的[13]；許多歐洲國家則認為，美國反工會的「工作權」(right to work) 相關法案並不公平。美國前貿易代表普羅斯托維茲指出：

> 由於法律假設：美式資本主義與放任式的國際貿易，不但是好的，從道德上來看也是對的，所以它會間接地將偏離這套制度的作法，全都定義為「不公平」。法律並沒有提供任何轉圜空間，以便有採用不同制度的可能性，或是能夠處理那些並非起因於不公平，而是強將無法融合的不同制度綁在一起所造成的問題[14]。

因此，訴求公平來解決貿易糾紛，或以某種公平標準去評斷他國的行動，都不太可能解決任何問題。例如，並沒有特別好的理由可以說明，為什麼匯率操縱應該被視為「不公平」。匯率操縱是一種**戰術**，雖然美國當然應該反擊，以重建具有優勢的貨幣價格，但問題的重點是在於保護國家的經濟利益，而不是道德正義**本身**。

甚至從貿易經濟學的大部分內涵來看，公平也不是個特別有意義的概念。貿易經濟學仰賴的是像「資本流動」、「規模經濟」之類的專業術語。況且，公平多半也不是貿易政策的目標，繁榮（我們自己或他人）才是。正直的人當然會希望兩者都能達成，但我們不能只是預先假定這會成真。例如，從道德上來看，可以有數十種不同的理由來反對中國的威權主義，但它很可能確實提升了中國人民的生活水準。如果繁榮是我們想要的東西，那麼就必須承認，繁榮是我們所追求的目標（這當然必須受限於我們所信仰的道德規範）。

爭論美國貿易的這筆爛帳，到底是其他國家還是美國自己的「錯」，也是同樣地沒有道理。現實主義告訴我們，要假設他國不會放過我們擺在他們面前的任何一次機會。況且，即使有時候的確是別的國家的錯，我們也無法控制他們的行動；我們所能控制的，只有我們自己。

別再提公平競爭環境了

「我們只想要有個公平競爭的環境」，這種常見的抱怨只是要求公平貿易的另一種方式。真正公平的競爭環境，要求的不僅是國際貿易的平等規則，同時還要求各國都有相同的**國內**經濟政策，因為這些也都可以賦予一國出口上的優勢。

經濟體裡真的有數千個可以暗藏出口補貼的地方，這真的不誇張：從稅則的折舊時間表，到上游供應商產業收歸國營、土地使用規劃、信用卡法規、不良債權處理、低價基礎建設、以及退稅等等。所以真正公平的競爭環境，需要美國去監督其他國家的國內政策，才可能存在；這當然並不可行。即使美國能與其他國家達成終止這些補貼的書面協議，美國也還得有能力徹底予以落實才行。

他國政府就算想要與美國達成廢除補貼的協議，通常也會面臨國內要求維持補貼的強大政治壓力。例如，中國有許多實質上已經破產的國營企業，可是因為擔心引發失業潮，所以不能任令它們瓦解。在其他國家，補貼是每天都會上演的政治談判的產物；各國政府會收買政治支持，並疏通反對勢力。所以，只是為了讓美國開心，就貿然終止補貼，會有引發權力失衡的危險。美國本身在廢止不當農業補貼時所遭遇的困難，就說明了取消存在已久的補貼，是有多麼困難。

公平的競爭環境也會倒向另一邊：美國人往往不了解**自己的**經濟裡有多少補貼。可是，若根據美國商務部所提出、適用於其他國家的相同標準，那根本是族繁不及備載[15]。農業補貼只是個開頭，它已經引爆了許多國際貿易糾紛（它們基本上都背棄了 2008 年 WTO 的杜哈回合協議）。此外，還有數千種其他類型，從進出口銀行（提供出口商低廉的貸款）到胡佛水壩（廉價電力）。這還只是聯邦層級的部分；美國各州及各地方政府常會競相提供補貼，以吸引企業。從針對研發到員工訓練的每一項稅負減免，都會補貼**某種產品**。所以，如果該產品是要用來出口的，那就算是一種出口補貼。因此，除非我們已經準備好，要讓他國官員來評判所有這一類的政策，否則，不論美國或其他國家實施補貼，都是無法避免的，真正公平的競爭環境也就不可能存在。如果不存在公平的競爭環境，那麼永遠沒有任何自由市場式的對策，可以平衡貿易收支；換句話說，收支平衡的貿易，必定會是某種人為管理的貿易型態。

著眼於勞工標準並不足夠

想要追究其他國家的低勞工標準，以解決自由貿易的問題，這種想法是可以理解的。2004 年「美國勞工聯盟暨職業工會聯合會」(American Federation of Labor and Congress of Industrial Organization, AFL-CIO) 斷言（不算不合理）：中國壓制勞工權利，使其出口商得以享有 43% 的成本優勢[16]。中國的勞工不准成立工會，他們的薪資通常低於中國原本就超低的最低工資，而且也沒有加班費。不僅如此，如果他們**真的**做了什麼太過分的事，中國還有方便提供奴役勞工的「勞改營」，可以幫忙製造用來出口的商品[17]。

可是，如果自由貿易的確對勞工不利，那我們就應該結束它，而不是去進行修補。因為它的經濟缺陷太過深層，不是少數幾個勞工協定就可以修正的。這些協定確實有存在的價值，因為它們多少能改善問題（如果真正落實的話），但並不是最根本的解決之道。就好像美國聯合鋼鐵工人工會 (United Steelworkers) 的總裁傑瑞德 (Leo Gerard) 所說的：

> 這件事的真相就是：你沒辦法藉著納入環境權與勞工權，來假裝這就可以修補 NAFTA。事實上，加拿大的環境與勞動標準都比美國高。墨西哥的標準也比較高，只是並未真正落實[18]。

想用貿易作為籌碼，來提升他國的勞動標準，還會遭遇另一個問題，那就是：有些國家的勞動標準比美國低，但他們是民主國家。此時，這種作法就會形同於告訴他們，他們無權制定自己的勞基法。像德國、瑞士這一類國家的工會，享有美國所無法想像的權利（比如說：董事會保留席次）；試想，如果他們告訴美國的阿拉巴馬州、德州、及其他相似的州：若想出口到歐盟，先決條件就是放棄自身的工作權相關法案！而針對工會為合法的貧困國家，像是印度，一切又要怎麼說?合理的勞工權並沒有改變印度仍然低得嚇人的工資。

向底部沉淪的競爭？

在臭名昭彰的「向底部沉淪的競爭」這個論點中，自由貿易會使工資、工作條件、及環保措施等方面在國際上的最低標準，成為全球性的常態。不過，這個論點很棘手，而且一半對、一半錯，因此需要小心翼翼地予以抽絲剝繭。

好消息是：自由貿易極不可能**真的**會使工資、勞工權、及環保的最低標準，成為世界性的標準。雖然不可諱言地，的確有往這個方向推進的壓力，但同樣也有其他相當大的力量在與之抗衡。若非如此，南韓現在還會像 1970 年以前一樣，比尚比亞還窮[19]。如果像南韓一樣小、又相對較弱的國家，都能抵擋這個浪潮，那麼美國**如果**能打對牌的話，肯定也可以。只可惜到目前為止，美國都沒有這麼做[20]。這就是真正丟臉的地方：美國並不是被困在「前途無亮」的處境中，而是沒能好好處理自己明明就可以應付得挺好的情況。

對大多數的美國人而言，自由貿易當然帶來了工資下調的壓力，可是它幾乎永遠都不可能會讓美國的工資，調降至當前中國的水準（這大概就是所謂「底部」的真正意涵）。除此之外，美國經濟的 70% 是無法進行國際貿易的產業（從餐廳到政府）[21]。所以美國的經濟，絕大部分與國際貿易完全沒有直接的關係。由於平均工資是按平均生產力而定[22]，而那些低工資的他國人，不論做什麼，都不會降低美國經濟中非貿易部門的生產力[23]。所以僅憑藉貿易本身，是不可能把美國經濟整個拖垮的。

向底部沉淪的概念，背後的經濟原理是真實的，但其影響力並不是無限大。各國的工資不會只因為某個國家工資較低就自動觸底。那個國家同時**還**必須是個相當成功的競爭者，足以將那些工資較高

的國家，從貿易相關的產業中淘汰掉。所以，如果工資較高的國家
擁有生產力優勢、品質優勢、或其他足以平衡工資成本較高的特點，
則低工資水準就不會勝出[24]。能否成功整合這些反制的因素，才是決
定如美國等先進經濟體命運的關鍵；而產業政策的目的，正是嘗試
做到這點（第九章中會加以討論）。

真的會出現向底部沉淪的產業，通常都是低附加價值的部門；
其生產的主要成本，都是源自運用非技術性或半技術性的勞工。這
些都是本質上低工資的產業，對美國勞工來說沒有什麼價值。原因
很簡單：這種工作的薪資無法負擔在已開發國家生活所需的費用。
遠比這個問題更嚴重的是，美國在高技術性、且高工資產業的全球
地位不斷遭到侵蝕；在這場競賽中，美國大多敗在其他**已開發**國家
手下。

將美國貿易問題的原因，全部簡化為廉價他國勞工，絕對是個
錯誤。廉價的勞工的確可以解釋美國與中國、印度、及其他開發中
國家的問題，但是它不能解釋美國與其他高工資國家的鉅額貿易逆
差問題（2011 年，對日本為 626 億美元[25]；對歐盟則是 992 億美
元[26]）。如果貿易純粹只與低工資有關的話，孟加拉與中非的蒲隆地
(Burundi) 應該會主宰全世界的經濟才對。

須特別注意的是，綜合以上所言，由於美國經濟的絕大部分是
無法進行貿易的，所以**國內**生產力的低成長率，在這數十年間對美
國所造成的傷害，事實上更大過自由貿易。把自由貿易當成美國所
有大大小小經濟問題的原凶，會讓人忽略掉美國經濟應該處理的其
他缺失。美國遭逢了許多經濟挫敗，包括偏重短線的金融業者、不
良的中等教育、以及崩解中的基礎建設等等。但他國的競爭，絕對
不應該成為上述所有問題的代罪羔羊。

自由貿易不會摧毀政府

另一個半對半錯、廣為流行（尤其是對左派而言）的說法是：自由貿易會破壞政府課稅的能力，因而摧毀政府。然而，不容懷疑的事實顯示，在 1965 至 2006 年的這段期間，自由貿易不斷成長，但沒有任何一個先進國家的政府歲入出現減少。以下的表格就可以說明事實真相：

稅收佔 GDP 的百分比

單位: %

年份 國家	1965	1980	1990	2000	2006	1965-2006 成長率
美　國	24.7	27.0	26.7	29.6	28.0	+3.3
日　本	18.3	25.1	30.1	27.1	27.9	+9.6
德　國	31.6	37.5	35.7	37.9	35.6	+4.0
法　國	34.5	40.6	43.0	45.3	44.2	+9.7
義大利	25.5	30.4	38.9	42.0	42.1	+16.6
英　國	30.4	35.2	36.8	37.4	37.1	+6.7
加拿大	25.6	30.7	35.9	35.8	33.3	+7.7
丹　麥	29.9	43.9	47.1	48.8	49.1	+19.2
瑞　典	35.0	47.5	53.6	54.2	49.1	+14.1
澳　洲	21.9	27.4	29.3	31.5	30.6	+8.7

資料來源: 1965–2000: OECD Revenue Statistics 1965–2003 (Paris: Organization for Economic Co-Operation and Development, 2004), Table 3. 2006: "OECD Tax Database," Table O.1, www.oecd.org/ctp/tasdatabase.

所以，不論愈來愈自由的貿易還造成了什麼影響，「讓國家消亡」絕對不是其中之一。此外，稅務負擔也沒有從企業身上轉移出去：在 1965 至 2004 年的這段期間，已開發國家對企業所得課徵的平均稅收，已從 GDP 的 2.2% 增加至 3.5%[27]。

不過，高稅率會降低國家競爭力的道理，不是不言自明的嗎？自由貿易使各國的經濟基礎有辦法捲起鋪蓋、逃往他處，這可是各國都承擔不起的後果。現在，各國不是都穿著人們所謂的「黃金約束衣」(golden straitjacket) [10]嗎[28]？答案為是也不是。畢竟，稅賦**本身**並不是拖垮經濟的累贅，因為繳稅的人民及企業還是有所獲得，那就是：公共服務。決定國家稅制競爭力的是成本與效益之間關係，而不只是成本而已。效益不彰的公共服務、方向錯誤的社會計畫、以及與實際國家安全需要無關的軍事冒險，的確會形成經濟上的負擔；可是妥善運用的稅金卻不會。國家的社會福利微薄，當然不會構成出口上優勢。這點從美國與歐盟之間的比較，就可以很清楚地看到：擁有鉅額貿易赤字的是，在社會福利方面相對刻苦禁慾的美國，而不是相對慷慨大方的歐盟。

不智的政府支出的確會浪費錢，使人民因此更加窮困。它也會破壞讓人工作與投資的誘因。像英國這種稅率高但開支不當的國家，人民的生活品質確實已經遭到損害；可是他們大致還是能維持原本在國際間的競爭力。「高稅率不必然破壞競爭力」的邏輯不適用於極端情形，但在大多數主要國家目前的課稅範圍內，仍屬有效。簡而言之，從一般常用的排名來看，明智運用稅金的高稅率國家（如瑞典），根本就不會缺乏國際競爭力[29]。

即使稅金**的確**遭到不當使用，其成本似乎大多是來自納稅人的口袋，或以國內經濟動能為代價，而不是犧牲經濟體的國際競爭力

---

[10] 編譯按：由美國著名專欄作家湯馬斯‧佛里曼所創造的名詞，用來指稱自由市場派所認為，一國參與經濟全球化所應採取的各種自由市場經濟措施，例如：推動企業民營化、平衡預算、調降關稅、放寬外資管制、以及取消對國營事業的補助等。這種看法認為，當一國採取這類措施時，其政府本身的權力會受到限制，但同時會帶來更多貿易及外國投資，使資源運用更有效率，對於一國的經濟發展有正面幫助。

地位。道理很簡單，如果英國的稅率過高，而倫敦的銀行嘗試調高收費來作為抵銷，那麼他們的外國客戶可以將業務轉移到別處；這比要讓倫敦的銀行家打包搬家容易多了。所以銀行家必須削減自己的薪水，而不是調高收費來支付稅金。稅負過高的成本，往往會轉嫁到最不具機動性的一方。

在先進工業國家之中，較開放的經濟體（其貿易額佔 GDP 的比例較高）在福利支出上其實會更多、而不是較少[30]。這情況顯示，福利國家是人民在與開放的經濟周旋時，所需要的緩衝墊。反過來說，實際上福利國家很可能會促進貿易的開放程度，而不是構成阻礙。這也表示自由貿易會擴充「大政府」，而不是縮減其規模。這點與許多自由貿易擁護者意識型態上的誤解，正好相反[31]。

自由貿易不會讓全世界美國化

常有人認為，自由貿易會使全球的其他經濟體，都邁向美國化（也許因為美國近幾年經濟衰退，所以這種看法變少了）。但其實並不會。只有當自由貿易背後的經濟理論顯示，某種經濟模式永遠都是最好的時候，自由貿易才會促使不同的經濟體趨向於單一模式(不論是美國式或其他型態)。不過，正如以下將要介紹的，讓我們理解「自由貿易並非總是最佳選擇」的獨到見解，同時也顯示出，並沒有任何一個**國家的**經濟模式，永遠都是最好的[32]。這個世界不會全都變成美式資本主義，就只是因為，世界不太可能會向任何單一的模式靠攏。我們唯一擁有的前提條件，就只是最基本的事實：不論其在意識型態方面的表面說詞為何，所有已開發國家都是混合了資本主義與社會主義的經濟體，其公共部門佔 GDP 的比例約在四分之一至二分之一間[33]。

這並不代表各國不同類型的資本主義，註定都會一樣地成功；現在不是，未來也不會。不過，這的確表示他們之中有許多會相當成功，使得來自外國的競爭壓力，不至於強大到可以迫使他們改變。美國、中國、日本、俄羅斯、德國、巴西、及阿拉伯聯合大公國等國的資本主義，實質上都不太一樣。他們未來仍將維持這個差異性。很顯然地，事情並不是像湯馬斯·佛里曼所說的：「今天可以選擇的口味，只有自由市場的香草以及北韓[34]。」儘管主流經濟學對於經濟的多樣性所知無幾，但它仍將是生活中現實的一部分。

事實上，由於美國現在正逐步陷入困境，所以美國版的資本主義，八成愈來愈可能會被其他國家視為**負面**教材。過去緊隨美國腳步的加拿大、澳洲、及英國等，都與美國漸行漸遠，並開始朝中歐及東亞的可見成功模式靠攏，在這種情況下，全球經濟大概或多或少都會變得更為去美國化。

如何才能不終結自由貿易？

任何將來的保護主義政策，若想要持續下去的話，勢必要有不錯的實際成效，所以一定要避免過去保護主義所犯下的錯誤；這些錯誤大多帶來了反效果。

例如，美國與日本汽車業者之間的《自願設限協定》（Voluntary Restraint Agreement, VRA。效期為 1981 至 1994 年，之後由日本單方面繼續實施），可作為「如何才能**不**終結自由貿易」的研究案例。雖然該協定深受歡迎，但實際上，該協定根本亂七八糟。它耗費了消費者數十億美元，最終也沒有拯救美國的汽車工業，但卻幾乎沒有遭遇任何反對。

VRA 最明顯的錯誤就是，美國限制了進口汽車的數量，而不是其價值。結果，日本確實限制了自己的出口數量，但他們接著轉進高價位市場，並開始出口較昂貴的車種。由於美國汽車工業提供就業機會的能力，並不取決於汽車的生產數量，而是這些汽車為公司所帶來的收益，所以這個協定反而具有反效果。

從納稅人的觀點來看，配額也是最糟糕的保護主義政策。任何對進口商品的障礙，如：配額、關稅、自動設限、以及封閉的銷售通路等等，都會推升進口品及其國內替代產品的價格。不過，關稅可以把大部分增加的價差，放回納稅人的口袋之中。相對地，配額則是把這筆錢交到他國廠商的手裡。所以就實質效果而言，VRA 可說是將日本汽車工業的價格操控合法化！價格操控提高了該產業的獲利能力，使該產業能投入更多的資金進行研發，來達到超越美國廠商的目標。由於 VRA 形同產量配額，提高了日本車的價格，且漲幅大於沒有產量配額的美國車，導致該效果更為增強[35]。

此外，VRA 雖然讓美國汽車工業增加了市佔率，同時調高汽車售價（1984 年平均調高 659 美元），但 VRA 也未能確保這個產業，會明智運用因此增加的收益[36]。各種不同的收益運用方式，對產業長期健康的貢獻也會不一樣。這筆錢可以用來增加股東利潤、增加投資、提高工資、或用於某種綜合前述幾項用途的組合。然而，就實際發生的情形來看，這筆錢絕大部分都被撥作當下的盈餘和工資，而未分配到掌握該產業長遠未來關鍵的投資[37]。二十五年以後，美國的汽車工業付出了代價：克萊斯勒及通用汽車經歷了破產；福特則以此作為威脅，迫使工會及供應商退讓，才勉強逃過一劫。2008年，豐田汽車打破通用汽車稱霸世界七十七年的神話，成為全球最大的汽車製造廠。

VRA 的目標（及效果），本來是要讓美國汽車業的三大龍頭及他國廠商，將汽車生產線移轉到美國境內。不幸的是，讓德國、日本、及南韓等國業者到美國境內，設立所謂的「海外廠」，其實是個問題很多的作法（目前美國境內有十七家）[38]。雖然，這個作法的確將生產的工作轉移到美國，但是絕大部分的設計工作仍都留在他國境內。海外廠所生產的汽車，對進口零件的依賴程度也高了許多：美國汽車業三大龍頭的平均國內產製比例為 79%，但海外廠的平均僅為 63%[39]。對於未來可能實施的關稅政策而言，海外廠也會破壞其促進美國汽車工業自主的效果，因為他國業者現在已經穩穩進駐在關稅牆之內了。

要向上提升，而不是撿破爛

重要的是，如果只是為了拯救快要陣亡的產業，就不應該訴諸保護主義。近數十年來，自由貿易的批判者總是在為這些產業發愁，卻很少擔心，自由貿易對目前仍屬健康的產業所造成的傷害，也幾乎從不憂慮那些自由貿易打從一開始就阻止美國發展的產業。然而，藉著保護的作法（或許再加上滿滿的投資補貼）來把原始的勞力密集產業留在美國境內，將會是一種浪費。這些錢原本可以好好地運用，以捍衛美國境內還有一線生機的產業；或是投入一個嶄新的旭日產業。全美境內，有許多人在沃爾瑪 (Walmart) 超市領每小時 8 美元的工資，負責貨品上架的工作。這些人本來有機會可以成為高畫質電視工廠內的技術人員，並領有或許高達兩倍的薪水[40]（因為美國境內沒有這樣的產業，所以我們不知道他們的工資會是多少，但我們可以從其他需要相近技術水準的產業推測出來）[41]。這些人不了解自己的潛力，所以不知道要抱怨。可是在美國的貿易問題中，他們與失業人口的嚴重性是一樣的。

保護主義所帶來的大多數好處，主要來自於贏得明日的產業，並使今日的產業不至於陷入困境；而**不是**去拯救已經邁向死亡的產業。把垂死的產業視為保護主義的對象，就會像是對躺在救護車裡的心臟病患者，大談飲食及運動之道一樣。雖然聊勝於無，但其功效實在微乎其微。況且，在美國這類高工資國家裡，陷入困境的產業「通常」（並不是自由貿易派人士所堅稱的「**永遠**」）是本身愈來愈不具競爭力的產業；它們也是美國應該擺脫的產業。

保護主義無法保障美國的每一個工作機會，即便這是政界時常自然而然會作的一項承諾。就算美國有這個能力，這也不會是一個理性的目標；因為保留每一個現存的工作機會，就意味著從事這些工作的勞工，即使假以時日，也無法向上提升去做更好的工作（但這才是我們應該樂見的）。而且，即使不是每個人都可以提升至更好的工作，產業生命週期的自然進展也會告訴我們，沒有任何一種工作是可以永遠存在的。雖然卡式錄放影機 (VCR) 是 1978 年的旭日產業，但這類工廠在現代是沒有未來的。所以結論是：有效保衛美國產業基礎的措施，將會是持續向前、而非停留在原地不動的措施。

第二部

真正的
貿易經濟學

第五章 |
老掉牙的比較利益理論

本章所要介紹的理論是錯誤的，它就是 1817 年由大衛・李嘉圖 (David Ricardo) 所創造、高齡超過 190 歲的比較利益理論。李嘉圖是位倫敦的股票交易商，他是白手起家的百萬富翁，同時也是國會議員。他在某次渡假時，讀了亞當・斯密著名的《國富論》(*The Wealth of Nations*)，從此便成了一位經濟學家。他的理論問世時，美國境內的絕大部分，都還是蠻荒之地；鐵路運輸還在實驗階段；醫生則仍會用放血來治病；而費城的街道上，還能看見美國獨立革命的老兵。當時，美國與中國之間最快的交通方式是搭乘快速帆船，需時超過兩個月；與日本進行貿易則是不可能的，因為德川幕府在 1635 年下令實施「鎖國政策」後，日本就一直處於與外界隔絕的狀態，直到比較利益問世三十七年後，才因美國海軍准將佩里 (Mathew Perry) 的到來而開港。英國當時是全世界最大的製造業及貿易國家[1]。全世界的經濟總產出大約是今日規模的 0.5%，而國際貿易則大約佔該產出的 3%[2]。這與今日的 26% 相比[3]，實在不可同日而語。

然而，了解這個古怪又不可靠的理論，絕對是必要的，因為直到今天，它還是支撐自由貿易的核心之所在。所有一大堆關於自由貿易對我們很好的理由，都是藉由這一個理論和它各式各樣的現代修訂版，來濃縮成硬經濟學，並藉此衡量利弊得失，其餘都只是枝微末節和政治罷了。假如這套理論是對的，那麼不論自由貿易的代價有多高，我們都可以有恃無恐，因為它保證我們一定能從自身經濟中的某些地方，獲得大過這些代價的好處；但如果它是錯的，那上述的結局就不可能發生。自由貿易派人士也承認這點，因為儘管有其他類型的貿易理論存在，但它們根本的價值觀全都屬於李嘉圖學派[4]。因此，對李嘉圖論點的攻防戰，會具有決定性的後果。

絕對利益與比較利益

要了解比較利益理論，最好先從它較為簡單的表兄弟「絕對利益理論」著手。絕對利益理論的觀念單純是說，如果某個國家生產某種產品的效率高於我們，那麼自由貿易就會使我們從該國進口這種產品，這樣兩個國家都可以從中獲利。這種作法對我們有利，因為比起自己生產，我們可以用更少的代價取得該產品；對另一國也有利，因為他們的產品獲得了一個市場；整個全球經濟也會因此受惠，因為這會把生產活動交給最有效率的生產者，進而使全球的產出達到最大。

由此可知，絕對利益理論是一套相當淺顯易懂的概念。事實上，它是絕大多數人直覺上就能想到的國際貿易原理，根本不需要求助於正規的經濟學，因此，這也在很大的程度上，說明了大眾對於貿易議題的看法。此外，它聽起來也像是資本主義基本原則的直接應用，很令人放心。事實上，這是亞當‧斯密本人所相信的貿易理論[5]。

不過，它也是錯的。因為在自由貿易之下，我們看到，美國進口美國**自己**就是最有效率生產者的產品。按照絕對利益的標準來看，這一點都不合理。這種現象也引發了不滿，像是保守派評論家派崔克‧布坎南 (Patrick Buchanan) 就曾這樣說：

李嘉圖的理論……要求效率較高的先進國家的廠商，將產業拱手讓給較不發達的國家中效率較差的業者。難道中國工廠會比美國工廠更有效率嗎？當然不是[6]。

布坎南是對的：這**正是**李嘉圖的理論所要求的。這套理論不僅預測效率較低的生產者總有贏的時候（明顯是事實），還主張這對每個人都有好處（這點正是爭議所在）。這也正是為什麼我們必須從**比較**利益理論的角度，來分析貿易議題，而不是運用絕對利益理論。因為如果我們不這麼做的話，就絕不可能得出一套理論，可用來精確描述國際貿易中**真正**發生的狀況。而這套理論會是我們爭論事情**應該**如何發展（或如何令其發生）時必要的前提。

比較利益理論素來就以艱深難懂著稱[7]，但基本上，它只是說：

國家進行貿易的理由與人民是一樣的。

整個理論可以用一個簡單的問題破解：

職業美式足球員為什麼不修剪自家的草坪？

這怎麼會是個問題？其實，原因在於：一般的美式足球員在修剪自家草坪方面，幾乎肯定會比一般的專業除草工更有效率。畢竟按照常理，一般美式足球員，與會被修剪草坪這種待遇不佳的工作所吸引的平凡勞工相比，應該更為強壯，身手也比較靈巧（如果我們想要量化這方面的效率，可以測量每小時修剪多少英畝的草坪）。「效率」（亦即「生產力」）永遠是和「定量的投入下，**能得到多少產出**」有關，這裡所說的「投入」，可以是工時、麵粉磅數、電力瓦數、或其他任何東西。

由於美式足球員的效率較高，所以就經濟學的術語來說，他在修剪草坪這方面具有絕對利益。然而，即使他從效率較低的「生產者」，「進口」修剪草坪的服務，也沒有人會覺得奇怪。為什麼？答案顯而易見，因為**他的時間可以用來做更好的事情**。這就是整件事的關鍵。比較利益的理論正是在說：美國進口某些東西，以空出勞動力來生產其他更有價值的商品，這對美國是有利的。作為一個國家來看，美國「可以把時間用來做更好的事情」，而不是生產這些價值較低的商品。而且，就像剛才那個美式足球員與除草工人的例子，是**我們**在生產產品方面比較有效率，還是我們進口產品的國家比較有效率，這個問題並不重要。結論是：有時候，從生產效率較差的國家進口商品，反而比較有利。

這個邏輯不只適用於我們的時間（也就是我們的勞動工時），它還適用於我們的土地、資本、科技、以及每一種能用來製造產品的資源。所以，比較利益理論指出，如果我們能用現在生產某產品的資源，去生產更有價值的東西，那麼我們就應該進口那種產品，把資源空出來，並生產那些更有價值的東西。

經濟學家將我們用來生產產品的資源，稱為「生產要素」；而我們為了生產另一種產品所**放棄**生產的東西，他們稱之為「機會成本」。機會成本的相反，就是「直接」成本。所以在前述例子中，修剪一片草坪的直接成本，就是所需的勞動時間，加上汽油及機器折舊等等；而機會成本則是：可以用這些東西，所生產出的其他產品價值。直接成本就是單純的效率，不論世界發生什麼事，都是一樣的；機會成本則複雜許多，因為它還須視生產要素在使用上有哪些其他的機會而定。

在其他條件相同的情況下，直接成本與機會成本會同步上揚及下滑。因為，如果修剪一片草坪的時間加倍，那麼就會有兩倍的時間不能用來做其他的事情，因此，高效率通常會帶來較低的直接成本及較低的機會成本。如果某人是個技術極佳的除草工，可以在 15

分鐘內修剪好整片草坪，那麼他修剪草坪的機會成本就很低，因為在 15 分鐘內，他做不了多少別的事情。

生產某產品的機會成本，永遠是我們可以轉而生產的**價值次高產品**。如果麵團可以做成麵包或捲餅，而我們決定做麵包，那麼捲餅就是我們的機會成本；如果我們選擇做捲餅，那機會成本就是麵包。如果捲餅比麵包貴，那麼我們做麵包，就會產生較高的機會成本。由此可知，我們產生的機會成本**愈低**，浪費的機會就愈小，這也代表我們更充分地運用了自己所擁有的各種選擇。因此，最好的一步棋，必然是**將我們的機會成本降到最低**。

這就是貿易出現的契機。貿易使我們能夠「進口」麵包（到店裡購買），這樣我們就不用自己來，而是可以改烤捲餅。事實上，貿易讓我們可以不用事事躬親，所以，如果我們能完全自由地進行貿易，就可以有系統地擺脫我們所有價值最低的工作，並將時間重新分配到價值最高者。同樣地，**國家**也可以有系統地讓自己最沒有價值的產業萎縮，並擴充最有價值的產業，這麼做對這些國家是有益的。而在全球自由貿易的結構下，如果每個國家都這麼做，對全世界都有好處。全世界的經濟以及身處其間的每個國家，都能將其生產力發揮至最大極限。

以下是個真實世界的例子：如果美國投入數百萬的勞工去生產廉價的塑膠玩具（美國沒有這麼做，中國才有），那麼這些勞工就不能再生產其他任何產品。美國其實有更具生產力的工作等著他們去做（希望真是如此），儘管在理論上，美國的產業所投入的每勞動工時與每公噸塑膠，**可以**製造出比中國產業更多的塑膠玩具。但如果美國能把這類工作留給中國，並讓自己的勞工去做生產力較高的工作，那美國就會過得更好。

這些都意味著，在自由貿易之下，每一種產品的生產，都會自動轉移到可以用最低機會成本生產的國家（也就是若投入該產業，**會浪費最少機會**的國家）。

也就是說，比較利益理論把國際貿易視為一個廣大、環環相扣的取捨系統，在該系統中，各國會利用進、出口的能力來擺脫機會成本，並重新安排自己的生產要素，以達到最有價值的運用。這一切都會自動發生，因為如果某種生產要素的擁有者，發現該要素有價值更高的用途，他們會知道將該要素轉移至這種新用途，能帶來更高的獲利。追求利潤的本能，會將所有的生產要素引導至對自身價值最高的用途。因此，機會絕不可能被浪費掉。

由此可以推知，任何**自由貿易以外**的政策，都會把經濟體侷限於生產價值低於他們能力水準所及的產品；這些政策會迫使他們背負比其他情況更高的機會成本（也就是錯失更多機會）。事實上，若進口導致某國的某類產業遭到淘汰，對這個國家來說，肯定是件好事才對，因為這就表示，這個國家**一定**是把生產要素分配去做更有價值的產品了。如果這個國家沒有這麼做，那麼「追求利潤」的原則，絕不可能將它的生產要素逐出原本的用途。用這個理論的術語來說，該國「顯現出來的比較利益」(revealed comparative advantage)，一定是存在於其他地方，而該國現在根據其新顯現出來的比較利益去生產，就會過得更好。

量化比較利益

讓我們用一個假想的例子來量化比較利益：假設加拿大的一畝地可以生產 1 單位的小麥或 2 單位的玉米[8]，再假設美國的一畝地可以生產 3 單位的小麥或 4 單位的玉米，因此美國擁有生產小麥 (3:1)

及玉米 (4:2) 的絕對利益。可是美國玉米的生產力是加拿大的兩倍，小麥的生產力則是三倍，所以美國的**比較**利益是在小麥[9]。

進口加拿大的玉米，顯然可以讓美國將某些種玉米的土地轉為種小麥，使小麥的產量增加；而進口加拿大的小麥，則讓美國可以將種小麥的土地轉為種玉米，使玉米的產量增加。

以上的哪一種選擇，對美國是步好棋呢？

美國每進口 3 單位小麥，就可以釋出一畝土地，因為美國不需要自己去生產那 3 單位。於是，美國可以在那一畝地上種 4 單位的玉米。不過，加拿大若要賣美國這些小麥，就必須從生產玉米的土地中抽出三畝來種植小麥，所以加拿大被迫要犧牲 $3 \times 2 = 6$ 單位的玉米。很顯然地，加拿大不會想要這麼做，除非我們**付**他們至少 6 單位的玉米；可是，這表示美國必須付出 6 單位來換取 4 單位。所以，這筆買賣不會成交。

那從加拿大進口玉米呢？美國每進口 4 單位玉米，就可以釋出一畝土地，在這一畝土地上，美國可以種 3 單位的小麥；而加拿大為了要賣 4 單位玉米給美國，必須從生產小麥的土地中，抽掉 $4 \div 2 = 2$ 畝地，加拿大因此會犧牲 $2 \times 1 = 2$ 單位的小麥。不過，美國支付了加拿大賣美國玉米所必須付出的代價後（2 單位的小麥），還有得找：$3 - 2 = 1$ 單位。所以從經濟的角度來說，從加拿大進口玉米，非常合理，而且，不只**美國**因此有利可圖，對全球經濟整體而言，這也是聰明之舉，因為全世界現在多了 1 單位的小麥。

這裡最基本的問題就是：美國是生產玉米比較好？還是生產可以拿去換取玉米的小麥比較好？每個國家在每一種產品上，都會面臨這個抉擇，就好像每個人都必須判斷，是應該自己烤麵包，或是找份工作，再用賺來的錢去店裡買麵包？還有，應該自己修剪草坪，

或是去打美式足球賺錢，再雇別人來為自己代勞？比較利益的整個
理論，就只是這個基本邏輯，永無止盡的演繹推導罷了[10]！

　　前述的情節，若從加拿大的角度反過來看，也全都是合理的，
所以加拿大也會從中獲利。自由貿易派人士將這整件事歸納成一個
通則，那就是：自由貿易對每個貿易夥伴都有好處，而且，這點適
用於每一種產品及生產要素[11]。麻省理工學院 (Massachusetts Institute
of Technology, MIT) 已故的經濟學家薩繆爾森 (Paul Samuelson)，以
中國作為貿易夥伴來解釋：

> 是的，短期來說，這裡的好工作會消失。儘管如此，**根據經濟學的
> 比較利益法則**，美國的國民生產淨額，**長期來看一定會增長（中國
> 亦然）**。如果衡量的方式得宜，則自由貿易帶給贏家的收穫，會超
> 過輸家的損失[12]。（粗體為原文強調處）

低機會成本等於貧困的國家

　　需要注意的是，就算兩個國家生產某種產品的**直接成本**一樣，
他們生產這種產品的機會成本也可能不同，這是因為相關的生產要
素在這兩國之中，所擁有的替代用途可能並不一樣。所以，如果生
產某產品的機會成本很低，則可能是因為生產該產品的效率極高，
但也有可能只是因為生產要素的替代用途很糟罷了。

　　這裡就不得不提到低度開發國家了：他們的機會成本很低，因
為他們沒有什麼其他的事可以給勞工做。這種情況的表徵就是低廉
的勞工，因為這些經濟體，除了每小時 1 美元的工廠工作以外，沒
有提供勞工多少其他的選擇。身為墨西哥前外交部長兼 NAFTA 評
論員的卡斯達涅達 (Jorge Castañeda) 說明：

汽車產業，特別是位於墨西哥賀莫西約 (Hermosillo) 的福特—馬自達工廠，刻劃出非常著名的矛盾。該工廠製造汽車的速度及品質，與福特在迪爾波恩 (Dearborn) 或盧吉 (Rouge) 的工廠[11]相同甚至更高，且只略低於廣島的馬自達廠。然而，擁有相同生產力的墨西哥勞工，所得卻較美國廠的員工少了二十至二十五倍[13]。

在美國及日本的工廠，因為身處於先進的經濟體中，四周都是各種有能力支付高工資的產業，所以，這些工廠一定要向身旁的工資水準看齊，否則就找不到工人。另一方面，墨西哥的工廠卻是處在一個初期開發中的經濟環境裡，所以它只需要與低待遇的工作競爭即可（這些工作，很多都是傳統的小規模家庭農業）。結果就是，任何一種工作的生產力高低，都不能決定其工資水準；這必須取決於總體經濟的生產力。這就是為什麼在已開發國家工作會比較好的原因——即使你自己所從事的工作（比如掃地），並不比開發中國家大多數人的工作更具生產力，結論還是一樣。

　　以本國貨幣支付的工資，如果無法精確地反映出各國間機會成本的差異，那麼（理論上）匯率便會修正到足以反映的水準為止。所以，如果某個國家進行國際貿易的產業，絕大多數都具有高水準的生產力，該國的貨幣匯率就會被向上推升，使該國生產力最低的產業因為產品出口價格上揚而失去競爭力。不過，這其實是件好事，因為這個國家可以轉而出口高生產力產業的商品，也就是說：同樣的出口額，只需要耗費較少的功夫就能達成。這正是為什麼先進國極少（甚或根本不想）在初級產業的層級，加入競爭。1960 年代，臺灣的國民平均所得僅為 154 美元，其出口的 67% 都是農產品或農

---

[11]　編譯按：兩者皆位於美國密西根州底特律。

產加工品；到了 1993 年，臺灣的平均國民所得已達 1 萬 1 千美元，此時的出口中，96% 都是工業製品[14]。昔日臺灣出口的大宗商品，如茶、糖、及米等，今日已完全不具競爭力。外國的競爭，迫使臺灣從這些產業出局，並摧毀了數十萬個工作機會，**但臺灣一點都不在乎**。

這個理論沒有說的部分

比較利益理論有時候會被誤解，讓人以為它的含意是：一個國家擁有愈多的比較利益愈好；理想上，最好是每種產業都具有比較利益。但就定義而言，這其實是不可能的。因為，即使美國在所有產業都擁有較為優越的生產力，使其直接成本較低，因此具有絕對利益，但美國還是在某些產業擁有較大的優勢，在其他產業的優勢則較小。所以，美國優勢最大的產業就會擁有**比較**利益，而優勢最小的產業則會有比較劣勢。其中，比較利益與比較劣勢的分布型態，會決定美國的進出口。即使美國在所有的產業都具有絕對利益，美國表現**相對**較差的產業工作機會，還是會流向其他國家，而表現**相對**較好的產業，則會吸引更多的工作機會。

如果絕對利益無法決定哪個國家生產哪種產品，那它到底有什麼重要性呢？它**決定了**相對工資水準。假設美國每種產業的生產力，都恰好比加拿大多了 10%，那麼美國的實質工資水準也會整整高出 10%。但由於兩國各產業的生產力差距沒有**相對**差異，所以機會成本也就沒有不同。因此，兩國在任何產品上都不會有比較利益或比較劣勢，而兩國也沒有理由進行貿易，於是，這裡就不會有什麼類似「玉米換小麥」這種較佳的策略可言了。所有可能的交換作法所付出的代價，將**完全**等同於它們能帶來的好處，所以這麼做，一點意義也沒有。此時在自由貿易之下，什麼交易都不會發生，因為自由市場並不笨，它不會在沒有理由的情況下，讓商品在兩國的邊界運來運去。

相反地，比較利益的理論是說：只要國與國之間的相對生產力**有所**不同，則貿易**必然**會帶來共同利益。這正是為什麼自由貿易派人士相信，他們的理論證明了，對每個國家來說，不論其本身多貧窮或多富有，自由貿易永遠都會是最佳選擇。富國不會因為窮國的廉價勞力而血流成河，窮國也不會因為富國成熟的工業而粉身碎骨。這些情形根本不會發生，因為比較利益的基本邏輯保證，交易只有在能創造雙贏時才會發生[15]。也就是說，**每個人永遠**都會因此而更加幸福。

所以，國家間的貿易衝突，都只是誤會一場，原因單純就是他們未能了解，為什麼自由貿易對他們來說總是最好的。自由意志主義學者波瓦德 (James Bovard) 是這麼說的：

> 當我們的曾孫回顧二十世紀的貿易戰爭時，很可能會像今天人們觀看十七世紀的宗教戰爭一樣，覺得很不齒；因為兩者都是成熟的人根本不會為此爭吵的愚蠢衝突[16]。

因此，比較利益理論是一套美妙樂觀的理念架構，而任何人肯定都能看出，它為什麼會如此具有吸引力。它不僅可以用三言兩語就解釋清楚國際貿易的複雜網絡，它還告訴我們應該怎麼做，並保證會帶來我們所能得到的最佳結果。它讓拿著一塊黑板的經濟學家，根本不用弄髒鞋子去檢視實體的工廠、碼頭、或商店，就能憑一己之力，證明自由貿易在任何時間、任何地點，都是最棒的選擇。他甚至不需要參考任何關於價格、生產、或薪資的統計數據。僅只是依靠完美、抽象的邏輯推理本身，就已足夠。

實在很可惜，這個理論並不對。

七個有問題的假設

比較利益理論常會引發反對自由貿易人士「無處不反」的全面杯葛。這很可惜，因為它的漏洞不難辨識，而且我們也能用它本身的概念，迅速讓它分崩離析。這些漏洞是經濟學中已知的事實，但絕大多數都被忽略，它們包含了該理論所根據的許多有問題的前提假設。以下分別介紹[17]：

第一個有問題的假設：貿易是可以永續下去的

我們之前在第二章討論過這個問題。我們分析：為什麼以舉債或出售資產的方式支付進口品，長期來說，對進口國並不有利。可是這個問題還有另一面：萬一某國的**出口**是無法永續經營的呢？萬一該出口國就像我們之前看過的那個疏懶進口國一樣[18]，正在揮霍過去累積下來的資產呢？

上述情形通常是指，某個國家正在出口非再生性自然資源。我們之前檢視過的長短期變化情形，也可適用於此，只是角色正好顛倒：某個**出口**過多的國家，能使自身短期內的生活水準達到最高，但卻會犧牲掉長期的繁榮。然而，自由市場經濟學派（提倡自由貿易）卻會不當地把這情形視為「有效率的」。

這個問題的最典型案例，幾乎可說是一部諷刺漫畫，它就是位於夏威夷與澳洲中間的小小太平洋島國「諾魯 (Nauru) 共和國」的故事。拜數百萬年來所累積的海鳥糞便之賜，大約在一百年前，這個島嶼的地面上，覆蓋著一層厚厚的海鳥糞，這是一種磷含量豐富，能用來製作肥料的物質。從 1908 至 2002 年間，大約有 1 億公噸的這種物質遭到開採，並銷往國外。在這過程中，諾魯有五分之四的土地，成了不適合居住的月球表面；但在 1960 年代後期到 1970 年代初期，諾魯的平均國民所得是世界第一（而且很明顯地，有全球最嚴重的肥胖問題）。然而，當所有的祖產都用完之後，該國的經濟一夕崩盤，並成了仰賴外援的國家，其失業率竄升至接近 90%。

顯然，諾魯是個極端的例子，但它並不是全世界唯一藉著出口非再生性資源，以擠進國際貿易的國家。波斯灣的產油國就是最明顯的例子，而從二次大戰結束以來，石油輸出國家組織 (OPEC) 成為自由貿易中，單一最令人憂懼的干擾來源，這一點都不令人意外。然而，其他地廣人稀的國家，如加拿大、澳洲、俄羅斯、及巴西等國，也都依賴天然資源出口。就長期而言，這種依賴已經到達不健康的程度。即使是美國，也不能倖免於這個問題：它中西部的農業出口，仰賴範圍寬廣的奧格拉拉地下蓄水層 (Ogallala aquifer)，但這個冰河時期蓄積的水體，正在不斷消耗當中。

保守的解決之道是課稅，或限制非再生性資源的出口，但這就不是自由貿易了。

第二個有問題的假設：沒有外部效果

所謂的「外部效果」[12]是指「漏標的價格」。更精確一點來說，那是經濟學的一個術語，用於「產品的價格，不能忠實反映其經濟成本或價值」的情況。**負面**外部效果的典型例子是環境破壞，這會降低天然資源的經濟價值，但卻不會調高造成破壞的產品之價格。

---

[12]　編譯按：外部效果是指個體的經濟行為，創造出不屬於該個體所享有的利益，或該個體不必自行負擔的成本。例如，工廠生產活動所製造的空氣汙染，對附近的居民就是一種負面的外部效果。

正面外部效果的典型例子，則是科技的外溢。例如：某公司發明了某項產品，使其他業者能夠進行複製，或據以進一步發展，因而創造了不屬於最初發明者的財富。就像所有自由市場經濟學派的理論一樣，比較利益理論是由價格來驅動，所以如果正面或負面的外部效果導致價格失真，自由貿易就會帶來較差的結果。

例如，汙染標準寬鬆的國家，其商品會過於便宜，於是，它的貿易夥伴會進口太多這種商品，而這個出口國則會出口太多，並將經濟過度集中於不如表面上看來那麼賺錢（因為忽略了汙染造成的損害）的產業。例如，根據《紐約時報》的報導：

> 汙染已使癌症成為中國最主要的死因……單是環境中的空氣汙染，就被視為造成每年數十萬人死亡的罪魁禍首。將近有 5 億多的人口，沒有乾淨的飲用水可以喝……中國全國 5 億 6 千萬居住於城市的人民中，只有 1% 的人所呼吸的空氣，符合歐盟的安全標準[19]。

自由貿易不僅容許此類問題發生，甚至還給予正面的鼓勵。因為，在汙染的控管上敷衍，就是獲得成本優勢的一種投機取巧作法[20]。

正面的外部效果也是個問題。例如，某個產業對經濟體的其他部分，具有科技外溢效果；然而，由於經濟體會忽略這種潛在的價值，所以這個產業可能會因為自由貿易帶來的外國競爭而被摧毀。有些產業會孕育出新的科技，促進其他產業進步，並推動整體經濟的科技發展。所以，失去這些產業，就意味著：失去所有未來可能因為它們而發展出來的產業（第九章將進一步討論這個問題）。

這些問題還只是一座大冰山的一小角罷了，而這座冰山就是「國內生產毛額與真實進步指標的分歧問題」(GDP-GPI divergence)。如果有負面外部效果及其他相關問題，則 GDP 的增加，很可能會與

「真實進步指標」(genuine progress indicator, GPI) 的**退步**同步發生[21]。GPI 衡量的項目包括：資源的消耗、環境的汙染、未給薪的勞動產出（例如做家事）、以及無須付費的商品（例如休閒時間）等，因此，它比原始的 GDP 資料，更適合用來衡量物質生活福祉的指標[22]。這意味著，即使從 GDP 的角度來看，自由貿易**的確**是最理想的，但從經濟福祉的角度來看，它可能還是一個很爛的主意。

正面及負面外部效果的問題，頗廣為流傳，就連正派的自由貿易擁護者也知道；因為外部效果就定義上來說，是**所有**自由市場經濟政策中的一個漏洞。不過，自由貿易派人士只是否認，這些外部效果有大到足以造成影響；或者，他們提出各式各樣的方案來納入外部效果，以使價格機能可以發揮功用。

第三個有問題的假設：生產要素可輕易地在各產業之間流通

正如稍早曾提及的，比較利益理論在做的就是：將生產要素從價值較低的用途，轉到價值較高的地方。但這必須先假設，某種產品所使用的生產要素，可以轉用來生產另一種產品。因為如果不行的話，從他國進口的作法，並無法將一國的經濟推向符合其比較利益的產業。進口只會消滅掉這個國家既有的產業，而不會填補因此所產生的空缺。

雖然，這個問題其實適用於所有的生產要素，但我們最常聽到勞工與不動產出現這類問題，因為人和建築是**流動性**最低的生產要素（因此，領取失業救助的隊伍及遭到廢棄的廠房，往往都是貿易問題最典型的視覺圖像）。當勞工無法在產業之間轉換時（通常是因為他們沒有適當的技術，或是不住在適當的地點），經濟體的比較利益發生變動，並不會讓他們轉入機會成本較低的產業，而是會直接將他們導入失業狀態。

　　正因如此,我們常會聽到較年長的勞工成為自由貿易的犧牲品:他們年紀太大了,無法輕而易舉地學好投入新產業所需的技能。這也解釋了為什麼最積極支持自由貿易的人,常常都是極具事業彈性、天真爛漫的雅痞。

　　有時候,重新安置勞工的困難,會清楚地顯示在失業率上,發生這種情況的國家,通常都有僵化的就業法規。而且,因為實施雇主代扣稅金制度,結果有如訂下了高水準的最低工資,像西歐就是一個例子。可是在美國,由於最低工資水準相對較低,雇用與解雇相關的勞動法規也較寬鬆,所以問題往往會以**未充分**就業的型態出現。這是就業機會「質」的下降,而不是「量」的減少。因此,過去領 28 美元時薪的前汽車業勞工,現在只能去時薪 8 美元的影片出租店工作[23];或者,他們會被迫接受兼職的工作。難怪到了 2009 年 9 月時,美國民間部門勞工的每週平均工作時數,已滑落為三十三個小時,達到 1964 年開始製作這個記錄以來的最低水準,自此以後,也只有極微幅的反彈[24]。

　　在第三世界中,工作品質滑落通常會以下述型態顯現:勞工被迫徹底離開經濟體系的正式部門,並成為各種類型的臨時工;他們幾乎沒有什麼權利,也沒有退休金或其他的福利。以墨西哥為例,該國勞工中,有 40% 以上都是在非正式部門工作[25]。

　　這些全都意味著,僅就低失業率一項來看,並不足以證明自由貿易是成功的,這點甚至連某些治學更嚴謹的自由貿易派人士也都認同。例如,前美國聯準會理事主席葛林斯班 (Alan Greenspan) 就曾承認:「我認為,我們時常基於錯誤的理由,去推動自由貿易,那就是,以為它可創造工作機會[26]。」葛林斯班是對的,因為,即使自由貿易的運作一如預期,它也不會增加工作機會,而是只會提升其品質[27]。而且，當我們提到因貿易而增加或減少的工作機會時，指的都是毛額，而不是淨額；畢竟，因貿易而失去工作的人，最後通常還是會去找**其他的**工作，不管這份新工作有多麼令人鬱悶[28]。

北卡羅萊納州「就業安全委員會」(Employment Security Commission) 最近的一份研究，探討了勞工因貿易而失去原有工作的問題。2005 年，北卡羅萊納州經歷其有史以來最大規模的資遣潮。這是由生產寢具業者 Pillowtex 所發動的，總計有 4,820 個工作機會消失。到了 2006 年年底時，這些員工新工作的平均工資為 24,488 美元，較過去減少了 10% 以上[29]，其中有很多員工被迫從事一些臨時性的工作，通常都是擔任醫療助理。

就美國全國來說，被資遣的勞工當中，有三分之二會在兩年內重新找到工作，但其中只有 40%，能和之前賺一樣多的錢[30]。人們所承受的代價，是顯而易見的，但較不明顯的是，純屬經濟方面的成本——因為人們過去花錢所學習到的技能，今後再也派不上用場，使得過去的人力資本投資，遭到一筆勾消。這種成本在 1990 年的莫斯科最為顯著，當時有許多物理博士在開計程車，或從事類似的工作。不過，美國也無法自外於這個問題。

當自由貿易讓生產要素失去功用時，整體經濟就會面臨一種風險。就如同諾貝爾獎得主、耶魯大學的詹姆斯・托賓 (James Tobin) 所說的：「要填補歐肯 (Okun) 缺口，需要一堆哈伯格 (Harberger) 三角形[31]。」哈伯格三角形代表的是標準圖形上，量化的自由貿易效益[32]；歐肯缺口是指，某國經濟**原本應有**的 GDP（在產能全開的情況下），與實際產出的 GDP（因為某些生產要素遭閒置）之間的差異[33]。托賓的重點只是：自由貿易的效益就量而言，與美國因進口而閒置產能的代價相比，其實很小。

第四個有問題的假設：貿易不會使所得不均惡化

比較利益理論保證自由貿易必然會帶來的收穫，針對的只是經濟整體，而不是其中的任何個人或個別團體。所以，即使整體經濟規模得以因為貿易更自由而擴大，躬逢其盛的許多人（甚或絕大多數），仍可能會因此而收入減少。

之前，我們在第一章的最後，曾稍稍談過這個問題[34]，現在讓我們用略微不同的分析方法，再看一看。假設：讓某國開放來採納更自由的貿易，會使這個國家開始出口比以往多的飛機，並進口多於以往的衣服（這大致是美國到目前為止的情況）。由於這個國家得以擴張自身更具比較利益的產業，並縮減較不符合比較利益者，所以，一切會像李嘉圖所說的，這個國家會更具生產力，它的 GDP 亦會揚升。到這裡為止，一切都很不錯。

重點來了：假設生產價值 100 萬美元的成衣，需要一個白領階級的員工及九個藍領工人；而生產價值 100 萬美元的飛機，則需要三個白領員工及七個藍領工人（產業通常是有這樣的差別）。這表示，只要改變所生產的每 100 萬美元價值的產品，就會需要多兩個白領員工，並減少兩個藍領工人。由於對白領員工的需求增加，對藍領工人的需求減少，所以白領員工的薪資會揚升，而藍領工人的薪資則會下降。但**大多數的**勞工都是藍領工人，所以自由貿易會降低經濟活動中，絕大部分勞工的薪資！

這可不是個小問題。根據哈佛大學羅德瑞克的估算，更加自由的貿易，為整體經濟每帶來 1 塊錢的淨利，就會使 5 塊錢的收入，在國內不同群體間重新分配[35]。雪上加霜的是，我們還會面臨所有在第一章看過的不公平問題[36]。

第五個有問題的假設：資本無法在國際間自由流動

　　雖然比較利益理論所衍生的意涵很廣，但它骨子裡其實是個非常有侷限性的理論：它**只是**關於，各國如何將其生產要素作最佳的利用。可以這麼說：我們手中有些特定的牌，其他牌家也有一些特定的牌，而這個理論就只是告訴我們，怎麼樣出牌才是最好的打法。說得更精準一點，它只告訴我們：讓自由市場**幫我們**打牌，這樣的話，市場的力量才能讓我們所有的生產要素，在經濟活動中發揮到極致。

　　很不幸地，這全都必須仰賴一個條件：上述的市場力量，是不可能將生產要素，從我們的經濟中**驅離出去**的。如果不是這樣的話，那些關於「如何使生產要素**在我們經濟中**達到最佳用途」的牌局，就不會成立。我們的生產要素，可能在別的國家才能發揮最高生產力。因此，如果它們可以在國際間隨意地流動，那麼自由貿易將會促使它們轉移到別的國家。這會有利於整體世界經濟，與它們所流向的國家，但**不一定**會對我們有利。

　　這個問題其實適用於所有的生產要素。不過，因為土地及其他固定資源無法移動，勞動力又受到移民法規的限制，而人們通常不會禁止科技和原物料作跨國移轉，所以問題的關鍵就在於資本。「資本流動性」會以我們的老朋友絕對利益來取代比較利益（比較利益只適用於「資本只能在一國經濟中的各種用途間作選擇」的情況），但絕對利益並不保證結果會對貿易**雙方**都有好處。雙贏的保證，純粹只是全球經濟結合比較利益的產物罷了；沒有比較利益，也就不可能有雙贏。

　　絕對利益其實才是資本主義世界的自然法則，而比較利益只是由於國界的存在，致使生產要素無法任意移動所造成的特殊狀況。

事實上，從經濟學的角度來看，這**就是**國家的本質：世界上的某塊區域，具有能管制生產要素進出的政治疆界[37]。國界迫使各國經濟只能間接來往，也就是交換各自的生產要素所**製成**的商品及勞務；這讓比較利益能掌控大局。

一旦沒有了這些疆界，各國就只會是單一經濟體中的不同**地區**；這正是絕對利益主導一國**內部**經濟關係的理由。1950 年時，美國密西根州在汽車製造業具有絕對利益，而阿拉巴馬州則是棉業。但到了 2000 年，汽車業者陸續關閉在密西根州的工廠，並相繼在阿拉巴馬州開業。這個變化有利於阿拉巴馬州，但未必有利於密西根州（除非，它能讓密西根州轉型投入比汽車業價值更高的產業。也許是直升機製造？）。如果資本能在國際間自由流動，那麼同樣的情節就可能會在國家的層級上演。

資本不一定非得完全失去流動性，才能讓比較利益掌控全局，不過，它的流動性至少得低到一定的程度才行。一旦流動性持續增加，貿易雙方的關係就會從保證雙贏，轉變為有輸贏的可能。李嘉圖比許多他的現代信徒還更聰明，因為他其實對上述問題了然於胸。他是這麼說的：

> 就這方面來說，「一個國家」與「許多國家」兩者之間的差別，可以藉著以下方法，簡單明瞭地說明：只要比較讓資本從某國移轉到另一國的難度（為了讓資本尋求獲利更高的用途），與在同一國內，很難避免生產活動從某一省轉移到另一省的自然過程，答案就很清楚了[38]。

李嘉圖接著用他最喜歡的例子（用英國的布交換葡萄牙的酒），作進一步說明，並直搗造成當前憂慮的核心：

在這種情況之下，葡萄酒和布都應該在葡萄牙製作；而英國紡織業的資本及勞動力，都應該搬到葡萄牙去。毫無疑問地，這對英國的資本家及兩國的消費者來說，都很有利[39]。

但他並**沒有**說，這樣會有利於英國的勞工！這正是美國今天所遭遇的問題：當進口品取代國產貨時，高獲利會讓資本家開心，低價格則讓消費者滿意，但是失業問題，卻會讓勞工**很不高興**。由於消費者與勞工最終還是同一批人，所以這就表示，他們身為勞工的損失，有可能會大於身為消費者的收益。經濟學中，並沒有任何一套定理，可以保證他們所獲得的，必然會高於所失去的[40]。兩種結果都有可能。換言之，自由貿易有時候對他們來說，是一步錯棋。

　　李嘉圖發現，資本流動性可能會讓他的理論化為烏有，於是他開始辯解，為什麼資本實際上不會自由地流動。他知道，他一定要證明這點，自己的理論才能成立：

> 不過，經驗顯示，當資本不在直接掌控之中時，其所有者會擔憂資本可能面臨損失（不論是想像或實際的風險）；加上每個人天生不傾向於與自己生長及有所連結的國家作切割；而且在自己的習慣養成後，也不傾向於把自己交到陌生的國度及新的律法手上，因此，就會抑制資本的外流。上述情感（如果變弱，我會感到很遺憾）會讓絕大多數擁有資產的人，對於在自己國家的較低獲利率感到滿意，而不會想要讓自己的財富，在外國作更有利可圖的運用[41]。

結果，為自由貿易理論奠定基礎的發明者，終究必須依賴政府及人性中的經濟地方主義，來支撐自己的理論。一定要有**某種力量**來穩住資本，整套理論才會有效。

有趣的是，前一段所引用的文字，並不是在現代的全球化時代才失去其正確性，在李嘉圖下筆後不到幾年，它**早就**已經不對了：當時有數十億英鎊從英國流出，去資助全球各地的鐵路興建工程及其他投資。結果，這種情形在 1914 年達到顛峰時，英國全國淨財富中，在海外部分佔了驚人的 35%。這個比例是空前絕後的，令所有主要國家望塵莫及[42]。英國投資人喜歡在別的國家創建產業，更勝於在自己的家園；這種傾向讓曾經叱吒風雲的英國經濟，付出了極為慘重的代價。這個故事，我們會在下一章作進一步探討。

第六個有問題的假設： 短期效率帶來長期成長

比較利益理論就是經濟學家所稱「靜態分析」的一個例子。也就是說：它單看時間中的某個片刻，並根據這個片刻的所有給定條件，決定什麼是最佳的反應。從本質上來說，這對於分析經濟問題，並非毫無幫助（平衡收支就是靜態分析的一種應用），但它在面對某些類型的重要問題時，卻是非常不堪一擊的： **它對於動態的現象隻字未提**。也就是說，它沒有提到今天的環境條件，到了明天可能會發生何種改變；更重要的是，它也沒有說，我們可以如何讓這些條件改變，以對自己有利。

想像一張石頭被拋到天空的照片：它精確抓住了石頭在空中的那一瞬間。可是只看這張照片，並沒辦法分辨出石頭是在往上飛，還是往下掉？能知道**這一點**的唯一方法，就是連拍數張照片，或是在照片所提供的訊息之外，額外加註一些物理定律的資訊。

這其中的問題是：即使比較利益理論可以說明，根據我們當下在各產業的生產力及機會成本來看，什麼是最好的作法，它也**無法**告訴我們，將來如何去提高這些生產力，然而，那才是促成經濟成長的精髓。而且就長期來說，它要比把我們目前所擁有的生產力利益全部搾乾，還來得更為重要。換句話說，經濟成長的根本問題，不在於「如何**使用**我們的生產要素」，而是「如何把它們**轉化**為將來生產力更高的生產要素」[43]。窮國與富國差異的關鍵，主要在於如何將非洲窮國布吉納法索 (Burkina Faso) 轉變為南韓，而不在於如何永遠當個最有效率的布吉納法索。比較利益理論對長期成長的看法，其實也挑不出什麼錯，因為它根本什麼也沒說。

　　這同樣也可以適用在個人的比較利益上。例如，某個人具備擔任秘書所需的知識，此時，讓她去當秘書，並讓另一個熟悉銀行事務的人去當銀行家，就短期來說，這個安排對兩人都是有效率的，因為他們的待遇，會比相互對調工作來得好（他們會因為無法勝任對方的工作而被開除，使收入變成零）。但是要獲致個人的成功，重點並不在於如何永遠當一位最棒的秘書，而是如何提升自己的知識技能，以從事像銀行家這種待遇較佳的工作。然而，如何成為頂尖秘書的教戰守則，幾乎沒有說明要怎麼做到這點。

　　雖然李嘉圖本人可能會不高興，但他最喜歡的那個例子（英國紡織品與葡萄牙葡萄酒之間的貿易），在這邊其實深具啟發性。在李嘉圖的那個年代，英國使用當時最先進的科技（例如蒸汽機）來生產紡織品，因此，紡織業孕育出精密的機械工具產業，來生產這些引擎的零件。這讓英國經濟的**整體**科技實力向前推進，使英國得以涉足相關的產業，例如火車頭及蒸汽船製造等[44]。另一方面，葡萄酒的製造方法，數世紀以來未曾改變（順帶一提，大約到了 1960 年才開始改變）。所以，數百年來，製造葡萄酒對葡萄牙的經濟完全沒有科技上的貢獻、沒有驅動成長，也沒有提供機會讓經濟整體的生產力提高；而且，其本身的生產力也靜如止水：該產業不斷重複做同樣的事，日復一日、年復一年；數十年如一日，**數世紀如一日**。因為，這就是葡萄牙當時的比較利益之所在。就短期而言，這或許是葡萄牙的最佳選擇，但就長期來說，則是一條沒有出路的死巷。

葡萄牙後來怎麼了？其實在李嘉圖動筆的那時候，那種情況已經持續超過一個世紀了，而李嘉圖大致就是在為現狀作合理的解釋。1703 年，根據《梅修恩條約》(Treaty of Methuen)，葡萄牙解除對英國羊毛布的進口禁令，而英國則同意對葡萄牙的酒收取較其競爭者少三分之一的進口關稅。對於不生產葡萄酒的英國而言，這個條約只是為它換了新的葡萄酒供應來源；可是對葡萄牙來說，它卻讓廉價的英國紡織品得以大舉入侵，使葡萄牙原來方興未艾的紡織業，遭到徹底摧毀。最後，英國的資本控制了葡萄牙的葡萄園，因為這些莊園的主人，在倫敦的銀行欠下債務。葡萄牙曾試圖推動可望重振紡織業或其他製造業的產業政策，但遭到英國勢力從中作梗。由於紡織業過去是（今天亦然）邁向更精密產業的跳板，所以這種狀況阻絕了葡萄牙進一步工業化的腳步。在 1960 年代薩拉查 (António de Oliveira Salazar) 獨裁的時代之前，葡萄牙政府從未認真試圖將自己從這個陷阱中解救出來。直到今日，葡萄牙還沒回復到十七世紀時，它與其他歐洲經濟體的相對地位，而且目前仍然是西歐最窮困的國家。

今天，比較利益理論對窮國及低度開發國家來說，依然一樣危險，因為他們像葡萄牙一樣，比較利益所在的產業，通常都是經濟死胡同。所以，雖然名義上號稱自由，但自由貿易往往會把他們鎖死在特定的產業。

第七個有問題的假設：貿易不會在他國促成不利於我們的生產力增長

如前所述，自由貿易帶給我們的收穫，來自於「**我們**製造產品的機會成本」與「我們貿易夥伴的機會成本」之間的差異。這使自由貿易可能會用一種看似矛盾、但卻非常真實的方式反咬我們一口。

　　我們與外國進行貿易，通常可以幫助該國發展產業；也就是說，提高他們產業的生產力。現在如果假定，我們貿易夥伴生產力的增長，會降低他們的直接成本，連帶降低他們的機會成本，並進而增加我們與他們貿易時的獲利，那一切都會很美好。外國供應者將能以更高的效率，提供我們所需要的東西，而我們則可以用自己的出口，換得愈來愈便宜的外國商品，對嗎？

　　錯了。就如我們在一開始討論絕對利益與比較利益時所看到的，雖然生產力（每單位投入所能得到的產出）的確會決定直接成本的高低，但它**並不能**決定機會成本──這取決於生產要素有哪些替代用途。所以，我們貿易夥伴在某些產業的生產力增長，其實反而會**提高**他們其他產業的機會成本，因為他們現在為了生產某些產品，所須放棄的其他產出增加了。如果出於某種緣故，他們可以用一磅麵團做出更多的捲餅（也許是讓捲餅變得比較膨鬆？），那麼他們烤麵包的代價就會變得比較高昂，結果，他們可能會停止供應我們那些便宜的麵包！這聽起來可能很奇怪，但這個推論結果是必然的。

　　看看美國現在與中國的貿易。雖然這種貿易關係帶來一大堆問題，可是美國的確因為廉價進口品而獲得補償（這主要得感謝中國的廉價勞動力）。同樣的情況也發生於美國與其他窮國之間的貿易，但是貧困國家的勞動力之所以比較低廉，主要是因為：這些國家可供選擇的就業機會，通常都很糟。如果這些機會改善了呢？那麼，這些勞動力就不再如此便宜，而美國廉價商品的來源也將因此乾涸。

　　這其實就是 1960 至 1980 年代間，於日本發生的狀況。當時，日本的經濟由初級產業轉型成精密的製造業，而年逾四十的美國人，應該還有印象的日製廉價商品（就是今日印有「中國製」的那一類商品，只是當時沒有那麼普遍就是了），自此就從美國商店的貨架上消失了。這是否減輕了廉價日本勞力對美國勞工所造成的壓力？答案是肯定的，不過，它也奪走了某些美國以往隨手可得的便宜商品（這倒不是說日本自此停止給予美國壓力了，因為日本開始往高價市場邁進，並在更精密的產業上與美國競爭）。

　　同樣的情況亦發生在西歐身上。隨著西歐經濟在 1945 到 1960 年間，逐漸從二次大戰的破壞中恢復，廉價的歐洲產品也開始從美國的商店中消失。還記得 BMW 系列以前是便宜的小車嗎？而義大利鞋子則曾經是平價商品？這就好像故事中的美式足球員，某天早上醒來，發現他所雇用的除草工人，已經悄悄地把修剪草坪賺的錢存起來，並開了家園藝用品店，從此他再也享受不到便宜的除草服務了！（或許，以前那麼常叫他來修剪草坪是錯的？）

　　接下來要說的東西比較棘手，也是經濟學家以外的人，常會搞不清楚的地方。就像我們之前所看到的，貿易的好處並不是來自於絕對利益，而是來自比較利益，因此，就算我們的貿易夥伴，**沒有**縮短多少與我們生產力之間的差距，這些好處還是可能會泡湯。所以前述的問題，不只是因為我們的貿易夥伴，在產業成熟度方面**正逐漸趕上我們**，還因為：一旦他們對於不同產品間的**相對**取捨關係，不再與我們有所不同，那麼與他們貿易所獲得的好處就會消失。如果在加拿大，小麥與玉米的取捨關係為每畝 2 單位小麥或 3 單位玉米，而在美國則是 4 比 6，那就完全沒戲唱了。因為，兩國現在決定出產這種穀物或那種穀物時，所面臨的取捨關係，有著相同的比率[45]：所有可能的貿易作法，都會使加拿大付出的成本，**完全**等於他們帶給美國的收益。如此一來，不會有任何淨利產生，兩國也就沒有理由進行貿易，因為這麼做並得不到什麼好處。所以，如果自由貿易讓加拿大的生產力提升到這個水準，那麼自由貿易就會剝奪美國過去所曾享有的利益。

　　我們有必要將這整套推論回想個幾遍，直到搞懂它為止，因為它才是經濟學真正的運作方式。保羅・薩繆爾森是諾貝爾獎得主，也是一位資深經濟學家。他還在研究所讀書時，就創立了現代經濟學的數學基礎。此外，他也是有史以來，最暢銷的經濟教科書的作者。這號人物在 2004 年的一篇文章中（有興趣的讀者不妨去參考一下，很容易取得），提醒了經濟學家這個問題。他讓整個經濟學界從上到下，在震驚憤慨中倒抽了一口涼氣[46]。一位擁有如此崇高地位的人，怎麼會批判自由貿易這個神聖的真理呢？後來他禮貌地提醒了批評他的人，他只不過是重述他 1972 年首度刊出的諾貝爾得獎論文中的結論罷了[47]！正如薩繆爾森所說的，其實李嘉圖自己也很清楚這個問題[48]：

> 在《政治經濟學及賦稅原理》(*The Principles of Political Economy and Taxation*) 的第三十一章中，李嘉圖發現了他在其他地方否認的事：其他國家的進步，可能會傷害在自由貿易之下的英國（或是，用今天的話來說：日本的進步，會危及美國的生活水準）[49]。

　　大多時候，這個問題並不容易察覺，因為國內外各產業的生產力，彼此之間的相對關係是看不見的，所以即使發生變化，也不太受到矚目。很少人會擔心這個問題，因為它並沒有類似廉價勞工這種顯而易見的面貌，不過，它絕對是表示：長期下來，自由貿易可能會「拿石頭砸自己的腳」，並徹底扼殺貿易帶來的獲利。即使是最嚴格正統的李嘉圖式觀點，也只保證自由貿易**可以**帶來利益[50]，但並不保證自由貿易**所引發**的改變，一定會使這些利益增加、而不是縮減。所以，對所有其他的事情，**即使李嘉圖全都說對了**（其實並沒有），自由貿易還是可能造成價值數十億美元的重大傷害。

對於這個問題，有兩種標準答辯。第一個是：雖然這個問題證明了自由貿易帶來的利益，可能增加、也可能減少，但是它並不能真的證明這個數字會低於零；要發生這種情形，才表示自由貿易真的對我們有害。這倒是真的。但是，那並不能改變以下的事實：如果自由貿易**使**我們從貿易獲得的利益下降，它就會降低我們的經濟福祉。我們如果施行某種保護政策，可避免在其他國家引發過多的生產力增長，那我們應該就會過得更好。第二個答辯是：即使我們不採納自由貿易，外國的生產力還是可能會增長。這也是對的。然而，如果有些時候，自由貿易所造成的外國生產力增長，會具有前述效果的話，那麼自由貿易對我們來說，有時候還是不利的。

這個問題，其實比這裡所說明的還更影響深遠，因為它也是我們之後會討論的另一個論點的基礎；這個論點對自由貿易的批判更具顛覆性（在此之前，我們會先建立一些必要的概念工具）。這個問題與**真正**困擾美國人的夢魘情景有關：自由貿易**可以**幫助別的國家，在產業成熟度這方面迎頭趕上美國，並讓美國從自己最具價值的產業中淘汰掉[51]。

這套理論還有多少內容能站得住腳？

既然比較利益理論有前述的所有缺陷，那它究竟還保有多少效力？其實還是有一些的。例如，分析個別產業的貿易時，它就是個有用的工具。檢視某國在哪些產業上具有比較利益，可以幫助釐清到底該國是屬於何種經濟型態，而且，只要在該理論的前提條件成

立的情況下，就某種程度來說，有時它還是可以給我們一些有效的
政策建議。**頗為開放的貿易，在多數時候是件好事。**可是這個理論
的創建者，並無意把它當成一張空白支票，用來保證在百分之百的
時候、與全世界百分之百的國家、進行百分之百的自由貿易，會是
好事一件（這個理論本身的邏輯亦無法支持這點）。它只有在其前提
假設與現實情形相符時，才能證明自由貿易具有正當性[52]。然而，在
現代這個世界裡，這些假設通常都是無效的。

　　該理論留下的高見之一就是：在自由貿易之下，當其他條件固
定不變時，一個國家的工資水準，是由其經濟中擁有比較利益部門
的生產力所決定。換句話說，美國的工資水準比較高，並不是因為
美國理髮師的生產力高於烏克蘭的同行（反正並沒有）；工資比較
高，是因為航空器製造業勞工的生產力比較高。這是事實，因為一
個國家最佳的產業，往往是它擁有比較利益、因而賴以出口的產業。
所以在自由貿易之下，這些產業會擴張，並吸收勞工，因而推升其
他產業的工資。這並不代表出口產業的待遇就會比較高。這些產業
給的待遇，與其他要求相同技能水準的產業一樣，因為他們所需的
勞動力來自同一批人。可是，把勞動力市場往上拉抬的正是這些產
業，而不是其他的產業[53]。

　　相反地，一個國家若失去其居於領導地位的國際貿易產業，這
就很糟糕了。也就是說，除了在這些產業工作的美國人以外，其他
所有的美國人，其實也都與這些產業的健康休戚與共。許多美國人
（尤其是那些佔美國 GDP 七成的非貿易相關產業工作者[54]）並不關
心美國貿易方面的問題，因為他們認為，這類問題絕對不會影響到
他們。誠如之前所說的，問題的確不會有**直接的**影響；但是，他們
最後還是免不了會受到間接的影響，因為支撐美國工資水準的力量，

終究是來自於美國人是否有辦法轉到其他待遇更好的行業。如果美國採行自由貿易，基本上，這就會需要有個強健的出口部門[55]。

李嘉圖觀點的現代闡述

當然,現代經濟學家並不只是因為李嘉圖 1817 年的原版理論鏗鏘有力，就認定自由貿易是合理的。自那個時候起，李嘉圖的觀點已經歷了更進一步的闡揚，而經濟學家通常會使用複雜先進的「可計算的一般均衡分析」(computable general equilibrium, CGE) 電腦模型 (以李嘉圖的概念作為基礎)，來把自由貿易所聲稱可以帶來的利益，量化成實際的美元單位。這類模型被稱為「可計算的」，因為它們不像那些只是為了證明理論觀點的經濟模型；你可以輸入一些實際的數字資料，並從輸出端得到一些數字結果。此外，模型名稱中的「一般均衡」，則是它們所依據的自由市場經濟學的基本概念：經濟體包含了眾多個別的供需市場，當這些市場全都同時達到均衡時 (也就是供需相等的狀態)，就是所謂的「一般均衡」。所以，這類模型值得我們檢視一下，來看看它們可能會有哪些問題。

首先，這類模型往往會作一些相當不合理的假設。例如它們常會假設，政府的預算赤字或盈餘，不會因為受到貿易的衝擊而有所改變，而是會維持在輸入模型資料時，最初起始年時的水準。更嚴重的是，它們假定匯率的波動會使貿易收支維持不變，所以貿易的赤字或盈餘，也會同樣穩定。此外，它們還假設一個國家的投資率會等於儲蓄率：存下來的每一塊錢，都會乖乖地流向某種具有生產性的投資。藉由假設來簡化模型，以使模型能順利運作的作法，無可厚非；然而，上述假設明顯不是事實，而且它們本身也構成極富爭議性的議題[56]。

　　投資會等於儲蓄的說法，基本上是所謂「供給會為自己創造需求」的薩伊法則（Say's Law，以法國經濟學家薩伊 (Jean-Baptiste Say, 1767–1832) 來命名）的一種型式[57]。基本上，它會讓投資不足及失業，在理論上變得不可能。此外，這類模型通常還假設，國家可以神奇地享有穩定的總體經濟環境——景氣循環被神秘地消除了。而且，各國金融體系也能享受平靜無波的安寧：沒有繁榮、沒有重挫、也沒有泡沫。這些假設的思維，比凱因斯學派還要早[58]，因此，至少比主流的國內經濟學落後七十年（這是自由貿易經濟學不斷重複出現的問題：在其他經濟學領域被棄置已久的觀點，令人擔憂地頻頻重現江湖）。

　　這些模型通常也沒有考慮到轉型的成本。這類成本聽起來都只是一下子的事，但轉型其實可能會花上數十年的時間。大家只要回想美國中西部的製造業地區，在 1960 年代中期後逐漸失去比較利益時，經歷了多少痛苦就可以知道！由於世界經濟並非靜止不動的，而是經常會踏入新的產業，所以總是會發生新的轉型；換言之，轉型成本會一再地出現。因為，這是以無常的比較利益分布型態作為全球經濟基礎，所必須付出的代價：永遠都會有**某些工作**變成過時的鏽鐵。這件事本身並不表示經濟轉變是件壞事，但是它的確表示，這些成本必須列入考慮，以取得正確的計算數字。

　　勞務貿易（別名「海外轉包」）是另一個癥結。其中最根本的問題在於，這種貿易通常不是採用與商品貿易相同的方法去管理。原因在於：在廉價長途電話技術及網際網路問世之前，許多勞務幾乎從未進行過國際貿易，因此，目前其實鮮少有明確針對勞務貿易的關稅或配額。相對地，倒是有一大堆瑣碎、很難量化的障礙：從核發執照規定，到受當地默許的各種企業聯合組織，再到語言上的差

異等等。結果，當這些障礙放寬時，很少能像對「布的關稅由 28%
調降到 22%」那樣，予以清楚地量化。所以基本上，經濟學家必須
憑感覺，來決定如何量化這些非數值的改變，以將它們納入模型（稱
呼「量化後數字」的術語，叫作「關稅等值數字」）。結果，許多勞
務貿易模型所導出的結論，因過於仰賴隨意的猜想，以致自己也流
於武斷。

在此提出另一個警告：因為這類模型全都是用於預測未來，所
以即使在最理想的狀況下，也一定多少會有一些主觀臆測。此外，
它們也是出了名地容易受到蓄意的人為操控。例如，若以數學上適
用於一定限制範圍內的外推法，去估算遠超出這個範圍以外的數據，
很容易就能得出灌水的貿易利得預測結果（在貿易領域中，這類預
測因為其圖形的樣貌，被稱為「曲棍球棒曲線」）。塔夫斯大學
(Tufts University)「全球發展及環境協會」(Global Development and
Environment Institute) 的艾克曼 (Frank Ackerman) 是這麼說的：

> 有些研究仍然提出較高的估計值，其反映的是標準模型中經過臆測
> 延伸的部分，以及（或）對額外增加的利益項目，進行簡單估計所
> 得出的數值，而不是從公認的模型建構方法得出的主要結果[59]。

同樣道理，有關自由貿易對其受害者所造成的損失，自由貿易
派人士予以低估的標準手法就是：只將因此**直接**遭免職的勞工算作
是受害者[60]。不幸地，這些勞工會擠進具有相同教育及技能背景者的
勞動市場，將其他人的工資水準往下拉。

即使去除所有統計方法的小伎倆，並做出其他的修正，CGE 模
型還是會有一個更深層的問題：這類模型之中，沒有任何一個可以
預測出某國會**選擇哪一種貿易策略**。例如，1950 年代所使用的模型

中，全都沒有預料到日本能躋身超級經濟強國之林——很可能根本沒有模型可以做得到這點。事實上，全然根據自由市場的假設所建構的模型，永遠不可能預測出那些策略所造成的結果。因為自由市場經濟學堅持，遵循自由市場行事永遠是最佳的作法，所以也預先否定了大多數這類人為制定的經濟策略，有成功的可能性。

大企業知道這個秘密嗎？

我們已經看到，比較利益理論與真實世界脫節得很厲害，所以照道理，我們應該可以預期，這件事會在某些時候影響實際跨國企業的營運模式。也就是說，如果這套理論是錯的，那它們為了獲利，有時勢必得加以違背。只要作點小小的調查就足以發現，它們的確會這麼做。企業界非常清楚這套理論的問題有多大，而且一般都會避免運用到實務上。哈佛商學院的麥可‧波特是這麼說的：

> 以生產要素為基礎的比較利益，並不足以解釋貿易的型態。要找到與比較利益有所抵觸的證據，並不困難……但更重要的是，大家已經逐漸了解，在許多產業中，比較利益貿易理論背後的假設，並不實際……該理論也假設，技術熟練的勞工及資本等要素，不會在國家之間移動。在大多數的產業中，這些假設全部都與實際的競爭沒有什麼關聯[61]。

但是，企業界與它們在華盛頓的遊說團體，仍總是用比較利益在政界進行遊說，希望能爭取更多的自由貿易。所以，美國企業界在很大的程度上，一直在利用這些連它們自己都不相信、也拒絕遵從的經濟觀點（它們同時也透過媒體向大眾廣為宣傳）。

第六章 |
被刻意遺忘的貿易史

我們在前一章看到,為什麼比較利益理論(經濟學上,使自由貿易合理化的關鍵理由)是個有問題的概念。不過,如果真是如此,那麼經濟史應該會反映出這個事實。也就是說,成功的經濟強權,過去應該是因為抗拒、而不是遵行該理論的建議,才邁向繁榮的。事實的確是如此。雖然眾所周知,如中國及日本這些經濟上非常成功的國家,即使到了今天,也很少採行自由貿易,但是大家比較不了解的是,縱然是史上最**擁護**自由貿易的國家(最主要的就是英國及美國),在他們自身歷史的絕大部分時間,也並未實施自由貿易。相反地,他們身為保護主義國家的記錄,其實是悠久且成功的。然而,這個記錄卻遭到**刻意遺忘**。

美國境內所教的標準經濟史被意識型態所扭曲,而且,其中許多關鍵的事實遭到掩蓋。那個版本的歷史,主要源自於冷戰時期所散布、旨在宣揚純粹自由市場種種好處的不實論點;它將世界的經濟成長,歸功於自由市場在國際上的普及,而自由貿易則扮演居中牽線的角色。不僅自由貿易派人士相信這段歷史,而且,如果自由貿易經濟學確實是有效的,那麼這段歷史也**必須**是真的。可是,經濟史實際上顯示,沒有哪個主要已開發國家,是因為實施自由貿易而發展起來的——他們每一個都是靠著保護主義及產業政策,才得以有所發展。

產業政策?沒錯,那就是刻意控管**國內**經濟,以協助產業成長。

雖然這是本關於保護主義的書，但從現在開始，我們沒有辦法完全忽略掉產業政策。不可避免地，產業政策是與保護主義緊密結合在一起的，因為，這兩種政策只是同一個基本事實，在國內及國外所展現出的不同樣貌罷了，亦即：**百分之百純粹的自由市場，並不是最好的**。所以，保護主義如果沒有配合某種正確的產業政策，就幾乎不可能會是正確的。而且，有效的保護主義機制之所以重要，主要是因為它在構成經濟的那些產業**裡頭**，能促成某些轉變。因此，了解產業政策，可以幫助釐清：什麼能使保護主義成功？

當然，任何人總是可以否定「歷史能引導出經濟學真相」。事實上，極度脫離歷史的現代經濟學，通常正是如此[1]。不像數理科學，經濟學是不可能進行真正的控制實驗的，因為這需要先選擇不同的政策，然後再讓歷史重新來過。因此，任何人總是可以宣稱：採取保護主義而成功的國家，如果沒有保護主義也同樣能成功；他甚至可以主張，那些國家「即使」（而不是「因為」）有保護主義，還是成功了，而他們的保護主義其實是種阻力[2]。但這種評論是空洞的，因為它讓**任何**經濟學的主張，在邏輯上都對歷史證據免疫。我們只能讓下述的歷史自己開口，然後再看看，什麼才是對普遍接受的事實，看起來最不偏頗、也是最可靠的詮釋。

英國自由貿易的迷思

根據自由貿易的開創神話，大不列顛是自由市場的萌芽之地、是亞當·斯密及李嘉圖的家鄉、也是第一個擺脫過去「抱持錯誤看法、喜歡囤積黃金的重商主義」的國家，之後亦因此成為十九世紀的工業超級強權。它也是根據自由貿易原則來建立全球帝國的開創者；在這段期間的大多時候，英國真的是個自由貿易的國家，所以這個神話表面上看來很合理，尤其是在十九世紀中期，英國的經濟如日中天時，他們自己也真的這麼相信；有些英國人迄今仍然深信不疑。英國的《經濟學人》(*The Economist*) 雜誌是 1843 年時，為了要鼓吹自由貿易而特別創立的。時至今日，它在六大洲的各國機場書報攤，也還在做同樣的事情[3]。

　　不幸地，這整個故事，憑藉的是玩弄歷史時機的花招，只要我們把幾個日期搞清楚，它就會土崩瓦解。1776 年，亞當‧斯密出版了他劃時代的自由貿易巨作《國富論》。但 1776 年的英國，可不是一張能讓自由市場及自由貿易在上頭施展魔法的白紙；相反地，它是前**幾個世紀**所實施的保護主義及產業政策的受益者[4]。英國經濟學家康寧漢 (William Cunninghan) 是這麼說的：

> 大約有兩百多年的時間（1600 至 1800 年），英國很清楚自己要的是
> 什麼。儘管經歷王朝及環境的更迭，但還是能將目光放在加強國力
> 的目標上。經濟學雖然還未被納入科學領域，但已證實是個絕佳的
> 有用工具，能針對達成這個目標的可能作法，提供極好的建議[5]。

　　事實上，那個年代的英格蘭[13]是個典型的威權（遠在英格蘭民主化之前）發展主義 (developmentalism) 國家：有如**文藝復興時期的南韓**。只不過英格蘭的統治者是國王，而不是在冷戰大部分期間掌控南韓的那種軍事獨裁者。英格蘭的工業化，其實必須回溯到比亞當‧斯密**早三百年**的那個時候，也就是亨利七世對羊毛商品課徵關稅的 1489 年[6]。亨利國王的目標，是從法蘭德斯 (Flanders，今日使用荷蘭語的比利時北半部) 手中搶奪羊毛紡織品的貿易。當時，羊毛紡織是歐洲科技最先進的主要工業。法蘭德斯的羊毛紡織業者靠

---

⑬　作者：以下的「英格蘭」一詞，是指在 1707 年與蘇格蘭合併之前的英國。

著英國出口的羊毛而生意興隆，他們受到鉅額資本投資的保護，在這種保護之下，他們得以擁有足夠的經濟規模，能擊敗任何想要加入這個行業的新手。所以，只有政府出手才能讓英格蘭有立足之地。

即使是在十五世紀，也已存在一種共識：出口農業原物料是個死胡同。這是非洲及拉丁美洲國家直到今天還在對抗的問題。事實上，亨利七世早在工業革命引進如蒸汽動力之類的人造能源之前，就創造了現代**第一個國家產業政策**[7]。已為人所淡忘的一整套環環相扣的政策手段，支持了英格蘭工業的興起，這些措施全都有個共同點：保護主義是它們得以發揮功用的必要因素。服務於威斯康辛大學及美國聯準會的經濟學家庫伯特森 (John Culbertson) 是這麼說的：

> 促使英格蘭經濟實力一步一步日益強大的，除了有來自政府行動的直接力量外，還有可供仰賴的政府支援性作為：亨利一世禁止西班牙羊毛進口，並修改土地所有制，以允許大規模牧羊事業的發展；愛德華三世吸引法蘭德斯的織布工人前往英格蘭，接著又禁止國人穿著外國紡織品；愛德華六世中止漢撒同盟 (Hanseatic League) [14] 在倫敦的特許權利；而英格蘭在伊莉莎白一世的統治下，則瀕臨與漢撒同盟開戰的邊緣，這促成了英格蘭船運事業的興起；然後是禁止英格蘭羊毛出口（此舉傷害了法蘭德斯的紡織業，但也刺激了英格蘭紡織業的發展）、鼓勵英格蘭生產染整布，以及利用英格蘭在紡織業的主導地位，將漢撒同盟的其他產品，也從外國市場驅除；還有鼓勵漁業……[8]。

英格蘭的政策目標，就是我們今日所謂的「在價值鏈中往上爬」：有意識地借助於現有的經濟活動，來轉入更先進的相關產業。

---

⑭　編譯按：十四至十七世紀時，歐洲北部沿海的商業都市所組成的同盟，其主要目的在於保障成員的商業利益。

十五世紀的英格蘭，比今日的孟加拉還更落後。因此，英格蘭除了面臨其他問題以外，也還未發展出成熟的金融市場，無法有系統地找出商機，並加以開發。結果就是，它無法依賴自由市場來驅動其產業，以投入更為先進的活動，而是必須借助國家的積極干預來達成這點。具有完整結構與功能的自由市場，並不會自動或在一夕之間就冒出來——這個教訓最近的一個範例，就是俄羅斯在結束共產主義後所遭遇的混亂局面。

亨利七世的顧問，基本上是從文藝復興時期的義大利城邦獲得經濟學概念的。經濟學當初誕生於義大利時，是作為公民人文主義（civic humanism，這是現在已被人淡忘的義大利治國意識型態）的要素之一[9]。這個在近代歐洲初期，已被遺忘的發展主義智慧結晶，殘存到今日的名字就是**重商主義**。現代經濟學最大的迷思之一就是：認為重商主義，分析起來只是一堆無知的囤積黃金偏見[10]。事實上，它用來促進國家經濟發展的一些手段，會讓二十一世紀在東京、北京、或首爾的技術官僚一見如故。從當時理論工具有限的角度來看，這其實是一個非常先進成熟的嘗試[11]。

重商主義者開創了許多直到今日仍在使用的經濟學概念，例如：國際收支、附加價值、以及進出口內含的勞動力等。在特殊利益（特別是王室的壟斷）的問題比今天還要嚴重的那個時代，他們擁護的卻是國家整體的經濟利益。他們是從類似對外國奢侈品課稅等簡單的想法開始，之後進展為：如果本國出口自己可以加工的原物料給外國人加工，就是不智之舉[12]。他們了解，國家可以透過模仿富國的產業，來增強自己的經濟實力（先模仿比較初級的產業，再模仿更先進的）；而在這場遊戲之中，相對較低的工資水準，是低度開發國家的關鍵優勢。

雖然重商主義者執著於囤積金條的行為，常遭人嘲笑，但其實那並不是像一般所描述的那麼不理性。因為在金本位的貨幣制度下，囤積黃金是唯一可以擴大貨幣供給、並壓低利率的方法，這對投資是個利多，古今皆然[13]。事實上，重商主義創造了近代歐洲經濟，並提供了塑造出世界其他地區經濟面貌的殖民力量。它本身也因此成為近代資本主義的基礎。

不論如何，英國在進行帶給人們嚴重錯誤認知的自由貿易實驗之前，以重商主義為基礎，運作了**數個世紀**之久。即使到了十九世紀初，英國對工業製品的平均關稅稅率，仍都大約維持在 50% 左右；這是歐洲主要國家中最高的[14]。甚至在對大多數商品採行自由貿易之後，英國對戰略性資本財（例如，量產紡織品的機器）的貿易，還是維持嚴格管制的立場，以防堵其對手國。正如我們在前一章所看到的，這種作法合乎理性。因為，如果生產要素可以在國家之間自由流通（第三個有問題的假設）；或者，如果自由貿易會在他國促成不利於我們的生產力增長（第七個有問題的假設）[15]，則自由貿易的雙贏論點就會分崩離析。即使是亞當·斯密本人，也是在英國透過保護主義鞏固其工業力量**後**，才開始支持自由貿易的[16]。

英國的自由貿易賭局

英國在 1846 年廢除《穀物法》（Corn Laws，當時英文的 "corn" 意指所有的穀物）後，開始熱切擁抱自由貿易。此法案的廢除，形同對食品（英國當時最主要的進口品）實施自由貿易。1852 年的大選，被視為是針對這個問題的公民投票[17]，此後，自由貿易便勢不可擋地開始從外部重塑英國的經濟[18]。廢止《穀物法》是相當重要的一步，因為它是當時英國所面對的最後一道主要束縛，阻礙英國根據自己在製造業的比較利益，轉型成為世界上的第一個工業社會。在這個工業社會中，絕大多數的勞動者會是工廠工人，而不是農夫。不過，要如何餵飽這麼多的工廠勞工？

就某種程度來說，《穀物法》的目標，就只是要在一個小島上，用有限的農業生產力，去餵飽膨脹的人口（在過去一百年間，幾乎增加了三倍）[19]。與北美大草原的競爭，最終擊垮了英國古老的農村經濟，也使靠農田地租生活的貴族連帶遭殃[20]。不過，由於英國投身自由貿易的意志無比堅定，所以英國接受了這個代價；這是在其他國家前所未見的。英國的統治者認為，因為英國起步較早，所以自由貿易在工業逐漸興盛的全球經濟中，將會使他們的國家處於主導地位，並讓貿易夥伴退居為農業及原物料的生產國。他們預期：英國在船運、科技、規模經濟、及金融基礎建設等方面的領先優勢，會不斷地自我強化，因而持續下去，直到永遠[21]。

如果全世界的其他國家，都甘願配合扮演傻瓜，這個策略應該就會成功。然而，事實與此相反，它只有在 1850 至 1860 年代的短暫期間內看起來有效。大體來說，那也是古典自由主義（自由貿易正是其中一部分）在歐洲的全盛時期，之後，情況開始變糟。首先，這次自由貿易的巔峰，恰好與整個歐洲漫長的蕭條期同時出現；在保護主義開始掌握主導地位後，大蕭條的情況才終於略見起色[22]。更根本的問題在於，美國及其他的歐洲國家，不願意接受在全球貿易體系中，被分配到次等的角色，於是英國追求普世自由貿易的計畫因而觸礁。特別是德國及美國的人民，紛紛指控英國：只想要**別的**國家採行自由貿易；而且，只在利用保護主義鞏固好自己的地位**後**，才轉而加以推廣。深具影響力的德國經濟學家李斯特 (Friedrich List, 1789–1846) 稱之為「過河拆橋」。一位英國的上議院議員在國會裡說了以下的話：

> 就像我對面高貴的閣下，及附和他的各位一樣，其他國家也知道，
> 我們所謂的自由貿易，不折不扣、完完全全是指：藉著我們所享有
> 的絕佳優勢，幫助我們的製造業者壟斷他們所有的市場，並避免他
> 們當中任何一個，成為製造業國家[23]。

所以，雖然英國不斷鼓吹，但自由貿易還是未能成功。英國單方面
地推動，並妄想其他國家會跟進，然而，剛結束內戰的美國，變得
比以往更明確地趨向保護主義；而德國則在俾斯麥的領導下，於
1879 年改走這個路線；其他的歐洲國家也紛紛跟進。在 1880 到
1890 年代間，瑞典、義大利、法國、奧匈帝國、及西班牙的關稅均
見調升[24]。他們這麼做的理由很充分：因為這些措施有效。愛爾蘭經
濟學家歐若克 (Kevin O'Rourke) 所作的研究顯示，1875 到 1914 年
間，歐洲的保護主義與經濟成長率，具有很明確的相關性[25]。

外國保護主義，英國的衰退

美國為全球競爭帶入了大陸型規模經濟，以及比英國更積極的
商業文化；德國則帶來孕育出高效率勞動力的產業家長主義
(industrial paternalism)，並引進前瞻的看法：科技產業將是未來潮
流，其中光學產業、化學工程、及電機電子產業等，是這類產業的
典型。這兩個國家都在保護主義之下，穩步向前。英國的經濟仍然
在成長，但腳步已難逃落後的命運：自 1870 至 1913 年間，美國工
業生產平均每年增加 4.7%，德國則增加 4.1%，但英國的成長率僅
為 2.1%[26]。某位評論家喪氣地說：

> 十九世紀構成英國經濟核心的產業，如紡織業及鋼鐵業，是在 1750

至 1840 年間發展起來的。那時，英格蘭還未放棄重商主義。英國採行自由貿易後，在這些領域的領先地位，還維持了大約二十年；但隨著其他國家迎頭趕上，英國就逐漸式微了。1870 年之後，使用更先進科技的新產業興起，英國隨即處於落後的位置。這些新產業，受到當時仍實施重商主義（包括保護主義）的國家呵護[27]。

　　英國下了重注的這個策略，即使遭遇到許多失敗，英國對外還是堅持自由貿易，對內則採取沒有產業政策的自由放任主義。基本上，英國是被其工業優勢的迴光返照所欺瞞，所以，他們誤以為自由貿易是最理想的永久性政策（直到 1880 年前後，英國的經濟表現才被美國追過去）。此外，自由貿易讓特定的既得利益者日益壯大，同時使他們掌握了很難打破的權力樞紐。這些，全都無助於英國釐清他們的思路。

　　英國的衰退在當時並未躲過大家的眼光，國內、國外都注意到了，潛在的問題也浮現出來。1906 年，英國國會議員史密斯（F. E. Smith，以身為邱吉爾的好友而出名）是這麼說的：

除了他們自己的自由市場之外，我們還把英國這個擁有 4 千 3 百萬人口的自由市場，送給我們的對手。因此，美國擁有自己這個 8 千 2 百萬人口的開放市場，外加英國這個 4 千 3 百萬人口的開放市場，總計人口是 1 億 2 千 5 百萬。相同地，德國也擁有英國 4 千 3 百萬人的開放市場。但相對於此，我們所擁有的，只是我們 4 千 3 百萬人的開放市場中，在不受限制的外國競爭下所殘留的部分……**我們稱自己為自由貿易派，可是我們從來沒有確保自己能享有自由貿易。我們只成功地擴大了，實施保護主義的競爭對手所能享有的自由貿易區域**[28]。（粗體為本書作者所加）

有些英國政治人物，試圖起身解決這個問題。想要廢除自由貿易的重量級改革者，即保守黨的議員約瑟夫・張伯倫 (Joseph Chamberlain, 1836–1914)，是更有名的涅維爾・張伯倫（Neville Chamberlain，曾任英國首相）的父親[29]。他在 1903 年的一次重要演說中說道：

> 我相信，從那個關於轉換職業的老掉牙謬論來看，這一切都只是它的一部分……如果你不離開邁向衰退的產業，並加入旭日產業的行列，那都是你自己的錯。呃，先生，這個理論令人稱好。然而，即使它能滿足所有的需求，它也填飽不了飢餓的肚子。看看這有多簡單：你製糖業過去曾輝煌一時的貿易已經沒有了，好，那試試果醬；你鋼鐵貿易沒有了，沒關係，你可以做捕鼠器；棉花貿易受到威脅，嗯，與你有什麼關係？也許你可以嘗試用洋娃娃眼睛草 (dolls' eyes)[15] 製藥……可是，這能維持多久？到底是什麼讓人認為，毀了製糖業的同樣過程，最後不會發生在果醬業上？而果醬業沒了的時候呢？你又得再去找別的事做。相信我，雖然這個國家的產業種類非常多，你還是不可能永遠這樣下去。你不能繼續冷眼旁觀，任由你最主要的產業一一凋零、逝去[30]。

有點恐怖的是，英國這場正逢世紀交替的辯論，呼應著今日美國境內對自由貿易的辯論。那個時代，就像我們自己目前所處的時代。當年，蒸汽船及電報這一類的新科技，讓人對無國界全球經濟可能帶來的轉變感到不安。背負全球責任的超級強權，在國力轉弱時，因為擔憂自身的經濟實力衰退，其政治運作出現了綁手綁腳的

---

⑮ 編譯按：學名為 *Actaea pachypoda*，即「白類葉升麻」。有劇毒，可作藥用，其果實形狀像眼睛，故得其俗名。

狀況。想想那些在英國工會聯合會 (Trade Union Congress) 的會議中，令人耳熟能詳的議題：「因應來自亞洲殖民地競爭之必要」，以及「趕上美國和德國的教育訓練水準的必要性[31]。」

　　今日美國國內也能見到的相同控訴與指責，在當時你來我往地漫天飛舞。自由貿易派人士遭指控：只從消費者的角度來看經濟學，而且，對短期消費的偏好，勝過生產者的長期生存能力；保護主義者對生產者生存能力的關注，則被批評為單純是對特殊利益提供掩護罷了。對於保護主義是否因為排除外國人而扼殺了競爭，或是因為拯救本國競爭者而維護了競爭，大家爭論不休（新貿易理論現在認為，兩者都是可能的）[32]。引發爭執的另一點是，這個國家是否正在坐吃老本。很顯然地，答案是肯定的。到了十九世紀末，英國的商品貿易已長期處於逆差狀態，它得藉著對外提供運輸和銀行業務的服務，以及收取過去海外投資的收益，才能勉強平衡貿易收支。自由貿易派被指控為崇尚抽象主義 (abstractionism)。以下是當代某本書中的描述：

> 自由貿易派人士無法公開宣稱，自己的看法是根據實證經驗而來的。他們只是針對自己相信**必定**會發生的事，舉一些實際生活中的例子，並以此感到滿足而已[33]。

這些話就好像昨天才寫的！英國經濟學家的可信度受到了質疑，因為在意識型態上，他們已獻身於古典政治經濟的自由貿易傳統。自由貿易派宣稱，英國的旭日產業表現仍佳（有些的確是，但並不足以取代夕陽產業的損失），因而否認任何危機的存在。這正反兩派分別對自己四海一家的理念、及盡忠報國的赤誠，感到洋洋自得。

　　事後看來，保護主義派比較有道理，可是卻不敵對手的雄辯能力及優越的政治技巧。既得利益者及經驗老道的政治謀士，大部分都站在自由貿易那邊，其中包括首相張伯倫所屬保守黨的近半成員；他們在這個議題上呈現分裂的狀態。自由貿易派護衛著與經濟自由概念密不可分的現狀；這個概念被認為是構成英國國家認同所不可或缺的，也是英國之所以不同於中央集權的歐陸各國最為核心的因素。自由貿易的反對者，除了全然否定其有效性之外，並未攻擊自由貿易**背後**的經濟理論，以至於他們所建構的論點，根本不足以將自由貿易連根拔起。

1903 至 1906 年間，張伯倫在制定關稅法案上，舉步維艱；此時，他的政黨正以這個重要議題作為主軸，為大選奮戰。分裂的保守黨，最後敗給了支持自由貿易的自由黨。他們在 1923 年時獲得另一次機會，但又一次遭到挫敗，這次則敗給支持自由貿易的工黨。拜經濟大蕭條之賜，英國最後終於在 1931 年放棄了自由貿易，但到了那個時候，一切的努力都已經太少、太遲了。雖然，保護主義多少提供了英國一些對抗大蕭條的緩衝，但重新奪回經濟強國領導地位的時機，早就已經錯過了。今天，在倫敦市的金融中心外圍，正是昔日的「世界工廠」，它曾經在 1870 年時，負責全球三分之一工業產品的製造[34]；但現在，卻只是經濟雷達上的一個微弱光點罷了。

美國，保護主義的甜蜜家園

「美國的經濟傳統一直都是經濟自由、放任無為、及門戶大開的牛仔式資本主義（當然包括自由貿易）」，這種想法與美國的國家神話呼應得相當好，它符合美國右翼（讚揚這個傳統）及左翼（對這個傳統表達哀悼）心目中的國家形象，海內外也都是如此相信。可是，至少在談到貿易時，這並不是真正的歷史。事實的真相是：

在美國羅斯摩爾山 (Mount Rushmore) 國家紀念公園內，石像被刻鑿在山壁上的四位總統，都是保護主義派（即使是傑佛遜，也在 1812 年後改變立場）[35]。事實上，保護主義才是真正的美國模式。

美國人早在獨立之前，就對貿易經濟學所固有的危險性，具有很高的警覺性。在殖民時期，英國政府試圖強迫其美洲殖民地，負責供應原料給英國這部萌芽中的工業機器，同時，不准他們發展任何自己的製造業。事實上，殖民地是前述英國重商主義政策最主要的**受害者**之一，因為他們不像英國的其他貿易夥伴，他們是直接受到英國政治力量控制的。前英國首相威廉·彼特 (William Pitt) 是著名的美洲民怨調解者，美國的匹茲堡也是以他的名字命名。他曾在國會裡這麼說：「只要美洲人製造了一綹羊毛或一個馬蹄鐵，我就會派船停滿他們的港口，並用軍隊填滿他們的城鎮[36]。」

從某種程度來說，美國獨立革命其實是場**針對產業政策的戰爭**。在這場戰爭中，殖民地的商業菁英，不願在逐漸成形的大西洋經濟體系中，被迫扮演較次要的角色，因而起身反抗。這點就革命的角度而言，正是賦予美國獨立革命一種特殊中產階級色彩的一大要素。領頭的是戴著假髮的創國元老，而非尋常可見、留著滿臉鬍子的革命群眾。理所當然地，在美國宣布獨立時，華盛頓總統簽署發布的第二件法案，就是《關稅法》[37]。

美國的第一位保護主義理論家，是亞歷山大·漢米爾頓 (Alexander Hamilton)，就是印在 10 元美鈔上的那號人物；他是美國第一任財政部長，也是美國第一位**技術官僚**。他在革命時期擔任華盛頓將軍的副官時曾親眼目睹，美國差點因為缺乏製造武器的能力而敗北（法國供應了 8 萬把毛瑟槍及其他戰爭所需物資，美國才因此得救）。他擔心英國在製造業方面仍能保住其領先地位，因而迫使美國淪為農業產品及原物料的生產者——用現代的話來說，就是變成「香蕉共和國」(banana republic) ⑯。他在 1791 年時這麼說：

> 有些國家已先搶佔某些產業，並達到精熟的水準。他們因而先享有的強勢地位，會構成比前述兩者更難以克服的阻礙。這會使一個過去未曾有過這類產業的國家，很難踏入該類產業。要讓一國新成立的廠商，與另一國已經很成熟的廠商，在平等的條件下（包含品質及價格）競爭，大多數時候是不切實際的。它們在品質、價格、或這兩方面的差異，肯定非常地大；大到如果沒有政府的幫助或保護，就不可能出現有效的競爭[38]。

漢米爾頓的政策，最後歸納成十餘個重要的措施。他自己是這麼說的[39]：

1. 「保護稅」。（關稅）

2. 「禁絕競爭性商品，或課以等同於禁絕的稅率」。（徹底的進口禁令）

3. 「禁止出口製造業所需之原料」。（對工業原料出口之禁令；就像亨利七世對未加工羊毛的出口禁令一樣）

4. 「獎勵金」。（出口補貼；就像今日的美國進出口銀行及其他方案所提供的補貼）

5. 「津貼」。（對重要創新的補助；今天，我們會稱之為研究發展抵減稅額）

6. 「免除製造業所需原料的進口關稅」。（使工業原料的進口自由化，才能讓**其他**某些國家成為原物料出口國）

7. 「退還製造業者進口原料被課徵之關稅」。（與前一項概念相

---

⑯ 編譯按：指經濟仰賴如香蕉這一類的初級產物，且受到財閥控制的國家。

同，只不過作法是退稅）

8. 「鼓勵本國的新發明與新發現，以及將他國的研發結果引進美國的行為，尤其是與機械相關者」。（對發明及更為重要的專利權的獎勵）

9. 「工業製品檢驗的管轄規範」。（對產品標準的規定；就像今天美國的農業部 (USDA) 及食品藥物管理局 (FDA) 所做的一樣）

10. 「協助各地間的匯款活動」。（成熟的金融制度）

11. 「協助商品的運輸」。（良好的基礎建設）

漢米爾頓將他的觀點寫在《製造業報告》(*Report on Manufactures*) 中，並於 1791 年提交給國會[40]。由於當時主導國會的，是偏好自由貿易的南方農場業者，所以漢米爾頓的政策，並未全數立刻獲得採用。一直到 1812 年發生戰爭，導致反英情緒高漲、中斷正常的貿易，並大幅增加了政府的稅收需要，美國才正式被推入保護主義陣營。不過，當戰爭爆發時，國會立刻就把關稅提高為原來的兩倍，達到平均 25% 的水準[41]。

戰爭結束後，英國製造業者展開全世界第一起有完整記錄的惡性傾銷。根據英國某位國會議員的說法，其目的是：「防患於未然；要在美國那些因戰爭而新崛起的製造業者形成氣候前，予以扼殺[42]。」為了因應這種情況，美國那些因為關稅而茁壯的工業利益團體，力爭保留關稅，並於 1816 年讓稅率調高至 35%。這種作法獲得大眾的支持，到了 1820 年，美國的平均關稅已高達 40%[43]。

再將時間快轉到幾年後，並略過數起與關稅有關的重大政治對抗（例如，1832 年發生於南卡羅萊納州的「拒行《聯邦法》危機」(Nullification Crisis)。當時，南卡羅萊納州試圖抵制一項聯邦關稅法案。這起事件是美國內戰的前兆之一），則從 1846 年開始，曾出現短暫的自由貿易小插曲，恰好與前述歐洲的古典自由主義巔峰期同步。在這段期間，美國的關稅遭到調降。然而，緊接著出現的是一連串的經濟衰退，並以 1857 年的「經濟大恐慌」(Panic of 1857) 作為終結。大恐慌使輿論強烈要求調高關稅，所以布坎南 (James Buchanan) 總統（也就是兩個世代以來，自由貿易派總統中的最後一位）終於妥協，並在 1861 年林肯入主白宮的前兩天，簽署了調高關稅的法案[44]。

奴隸制度與關稅的對立

接下來，美國史上下一個與保護主義有關的重大事件，就是共和黨的興起。它是由奴隸制度的衝突所催生，同時承襲了其前身輝格黨 (Whig) [17]的使命：主張政府應積極促進經濟發展。這個新政黨偏好許多這個方向的政策，其中包括強勢貨幣[18]（也就是物價緊縮，這是債權人所樂見的）、對鐵路的補貼、提供拓荒者免費土地、以及高關稅等。共和黨自 1861 年掌握政權開始，二話不說便馬上以籌措內戰經費為由調高關稅；而且這時很方便的是，沒有自由貿易派的南方民主黨員在政府中干擾。在經濟上幫助林肯總統運籌帷幄的，是一位名叫亨利‧凱利 (Henry Carey) 的費城經濟學家；雖然他現在早已不為人知，但在當代卻是世界知名的[45]。

若說美國內戰都是「為了」關稅，那就有點誇張了。這是某些南方派人士的推託之辭，因為他們急於擺脫「南方是為了奴隸制度

---

[17]　編譯按：美國昔日的自由黨。

[18]　編譯按：強勢貨幣是指國際信用很好、幣值穩定、匯價呈堅挺狀態的貨幣。而物價緊縮，可以提高貨幣的幣值。

而打仗」的汙名。可是，奴隸制度與自由貿易，在經濟政策中是密不可分的，因為事實上，對於**想要**成為農業奴隸國的國家而言，自由貿易正是最理想的政策。由於奴隸不適合從事工業活動，所以遠自羅馬時代以來，奴隸國家都無法達成工業化[46]。這些國家在製造業發展出比較利益的希望渺茫，所以他們的最佳策略就是：將他們無力擺脫的奴隸制農業的比較利益，發揮至極限，然後進口絕大部分的其他東西。典型的李嘉圖式自由貿易，恰好非常適合這個策略。美國南北戰爭之前的南方，由於幾乎毫無需要保護的工業，所以並未從關稅獲得什麼利益。就經濟上來說，它還是收購它所生產棉花的大英帝國的一部分（在 1870 年以前，棉花一直是美國最大宗的出口品）[47]。由於在課徵所得稅的時代之前，關稅是聯邦歲入的主要來源，因此，南方的聯邦稅賦負擔，高得不成比例，也難怪他們會支持自由貿易了；而這也是南方的聯邦憲章最終所下令實施的作法[48]。

這裡頭還有一個更重要的啟示，其意涵已超出了美國歷史的範疇。幾乎所有未能突破進入現代工業的國家，都有一個共同的特徵：以美國的歷史來譬喻，**那些國家的「南方」，贏得了他們的內戰**。當然，他們並不是真的全都打過仗，有些只不過是利益集團的政治對抗罷了。然而，其中的模式還是一致的：農業或原物料的利益集團，在與新興製造業利益團體的戰鬥中勝出，並影響了國家的經濟政策，使其符合自身利益。有時候，這是外來殖民勢力強力干預的結果；不過，通常它都是自己造成的。

這種模式的歷史，已很久遠了，遠比工業革命早了幾個世紀。以西班牙為例，它最關鍵性的時刻，可說是 1520 到 1521 年間的城市公社起義 (Guerra do los Comuneros)。在這場針對哈布斯堡 (Habsburg) 王朝的起義失敗後，貴族農業利益集團（具體而言，就是像由牧羊主所組成的麥斯塔 (La Mesta) 這一類團體)，贏得了經濟政策的掌控權[49]。於是，西班牙政府開始保護自身的農業產品，如橄欖油及葡萄酒等，而不是製造業。結果，西班牙的工業化腳步，不進反退。而西班牙也在該世紀的剩餘歲月裡，逐漸地**去工業化**了。之後，新大陸 (New World) 為帝國送上到口肥肉；源源不絕的黃金和白銀，讓西班牙完全對工業化喪失了興趣。它的經濟一直要到 1990 年左右，才逐漸追上其歐洲同儕的水準。

美國工業的黃金年代

美國內戰之後，在 1865 到 1932 年間共和黨長期獨霸的時期，美國的關稅仍維持在相當高的水準。十九世紀共和黨政治人物的演講，流露出對美國勞動階級薪資的擔憂。現在讀來，不禁令人想問：這個政黨怎麼會淪落到「何不食肉糜」的地步（或許會有人把這種情緒視為騙術，但當時課徵關稅的事實可是再真切不過了)？雖然，處於這個強盜貴族 (robber baron)[19] 時代的共和黨，絕對不是什麼天使，但是他們確實相信，美國的資本主義是立足於階級和諧。在他們看來，這完全不同於動盪、面對革命浪潮的歐洲[50]。在不是福利國家的情況下，美國必須採取**某種**行動，刨平資本主義的粗糙邊緣；而關稅，就是讓美國的勞工與資本家利益一致的方法之一。

整體而言，美國全國普遍都支持該政策，儘管當時左派及右派的極端份子，很自然地會有異議。威廉・格蘭・薩姆拿 (William Graham Sumner) 在 1885 年時，曾出版過一本充滿憤怒、名為《保護主義，就是教人用浪費創造財富的主義》(*Protectionism, the Ism That Teaches That Waste Makes Wealth*) 的書。像他這種極右派的社

---

[19] 編譯按：無道義的工業鉅子；十九世紀末靠剝削而致富的工業大亨。

會達爾文主義人士，多認為保護主義是在補貼能力不足者，也是在干預自由市場及適者生存的神聖正義秩序[51]。馬克思則是另一個極端的代表；他希望看到美國資本主義崩潰，因此，他支持富有毀滅潛力的自由貿易。他是這麼寫的：

> 我們這個時代的保護體系很保守，自由貿易體系才具有毀滅性。它打破現有的國籍，並將無產階級與中產階級間的對立推往極端。簡而言之，自由貿易體系加快了社會革命的腳步。各位先生，就是因為它本身具有這種革命意義，所以我投票贊成自由貿易[52]。

這個年代的民主黨員，通常都支持自由貿易，但他們當然不是馬克思主義者。然而，他們把關稅視為對美國非工業區（如美國南方；他們在這段期間忠於農業，也是忠實的民主黨員）的一種稅賦，或是為大企業利益作嫁的措施。1913 年民主黨德州國會議員、也是日後著名的眾議院發言人雷朋 (Sam Rayburn)，是這麼說的：

> 在共和黨無能的執政時期所實施的保護關稅制度，已使富者愈富、貧者愈貧。保護關稅被取了個非常適合的名字：托拉斯（trust，企業獨佔壟斷）之母。它把錢從最沒有能力付費的人的口袋中拿出來，然後放進那些最有能力出錢的人的口袋裡。長久的日子以來，兩大黨對於關稅問題，都有明確不同的立場；一邊是代表平民大眾的民主黨，另一邊則是代表上流社會的共和黨[53]。

在這個年代中的美國關稅制度，並不怎麼成熟完善，想在歷史記錄中找到某些資料，像是分析關稅應該如何訂定的精密理論，或是縝密管理關稅的技術官僚機構，最後都是白費力氣，因為當時根本沒有這兩種東西。以前，關稅政策的制定，大多是基於不全然與腐敗絕緣的國會選票互助原則。腐敗受到壓抑，是由於政策制定過程頗為公開（當時並不認為關稅見不得人）；而關稅本身也受到節制，因為某個產業的產出，通常是另一個產業的投入。所以，尋求高關稅的遊說活動，會受到尋求低關稅的遊說活動的制衡。然而，其中的情況有時是非常隱晦不明的。對此，薩姆拿充滿忿怒的說法大致如下：

> 到目前為止，他們在關稅立法時，從來沒有任何計畫或目標。國會只不過是敞開大門，讓利益團體予取予求罷了。而其關稅立法的產物，一直只是利益派系彼此相爭、以及他們被迫於彼此之間，交換選票分配利益的結果[54]。

可是這種作法奏效了。這是美國工業的黃金時期；當時美國的經濟表現，遠遠超越世界其他國家。就是在這個時代，有如歐洲工業跟班學徒的美國，從一個前景看好的農業落後地區，蛻變為世界歷史上最偉大的經濟強權。

美國的關稅制度中，唯一比較具有技術官僚成熟度的是：對工業製品課的稅高於原物料。某種程度上，這其實只是反映出：美國比較沒有產業會與進口原物料競爭，因此，也就不太可能遊說要求這方面的保護。1872 年，國會為了跟上美國工業化的腳步，特地將課徵關稅的範圍縮小：從原先針對眾多種類的進口品，縮小為只針對保護工業薪資及製造業的較少項目[55]。美國進口品中原來只有 5% 不課稅，後來放寬為接近 50%；茶及咖啡現在可以免稅入境了[56]。

保護主義曾是那個年代壓倒性的共識。1870 到 1913 年間，唯一的民主黨總統葛羅佛・克里夫蘭 (Grover Cleveland)，當時之所以能在政界生存下來，主要就是因為他對關稅毫不置喙。他第一任期結束後，於 1888 年再度參選。他以削減關稅、支持所得稅作為競選政見，並把他 1887 年的國情咨文，全用來講述這個觀點。媒體抨擊他上了英國利益團體的當，最後他敗給共和黨的哈里遜 (Benjamin Harrison)[57]。他記取了教訓，並撤回自己的主張。1893 年他又重回白宮，成為美國歷史上唯一一位隔屆當選的總統。

　　下面的圖表，描繪出整體的面貌。請注意，該圖並未顯示**應稅**商品的平均關稅（並非每樣商品都是應稅的），同時也掩飾了產品間的差異。同樣需要注意的是，美國所徵收的關稅，佔進口總值比重的變化，可能不只是關稅**稅率**變動的結果，還可能是各類產品進口數量之間，相對比重發生變動所致。此外請記得，關稅的影響力有一部分是在於：它會完全消除某些類別的產品進口；但這個現象完全無法從這個圖中看出來。

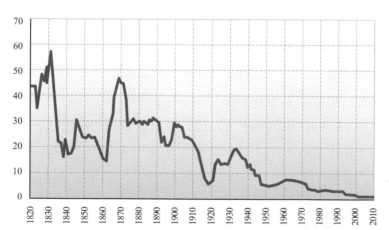

資料來源: author's chart from "Merchandise imports and duties, 1790–2000," Table Ee424–430 in *Historical Statistics of the United States, Earliest Times to the Present*, edited by Susan B. Carter et al. New York: Cambridge University Press, 2006, and Census Bureau and Customs & Border Protection for 2000–2010.

美國的關稅佔進口總額的百分比

美國從關稅撤守

與一般人的預期相反，美國放棄關稅，並不是因為政治人物對經濟學的見解發生改變。也就是說，他們並沒有認定保護主義經濟學是錯的，而自由貿易經濟學才是對的。推動這項撤守行動的，本質上是**政治**動機。二十世紀中期美國的經濟顛峰，造就我們對經濟的輕率態度；這讓政治有了運作空間。基本上，我們相信自己的經濟實力基礎十分穩固，所以不太需要再去擔心它的狀況。而且，在我們開始解除保護主義後的數十年間，由於過去一百五十年保護主義的餘蔭，讓我們得以不受貿易日益自由的後果所波及，但它同時也扭曲了我們對這些後果的理解。

威爾遜 (Woodrow Wilson) 是現代第一位相信自由貿易的美國總統（第一次世界大戰後，他提出了著名的《十四點和平原則》，自由貿易在其中排名第三）。他在 1913 年引進所得稅時（這是自內戰以來的頭一遭），成功地削減了關稅；但是國會又在 1921 年時把關稅加回去。瘋狂、繁華的 1920 年代，是關稅的年代。

1930 年「惡名昭彰」的《斯姆特－霍利關稅法》(Smoot-Hawley Tariff Act)，有時候會被抨擊應為大蕭條負起全部（或至少是部分）的責任。最近一位提出這種說法的，是 2008 年角逐總統寶座的約翰・麥肯 (John McCain)。他在競選活動中表示：

> 每次美國實施保護主義時，我們都要付出極為慘痛的代價。有些人甚至提出一種有幾分道理的主張：《斯姆特－霍利關稅法》是引爆二次世界大戰的主因；更不用說，當然也是導致經濟大恐慌 (Great Depression) 的罪魁禍首了[58]。

這個指控明顯是不合理的，因為大蕭條早在 1929 年股市崩盤時，就已經成形；當時，國會根本還沒有通過《斯姆特－霍利關稅法》。而且經濟學家傅里曼證實（至少說服了諾貝爾獎委員會），造成大蕭條的原因是貨幣政策[59]。聯準會在 1920 年代後期，允許貨幣供給大幅擴張，導致股市出現泡沫。接著，聯準會開始感到驚慌失措，同時又誤判形勢；到 1933 年時，股市已因此崩跌掉三成，連帶剝奪了經濟體喘息所需的流動性。這件事，與貿易政策毫無關聯。

　　至於對《斯姆特－霍利關稅法》造成蕭條蔓延至全世界的指控呢？這個法案對貿易量的影響，以及它將關稅調高的幅度，均不足以產生如此強烈的效果[60]。首先，它只適用於三分之一的美國貿易，大約是美國 GDP 的 1.3%。我們對應稅商品的平均關稅稅率，從原來的 44.6% 增加到 53.2%；根本不算是多麼巨幅的調整[61]。從 1821 至 1914 年間，幾乎每一年，關稅佔進口總額的百分比都比這來得高[62]。在 1861、1864、1890、及 1922 年，美國的關稅均見調高，但是並沒有引發全球經濟蕭條；而 1873 年及 1893 年雖然沒有調升關稅，但當時，美國的經濟衰退卻向外擴散至全世界[63]。

　　此外，「高關稅招致他國報復，進而引發致命的惡性循環」，這個迷思也站不住腳[64]。美國國務院在 1931 年，針對此一問題所作的報告指出：

除了法國以外，美國貿易遭受差別待遇的情形，其實非常輕微……截至目前為止，絕大多數的國家，並未對美國的貿易採取任何形式的差別待遇[65]。

世界貿易的確出現萎縮，但幾乎絕大部分都應歸咎於大蕭條本身，而不是關稅。「惡名昭彰」的《斯姆特－霍利關稅法》是刻意被羅織罪名的，事情就是這麼簡單[66]。《斯姆特法案》只是針對美國貿易制度適度且例行的修正，而不是對全球貿易體系的重大衝擊[67]。

關稅的轉捩點

美國的關稅第一次開始永久性調降，是在 1934 年，那是受到羅斯福總統 (Franklin D. Roosevelt) 的國務卿霍爾 (Cordell Hull) 慫恿的結果。霍爾對自由貿易的信心，其實與他相信自由貿易可以帶來世界和平更有關係，與經濟分析的關聯反而不大。他是這麼說的：

> 我是這樣想的：如果我們可以促成更自由的貿易（所謂更自由，是指較少的差別待遇及障礙），就不會有國家對另一國妒火中燒，而所有國家的生活水準就有提高的可能，進而連帶消除對經濟條件不滿所醞釀的戰爭溫床。如此一來，或許我們就有挺高的機會，能獲得永久的和平[68]。

這個貌似馬克思主義的奇特觀點，把「對經濟條件的不滿」視為戰爭發生的背後原因。可是，這點在歷史上缺乏佐證。但正是這個說法，讓美國在 1937 年時，分別與古巴、比利時、海地、瑞典、巴西、哥倫比亞、宏都拉斯、加拿大、瑞士、尼加拉瓜、瓜地馬拉、法國、芬蘭、哥斯大黎加、薩爾瓦多、捷克斯洛伐克、及厄瓜多爾等國，對等調降關稅[69]。這次首度推動關稅調降的政策轉向，被包裝成「因應緊急危難狀況的緊急手段」，所以在國會裡順利矇混過關；而且也幾乎沒有人發現，它其實具有歷史轉捩點的意義。此外，由於大蕭條及二次世界大戰干擾了正常的貿易，因此它幾乎沒有造成任何立即性的實際影響。雖然，政府內部因為調降關稅的想法發生了一些激辯，但它仍在沒有引起太多公然騷動的情況下，被悄然地納入了「新政」(New Deal) 的共識裡[70]。

可是，某種趨勢已經逐漸生根。這項改變的一部分是：美國國會違反《憲法》，把關稅的掌控權讓給了總統（違反《憲法》第一條第八項，內容是：「規定並徵收所得稅、間接稅、關稅、及國產稅，〔以及〕規範與外國之通商」）。羅斯福總統隨即又將這份工作，轉交給國務院及其他政府部門的中階官員，而這些人的位階，甚至沒有高到需要經過國會認可[71]。自此以後，自由貿易派就鍾情於讓關稅遠離國會，並把它轉交給與民主責任制隔絕的「專家」手中。過去，國會在管理關稅上，只摻雜了腐敗程度輕微的利益交換，而且也沒有太多關於意識型態或地緣政治的背後企圖。然而，行政部門同樣也會受制於利益團體的政治力量，但它卻能進行黑箱作業，而且還強烈傾向於把關稅政策，當成毫不相干的外交政策目標的小弟來使喚[72]。

用來擊敗共產主義的自由貿易

身處二次世界大戰的餘波之中，加上要面對英國的衰退，美國遂繼承了英國的地位，成為自由貿易在全球的保證人。1947 年的談判確立了《關稅暨貿易總協定》(GATT)，這是在 1995 年 WTO 成立前，當時世界上最主要的貿易架構。這次談判中，美國的平均關稅削減了 35%[73]；那時，要這麼做是很容易的，因為美國在 1946 至 1947 年間，產生了鉅額的貿易順差（佔其 GDP 的 4.2%）[74]。

這是個刻意制定的冷戰策略，目標在於強化非共產世界的各經濟體，並將他們與美國緊密連結起來[75]。即使我們現在了解，共產主義這個挑戰者的經濟實力，其實並不如當時外表看起來的那麼嚇人；但就地緣政治的角度來說，這在當時顯然是個非常明智的作法。

1953 年，艾森豪總統告訴國會：「所有本地產業的問題，在與這場世界危機相較之下，都變得無足輕重[76]。」於是，美國成為唯一一個開放貿易的主要市場。其他所有的市場則都還很小、很窮、受到保護、或奉行社會主義或共產主義。

在這場遊戲的這個階段，美國政策制定者對關稅的價值，多少還保有一點認識（自由貿易在經濟上合理的這個錯覺，直到後來才出現），所以，特別制定用來重振歐洲工業，並讓原本的農業國家（如義大利）及半工業化國家（如法國）進行工業化的馬歇爾計畫(Marshall Plan)，才會採用高關稅壁壘，並嚴格管控資本流動[77]。當時，我們並不是相信自由貿易對我們多麼有經濟價值；我們不過是認定自己優越的生產力，已經創造了足夠的喘息空間，讓我們不論如何都能基於政治考量來採行自由貿易[78]。就像杜魯門總統說的：

> 我們的工業主宰了全球市場……美國的勞工現在可以在一個工作天內，生產遠多於低價外國勞工所生產的產品。所以，雖然以前擔心來自外國勞工的競爭，是絕對有根據的，但現在我們的勞工階級，再也無須害怕了[79]。

大約有十五年的時間，這種說法大概都是對的。然而，我們盟友的經濟在 1960 年之前，就已陸續從二次大戰中恢復了。到了 1960 年代末期，世界共產主義所說「我們會埋葬你們」的威脅[80]，也就是在經濟上超越美國，已經不再具有實質意義（在 1950 年代，目睹蘇聯成長腳步比美國快的理性人士，曾經真的很擔心）。所以，最初使美國轉向自由貿易的根本理由，已經失去了效力。

回首過去，1960 年代早期，是美國應該從自由貿易回頭的時機。我們當時的確是可以做到的；但不幸地，我們犯了與一個世紀以前的英國完全一樣的錯誤：把自由貿易帶來的短期優勢（這是從身為當時領先經濟體的角度來看），誤認為是長期的利益。1960 年代早期，進口**看起來**的確只專攻低階的產業，讓我們得以享受低價的外國貨，同時，又不會對我們的高附加價值產業造成傷害。這似乎證實了李嘉圖的看法：自由貿易總是會以對我們有利的方式運作。於是，我們就任令一個起因於政治的權宜政策，逐漸定形為永久性的經濟教條。我們開始沉浸於「它背後的經濟學**真的**有效」的幻覺之中。

自由貿易開始不利於美國

回顧過去，甘迺迪總統 1962 年的《貿易拓展法》(Trade Expansion Act)，可說是美國在貿易方面，最具決定性錯誤的一步[81]。就數字來說，所謂甘迺迪回合的關稅減免，雖然減幅大到引人注意，但還算不上驚天動地：在分階段實施該法案後，美國對應稅進口品的平均關稅，由 1967 年的 14.3% 下降至 1972 年的 9.9%[82]。然而，這卻是歷史上看似微小、但具有關鍵影響的轉折事件之一。這件事發生時，美國的貿易夥伴正開始加足馬力，在經濟大道上往前衝刺；而 1944 到 1971 年的布列敦森林固定匯率制度，正巧也開始瓦解。而且，此次高科技產品的關稅降幅非常大，更增強了其影響程度[83]。再者，我們評價《貿易拓展法》時，不應只是比較實施前後的關稅水準差異，而是應該拿它與撤離自由貿易的替代方案進行對照——後者才是我們當時應該採取的作法。

當然，彼時還是有人提出警告。有名的自由派經濟學家蓋爾伯瑞斯 (John Kenneth Galbraith)，1964 年時就很直率地告訴詹森總統：「如果我們將關稅問題搞砸了，對貿易收支帳將會造成長久性的不良影響。這會在今後帶來很嚴重的問題[84]。」請注意！美國經濟上與貿易相關的第一道重大裂痕，就是在 1960 年代後期開始浮現的。黑白電視的生產轉移到日本；照相機、電晶體收音機、及玩具等也都是。我們的貿易收支在 1971 年出現赤字，而自 1975 年以後，我們就再也沒有看過貿易盈餘了[85]。

當然，從那時開始，便有股反對自由貿易的聲浪持續加溫。工會在 1962 年時**支持**甘迺迪的關稅削減案，可是到了 1960 年代末期，他們轉而改採反對自由貿易的立場。1968 年時，參議員賀林斯（Ernest Hollings，南卡羅萊納州的民主黨議員）及科頓（Norris Cotton，新罕布夏州的共和黨議員），在參議院成功以 68 票通過保護主義的貿易法案，但詹森總統指示眾議院歲入委員會主席米爾斯（Wilbur Mills）予以封殺[86]。1969 年，商務部長史坦斯（Maurice Stans) 考慮創立一個行政機關，來專職協調產業政策。這是史上第一次出現朝這個方向的努力，但尼克森因為缺乏國會的支持，只好放棄這個構想[87]。1971 年，出現了佔 GDP 的 0.5% 的貿易赤字（大約是今天水準的十分之一）。但這個數字已經足以嚇壞尼克森，使他對所有應稅商品，課以 10% 的臨時性附加關稅[88]。在 1972 年時，AFL-CIO 為《伯克－哈克 (Burke-Hartke) 法案》背書；這個法案對威脅到美國產業的進口實施配額制，並且限制跨國企業的資本輸出[89]。

然而，自由貿易還是克服了所有的挑戰。基本上，是保護主義派人士自己在國會裡搞砸了。關於尼克森在位後期時，保護主義派人士的全力反撲為什麼會失敗，有位學者是這麼說的：

即使是在國會裡，保護主義派的產業，還是無法好好利用他們潛在的資源。在國會談判一般性的貿易法案時，保護主義者只有微弱的影響力，因為他們缺乏可以代表他們的會員組織。不僅如此，保護主義派人士因業種不同而呈分裂狀態。每個業種都在鼓吹自己個別的目標……選擇性保護主義的邏輯，並未促使產業間彼此合作，因為在保護主義法案範圍較小時，國會支持的機率較高。此外，保護主義產業並未與工會合作[90]。

這次保護主義派的失敗，是今天對自由貿易的策略思考的重要一課。賀林斯參議員在卡特總統任內，曾做第二度的嘗試。可是，卡特比較喜歡自由貿易這個冷戰的優先事項。雷根分別於 1985 及 1988 年否決了兩個保護主義法案，老布希則於 1990 年否決了一個。

　　雷根認為自由貿易基本上是個好東西，但他不是個狂熱的盲從者，所以他有時會願意為了受到威脅的產業，偏離自由貿易的路線，也願意保護贏得冷戰所必需的科技基礎。他通過卡特與日本磋談的「自願性」汽車協定，並對機車課徵關稅，以拯救美國的標幟——哈雷機車[91]。他保護了鋼鐵、木材、電腦記憶晶片、及各種其他的產品[92]。不幸地，他的貿易務實主義，雖然優於柯林頓及兩任布希總統的極端主義；然而，為他提供方向指引的，除了「自由貿易有時候對美國並不有利」的簡單認知以外，並沒有任何針對自由貿易背後經濟學的縝密批判論點。結果，雷根所做的，不曾超越戰術性干預的範疇，影響相對有限。

　　美國想要制定完善產業政策的最後一次重要努力，發生於 1983 到 1985 年。它是由雷根任內的商務部長鮑德瑞奇 (Malcolm Baldrige) 所主導。他提議將商務部改制為「貿易及產業部」(Department of Trade and Industry)——相當於著名的日本通商產業

省 (Ministry of International Trade and Industry, MITI) [20]。但這個提案因為自由市場派對意識型態的疑慮，以及美國貿易代表署想要保衛地盤，而宣告失敗[93]。

日本保護主義的歷史

1980 年代日本的產業政策，是美國極有興趣的目標，當時曾掀起一陣以此為主題的出版風潮。甚至有一段時間，美國似乎可能認真制定出一套自己的產業政策（但其實從來沒有發生）。但自此以後，由於某種刻意營造出來的誤解（日本的經濟在走下坡），這股熱潮逐漸消退[94]。不過，雖然現在每個人都熱衷於中國，但日本與美國的情況還是比較有關聯；原因單純是，日本的薪資水準與美國相當，而中國則大多是憑藉低工資的政策來競爭，這一點是已開發國家很難仿效的。況且，中國目前是循著日本的舊腳本在走，所以，日本的貿易史，值得好好檢視一番。

日本人自己確實相信，他們的經濟成就要歸功於保護主義：日本業界、政府、或學術界中任何位階的人，沒有半個會認為，日本的成功是因為自由貿易。經濟歷史學家山村耕造是這麼說的：

> 保護產業免受外國競爭傷害，或許是日本政府為國內發展所提供的最重要誘因。保障本國市場的緩衝愈強……風險會愈小，日本廠商亦較可能會因預期需求成長，而更大膽地增加產能。這可以提供廠商優於外國競爭者的策略及成本優勢；因為，外國競爭者是在不同的環境中運作，所以必須更為謹慎[95]。

---

[20] 編譯按：日本的通商產業省成立於 1949 年，在經濟政策的制定上握有大權，曾引領日本的經濟走向高度成長。2001 年改組為經濟產業省，執掌範圍包括經濟產業政策、通商政策、產業技術、商務流通政策等。

　　日本對自由貿易的抗拒，在文化上的根，紮得特別地深。其深度就好比讓美國形成資本主義文化的基礎一樣。畢竟，這是個將自己與外界隔絕長達兩個世紀的國家（從 1635 到 1853 年）。他們的舉措在大多數西方人的眼中，應該很怪，但事實上，它深刻地呼應了日本文明的特質。

　　日本被迫向現代世界開放，是 1853 年的事。當時，美國海軍准將佩里駕著他有名的「黑船」，進入東京灣，要求擁有貿易權。這次事件為日本當時的威權型社會秩序，注入了新的元素：將經濟及科技水準，提升到足以捍衛自己獨立國家地位的需要。日本很快地根據其本身的政治優先考量（而不是外國人的考量），著手與現代世界接軌，當年的重要口號就是「**富國強兵**」。因此，以私人經濟利益作為國家經濟的主要驅動力量，從來就不被允許（也許只有 1920 年代曾短暫出現的自由時代，算是例外）。相對地，在可以簡單稱之為「國家資本主義」的體制下，私人利益是附屬於國家經濟利益的，而保護主義則是該體系既有的一部分。

　　1945 年日本經濟崩潰，它的城市都成了冒著煙的廢墟，而它的帝國也消失無蹤——它甚至比未遭 B-29 轟炸的某些**非洲**國家還要窮。當時日本遙遙落後美國，看起來似乎永無翻身的可能。大家都預期，日本最後會成為一個經濟失敗者，就像鄰近的列島國家菲律賓。根據美國當年推銷給日本的經濟意識型態，也就是依照比較利益進行自由貿易，日本看起來是沒有明天的；因為當時，日本只有在低價值產業才擁有比較利益。

　　關於這個主題，歷史記錄了一段頗值得玩味的討論。這段討論是整個戰後針對自由貿易辯論的縮影。1955 年，美國與日本在談判兩國第一份佔領後的貿易協定，美國代表團的首席代表泰額‧懷特

(C. Thayer White)，要日本人削減對進口汽車的關稅。引用他自己的話，理由如下[96]：

    1. 美國工業是全世界最大、也最有效率的。

    2. 這個工業界強烈支持擴大全球的貿易機會。

    3. 近年來，美國工業進入外國市場的通路，因進口管制而受限。

    4. 雖然美國政府了解，某些國家基於國際收支的理由，有必要實施進口限制……不過，日本從美國進口汽車，並出口自己可以勝出的項目，對日本是有利的。

根據李嘉圖提出的原則，懷特當然百分之百是正確的。可是日本的貿易談判代表小田部謙一，卻是這樣回答的：

    1. 如果徹底落實這個國際貿易理論，那麼最後美國將會精於汽車製造，而日本則會專精鮪魚生產。

    2. 這種分工情形並沒有發生……因為，凡是根據國家政策判定為重要的產業，每個政府都會予以鼓勵及保護。

不消說，日本並未選擇成為漁村之國！相反地，其統治者得到與一百五十年前的漢米爾頓、四百五十年前的亨利七世相同的結論，那就是：選擇保護主義及產業政策。凡是他們想要進入的產業，他們都會對外封閉日本市場。外國商品只有在可以協助日本建立自身產業的情況下，才會受到歡迎。他們對關鍵的產業會援用行政指導，並控制日本銀行體系及股票市場，以提供業界廉價的資金[97]。1950年代，東京甚至還對剛萌芽的汽車工業給予**保護**，將進口限制在每年 50 萬美元以下（1960 年代，禁止性關稅取代了配額制）。日本只允許「可以移轉科技給日本製造業者」的外國投資。今天，日本生產的汽車數量約為美國的二倍半，而且其中絕大部分是用於外銷[98]。

就歷史而言，日本一直是整個儒家亞洲的經濟領導者[99]（包括日本、南韓、中國、臺灣、越南、香港、及新加坡），因此，它的保護主義政策受到鄰近諸國的廣泛認同。這些政策的最終基礎，就是一種看待經濟學的態度：他們認為經濟本身並不是目標，而是國力的一個工具（請見第 155 頁的摘錄文字，它提醒大家，甚至連過去的西方世界，也曾把這種態度視為常態）。哈佛的亞洲專家霍夫海茲 (Roy Hofheinz) 及凱爾德 (Kent Calder)，曾這麼寫：「逾一個世紀以來，國族意識……一直是支持東亞經濟成長的根本動力[100]。」即使到了今天，中國的工業有 30% 仍為國營[101]，其政府對於被選定的十餘種戰略性產業，仍保有完全的所有權及控制權。這些產業包括：資訊科技、電訊、船運、民航、及鋼鐵業等[102]。這，絕不是自由放任主義。

在與鄰國的關係上，日本採用的是一種稱為「雁行」理論的策略。這是由日本經濟學家赤松要，在 1930 年代所首創的理論[103]。日本進入某個產業，淘汰掉現有的西方競爭者，接著當技術水準較低的鄰國（如：南韓、臺灣、泰國、馬來西亞、及越南等）更加成熟時，再將這個產業轉交出去。這種模式運作了五十年，產品從成衣到電視都有。1970 年代，日本自勞力密集產業撤出後，提供了臺灣、南韓、新加坡、及香港等地發展的空間；而**他們**目前也正陸續從該類產業退出，這又會提供中國成長的空間。這種情況，恰當地說明了：為什麼理性的保護主義是一種動態、而非靜態的策略；它並沒有要捍衛每一份工作及每一種產業。

第七章 |
自由貿易的蠅頭小利

在看過許多從理論及歷史方面，質疑自由貿易是否為上上策的高深理由後，現在讓我們來嘗試量化，看看美國及其他國家孜孜不倦地進一步擴大自由貿易，**真正**可能獲得的效益有多少。令人訝異的是，即使根據自由貿易派人士自己的計算，也顯示出擴大自由貿易所能帶來的效益（如果真的有淨效益的話；但這正是爭議的重點），其實非常小。事實上，這就是經常提出尖銳批判、但仍自詡為自由貿易派的克魯曼，所指稱的自由貿易「不可告人的小秘密」[1]。所以，即使我們假設，有問題的自由貿易經濟學，其整個架構都是真的，但美國或其他任何國家能從中獲得的利益，實在還是沒有那麼多。

自由貿易的效益其實相對微小，這個情況對 1970 年代美國經濟有印象的人來說，應該是很容易了解的[2]。當時，美國的進口只不過比 GDP 的 5% 多一點點，而不是像今天高達 17%[3]。然而，我們當時好像並**不需要**很多進口品，才能擁有全世界最高的生活水準[4]。進口品大多是石油、或香蕉等本地不種植的天然作物、或瑞士鐘錶之類的奢侈品、或一些其他零星的東西（例如，福斯汽車）。這個現象正顯示：自由貿易的效益，只是為我們的經濟錦上添花，而不是維持我們生活水準的根本基礎之一（更別說它是**唯一**的根本基礎了；但三不五時就會有人提出這個荒謬的主張）。

自由貿易的效益，就長期來看更是可議。因為，雖然我們有許多產品愈來愈依賴進口，而且它們無法頃刻之間轉由國內生產，但只要假以時日，絕對還是可以做得到的。這並不是什麼過著簡樸生活的反文化願景，也不等同於自願接受較低的生活水準；它的意義只不過是，回復到較低的進口水準。它不代表消費主義社會的終結，或任何與之相似的狀況；它甚至不表示，我們的生活必須回到早先年代的生活水準。因為我們的生活水準在沒有自由貿易（**不是沒有貿易！**）時，反而還會因為那段期間的經濟及科技成長而高得更多。

更重要的是，即使美國繼續進一步往自由貿易的方向挺進，基本上也得不到什麼好處。我們的政府其實很清楚這一點。美國國際貿易委員會 (International Trade Commission, ITA) 定期會發表名為《美國重要進口限制的經濟效應》(*The Economic Effects of Significant U.S. Import Restraints*) 的官方報告，最近（2011 年）的一期指出，如果美國廢止**所有**剩餘的貿易障礙，能獲得的利益也不過 26 億美元罷了[5]。這只不過稍稍超過 GDP 的 0.02%；大約等於美國人每年花在萬聖節及復活節的糖果錢[6]。

世界其他地區只能獲得微薄利益

擴大自由貿易也不會造福世界其他地區。如同各種針對自由貿易經濟學的批評所揭露般，對擴大貿易自由化的效益所進行的估計，其普遍為人所接受的預估數字，已經在逐年下降之中[7]。例如，在 2003 年 WTO 在墨西哥坎昆 (Cancun) 的會前會中，對進一步貿易自由化的獲利預估，最常被引用的數字是 5 千億美元[8]——這還只是開發中國家分到的部分而已，工業國家可獲得的還更多。可是才過了兩年，在香港舉行的下一回合談判中，運用了修正後的經濟模型，結果，幾乎沒有幾個估計值是超過 1 千億美元的；向下修正的幅度高達 75%[9]！許多預估的數字甚至更低。而且，已開發國家能享有的預期獲利當中，有 85% 會流向歐洲、日本、南韓、臺灣、香港、及新加坡[10]。美國及加拿大能分到的比例非常低，因為這兩國的經濟**已經非常開放**。

　　產生這些預估數字的兩種最重要的模型，分別是「全球貿易分析計畫 (Global Trade Analysis Project, GTAP) 模型」（由印地安納州普度大學負責維護），以及「LINKAGE 模型」（由位於華盛頓的世界銀行負責維護）[11]。這兩個模型所產生的估計值，其下滑趨勢，可清楚地從以下的表格看出來：

預估貿易自由化所帶來的效益

單位：十億美元

模　型	年	效　益	
		開發中國家	世界整體
GTAP	2002	108	254
GTAP	2005	22	84
LINKAGE	2003	539	832
LINKAGE	2005	90	287

資料來源：Frank Ackerman, "The Shrinking Gains From Trade: A Critical Assessment of Doha Round Projections," Global Development and Environment Institute, Tufts University, 2005, p. 3.

　　2005 年（目前最新）的 GTAP 模型預估，廢除全世界現有的**所有**貿易限制後，能為**全體**國家創造的整體利益，僅為 840 億美元[12]，這比美國的 CVS 連鎖藥房的年營業額還要低[13]。算起來，整個地球上的每個人每天所能獲得的，不到 4 美分；或者說，這相當於全球經濟產出的 0.5% 以下。這就是貿易更加自由所提供的杯水車薪。

　　這裡說的 840 億美元預估值，還包括廢除全世界**所有**僅存的貿易障礙，但這些障礙，很多都不太可能顯露在檯面上。如果把自由化的程度調回到比較可行的水準，則該預估數字會變得更低。例如，根據 LINKAGE 的預測，針對多種不同的商品，合理削減關稅 33%到 75%，所能帶來的獲利，約只有百分之百自由化的三分之一[14]。這樣一來，就會將開發中國家每人每天可增加的獲利，壓縮到只比 1 美分多一點點。

這些利益都是一次付清的，而不是年增量。它們不會為長期成長開啟任何新的道路，而且一旦用掉，以後就沒有了。不僅如此，它們的分配也不平均：有些人每天可以分到超過 1 美分，有些人則分得少一點，還有些人會什麼都分不到。甚至，有些人分到的數字比零還小。換言之，他們在貿易自由化底下，是徹徹底底的輸家。

關於自由化的效益會出現在哪些產業，GTAP 的答案也令人吃驚：主要的受益者就只有農業而已。自由貿易派人士常喜歡把自由貿易描寫成全球高科技榮景的重要關鍵。但事實上，自由化預期能帶來的**所有**淨效益，都是在平凡單調的領域。這其實不應該令人意外：因為農業仍是已開發國家最（公然）受到保護的業別，而已開發國家的 GDP 全都很高，因此只要百分點些微增加，就能換算出龐大的金額。如果剩下的農業保護（從美國的糖、到歐洲的起司）全被消除，則這些獲利中的絕大部分，也只在於略微壓低的消費者物價。此外，繼農業之後，第二大可能獲利的領域，就是紡織業——這也是大多數效益會流向開發中國家的另一個主要產業[15]。

自由貿易無法減少全球的貧窮現象

由於第一世界至少夠富有，所以進行貿易時有犯錯的本錢；第三世界則不然。所以，若自由貿易可以減少全球貧困的可能性極低

（遠低於對這個主題天花亂墜的宣傳），問題可就大了[16]。GTAP 計算全球貿易完全自由化時，其效益相當於已開發國家每人每年 57 美元；但在開發中國家，則低於 5 美元[17]。

對於貿易自由化能減少貧窮的說法，有許多樂觀的數字，但這些數字連最簡單、隨意的檢視都無法過關。首先，世界銀行所定的貧窮標準為每天只賺 2 美元，所以「幫助 1 百萬人擺脫貧困」，可能只是意味著將 1 百萬個人的所得，從每天 1.99 美元增加為 2.01 美元。某個被廣泛引用的研究顯示，只有兩個國家的受益者，其平均獲利能由 1.88 美元，大幅躍升為超過 2.13 美元：他們分別是巴基斯坦及泰國[18]。其他國家，都只有少於這個數字的微小增幅。雖說聊勝於無，可是相較於貿易自由化的代價，這實在太少了。它絕對不是像人們所想像般，誤以為所謂「擺脫貧困」這句話，是指從赤貧躍升至小康生活水準的那種樣貌。

開發中世界能從貿易自由化獲得的利益，預期也只會集中於相當少數的幾個國家。理由是：只有少數幾個開發中國家，才真的能有效**利用**更自由的貿易，以獲得足夠分量的好處[19]。雖然，結果會因模型不同而略有差異，但中國、印度、巴西、墨西哥、阿根廷、越南、及土耳其等國，通常都會分到最多[20]。這個清單聽起來令人印象深刻，但其實遺漏了大多數的第三世界國家。像海地一樣的赤貧國家，就連邊也沾不上。即使是比他們狀況再好一點的國家，如玻利維亞，也幾乎沒分。

不論你喜不喜歡，這種情形其實非常符合邏輯。因為，增加通往競爭慘烈的全球市場的途徑（自由貿易只提供這個），其實只會讓少數幾個國家受惠。這些國家的產業，必須要有某些產品，可以賣給**目前設有貿易障礙，以至於無法進入**的他國市場。他們的產業必須兼具兩種特質：具有全球競爭力的強度，**以及**擁有被外國貿易障礙所限制的潛力；但這是相當罕見的組合。因此，由於最窮困的國家幾乎沒有（甚或完全沒有）任何具有國際競爭力的產業，所以往往完全無利可圖。

有沒有可能找到某些辦法，可以將自由貿易所帶來的利益，更平均地分給不同開發程度的國家呢？不幸地，並沒有。因為根據定義，自由貿易就是**沒有管制**。也就是說，只要實施任何的改善計畫，那就不能算是自由貿易，而是某種形式的管理貿易了。曾有多種分享財富的方案被提出過，但它們完全是在自由貿易的範疇之外[21]。這也會引發一些問題，那就是：這些重分配的計畫是否真的有用？或者，握有實權、能否決所有重塑全球經濟秩序提案的已開發國家，是否會同意予以採納？

自由貿易會增加全球不平等

雖然常聽人漫不經心地談論「全球」經濟，但其實全人類當中，只有三分之一真的參與了現代商品及資本的流動[22]。這三分之一的人，基本上包括了所有已開發世界的人，再加上較窮困的國家之中，比例各異的部分人口。不過，另外三分之二的人口，充其量只能說是沾上一點邊而已。我們能在電視廣告上，看到愈來愈多第三世界的富裕景象，不過是代表其最上層、極為稀少的西式消費者，遠較以往更多罷了。的確，在印度班加羅爾附近，可以看到印度人開著BMW趴趴走，這是 1970 年代所見不到的情景。可是，第三世界有更多富裕的人，並不等同於第三世界的整體生活水準已經接近第一世界，那完全是兩回事。

更重要的是，現在所看到的進展，並**不是**自由貿易帶來的，而是某些貧窮國家擁抱重商主義及產業政策的結果。根據世界銀行的數字，自 1981 年以來，全球**整體**的貧窮人口數出現淨減少的地方，是唾棄自由貿易的重商主義者中國；在其他的地方，這個數目則出現增長[23]。全球貧困國家過去三十年來的經濟進展情況，大致如下：

1. 中國（佔全球總人口的五分之一）的人口成長腳步踩了煞車，並從農業馬克思主義大躍進，轉型成工業重商主義，因而得以蓬勃發展。這一切的最主要原因是：美國在這段期間內，非常願意配合成為其出口導向成長策略的「指定推手」。

2. 在 1991 年之後，印度（全球另外五分之一的人口）大幅增加其資本主義與甘地－費邊社會主義 (Gandhian-Fabian socialism) 混合體中，前者的比重。其成績還算不錯，但沒有中國那麼好；而且，在人口成長未受控制的情況下，也不足以減少其貧困人口的絕對人數[24]。

3. 在 1970 年代的石油危機之後，拉丁美洲迷失了方向；1980 年代則經歷了經濟上「失落的十年」，並於 1990 年代嘗試了《華盛頓共識》(Washington Concensus) 中的自由市場，但結果不如預期。於是，有些國家脫離純粹的自由市場主義，並改走務實路線；其他的國家則腳步跟蹌地向左派靠攏。前者大約在過去幾年中，開始顯現成果。

4. 共產主義垮臺，使某些國家（古巴、北韓）陷入馬克思主義的貧困深淵之中[25]；其他一些國家（烏茲別克、蒙古）則發現，唯一會比完整的共產主義經濟更糟的，就是破碎的共產主義經濟。大多數的東歐及前蘇聯國家，因為轉型成資本主義的腳步過於突然而灰頭土臉，之後則各自以不同的速度逐漸恢復。

5. 撒哈拉以南的沙漠地區在這段期間內，大多處於政治動盪不安的情勢下，所以其經濟表現自然不言可喻（南非及波札那共和國 (Botswana) 是例外）。1990 年代《華盛頓共識》的政策並未成功，而近來少數幾個前景看好的地方，也還沒見到平均每人所得增加或失業率下降等成果。

6. 其他貧困的國家，或多或少都遵循前五種模式，並獲致相對應的結果。

毫無疑問地，中國是這其中最耀眼的明星。然而，即使中國能以蠻橫但又極具效率的方式，強將人民極低的生活水準往上拉抬，中國在這方面還是存在相當嚴重的問題。最根本來說，中國的經濟成長奇蹟，主要都侷限於沿海省份的大都會地區[26]；被留在農村的 8 億農民中，或許有接近 4 億人的收入，陷入停滯、甚或下跌[27]。中國大概有 2 億的流動移民工（這比美國整體的勞動力還多），他們離開了自己的村莊，希望能找到有工作的地方[28]。莎拉‧勞倫斯學院 (Sarah Lawrence College) 亞洲研究系的教授默達文 (Joshua Muldavin)，在中國鄉間住了好幾年，他是這麼說的：

中國的農村內地，就本質上而言，是中國經濟空前巨幅成長的引擎，同時也是其垃圾場。這些鄉野地區，為中國蓬勃發展的都市，提供了缺乏組織的廉價勞工。這些勞工多半來自於極為窮困的農村聚落，那些地方，本身正處於社會及環境的危機當中。毒性最強的產業，正是設廠於這些完全遠離國際媒體視線的地方。許多遍布於全國各地偏遠小城與村莊的企業，其工作環境可說是全世界最髒、也最危險的，而鄉村農工正是在這種環境底下賣命。這些企業是工業承包商，它們接的訂單，不僅來自中國公司，也包括國際企業；

它們會將汙染排放到空中、水裡、及土地上。當鄉村勞工的健康遭到破壞後，只能回到他們村子附近那片再也無法耕作的土地，那裡已經成為未受控管的生產活動的毒廢料傾倒場……中國蛻變成了全球企業的產業平臺選項之一，而全球商品鏈則與此緊密相連；在這條商品鏈當中，中國鄉村的環境及人民，位居最底層[29]。

即使是在中國的都會或沿岸地區，大多數的中國人也還是貧窮的勞工，通常是睡在一百個人一間的工廠宿舍裡。

　　大幅擴張自由貿易的過去這三十年之中，全世界絕大部分的貧窮國家，其實都發現，他們國家自己人之間，以及與世界其他地區人民間的差距**增加了**[30]。就像羅德瑞克所描述的：

開發中國家與工業國家間的所得差距，一直持續擴大。1980 年，三十二個撒哈拉以南的國家，依購買力平價計算之平均國民所得，相當於美國 9.3% 的水準，而二十五個拉丁美洲及加勒比海國家的所得，則等於美國平均的 26.3%。到了 2004 年，這兩個地區的這個數字，分別下跌至 6.1% 及 16.5%。這代表平均國民所得相對降低了 35% 以上[31]。

這種狀況近期內不可能改善：聯合國開發計畫署 (United Nations Development Programme, UNDP) 的報告指出：如果高所得國家「今天開始停止經濟成長，而拉丁美洲與撒哈拉以南的非洲地區，維持其目前的成長走勢，則拉丁美洲要到 2177 年、非洲要到 2236 年時，才能迎頭趕上」[32]。未來的 2236 年與現在的距離，就和過去的 1782 年與現在的距離一樣遙遠，而且，已開發國家當然不太可能會停止經濟成長的腳步。

更深層的另一個問題是，所謂的迎頭趕上，是基於一種假設：讓全世界享有與北美相同水準的消費能力，就生態環境方面來講是可行的。然而，以目前的科技而言，這是不可能的，因此，上述情形若要發生，就必須指望或許永遠不會實現的科技突破。

中等所得國家的消失

今天，雖然絕大部分國家都遭到經濟衰退的重創，但由於有幾個以往貧窮的國家，在經濟上表現出色，所以全世界的所得分配，逐漸分裂為「雙峰」的型態，而中等所得水準的國家則愈來愈少[33]（絕大多數貧窮國家的生育率都很高，所以，如果他們的經濟成長率無法超越人口成長率，則他們每年的國民平均所得，就都會被拉低一至二個百分點）。而且，與媒體所塑造的樣貌相反，擁有成功經濟的國家，其實反而比以往**更集中**於西方世界（而非更少）[34]。根據荷蘭鹿特丹伊拉斯莫斯大學 (Erasmus University) 的默協德 (Syed Mansoob Murshed) 所提供的一份數據摘要：

1960 至 2000 年之間，西方國家在富有國家中所佔的比例一直在增加，富裕幾乎已經成為西方國家獨享的特權——在 1960 年屬於富裕的十九個非西方國家中，有十六個到了 2000 年就滑落入較不富裕的類別（例如：阿爾及利亞、安哥拉、及阿根廷）；相對地，有四個原來並不富有的亞洲國家，則躋身進入第一群體。大多數 1960 年的非西方富國，到 2000 年時已退入了次高所得的群體；而大多數在 1960 年為中高所得的非西方國家，在 2000 年時已經跌至第二及第三類別。在二十二個 1960 年的中高所得國家之中，有二十個滑落至第三及第四所得類別中，其中包括剛果民主共和國（也就是

近來所稱的薩伊）和迦納。1960 年屬於第三群體的大多數國家，到
2000 年時就已退步到最低的所得類別。只有波札那共和國從第四類
別，上升至第三群體，而埃及則仍停留在第三類別。**我們現在好像
正處於中產階級逐漸消失、向下流動的世界之中**。到了 2000 年，
大多數的國家不是富就是窮，與 1960 年時，多數國家是屬於中等
所得群體的情況成了對比[35]。（粗體為本書作者所加）

　　這一切都不是偶然。因為，自由貿易往往意味著，開發中國家
的工業部門，不是「大發利市」並變得具有全球競爭力，就是被進
口品徹底打垮，只留下農業及原物料開採等，毫無出路、且成長不
快的部門。就像蒙古及秘魯這一類經濟體，缺乏具有全球競爭力的
工業類別，不過，雖然這些產業不太有效率，但比起什麼都沒有，
他們還是**保有**這些產業比較好；然而，自由貿易卻會把他們這些受
到呵護的中間地帶消滅殆盡[36]。

　　現代工業的生產力遠高於傳統農業，所以即使**不具有**全球競爭
力，也可以提高平均所得。這正是蒙古、秘魯、及類似的國家，在
1990 年代的「改革」引進自由貿易**之前**，平均所得還比較高的理
由[37]。他們的工業部門，即使缺乏效率又受到保護，仍能讓全國的最
低工資維持在某個水準，足以防止過度耕種（也許還有其他功用）
——這是由於缺乏替代工作機會，造成整個人口被迫投入農業而面
臨的環境惡化問題[38]。

　　突然將自由貿易加諸於前述這些國家，甚至比逐步施行還要糟
糕，因為產出的突然下降，特別容易扼殺依賴規模經濟的產業，而
這類產業才是少數真正值得擁有的產業（我們將於第九章中討論其
原因）。在發展過程中，較晚讓本國經濟開放自由貿易（達某種程

度)、並持續以產業政策支持本國公司的國家，其保留中、高級科技產業（這是決定他們未來的關鍵）的可能性，遠高於那些在發展過程中，過早接受完全的自由貿易、且缺乏產業政策的國家[39]。

許多有記錄的個案顯示，貿易自由化只會在未提供任何替代出路的情況下，扼殺本土固有的產業。以下是「全球化國際論壇」(International Forum on Globalization) 所提出的一些典型案例：

> 塞內加爾在 1980 年代後期實施自由化之後，出現工作機會大量流失的狀況；到了 1990 年代初期，裁員消滅了所有製造業三分之一的工作機會。象牙海岸 1986 年突然調降 40% 的關稅後，該國的化學、紡織、製鞋、及汽車裝配等產業，形同瓦解。奈及利亞對自由化的嘗試也是同樣問題重重。獅子山共和國、尚比亞、薩伊、烏干達、坦尚尼亞、及蘇丹等國在 1980 年的自由化，使他們的消費性進口出現鉅幅成長，卻也大幅減少了可用來購買中間投入及資本財的外匯；這對工業產出及就業帶來了毀滅性的後果。迦納採行自由化之後，工業部門的就業人口由 1987 年的 7 萬 8 千 7 百人，驟減為 1993 年的 2 萬 8 千人[40]。

這種令人不悅的狀況會產生的必然結果之一，就是所謂的「凡尼克－雷那特效應」(Vanek-Reinert effect)，它是指：初級經濟體在突然轉型為自由貿易時，其最先進的產業類別，就是會被摧毀的部門[41]。一旦這些產業消失了，國家就可能會永久被困在貧窮之中。

失敗的案例，NAFTA

《北美自由貿易協定》(NAFTA) 是美國過去二十年以來，關於自由貿易，爭議最大、也是如假包換的失敗案例。更不可原諒的是，負責制定及落實這份協定的人，正是那些在華盛頓最極力讚揚自由貿易的菁英人士。所以，問題完全不能以沒有執行能力來搪塞（這是用來解釋自由貿易會在開發中國家失敗的制式藉口）。而且，如果再考量美國產業深入墨西哥的程度，就會發現自由貿易更加難辭其咎。因為，美國的菁英份子不只管美國這一邊，他們還相當程度地管到墨西哥那一頭去了。其實早在這種情況發生之前，墨西哥的經濟就一直是由經過美國訓練的技術官僚所掌控，例如，墨西哥前總統查迪約 (Ernesto Zedillo)（耶魯經濟學博士）及薩林納斯 (Carlos Salinas)（哈佛經濟學博士）等。所以，如果自由貿易真的在某些地方是有效的，那肯定就是在墨西哥了。

但事實上呢？ NAFTA 當初可是號稱可以減少美國貿易逆差的政策。但是，美國對加拿大及墨西哥兩國的貿易收支，其實都出現惡化的趨勢。在 NAFTA 於 1994 年正式生效之前的四年，美國對加拿大的年度赤字平均僅約 81 億美元[42]。十二年之後，該數字已擴大至 710 億美元[43]。我們與墨西哥的貿易收支，在 1993 年時有 16 億美元的**順差**[44]，但到了 2010 年，我們的赤字已達 616 億美元[45]。

1992 年的美國總統候選人佩洛特 (Ross Perot)，是位行徑古怪的億萬富豪。他曾預測：如果 NAFTA 通過的話，美國就會聽見被墨西哥「吸乾工作機會的巨大聲響」。他常因此被無情地奚落，但事實證明，他是對的。根據美國勞工部估算，在 1994 到 2002 年之間，NAFTA 讓美國失去了 52 萬 5 千個工作機會[46]。根據更大膽的經濟政策協會 (Economic Policy Institute) 的報告：

NAFTA 消滅了約 76 萬 6 千個工作機會，它們主要都是非大專畢業勞工的製造業工作。與 NAFTA 提倡者對美國勞工的承諾相反，該

協定並未增加美國對墨西哥的貿易順差；其結果恰好相反。製造業
的工作機會消失後，勞工只能退而求其次，去做待遇較低、保障較
差的服務業工作。在製造業之中，雇主可能會將生產線搬到墨西哥
的威脅，的確是削弱勞工談判籌碼的有力武器[47]。

　　把墨西哥當作美國產品的大型出口市場的想法，結果成了可悲
的笑話；墨西哥根本就太窮了。**支持 NAFTA** 的墨西哥美國商會，
在 1997 年出版的《商業墨西哥》(*Business Mexico*) 中有以下的文
字：

> 其實真相是：只有10% 到 20% 的〔墨西哥〕人口，才真正算得上
> 是消費者。財富分配極度不均的情形，已經創造出一個扭曲的市
> 場；經濟受制於低教育水準的勞動力，而 GDP 中相當大一部分則
> 是用於出口，而不是為了供應國內的消費[48]。

根據當年的官方數據，只有不到 1 千 8 百萬的墨西哥人，每個月可
以賺超過 5 千披索[49]，但這不過相當於 625 美元左右：大約是美國四
口之家的**貧窮線**的一半水準。此後的情況也沒有改善多少，所以，
就像克魯曼所指出的：「墨西哥的經濟規模太小（其 GDP 不到美國
的 4%），所以在可預見的未來裡，它不會是主要供應者，也不會是
主要市場[50]。」

　　可是，如果 NAFTA 並不是讓美國迅速致富的可行手段，而美
國的菁英份子也清楚這點，那這一切到底是怎麼回事？克魯曼再次
提供了答案，他在《外交事務》(*Foreign Affairs*) 雜誌的文中寫道：
「對美國來說，NAFTA 本質上是個外交政策，而不是經濟議題[51]。」
真正的目的是：讓類似薩林納斯總統這種與美國強大利益集團親善

的人，能在墨西哥掌權。推動自由貿易，並不是因為真心預期能獲得經濟利益，而是為了達到毫無關係的外交目標。在這裡要特別讚美克魯曼的是，他後來在 1996 年於《新民主黨人》(*The New Democrat*) 雜誌中，坦言這是一場完全的騙局：

> 這項協定是以不實的欺騙手段進行推銷的。柯林頓政府不顧大多數經濟學家的強烈反對，還是決定將 NAFTA 當成創造工作機會的計畫，來加以宣傳。少數幾位經濟學家，根據不比臆測好多少的估算方法，就宣稱 NAFTA 可以擴大我們與墨西哥的貿易順差，因而創造工作機會。在其準確性毫無憑據的情況下，當局定調出一個數字：20 萬個工作機會將由此而生；這個數字後來成了 NAFTA 最主要的宣傳廣告詞[52]。

　　NAFTA 在墨西哥被包裝成國家通往成功的入場券。墨西哥人以為，他們要在以下兩者之間作一選擇：一個是向先進的美國經濟逐步靠攏，另一個則是回頭走向落後，就像鄰國瓜地馬拉一樣。但是美國與墨西哥的所得差距，在協定生效後的最初十年內，其實是**增加**的[53]（增加超過 10%。但這並不是說美國的景氣大好；我們並沒有，只不過是墨西哥嚴重倒退）。在 NAFTA 的第一個十年之中，墨西哥經濟的平均每人實質成長率為 1.8%[54]；相對地，墨西哥在 1948 到 1973 年間，實施保護主義經濟政策時，其平均成長率是 3.2%[55]。

　　每年墨西哥的勞動力約會增加 1 百萬人，所以薪資若想要調高，創造新工作機會的速度，一定要高於勞動力增加的速度，可是這種情況完全沒有發生。雇用墨西哥勞工所需的費用，通常都低於美國勞工所繳納的**稅金**（保稅加工出口廠的平均工資為每小時 1.82 美元）[56]；這些保稅加工出口廠部門，被刻意與墨西哥經濟的其他部分區隔開來，因此對其他部分也幾乎毫無貢獻。勞工權益、薪資、及福利等，都受到刻意壓制，環境法規也常被忽視。

墨西哥的農業也並未得利：NAFTA 一夕之間，就把墨西哥從一個食品出口國，轉變為食品進口國；而墨西哥逾百萬個農場的工作，都因為美國的廉價外銷食品[57]而遭到消滅（這些美國食品，享有國家農業發展計畫提供的各種鉅額補貼）[58]。與李嘉圖的假設（第三個有問題的假設）相反，工作機會並未神奇地為這些人出現。

NAFTA 的擁護者試著用不適當的成功評估標準，來掩飾它的問題。例如，他們宣稱：三國之間總貿易量的擴大，就證實這個協定是有用的。可是這裡的擴大，主要是因為美國的貿易赤字持續增加所致[59]。赤字持續增加，就定義上來看，是表示我們進口成長的速度一直快過出口；所以，經濟成長本身絕不可能解決這個問題。美國國會一開始反對 NAFTA 是對的；事實上，NAFTA 在美國的眾議院或參議院，均未獲得多數人的由衷支持，它純粹是柯林頓藉著酬庸的方式買來的[60]。

說實在的，NAFTA 並不是最近幾十年來，墨西哥經濟所遭遇的唯一問題；但 NAFTA 是自 1980 年代初期以來，在當地施行**一系列**有問題的自由市場經濟實驗的極致。1990 至 1999 年之間，墨西哥製造業的工資水準，降低了 21%[61]。儘管如此，墨西哥現在在電腦零件、電子組件、玩具、紡織品、運動用品、及鞋子等製造業的工作機會，也逐漸流向中國；僅僅在進入千禧年的頭兩年，就喪失了 20 萬個工作機會[62]。事實上，墨西哥對世界其他地區的貿易赤字，在簽訂 NAFTA 後更見惡化。評論家格萊德說：「設置保稅加工出口廠的墨西哥城市，以為它們會是南韓第二，可是，其實它們可能會是下一個底特律[63]。」

當然，NAFTA 並不是美國唯一的自由貿易協定。可是，我們其他的協定，也全都訴說著相同的失敗故事。自 2000 年以來，我們簽署了九個協定；分別是與澳洲、巴林、智利、約旦、摩洛哥、新加坡、阿曼、及秘魯，而與薩爾瓦多、尼加拉瓜、宏都拉斯、瓜地馬拉、及多明尼加共和國等的協定，則全都被囊括在《中美洲自由貿易協定》(CAFTA) 中；在 2011 年 10 月，則通過與哥倫比亞、南韓、及巴拿馬的協定；至於 2012 年，與馬來西亞、泰國、及阿拉伯聯合大公國的談判，則正在擱置當中[64]。據說，談判名單上接下來的國家有：阿爾及利亞、埃及、突尼西亞、沙烏地阿拉伯、及卡達等國[65]。2009 年 12 月，歐巴馬政府公開表示，美國最終還是有意加入泛太平洋戰略經濟夥伴關係 (Trans-Pacific Partnership, TPP)，並將其升級為完善成熟的自由貿易區；而該自由貿易區將包含：美國、新加坡、智利、紐西蘭、汶萊、澳洲、秘魯、及越南等國。

自由貿易的假成功

要為 NAFTA 及美國其他貿易協定的這些問題辯解，並不是不可能的事；只要使用精心挑選的數據、或是在其他的統計方法上投機取巧就行了。相對地，要把其他國家經濟上，並非因為自由貿易而獲致的成功，不合理地**歸功於**自由貿易，也是可行的。常見的作法就是，把有名無實的貿易自由化（其法規措施並未真正具體執行）解讀成是徹底落實的，以主張這些自由化的措施，促成了某些國家的經濟起飛；但其實真正的功臣，是這些國家之前所採取的保護主義政策。

例如中國和印度，兩國都是在其成長率顯著上揚約十年之後，才開始採取開放政策，所以自由貿易不可能是促成他們經濟成長的動力。事實上，貿易自由化很有可能是經濟成長的結果，而不是其原因。一旦某經濟體藉保護主義及產業政策打好基礎，並開始成長後，它就可以從較自由的貿易（並不等同於自由貿易本身）獲得一些好處；於是，它的政治主導者便會據此行動（如果他們有足夠智慧的話，其作法應該是適度、並具有選擇性的）。

例如，在 1978 至 2001 年這段超過二十年的期間，中國推行了實施共產制度以來的第一次改革,而他們並未允許無限制的進口(即使到了今天，也還不算有)。當時他們如果未加限制的話，就可能會像蒙古及某些非洲國家一樣（這些國家當年不智地過早開放市場），他們國內的產業（當時還很屏弱）很可能會被進口品淘汰，而中國或許永遠都不能成為今日的那個經濟強國。但事實上，中國直到2001 年才加入 WTO（並表面上開放市場）；那是在他們精通非關稅障礙的箇中學問（主要是在日本的協助下）**之後**的事。此後，他們只非常有選擇性地開放市場，並給予嚴格、但通常很隱晦的控管；而且，他們還持續違抗 WTO 規則的精神，有時候甚至連表面功夫都省了。

以下舉一標準案例：直到不久之前，中國才對外國開放其金融市場（這是個緩慢漸進的過程，所以沒有確切的單一日期），而且即使在開放後，也還是一直維持嚴密的管制。這麼做是聰明的，因為未受控制的金融體系，本質上就很容易引發嚴重的傷害（理論上，美國人現在應該很能體認了）。有趣的是，中國在 1997 年的亞洲金融風暴、2008 年的全球金融危機中，均能全身而退、毫髮未傷。另一方面，中國到目前為止，也還未允許其貨幣能完全自由兌換。中國甚至還不准許外國投資人擁有真正的財產權；中國容許他們享有生產出口品所創造的鉅額獲利，但不給予對企業、土地、或不動產等的真正所有權[66]。印度對於完全開放外國商品及資本進入，也是同樣地牛步、同樣地小心翼翼。不過，由於他們過去實施社會主義而非共產主義，而且他們擁有民主政府、以及源自於英國的法律制度，所以其表現出來的模樣與中國並不相同[67]。

　　自由貿易的擁護者大肆宣傳：某國對全球經濟的開放程度，與該國被看見的成長率是息息相關的。可是若更仔細去推敲數據，就會發現，其實是**出口的成長**才與經濟成長具有關聯性，而不是他們所說的開放程度[68]。此外，「大量出口」本身也未必會帶來成長：就出口佔 GDP 的比例來看，撒哈拉以南的非洲國家高於拉丁美洲國家，但他們還是比較窮困，而且經濟成長也比較緩慢[69]。**經濟開放本身，並不會創造成長**[70]（請對照第 25 頁的摘錄文字）。實際經驗顯示，合理、適度的封閉，配上良好的國內產業政策，遠遠更具有效果。

　　許多被用來證明自由貿易具有神妙功效的國家，其實是因為其他的原因才成功的。許多削減關稅的明星國家，例如烏克蘭、摩爾多瓦 (Moldova)、及蒙古，表現都很差；而某些最受關稅保護的國家，如黎巴嫩、及賴索托王國 (Lesotho)，反而表現得可圈可點[71]。事實上，針對 1990 年以後的十年間，有一份主要的研究報告顯示，就統計數字來看，關稅與經濟成長率**完全**不具有明確的關聯；即使有，這些數字所傾向支持的未定之論是：較高的關稅，其實與較高（而不是較低）的成長率有相關性[72]。所以，這些數據資料簡單來看（平心而論，並無法據此作出定論），其實對保護主義比較有利[73]。

　　有些評論家主張，傷害第三世界的，並不是自由貿易，而是「缺乏自由貿易」。諷刺的是，這個觀點常同時獲得右翼自由市場派人士、及如英國慈善團體「國際樂施會」(Oxfam International) 之類的左翼反貧窮運動人士的支持[74]。這些評論家指出，已開發國家對開發中國家課徵的關稅，遠高於對其他已開發國家所課的關稅（平均高出四倍）。因此，安哥拉付給美國的關稅與比利時一樣多，瓜地馬拉則與紐西蘭一樣[75]；孟加拉與法國相同，而柬埔寨甚至付得比新加坡還多[76]。這可不是因為國際上的差別待遇，而是因為已開發國家保護其農業所致。不幸地，廢除這些不合理差異所能產生的利益非常小：約為相關出口國 GDP 的 0.3% 到 0.6% 左右[77]。而且，實施糧食的自由貿易，並終結第一世界的農業補貼，都會迅速將全球的糧食價格推升 10%（這就是取消補貼**會帶來**的影響）[78]。結果就是，第三世界國家很容易會走上愛爾蘭以前的老路：雖然人民在餓肚子，但國家仍然繼續出口糧食。

　　不過，自由貿易至少可以讓他們貧窮得更有效率。

第八章 |
自由貿易虛偽的法律及外交

自由貿易與自由貿易**協定**並不是同一件事。世界各國不一定需要自由貿易協定才能進行自由貿易,他們只需要放棄關稅、配額,以及其他或明或暗、不利於商品及勞務流通的障礙就行了。所以,與主流媒體帶給人們的想像相反,NAFTA、美國的其他貿易協定、及WTO條款等,其實完全不能算是真正的自由貿易協定;雖然它們的確**包含了**與之相關的內容,而且其支持者肯定希望大眾在辯論這些議題時,會一面倒地相信那就是它們的全部內容,但其實它們法律相關內容的 90%,都是關於其他的事務。

其中最重要的是,對外國投資者的保護。例如,美國的石油業者,對於 1938 年墨西哥總統卡德那斯 (Lázaro Cárdenas) 下令將其當地的持分收為國有一事,還是餘悸猶存[1]。所以,這些協定企圖藉著法律來約束各國政府,以避免未來發生這種被徵收的遭遇。不幸地,這些協定已不只侷限於確保正直的外國投資人,免被投機的政客巧取豪奪(這種保障完全是說得過去的);它們還擁護了一條危險的彈性原則:任何行動,只要會降低投資在未來的**獲利**,就構成了「徵收」[2]。

如果照這個邏輯推衍下去,最終會得出一個結論:投資的獲利,必須是國家政策的最高優先要務;它優先於健康、安全、人權、勞動法、財政政策、總體經濟穩定、產業政策、國家安全、文化自主、環境、及所有的其他事物。雖然,採取與此相反的極端立場,也就是允許政府視合法財產權為無物的作法，並不具有正當性，但是當面對社會必須在公益與私利之間，取得合理平衡的議題時，這些協定仍頑固地強制要求實施市場導向、財產權優先的解決方案。它們套用的是一個外部效果（請見第 131 頁）及公共財（public goods，指不能化為私人財產的商品）[21]並不存在的經濟模型。

另一個類似的意識型態偏頗，在這些協定的其他層面也清楚可見，像是它們強迫公共服務事業民營化的意圖一樣。這大概是為了讓提供這些服務的國內外業者，能有一個公平的競爭環境。按照這個想法，讓國家保有提供這些服務的權利，就是保護主義的一種形式，因為國家屬於國內的生產者。然而，這已經是一種超越自由貿易範疇的激進主張：**每樣東西都應該進行交易**。即使是最嚴格的李嘉圖主義，也沒有這個意思。所以，左傾集團「國際全球化論壇」(International Forum on Globalization) 這麼說：

> 那些談判協商牽涉到許多服務事業的改變，直到最近為止，這些事業一直都是交由政府提供的。比如：公共廣播、公共教育、公共健康、供水及淨水、下水道及衛生服務、醫院、福利制度、警察、消防、社會保障、鐵路、及監獄……搞不好到最後，我們會由日本三菱企業來負責美國的社會保障制度、由貝泰 (Bechtel) 集團控制全球水資源、由德意志銀行管理監獄（或許還有公園）、由迪士尼經營英國廣播公司、由默克 (Merck) 公司掌管加拿大的醫療照護體系等等[3]。

然而，自然獨佔 (natural monopoly) [22]事業的民營化，只是將獨

---

[21] 作者：公共財是指像是國防安全這類無法由個人單獨提供的商品。

[22] 編譯按：由於市場先天上的條件，只能容許一個生產者存在，此時就會形成自然獨佔。

佔者從公部門改成民間部門罷了。這個過程往往都會甩掉層層的民主權責機制；一旦處在那種缺乏競爭的環境下，對利潤的追求自然會導向較高的價格，而不是較高的效率。私人生產者通常都能撈走市場上有利可圖的部分，並把殘渣留給納稅人。民營化往往不過是，當前政府把未來的獲利作一次結清罷了，當然，其中一部分的收益是分給政府的好朋友。事實上，實體及社會基礎建設的民營化，通常缺乏正當理由。這與商品製造公司的民營化不一樣；這類的民營化，在全球各地近三十年來的結果，一般來說都很成功。

凌駕於民主之上

所有這類自由貿易協定，都是嚴重違反民主的。首先，只要能找到一個貿易方面的觀點，就能讓它們的規定優先於國家、州、及地方的法律。什麼樣的法律曾因此被取消？ **不勝枚舉**。在 1993 年「全球貿易觀察」(Global Trade Watch) 中，華萊區 (Lori Wallach) 是這麼說的（他是在談論 WTO 的前身 GATT）：

在 GATT 之下，被成功判定為貿易障礙的是：1972 年的《美國海洋哺乳動物保護法》(U.S. Marine Mammal Protection Act)、數個保育魚類資源的法規、及泰國的香菸管制規定等。目前在 GATT 遭到質疑的是：美國燃油效能標準、美國汽油過耗稅、及歐盟對肉牛使用生長激素的禁令等等。在 GATT 之下，目前被威脅將遭質疑的有：美國對拖網漁業的限制；印尼、菲律賓、及美國對原木出口的禁令；美國 1990 年生效的《消費者教育及營養食品標示法》；要求標示出致癌物質的《加州 65 號法案》；德國的包裝回收法；及美國幾個州的資源回收法；禁止商業捕鯨行為的《斐利修正案》(Pelly

Amendment)；要求購買特定比例回收紙的州採購法；以及更多更多。過去威脅提出這種質疑所帶來的壓力，造成的結果就是：美加邊境的肉類檢驗，廢止了許多年，而目前其效果也非常有限；禁止野地捕獲的鳥類輸入美國的法案，在擱置了一段時間之後，美國國會以其違反 GATT 而淡化其效力；丹麥瓶罐回收的規定被削弱；在 1988 年簽訂的《美加自由貿易協定》下，加拿大現在被迫去接受某些美國進口食品，其殺蟲劑含量超過加國原來法定含量的 30%；加拿大省份的汽車保險計畫，被美國保險業者抨擊為政府補貼，只好作廢；而加國卑詩省的造林計畫，也被質疑是對木材產業的不公平補貼，因而落得相同下場[4]。

美國在 1996 年被委內瑞拉及巴西質疑後，被迫放寬《清淨空氣法》中對汽油汙染物的規定。1998 年，美國面臨來自印度、馬來西亞、巴基斯坦、及泰國等國對捕蝦業的質疑，被迫放寬《瀕臨絕種物種法》中對海龜的保護。歐盟由於不鬆綁對施用荷爾蒙牛肉的禁令，到現在還在忍受美國對他們的貿易制裁[5]。1996 年，WTO 否決了歐盟的《洛姆協定》(Lome Convention)：這是適用於第三世界中，七十一個前歐洲殖民地國家的優惠貿易方案[6]。2003 年，布希政府控告歐盟延宕開放基因改造食品進口。

WTO 不但會推翻法令，甚至會在一開始就扼阻好法規的制定。例如，馬里蘭州害怕在 WTO 節外生枝，不敢通過對奈及利亞獨裁政權實施制裁[7]。

不正當手段操弄的談判

在採用這些協定時，民主式的辯論不斷遭人從中作梗。由於這些協定的細節都不夠完備，無法攤在陽光下，所以它們大多包含了公開及秘密的條款（即所謂的「附件信函」(side letter)），這些都只有協定簽署國的政府才心知肚明。美國的貿易談判代表，甚至曾被發現，會對美國其他政府部門隱瞞這些條約的細節，因為這些部門的法規會被他們推翻[8]。小布希總統在 1992 年宣布 NAFTA 的正文定稿時，大肆宣揚這項「成就」；但他很害怕大眾對其細節的反應，所以直到他離開白宮後，才敢公布內文。美國眾議院更進一步地惡化這種對民主的傷害，因為他們同意了所謂的「快速通關條款」（Fast Track provisions，1974 到 1994 年間及 2002 到 2007 年間有效）。根據這些條款，眾議院喪失辯論細節的權利，必須將辯論時間限定於二十小時以內；對議案只能單純投票「贊成」或「反對」，而不能提出修正案。另一方面，參議院則放棄了自身阻撓議事 (filibuster) 的權利[9]。

這些協定全都靠遠在天邊（就 WTO 的情況來說，是在瑞士的日內瓦）、且無從究責的官僚來監督執行，他們很容易受到企業蓄意操弄的影響；這些企業與美國或任何其他國家，並不一定是利益一致的（它們自己並不諱言）[10]。這些官僚大都行事神秘，就算沒搞神秘時，他們也會刻意把事情複雜化，以阻撓外界去檢視他們的行動。企業遊說團體很受歡迎，而且它們有資金可以進行有力的干預。企業「租用」它們自己的政府，好假借自己國家之名來達成目的。即使我們假設大多數的開發中國家，的確擁有談判籌碼，他們也無力負擔進行有效談判所需的一大票昂貴工作人員。此外，民間團體的參與，也被侷限為象徵性質。

在談判 WTO 的協定時，該組織的「一國一票」原則，是在大會中適用，但真正的條件內容，則是先由大牌成員在所謂的「綠室」

(green rooms) 會議中決定，再以「不要就拉倒」的態度，將結果提交給其他國家表決[11]（這種心照不宣地取消一國一票的作法，其專門術語就是「隱形加權」(invisible weighting)）。自由派評論員格萊德，因而如此形容 WTO：

> 它是一個私人俱樂部，提供給最有權勢的利益團體談生意；但它同時又被塑造成一個追求國際「共識」的公共機構……實質而言，WTO 渴望為資本創造一個《權利法案》(Bill of Rights)……這套體系捍衛財產權，但卻漠視人權及社會上普遍關心的議題；因為，它們均與貿易無關[12]。

WTO 內部實際的政治角力，通常是這種情形：美國積極要求更自由的貿易，但多少受到歐盟的牽制；而全體開發中國家的利益，則由巴西及印度等較大的國家作為代表。

造成既有的進展成果倒退

這些貿易協定威脅著法律上已獲致的進展。例如，只有三個主要的環境公約仍受到保護，尚不致被 NAFTA 判定為貿易管制，它們分別是《瀕臨絕種野生動植物國際貿易公約》(Convention on International Trade in Endangered Species)、《蒙特婁破壞臭氧層物質管制議定書》(Montreal Protocol on Substances that Deplete the Ozone Layer)、及《巴塞爾控制危險廢棄物越境轉移及其處置公約》(Basel Convention on the Control of Transboundary Movements of Hazardous Wastes and Their Disposal) [13]，其餘的都是可攻擊的對象。而事實上，全球有其他兩百個左右的環境協定，很可能會因為被 WTO 視為貿易限制而遭否決[14]。環保團體「塞拉俱樂部」(Sierra Club) 的首腦波

普 (Carl Pope) 表示：

> 我們已協商的條約，並不允許國際規定的環境義務具有強制力。對
> 於自稱不需要遵守國際條約義務的國家來說，這基本上就是他們政
> 府的「免死金牌」。這些條約的目的，並不是要落實環保法規。它
> 們是制定來護衛包括美國在內的所有國家，免於必須依照國際條約
> 法，履行我們的國際環境義務[15]。

　　雖然 WTO 不可能像最高法院一樣（其支持者不斷指出這點），
真正否決美國的法律，但它還是可以命令美國修改法律，否則就要
接受處罰；此舉具有相同的效果。而當我們的政府早就在找藉口，
以甩掉某些現有的法律時，情況更是如此。WTO 的仲裁小組並不
奉行司法的最基本原則，例如，要求質疑現行法律者，應負起舉證
責任[16]；而且，對於可避免傷害人類健康或環境的貿易限制，他們會
先要求提供標準過度嚴苛的證明，然後才予以放行[17]。儘管如此，他
們的裁決還是被視為條約法，而根據美國《憲法》第四條第二款，
這是美國法院必須強制執行的（同時置於本國法律之上）[18]。理論
上，會員國可以脫離 WTO；但實際上，在他們的經濟已經適應了
加入該組織時所涉及的貿易讓步後，這就很難真正做到。

　　即使有時 WTO 沒有推翻法律，它還是拒絕為了自由貿易以外
的任何理由，來運用其強制力（如授權進行貿易制裁），諸如：不能
用來對付違反環保者、違反勞工標準者、違反人權者、甚至是侵略
鄰國者[19]。它只有一個稱為「交叉附帶條件」(cross-conditionality) 的
卑劣小手段，那就是：貿易制裁**可以**用來落實 IMF 及世界銀行的指
示[20]（相對地，這些機構會藉著拒絕提供貸款或停止外援等手段，來
強迫國家開放貿易）[21]。所以，雖然自由貿易擁護者比較喜歡分開討

論自由貿易，及所謂《華盛頓共識》的其他自由市場改革，但這些政策實際上是綁在一起的。

就像許多俱樂部一樣，WTO 也會有某些討人厭的傾向——它對想加入的國家所訂的標準，高於對現有會員的要求。即使是極為窮困的國家，也不能倖免：柬埔寨被迫在一定的時程內，符合智慧財產權的標準；這個時程的腳步，甚至比對其他開發中國家（如印度）的要求還要快[22]。此外，拜 WTO 所謂的「單一認諾」(single undertaking) 原則所賜，一國必須全數同意它的整套要求，才有權加入。至於各經濟體可能因為處於不同的發展階段、或是擁有不同的強項與弱點，因而導致需求有所差異的這個問題，則完全不列入考量。

WTO 也完成了數個問題重重的從屬法律架構，例如，貿易相關之智慧財產權措施 (Trade-Related Intellectual Property Measures, TRIPs)。這些架構，基本上都要求各國採用美式的專利法。此舉就算沒有真正促成詐欺，至少也有推波助瀾的功效。例如，將從印度等國傳統文化中找到的植物知識，予以商業化，再據以作為自己「發現」的藥品及種子品種申請專利。基因改良種子 99% 的構造，都是尋常農夫經過千年的育種而獲致的成果，但它們被加上 1% 的改良後，就被當作全新的物種命名，並受到專利的保護[23]。更無恥的是，某些早已為傳統醫學所熟知的植物**特性**，竟然也被申請了專利[24]。

美國與個別國家單獨簽訂的貿易協定，其眾多的條款裡，藏滿了各式各樣的不公不義。例如，在與約旦及智利這類國家的貿易協定中，夾帶了保護智慧財產權的嚴格要求。如果是在合理的範圍內，這會是件好事；然而，這些協定卻對貧窮國家進行狹隘的限制，讓他們難以運用強制授權來壓低專利藥品的價格[25]。在公平遭到曲解的情況下，這些協定也會反過頭來倒打美國一耙；它們對美國施加同樣的限制，美國可能因此永遠無法運用該政策工具，以致無法控制藥價，以及納稅人支付給醫療計畫的成本。2001 年，WTO 達成書面協議，同意公共健康應優先於專利權，但美國卻利用個別貿易協定來規避這項共識。雖然，歐盟本身並未主動採取這種策略，但他們也已從中獲利，因為其他國家已紛紛順著美國的壓力，改造自己的專利法。此種搭「順風車」的行為，是這個狡猾集團的慣用伎倆[26]。

GATT：不那麼僵化、同時效果較好

WTO 在推銷自己時，宣稱自己是個具有普遍性、一致性、及客觀性的「法治」體系，而且公平性更勝過 1947 到 1994 年的前身 GATT（這是一個較為鬆散的國對國之協議架構）。WTO 的規則一體適用，因此照理說，就算全球經濟中實力最弱的國家，自己沒有足夠的籌碼要求他國開放市場，他們也可以與全球最強的國家，一同享受自由貿易所帶來的好處。但實際上，這種普遍性具有雙重的代價：第一，除非它的基本前提（自由貿易最好）是正確的，否則它**一點意義也沒有**；第二，它有不知變通的問題，並帶來威權主義。

缺乏妥協的空間，其實已令 WTO 比 GATT **更不穩定、更易發生危機、並更富爭議性**[27]。GATT 也是一套自由貿易制度，所以它當然不可能完全清白無辜，但是它至少允許一些例外的情形。例如，為控制貿易赤字或扶植新興產業，可以破格援用不屬於自由貿易的「特殊及差別待遇」[28]，於是，開發中國家可以根據其特殊狀況及發展程度，打造出適合自己的問題解決方案。此外，GATT 也比較受到區域性貿易集團的制衡，例如，南方共同市場（Southern

Common Market，位於拉丁美洲)、南亞區域合作協會 (South Asian Association for Regional Cooperation)、南部非洲發展共同體 (Southern African Development Community)、及東南亞國家協會 (Association of Southeast Asian Nations) 等。這些集團通常與開發中國家的利益站在同一陣線[29]。

開發中國家在對抗跨國企業時，可用來加強其微弱談判力量的諸多政策，也遭到 WTO 的「貿易相關投資措施」(Trade-Related Investment Measures, TRIMs) 所禁止，例如，雇用本地員工之規定及出口配額[30]。TRIMs 也排除對本地企業提供協助的作法，例如，補助貸款及出口補貼等。而且，WTO 還試圖禁止各國將企業的外資股份限制於 50% 以下；但這是讓開發中國家能引進外資及技術，又不致完全失去其經濟主控權的一種合理作法。

WTO 現在禁阻許多過去在開發中國家功效卓著的貿易及產業政策。例如，它禁止自製率規定、出口實績要求、進口配額、及外匯配給制等。雖然**技術上**，WTO 還是允許其中的某幾個政策，但是這只在特殊及暫時性的情況下才適用，或者，兩個貿易夥伴之間必須就此達成協議；尤其是後面這種情形，常會使這些政策成為別國討價還價的籌碼，以誘使開發中國家屈服於其他方面的要求。這些政策並不是 WTO 的基本承諾，它們被採納也不是因為其功效已獲明瞭。

貿易的政治角力

直到大約 1980 年以後，GATT 轉型為 1995 年問世的 WTO 之前，GATT 的意識型態思維才開始僵化，使它以往的彈性逐漸消失。想法灰暗一點的人，可能會將之歸咎於前蘇聯及世界社會主義的衰退。GATT 在 1950 至 1980 年間的全盛期，似乎正好是全球資本主義在冷戰中，需要誘哄世界其他國家脫離共產黨陣營的時候[31]。而第三世界國家於 1950 至 1980 年間，在經濟上大幅邁進，很可能並不是巧合；在這段期間，許多第三世界國家經歷了強勁的成長，僅有少數曾遭遇經濟危機。根據聯合國經濟社會事務部 (Department of Economic and Social Affairs) 一群學者的看法：

> 在 1960 及 1970 年代，一百零六個開發中國家樣本裡，有將近五十個的平均國民所得，曾一次或多次以超過 2% 的年增率，高速持續成長。然而，自 1980 年之後，只有二十個開發中國家還能享受持續成長的好日子。相反地，有四十個以上的開發中國家，其平均國民所得若不是成長幅度大減，就是有五年或更長的時間，完全沒有成長；有些甚至還呈現出衰退[32]。

WTO 對美國也並未另眼相看，這應該會讓認為這整件事是個大型美國陰謀的人，暫停下來並略作思考。在 GATT 之下，美國申請仲裁的爭議案件中，只有 61% 是敗訴的[33]；但在 WTO 下，美國敗訴的比例高達 74%。WTO 還涉及踰越司法權的行為 (judicial activism)，其目標是有系統地將美國的貿易法規，改寫為不利於美國的版本。前美國貿易代表羅伯特‧萊西澤 (Robert Lighthizer)，2007 年在眾議院貿易小組委員會中指出：

> WTO 爭端解決小組及上訴機構的流氓決策，一向是藉由訂定未經美國同意之新的法規要求，來損害美國的利益……我們的貿易夥伴可以透過訴訟，達成他們永遠無法透過談判來獲得的目標。結果就是，美國失去了某些主權，因而不能制定並落實有利於美國人民及

美國企業的法律。WTO 已愈來愈常受理審判各種涉及主權國權限的事項，幾乎到了無所不包的地步。隨便舉幾個例子來說，像是美國的稅務政策、外交政策、環境管制標準、及公眾道德等等，全都包含在內[34]。

例如，2007 年 WTO 裁決《違法網路賭博執行法》(Unlawful Internet Gambling Enforcement Act) 妨害「休閒服務」的自由貿易。更重要的是，WTO 的一連串裁決，在技術上過於深奧難懂，無法激起一般大眾的情緒，然而，這些裁決在幕後所產生的影響，卻是相當重大的[35]。或許其最大的罪狀，就是強迫撤銷《伯德修正案》(Byrd Amendment)：這是 2000 至 2006 年的美國法規，它會將傾銷[23]案中的懲罰性關稅稅款，交付給受害的產業本身，而不是給美國國庫。WTO 在接獲歐盟及其他七國的抗議後，於 2002 年時裁定，該修正案不合法。但事實上，在 WTO 的條約中，根本完全**沒有提及**各國政府應如何運用罰金。2005 年，獲得 WTO 的同意後，歐盟便對美國的紙、農產品、紡織品、及機械等項目，課徵 15% 的報復性關稅[36]（這是個標準程序：WTO 本身並沒有執行的權力，但是可以授權受害的一方，針對所提之商品進行報復，以施加最強的政治壓力）。2006 年，美國國會徹底失敗，並撤銷了這個修正案。

對權力飢渴，但伺機而動

所有這些關於 WTO 的問題都不是秘密，它們都是近年來，WTO 在推動全球經濟作更緊密的整合時，會出現停滯的主要理由。

---

[23] 作者：傾銷是指：外國生產者以低於其生產成本或本國市場的價格，在我國販售產品，以將我國生產者逐出我國市場的作法。

1990 年代是自由貿易的全盛時期；但在 1999 年時，出現了明顯的轉折。當時，著名的「決戰西雅圖」(Battle in Seattle) 抗議者，中斷了 WTO 的會議。不幸地，WTO 似乎只從中學到一件事，那就是：「下次不要在示威是合法的地點舉行會議。」所以 2001 年的下一回合談判，就在威權國家卡達 (Qatar) 的首都杜哈舉辦，在那裡，示威遊行是遭到禁止的[37]。當然，對於自由貿易及 WTO 予以落實的威權式作風而言，這並無助於重建它們快速瓦解的威望。所以，此次談判在進行了四天之後就宣告破局。2005 年的下一回合會議，在警力同樣完備的香港舉行，而當時的會談氣氛，充滿了刻意保持低調的期待。這些期待，最後都達成了，但自此以後，WTO 議程的進展速度卻變得如牛步般遲緩。

雖然，現階段的 WTO 進展緩慢，但它一味想要掌握權力的官僚意志，仍一如既往。很明顯地，它正在靜待時機的到來，並認定情勢終會逆轉。欲望無窮的跨國企業及權力不斷膨脹的官僚，在背後驅策著它。雖然這兩者都老於世故，懂得偶爾收斂一下，但它們根本上並不曾改變。

WTO 傾向於從兩條不同的軌道，逐步向外擴張。第一條軌道，是提供給無力抵抗其命令者（或是太過愚昧，以致真正相信它們的國家）。其內容就是：日趨僵固的法規及日益擴大的干預範圍；其目的則是要催生無國界的全球經濟（至少表面上是如此）；它的終極野心，可被描述為「替全球經濟寫一部單一的憲法」[38]。第二條軌道，是提供給夠精明厲害的國家（他們可以在實施重商主義的同時，又鼓吹自由貿易）。它是一場傀儡戲，用來調整這些國家的政策，以符合那些為他們打開外國市場的法律架構。由於這場傀儡戲強化了官僚的權力，也增加了企業的利潤，所以它們雙方都沒有理由，去公開那個彼此再也清楚不過的事實：**所謂「自由貿易」，大體而言，就只是場猜字遊戲罷了**；這個用詞的真正意涵，那些熟知內情者心知肚明；然而，若對照其字面意義，兩者卻相差了十萬八千里。

拜各種貿易操縱手法之賜，據估算，全球貿易中，實際上只有15% 是真正自由的[39]。所以，或許 WTO 最悲哀的缺陷就是：它不僅使用既不民主、又很專制的手法，來推動一個連理論上都不成立的經濟理想，甚至，在自由貿易可以帶來某些好處的時候，**也一事無成**。宣揚理性的保護主義，可說是最佳的方針；然後，才是提供真正公平的競爭環境。但 WTO 兩者都沒有做到。

在 WTO 裡，各種裝腔作勢、言不由衷的情況，隨處可見。例如，當年在香港的大新聞就是：美國政府宣布，將調低棉花的進口關稅，但美國根本就是個棉花**出口國**。類似這種空洞的作態，當然並不限於美國。2001 年，歐盟主動發起「除武器外全部免稅」(Everything But Arms) 的提議，他們單方面地開放自己的市場，讓全球四十九個最貧窮的國家，能享有免稅的優惠；但事實上，這些**國家幾乎沒有任何具有商業價值的出口品**（否則，他們也不會是全球最窮的國家了）。在此同時，歐盟還實施了極為嚴格的產品原產地規定，以至於原則上符合前述計畫的產品中，只有半數在實務上是真正適用的。類似前述的小動作，把整個制度搞得像謎一般難懂[40]。日本懂得一面在名義上開放邊界，一面又維持封閉的國內配銷體系；他們在這方面的功力，早就達到爐火純青的境界。後繼的弟子如：中國、南韓、及臺灣，全都亦步亦趨地跟著。提議「你買我們 X 元出口，我們就買你 Y 元產品」的補償條款 (offset requirements)，雖然不合法，但仍非常普遍[41]。而《國際貨幣基金協定》則明令禁止會員國操縱其匯率[42]。

　　這種情況會改善嗎？不幸地，未來幾年內，幾乎可以確定情況一定會**更糟**。因為，身為全球自由貿易最大擔保者的美國，在受到經濟危機的衝擊後，已被迫開始採取類似其他國家行之多年的非法補貼措施。例如，2008 到 2009 年美國對汽車業的紓困案，就厚顏地採取了許多不符 WTO 規定的非法補貼[43]。因此，不論美國過去根據什麼理由，來控訴他國採取這類措施，現在都已逐漸失去立場了（很諷刺的是，其他國家對其汽車產業的補貼，正是當初造成美國汽車業陷入困境的主要因素之一）。

　　WTO 背書的自由貿易陷阱中，對美國最具殺傷力的，可能要算是加值稅 (value-added tax, VAT) 了。其他每個主要國家都會課徵 VAT；這個稅有點類似美國各州的營業稅，差別只在於，這個稅，不只在零售業者出售商品時才課徵，而是從原料製成商品、到賣給消費者的整個過程中，只要商品**每換手一次**，就課徵一次（由於在政府的許可之下，業者可以從其應納稅額中，扣掉在供應鏈的稍早階段就已支付的 VAT，所以這個稅的成本，最後還是由消費者吸收）。這些國家的政府會退回出口品的 VAT，因為，其消費者身在海外，所以不屬於應稅對象；相反地，他們會對進口品課徵 VAT，因為這些商品並未經過其國內供應鏈，所以也尚未支付它們在國家稅收中，應該負擔的部分。根據 VAT 的邏輯，這些都很合理，可是這也表示，有 VAT 的國家，在與沒有 VAT 的國家進行貿易時，其出口可享有補貼，但進口則會遭課關稅。目前全世界 VAT 的平均稅率是 15.7%（歐盟則平均是 19.4%）[44]，所以，美國的貿易收支就面臨了總計約 30% 的壓力。美國的談判代表曾在 1955 年時同意這個制度，不過，當時 VAT 相當罕見，而且即便有，其稅率也不過在 2% 至 4% 之間。

山姆大叔，全球最大的笨蛋？

如果我們政府簽訂的貿易協定是如此不利，為什麼我們政府還是要簽呢？其實，主要的原因只是，他們沒把這些協定的危險當一回事。既然政府假定「自由貿易對公眾有利是舉世皆然的」，自然他們也沒有什麼理由應該特別謹慎。

令人意外地，政府對於前述的假設，很少帶有對自由貿易經濟學毫無保留的知性狂熱。雖然，在學術界及美好莫名的社論仙境中，很容易就可以找得到這種熱情，但是普遍而言，在我們的貿易談判代表及外交人員身上，它卻極為少見。相對地，我們的貿易代表，通常都只保有一種模糊、近乎大學生程度的認知：「經濟學說，自由貿易最好。」所以，他們在面對企業要求簽訂更多貿易協定的壓力時，才會束手無策。這種無助的情況，會由於經驗不足，及缺乏對於過去談判的機構記憶 (institutional memory)，而更見惡化[45]。事實上，我們的外交人員對貿易議題的理解，常是非常淺薄的。就像柯林頓時代的商務部次長葛頓 (Jeffery Garten) 在 1997 年所說的：「執行單位幾乎完全仰賴業界提供關於貿易談判的技術性資訊[46]。」

業界可以勝任這個角色嗎？不可能。因為，它們與美國經濟整體的利益並不一致；對於某些強大的個別企業而言，它們的利益甚至未必符合美國整體**工商業界**的利益。在美國海外企業「人人為己」的心態下，這情況顯得更為嚴重（這裡可以對照一下以團結著名的日本業界；它們受到政府施壓，加上各公司間有著緊密的財務往來，因此一向都是打團體戰）。美國公司在海外常會彼此競價，即使內容是關於技術移轉這類敏感的長期議題，情況亦然。別的後果不說，這種情況常會讓美國公司特別容易受到外國人的操弄。例如，只要與日本公司締結聯盟關係，通常就能緩和它們反對日本貿易措施的態度。根據美國前貿易代表普羅斯托維茲的說法：「任何公司，一旦與日立達成協議，就會對那些議題保持緘默。畢竟，何苦攻擊自己的夥伴呢[47]？」相同地，來自歐洲客戶的抱怨，已迫使美國航空器生產商對空中巴士保持緘默[48]。

有許多美國的大公司，現在都極度依賴其海外業務，因此，很容易受到他國政府的左右。這讓它們在美國的貿易政策上，儼然成了不折不扣的特洛伊木馬。前美國國會議員韓特（Duncan Hunter，加州的共和黨議員），多年以來，一直是國會中對貿易大紅包最突出的批判者之一，他曾說：「基於現實，許多跨國企業現在已成了中國企業[49]。」

我們的貿易談判代表在促使他國開放市場時，通常都亂無章法地行事。他們完全不了解，某些產業會比其他產業更具戰略性；而這樣的想法，可說是錯得相當離譜，其原因我們將在下一章加以說明。碰到談判硬仗時，他們表面上所做的努力，偶爾代表著某些有組織的產業，成功地獲得了美國國會的關注，但這些行為其實大都只是裝模作樣罷了。美國的貿易官員對美國的產業幾乎毫無忠誠度可言，他們也不了解自身的功過，最後必然是以可量化的美國貿易收支來論斷[50]。我們政府對貿易外交的**輕率**程度，可從以下的例子看出端倪：從 1972 至 1990 年間，整整有一半的離職美國貿易代表，後來跑去為外國政府工作[51]。試想，如果這種情況是發生在我國軍官身上的話，怎麼辦？

結果，美國就被自己的貿易外交赤裸裸地丟進全球競賽。在這個競賽中，其他國家均積極推行高明的重商主義政策；這是由他們官僚殫精竭慮所設計出來，同時，還有把經濟目標放在第一位、訓練有素的外交部門為其撐腰。我們這種無防備的狀態，很悲哀地，已迫使我們更急於推廣自由貿易。因為，當我們棄械開放自己市場的門戶後，更迫切需要讓其他國家也跟著繳械、開放市場。然而，我們是在丟掉自己最主要的談判籌碼（進入美國市場的通路）**之後**，才開始嘗試這麼做的。我們將這種不合理的作法予以合理化，方法就是：想像著全世界都「一定」不可避免地，會因為我們自由放任經濟理想（包含自由貿易）的固有優越性，而對其張開雙臂歡迎；一切，都只是遲早的事情罷了。

我們讓世界其他國家妥協的主要方法，當然就是賄賂他國加入WTO這個我們理想中、以規則為基礎的全球貿易體系（雖然WTO有許多反美的動作，但還是獲得美國狂熱的支持）。不幸地，這項賄賂主要就是讓他國對我們享有貿易順差，我們因而成為全球產品的最終購買者，並在理論上不需要補貼的體系（因為它被假定成可以嘉惠每一個人）中，扮演著補貼者的角色[52]。諷刺的是，美國一直以來孜孜不倦地努力，竟是在為日本、中國、及其他重商主義國家，打開外國市場（如第六章所說過的，英國曾在一百年前遭遇了完全相同的問題）[53]。

我們在運用上述的錯誤策略時，甚至也欠缺系統性的紀律。因為，我們總是先把貿易視為政治議題處理，其次才是作為經濟議題，而其他大部分的國家卻是相反。例如，中國利用他國對其大筆進口訂單的期待，作為打破美國及歐洲對中國人權記錄一致看法的楔子，以避免可能衍生的貿易制裁[54]。相反地（只舉一個例子來看就好），老布希總統政府為了收買土耳其支持波灣戰爭，所付出的代價中，卻包含了增加該國成衣、布、及紗的進口配額[55]。即使是在承平時期，美國的海外軍事基地，也會給予他國置喙美國貿易政策的影響力。最經典的範例就是日本，而西班牙、葡萄牙、及另外幾個國家也都是如此[56]。美國參議院財政委員會的一份報告中指出：

> 在戰後的大部分時間，美國的貿易政策一直是美國外交政策下的孤兒。美國行政部門往往會對其他國家施予貿易優惠，以達成政治目標。它們並不會根據推論周延的經濟及商業原則，去處理美國的國際經濟關係；而是從對外援助的角度，來看待貿易及貨幣政策。有一個例子就是：美國行政部門不願切實執行美國的貿易法令，來因應外國的不公平貿易行為[57]。

美國政府對自己貿易的優異表現超有信心，所以花了數十億美元，想要幫助其他國家改善他們的貿易。2008 年，美國投入 23 億美元在各種貿易援助 (Aid for Trade) 計畫上，而美國官方的政策仍是：作一個「提供貿易相關協助的最大單一國家，其協助內容包括：發展貿易相關的實體基礎建設」[58]。911 攻擊事件增強了美國這方面的努力；然而，賓拉登**真正**想要的，顯然正是出口。

由於某些美國政治人物對國際法的認識不切實際，所以美國試圖談出一些合理貿易協定的努力，受到了阻撓。國際法不像普通的民法或刑法，因為，世上並不存在比國家更高的統治單位，可以強迫各國服從。國際法就好像是孩子們在空地上玩「自創棒球」時的規則一樣，只有在**參與者自願遵守時**，才具有意義。很顯然地，就像是玩自創棒球時，參加的人會自動落實特定的規則，因為只有如此，他們才有球可打。所以，國際法並不像某些主張性惡論者所說的，是完全空洞的觀念；不過，參與者也**不會**執行任何對特定強權極為不利的規則。

這就表示，美國人常視為理所當然的英美法律架構，在國際間並不存在，因此，以「中立且前後一致」的執法標準作為前提的貿易模型，根本就不合理。我們要完全排除貿易背後的政治角力是不可能的，也就是說，想要建構出明確的國際法律機制，並將一切都交付給客觀又理性的自由市場，其實是種緣木求魚的作法。

其他國家有時好像真的難以理解，為什麼美國就是無法搞懂這場遊戲是在幹嘛。所以，他們偶爾會給美國一些提議——照理說，若我們真能搞懂的話，應該就會接受。那些國家認為，這些提議應該可以讓山姆大叔閉嘴，並使其政治人物不再有一些關於「不公平」貿易的奇怪抱怨[59]。例如，日本 1990 年就曾提議，只要我們不再試圖藉著重塑日本經濟，來解決我們的貿易問題，他們就會將貿易順差限制在其 GDP 的 2% 以下[60]；但我們一點興趣都沒有。結果，日本 1990 年對美國的順差為 410 億美元，在接下來的十年之中，卻增加了幾乎兩倍。之後，這個數字則一直維持在約略相同的水準，雖然隨著景氣循環，以及非經濟方面的突發衝擊（像是 2011 年的地震與海嘯）而有所起伏[61]。

第三部

解決之道

第九章 |
成長到底來自何處？

如果我們真的想要找出自由貿易的替代方案，並賦予其正當性，那麼我們最終需要的，就不只是本書前面所檢視的那一長串負面批評。我們終究會需要另一個關於經濟成長的**客觀**解釋，這個解釋並不是仰賴純粹的自由市場，自然也不仰賴自由貿易[1]；我們需要的解釋，不只能說明自由貿易會如何傷害經濟，還要能說明保護主義對經濟的好處在哪裡。

就自由貿易的觀點來看，各國透過未受約束的進口、出口、及資本流通，讓自己與更廣大的世界經濟更緊密地結合，並使自己愈來愈能充分利用自身的比較利益，這就是經濟成長的來源[2]。可是，即使是自由貿易派人士，在沒有留神時也曾承認：他們其實搞不清楚，經濟成長到底是來自**何處**。這是個致命的漏洞。就像積極擁護自由貿易的雜誌《經濟學人》中所寫的：

> 經濟學家對成長深感興趣。麻煩的是，即使根據他們的標準，他們對成長也還是非常無知的；這種無知的深度，長久以來，一直是他們保守得最好的秘密[3]。

然而，如果自由貿易經濟學不能解釋成長，而它也知道這點，那麼我們就不應該太認真看待它對於如何**獲致**成長的建議；首當其衝的正是自由貿易。

經濟史有很多地方都與自由貿易經濟學相互矛盾。例如，最重要的比較利益理論所鼓吹的是：專業化是邁向成長的途徑。照這樣來看，一個國家最明智的作法，大概就是將其生產要素集中火力，全用於生產自己具有比較利益的產品，然後再進口其他所需的東西（世界銀行奉行這個原則，它再三建議債臺高築的第三世界國家，專攻一、二種穀物或原物料的出口）。

可是，如果這個理論是對的，那就表示經濟體在變得富裕之後，應該專注於較少數的產業；然而，實際情況卻是相反的。在現實世界中，自原始狀態起步的經濟體，常會在成長後，**擴大**其生產的產品範圍[4]；它們只有在遠超越中等所得的階段後，才會重新集中火力，並開始致力於鞏固幾種較精密的高附加價值產業[5]。具有狹隘專業化這種特徵的國家，其實都是赤貧的單一作物國家（它們是用來為遠在天邊的統治者謀利的殖民地），不然就是像波斯灣產油國般，意外立足於原物料的經濟體。

成功的國家會開始多角化。這是一個重要跡象，顯示與經濟成長關聯較大的，可能不是比較利益，而是某種別的東西。事實上，經濟史暗示，發展並不是來自於更多的專業化；也就是說，不是來自於「比以往更專注於自己已經生產得很好的產品」，而是來自於「學習生產完全**嶄新**的東西」。但就定義來說，某國學會生產的新東西，不可能是該國**已經擁有**比較利益的產品，所以李嘉圖式的思維在這裡並不管用。即使在某國已能充分掌握某種新產業後，比較利益能夠派上用場，但它還是不能告訴該國，未來應嘗試進入哪種新的產業，或要如何做到。愛爾蘭 1970 年的資訊科技 (IT) 產業，並不具任何比較利益，可是這個產業對該國後來的經濟發展來說，卻是重要的動力來源；印度也有同樣的情形。若根據李嘉圖的思維，則事前根本完全不可能預知，該產業會對前述二國有所助益。

這其中還有一門更大的學問：就定義而言，經濟成長是個**不均衡**的情況，在這情況底下，舊的產出均衡水準，被一個較高的新均衡水準所取代[6]。所以，代表自由市場經濟學骨幹的均衡經濟學（其供給及需求曲線在**均衡點交會**），幾乎完全無助於對它的了解，這也是本章一開始的引文，如此一針見血的理由。此外，均衡經濟學也無法解釋企業才能。企業家的利潤，代表的是「富創意地**顛覆**產業既有均衡所帶來的價值」。在塵埃落定，且經濟已達到一個新的穩定狀態後，「均衡」會是個有助於檢視現況的觀念。可是在分析變動時，它卻是先天不足的。這就是為什麼在論及企業才能及創新時，主流經濟學常會悶不作聲地放棄，並去援引類似奧地利經濟學家熊彼得 (Joseph Schumpeter, 1883–1950)「創造性破壞」(creative destruction) 的觀點的理由。這類觀點確實富有啟發性，但卻是在主流經濟學的數學架構之外，而且，由於以均衡為基礎的古典經濟學仍不免會導向李嘉圖的概念，所以這種臨時抱佛腳型的補救措施，並不能帶領主流經濟學獲致關於貿易的正確結論。

比較利益對上階梯式外部效果

不過，如果專業化及（更廣泛來說）嚴守自身的比較利益，並**不是**成長的關鍵，那什麼才是？到底什麼是前面所說的「別的東西」？

讓我們從最普通的觀察開始：真實世界的經濟成長，通常似乎是某種良性循環；在這個循環中，某個產業的升級，會帶動其他的產業升級，然後進一步向外擴散。這種狀況時常都能在各個國家、各種產業看得到[7]。例如，若某產業是生產投入的買方，則當它變得更加成熟時，就可能要求其供應商也要變得更成熟[8]；反過來說，它也可能會使其下游產業，有能力提升產出的成熟度。接著，這個過程會開始向經濟的其他部分擴散，然後，再不斷重複同樣的情況。

關鍵的是，有些產業比其他的產業，更適於開啟這個過程；或者，如果這個過程已經開始了，則讓它更能持續下去。自由市場並不會將這個過程調整至最佳狀態，**因此，自由貿易當然也無法做到**。為什麼呢？因為從今天的角度來看，任一產業促進業界往**下一階段**發展的貢獻，通常都是屬於外部效果。

我們之前曾提過外部效果，也就是在第五章討論的第二個有問題假設（沒有外部效果）。當某產業的獲利無法反映其完整經濟價值時，就會發生外部效果。這種情況，意味著該產業現任業主的獲利，並無法反映他們協助整體經濟升級，與提升其他產業發展能力的貢獻。結果就是，相較於該產業在長期能為經濟所帶來的價值而言，它將處於開發不足的狀態；然而，關於經濟體應該擁有多少這種產業才是最理想的，自由市場**沒有**答案。

從科技的角度來看這個問題時，經濟學家將這種效應稱為「地理區位科技外部效果」(location-specific technological externalities) [9]；較具普遍性且口語化的說法則是「階梯式外部效果」(ladder externalities)。這種外部效果存在的事實，對美國猶他州及印度烏塔‧普拉德許州 (Uttar Pradesh) [24] 的政府而言，是顯而易見的。這可以解釋，它們競相吸引某些產業時（以高科技產業為主），所流露出的那股熱情；它們認為，這些產業可以將其經濟進一步往前推。相對而言，如果有人要在當地開設連鎖便利商店，則即使該店雇用的人數一樣多，它們也**不會**感到那麼興奮。

---

[24] 編譯按：位於印度北方，是印度人口最多的行政區。當地的經濟以農業為主，近年則極力培育高科技產業。

　　新興工業化國家的企業，也都認為這些外部效果的存在，是理所當然的。這就是為什麼日本的「關係企業集團」、南韓的「財閥」、以及臺灣和義大利的「家族企業」等類似大企業聯合的組織結構，一直都在當地扮演極為重要的角色。這些組織藉著在相關及新興的產業取得一席之地，來**掌握**階梯式外部效果。如此一來，它們的利潤就不會落到別人的手裡[10]。

　　即使是美國的企業經理人，也都很清楚，一個產業可能會催化另一個產業——雖然，美國的金融體系加諸在他們身上的近利主義 (short-termism)，會損害他們策略性利用這個外部效果的能力[11]。曾出任十餘家企業董事的前科技公司執行長艾爾庫斯 (Richard Elkus)，是這麼說的：

> 有些市場的戰略性高於其他的市場。鎖定具有戰略性的市場後，就可以去建造基礎建設，以確保經濟擴張能有穩固的根基。然而，進行權衡時，並不只要考慮某市場是否比另一個市場更為重要，還須考量以下的假設，那就是：在發展時，戰略性市場彼此之間，會開始相互連結、相互依賴。最後，其整體會遠大於其個別部分的總和……每一種產品，都會成為另一種產品的基礎，而每一種科技，也都會成為下一種科技的踏腳石[12]。

　　上述情形的結果之一就是：**經濟成長是「路徑倚賴」(path-dependent) 的**。要獲致成長，經濟體就必須不斷地拓展新的產業。不過，要做到這點，就需要在正確的產業中**已先佔有**一席之地，所以未能進入正確路徑（並留在上頭）的國家經濟體，就可能會被排擠到沒有長期發展性的產業。我們之前在第五章時，曾提過這個問題：十八世紀的葡萄牙，並沒有從製酒業發展出其他的產業；

相對地，英國則從紡織業發展出很多其他的業種。因為，紡織機的建造會孕育出眾多的工具機產業，而工具機產業又可以為其他行業製造創新的機械。相同地，電動車在現代可能是未來的潮流，可是如果一個國家在傳統汽車業的地位不夠穩固，則該國就不太可能會有製造電動車所需的知識技術及上游供應產業。

路徑倚賴的情形，不只對那些剛要開始邁入工業化的經濟體適用，也可套用於經濟發展的其他各階段。對剛起步產業的保護，當然是保護主義及產業政策最為人所知的適用情形之一（即使是自由貿易派人士，也不得不承認這一點）；但事實上，那不過是經濟成長中，範圍更廣的路徑倚賴現象裡，最顯而易見的情況。幼稚產業只是階梯的第一階罷了。

這裡最關鍵的概念就是「驅動」(driver) 科技，它能促成多種其他科技的發展。前商務部顧問、現服務於經濟戰略研究所 (Economic Strategy Institute) 的普羅斯托維茲，這樣描寫日本的產業政策制定者：

> 他們知道 RAM（隨機存取記憶體）是半導體產業的重要關鍵，因為這項銷路最好的裝置，所創造的不只是營收，還有工廠經理用來測試、穩定、及提升生產和品管程序的長時程生產流程 (long production runs)。與許多其他的晶片相較起來，這是相對比較簡單的產品；正因如此，它更適合作為開發新技術的跳板。最新的科技，總是會先與 RAM 結合，構成第一個新一代的產品。一旦 RAM 變得更精密，其他產品的新版本也會隨之出現……日本以前就知道，如果他們可以在 RAM 的市場中，成長得比美國快，他們就可以成為 RAM 的低價製造者；如果他們掌控了 RAM，他們在其他的

半導體領域，也可望取得主導的地位；而如果半導體已是囊中之物，那麼，下一步就會是半導體設備、原材料、及所有會用到半導體的東西（例如電腦）[13]。

　　自由市場與自由貿易的經濟學，有系統地提出與以上相反的主張。它堅稱**任何**產業都可以推動經濟向上提升，只要該產業**現在**是享有比較利益的。而且，由於自由貿易經濟學認為，自由貿易會自動將經濟引導至具有比較利益的產業，所以，它主張自由貿易能使經濟獲致最高的成長[14]。對自由貿易經濟學來說，長期與短期之間的差別其實並不重要：比較利益永遠是對的，就是這樣。事實上，自由貿易經濟學宣稱，根本不可能有任何產業會「優於」其他產業，這就是老布希的經濟顧問委員會 (Council of Economic Advisers) 主席波斯金 (Michael J. Boskin)，發表那席被罵到臭頭（因此後來就遭到否認）的談話的根據。他是這麼說的：

> 不論美國出口的是電腦晶片、洋芋片、或撲克牌的籌碼片，都不要緊！它們不就都是「片」嘛[15]！

為什麼波斯金在發表這番迥異於一般認知的荒唐談話時，竟會如此有信心？因為自由貿易經濟學主張，由於市場太有效率，所以沒有什麼產業**可以**是獨特的。從這個觀點來看，不會有什麼階梯外部效果，因為產業的外部效果根本就不存在，所以，它們當然更不可能夠大或夠清楚到足以讓人了解及操弄。每個產業當前的利潤，**勢必**會精確反映其短期與長期的價值。為什麼？因為，如果某種產業**真的**具有超優質的未來成長性，它今天的預期獲利能力就會反映出這點；而該預期獲利能力，將會吸引新的業者踏入這行，導致其超高利潤會因為競爭而消失無蹤。

如果每種產業的短期獲利能力，能真的正確衡量其長期價值，那麼事情就真會是如自由貿易派所說的了。但是，如果長期報酬是出現在別的公司、甚至別的產業，以致別人可能會取走這個商機的話，那麼短期獲利能力，就不是反映長期價值的可靠工具。所以，任何僅仰賴短期獲利能力去引導經濟的策略，表現必然會較不理想（正如第二章中所提到的，近利主義就是美國貿易及工業問題中，最重要的那個藏鏡人）。

「不就都是片」的經濟思維是錯的，因為各種產業，就其長期影響來看，是非常**不同的**。柯林頓經濟顧問委員會的主席泰森（Laura D'Andrea Tyson）指出：

> 我們生產及貿易的內容，的確會影響我們的經濟福祉，特別是技術密集型產業，它們對美國經濟的長期健康會有特別的貢獻。價值 1 美元的鞋子與價值 1 美元的電腦，對貿易收支或許會有相同的效果，但是……這兩者對就業、薪資、勞工技術、生產效率、及研發等，效果卻不一樣。而前述各項，都是決定我們經濟健康的主要因素[16]。

（柯林頓在 1992 年的競選期間，曾與嚴謹的產業政策眉來眼去。但他其實從未接受自己的顧問對這個議題的建議；他還是比較偏好 NAFTA 的自由貿易極端主義。政治時機因而喪失，而眾所期待能讓美國認真考慮產業政策的轉機，終究還是化為泡影。）

並非所有的比較利益都生而平等

自由市場、自由貿易的思維，無法理解以上的現實，但在此還是有助於增進我們的認識。按照這些現實，比較利益不會完全從舞臺上消失不見。不過，這裡需要附上一個重要的高明見解：**並非所有的比較利益都生而平等**[17]——在某些產業擁有比較利益會比較好，但在其他產業則不然。而一國在**什麼**產業具有比較利益，會決定該國於全球經濟實力排名中的位階。克魯曼是這麼說的：

> 每個國家在商品的等級排序中，都有自己的位置。某國在技術階梯上的位置愈高，該國擁有比較利益的商品，等級就會愈高[18]。

這道理可能聽起來很簡單，但自由貿易的思維，卻不斷地混淆這個事實，它堅持：根據**現有的**比較利益行事，永遠是最佳選擇。所以，按照它的定義，某種產業的比較利益優於其他產業的可能性並不存在[19]。挪威的經濟學家雷納特是這麼說的：

> 一個國家透過競爭力（也就是從事較能提升全國生活水準的活動），來提升自己生活水準的這種想法，完全違反了新古典主義經濟體系所根據的假設和信仰。在新古典主義的模型中，經濟成長不應該是這樣發生的[20]。

所有以上內容的含意之一就是，國家經濟通常在一段時間之後，會提升（或衰退！請想想阿根廷的例子）至反映該國出口的所得水準。經濟學家羅德瑞克將這個事實歸結為：「你出口什麼，就會成為什麼[21]。」這是對產業政策影響重大的事實，尤其是對急於**改頭換面**的開發中國家而言，更是如此，而這個事實與李嘉圖經濟學徹底矛盾。羅德瑞克的觀察是：

> 在現行的理論下，某國目前的所得水準會反映出它的出口能力。因

此，如果它出口的項目遠比其既有的能力先進，那它就是在錯置資源（將資源投入自己並未具有比較利益的領域）。相較於出口項目較符合其目前能力的國家，這種國家應該會有較差的表現[22]。

順著產業外部效果的階梯往上爬，可以提升經濟的這件事，與實際資料相符：具有較精密出口品的經濟體，不只在今日會比較富有（這是大家都會有的預期），而且未來也會成長得比較快[23]。後面這個事實，雖然就常識來說，並不那麼令人訝異，但對自由貿易經濟學而言，卻一點都不淺顯易懂。可是現實世界中，能在**本身具有帶頭作用**的產業中佔有立足之地，對推動經濟成長來說，非常重要。

當然，上述情況全部都是數世紀以來，重商主義政府所熟知的。經濟學家庫伯特森的看法如下：

> 這個觀點⋯⋯在亞當・斯密之前好幾個世紀，早已為各國政府及關注經濟議題的作家所熟知，那就是產業並不具有同質性。有些產業會帶領走向知識及科技的累積和進步；有些會為個人及廠商帶來新的技術及能力；有些則能讓人在外國市場獲取高所得（因為那裡沒有能與之競爭的生產業者，尤其是低工資的競爭業者）。其他產業並沒有這些有利的特徵，因此全部都是死巷；在這類產業特別突出的國家，其經濟實力充其量也不過是二流水準罷了[24]。

因此，不管現在美國的比較利益為何，如何不讓我們被擠出未來的產業，是不容忽視的重要問題。

何謂好的產業？

如果一個國家為促進經濟成長所需要的產業，天生就有向前推進和向上發展的效果,但自由貿易卻**不會**自動培育出這類產業的話,那究竟哪些產業才是幸運兒呢?

讓我們從這個論點開始:只有在展現出報酬遞增 (increasing returns) 特性的產業中,才會真正出現持續性的經濟成長。報酬遞增是指投入增加時,產出增長的幅度會**大過**投入增加,例如,烘焙麵包的成本,包含了購買烤箱的單筆投資,加上每條麵包的材料成本。因此,只要多烤一條麵包,每條麵包的成本就會降低,因為烤箱的成本可以分攤給更多的麵包;於是,每多花 10% 的錢,能多做出 11% 的麵包,其餘以此類推。報酬遞增的相反就是報酬遞減 (diminishing returns):在某個限度之後,每多花 10% 的錢,只能多產出 9%,然後只剩 8%……,其餘以此類推。

報酬遞增是個簡單的觀念,但可以無止盡地延展下去,並構成「好」(報酬遞增) 與「壞」(報酬遞減) 產業一長串相反特性的最終基礎[25]。從歷史的角度來說,製造業就是個典型的報酬遞增產業類別,而農業則是典型的報酬遞減產業類別。但是兩者中,仍各有某些業種會展現出與另一者相似的特性。而自 1970 年代中期之後,製造業與服務業之間的界線愈來愈模糊:高階服務業的**一小部分**,掌握了傳統上屬於製造業的相關優點,而低階製造業則愈來愈像農業。但即使展現報酬遞增或遞減的產業類別已出現變動,兩者的基本特性,仍一直維持穩定。

要成為已開發國家,唯一的方法真的就是擁有許多報酬遞增的產業。事實上,這就是第一與第三世界在純經濟面向上的根本差異:前者滿是這類產業,而後者則否。因此,檢視為什麼某些產業會出現報酬遞增、而某些則否,就可以很清楚地了解為什麼某些經濟體會成長、某些則不會;最後還能了解一點,那就是:自由貿易能多麼輕易地把經濟體給導入歧途。

為什麼某些產業會有報酬遞增？

　　能展現出報酬遞增特性的產業，主要都是因為它們可以無止盡地吸收新增的資本投資。不是每種產業都能做到這點，像是買一臺價值 1 百萬美元的新曳引機給已經有曳引機的咖啡園，並不能為該園提高多少生產效率[26]；為法律事務所裡的每位律師買第二張書桌亦然。可是，如果投資 1 百萬美元去買汽車廠或半導體工廠的生產機器，就會帶來極大的不同。而資本並不單指工廠內的機器，它也包括人力資本或技術累積、及研究開發等。

　　為什麼有些產業那麼會吸收資本？一個很大的理由就是，它們都很容易受到創新的影響，而研發正好是一個巨大的資本吸納器。這會啟動一種良性循環：創新會吸收資本，並以增加獲利作為報酬，接著再產生更多的資本，然後這個循環不斷重複下去。所以，美國逾 70% 的研發是由製造業及其相關領域所創造，一點都不令人意外[27]。而在製造業中，高科技只佔了產出的 20% 左右，但卻佔了研發的 60% [28]。

　　之所以對創新這麼敏感，主要是由於好產業會生產具有無限改良空間的商品，就像筆記型電腦及飛機；而壞產業生產的商品，其特質是一成不變的，就像水果及 T 恤。好產業的商品也較容易出現有意義的**差異化**，讓廠商最後不至於落得在肉搏戰中，銷售完全一樣的產品，這可使業者不須投入會壓縮獲利、薪資、及未來投資資金的血腥價格戰；相反地，它們可以在品質、可靠性、商譽、行銷、服務、產品差異性、對買主需求的特別理解、快速創新、及管理成熟度等方面進行競爭。這使它們得以鞏固受到嚴密保護的競爭地位，所以，當業者遇上主要來自於廉價外國勞工的純價格競爭時，便能輕鬆以對。

這種在好產業中缺乏完全競爭 (perfect competition) [25] 的現象，帶來了自由市場經濟學最鄙視的東西：**市場力量** (market power)；這亦被稱為獨佔或準獨佔 (quasi-monopoly) [26] 的力量。從自由市場的角度來看，這根本就是沒有效率的，因為擁有獨佔力量的公司及產業所賺取的利潤，都高於自由市場所允許的範圍；它們就像寄生蟲一樣。經濟學家將這種超額獲利起了個非常令人困惑的名字，就是「租值」(rent)（和「租」這個字一般的用法完全沒有關係）[29]。所以，根據雷納特的說法：

> 在新古典主義經濟學的靜態體系中，尋租 (rent-seeking) 是一種負面的說法。但當世上所有的重要產業，都是由規模報酬遞增、資訊不完全、及高進入障礙等特性所主宰時，則**持續不斷地尋租**似乎就是讓經濟成長、並具有競爭力的關鍵因素[30]。（粗體為本書作者所加）

這種持續的尋租行為，產生了一些向上提升的良性循環，其中一個就是：勞工所得的上升，提供了可維持產業成長的購買力；而隨著所得增加，經濟學家所謂的「需求的品質」也跟著提升了，人們不再只是求多，還會開始**求精**；這會驅使他們國家的產業升級，並強化前述的階梯外部效果[31]。

---

[25]　編譯按：完全競爭市場是經濟理論中的一個概念，在這種類型的市場裡，有為數極多的生產者與消費者在買賣近乎相同的產品。由於競爭激烈，因此沒有任何單一的生產者，有足夠的力量能制定比別人高的價格，也沒有任何單一的消費者，能夠要求享有比別人低的價格。根據傳統經濟學的理論，這種市場型態是最有效率的。

[26]　編譯按：準獨佔是指少數生產者，因為品牌、規模經濟、及產品特色等，而變得有如獨佔廠商一般，具有使自身產品售價高於其他生產者的能力。

　　好的產業也會迅速吸收增長後的人力資本及技術。當資本在勞工身上累積時，通常可以使勞工獲得更妥善的照顧，就好像工廠老闆不會任由價值不菲的機器生鏽一樣。勞工的人力資本累積，會鼓勵企業及國家提供更完善的管理及照顧，同時帶來高伯瑞式 (Galbraithian) [27] 的「制衡力量」（例如，勞工的談判力量），能將產業的獲利分配給其業主以外的人[32]。擴大分享利潤的情形，會因為好產業的產品通常都有高所得彈性（也就是人們所得愈高，購買愈多）而更見加強，結果，生產力的提升並不只會壓低產品的價格，產出也會隨著生產力同時增加。如此一來，即使生產力提升後，每單位產出所需要的勞工會愈來愈少，但工資水準仍能維持在平穩的狀態。

壞產業及沒有出路的經濟體

　　好產業的相反，自然就是壞產業。這些都是**明顯沒有出路的工作**。好幾個世紀以來，這都是指農業及原物料開採事業等，但自 1970 年代中期之後，不需技術的製造業業種，也無可挽回地落入了這個類別。在這些產業中，看到的不是報酬遞增，而是報酬遞減；所以，所有前述的那種恩澤廣被的交互作用就不會存在，甚或會反其道而行。

　　這些產業礙於其本身的特質，首先，對農產品的需求，本質上就不如對工業製品的需求般富有彈性，原因無他，就只是因為人類的肚量有限罷了[33]。因此，農業生產力成長的結果，通常是讓消費者享有更低的價格，而不是農人獲得更高的工資。由於農業提高生產力往往會壓低價格，但製造業卻不會，所以長期下來，農產品價格

---

[27] 編譯按：高伯瑞 (John Kenneth Galbraith) 是美國知名的經濟學家及自由派思想家，他研究的主要議題，就是市場力量。

相對於製造業商品的價格，一般來說都是下滑的[34]。這個問題已經存在很久了，根據一項英國對 1938 年所作的估算，同樣數量的初級產品，在當時所能買到的製造業商品，約只有 1860 年代所能買到的 63%[35]。因此，以農產或原物料產品為出口主力的國家，其落後工業化國家的距離，會隨著時間而愈來愈遠[36]。

農業及原物料產業通常會是壞產業的另一原因，就是進入的門檻太低，以致到處都是競爭對手。越南聽從世界銀行的建議，開始出口咖啡，很快就成為全世界僅次於巴西的第二大生產國；然而，當市場的供給大增後，咖啡價格就由原來的每磅 70 美分，滑落至 40 美分左右[37]。受壞產業主導的經濟體，往往受制於遠方的大宗商品市場，因而容易出現所得的大幅波動，這種波動又會由於缺乏多樣化的出口而更見惡化，同時它也不可能進行避險。另外，農業看天吃飯的特性，也讓問題更為嚴重。

大多數的農業，無法像擁有規模經濟的製造業一樣，吸納可令生產力及工資升級的科技創新。例如，雷納特提到：

> 墨西哥專精於不能機械化的生產行為（採收草莓、柑橘類水果、黃瓜、及蕃茄等），這會減少墨西哥創新的機會，同時使該國卡在科技上的死胡同、及（或）無法擺脫勞力密集的活動[38]。

由於農業無法吸納科技，所以它也無法吸收資本；因為農業沒有什麼投資標的，是可以在投資後有所回報的。無論如何，若沒有強壯的製造業部門，連**農業**的生產力都很難提高，因為，生產力增加意味著需要的勞動人數減少，但從農業釋放出來的勞動人口，卻無處可走；所以，對大量失業的恐懼，就會將社會鎖死在固定的位置[39]。農業與其他的壞產業一樣，對於他們所雇用的大部分勞工，都只要求相當低的技術水準，所以人力資本與對科技的投資一樣，也不太會累積。結果就是，這些產業會停留在低度資本化的狀態，而其所處的社會，也無法藉由這些產業累積財富。不論這些產業能賺多少錢，最後都會流到別的地方去：在中古世紀的歐洲，是流向城堡；在殖民時期的非洲，則是流向歐陸。

農業及其他壞產業，偶爾還是會出現創新，可是這一般都只攸關生產過程，而不是產品本身。而且，當創新出現時，常會是來自於壞產業**之外**的地方。例如，農業就受惠於基因工程及改良後的曳引機，但這些創新都不是農業本身所原創的。因此，壞產業**中**的創新，並不能構成「創新 → 更高利潤 → 更多創新」的良性循環。

原本的好產業開始轉壞的一個警訊是：產品相關的創意已經用盡，而產業開始轉而進行製程創新；壞產業進一步更糟的警訊則是：就連製程創新也到了盡頭，於是，產業乾脆開始追尋廉價的勞力。我們可以追蹤個別產業的這種過程。例如，製鞋最初是第一世界的手工藝產業，在十九世紀後半，則邁入機械化；到了 1950 年代，其生產力成長的腳步趨緩，此時，則開始移轉到第三世界去。

哪些產業是好產業、哪些又是壞產業？由於世界經濟的科技新領域不斷向前推進，所以這是會隨著時間改變的。在十九世紀初，紡織業對如英國般的新興經濟體而言，是個好產業；可是對現代的已開發國家就不算好了。這些過去「曾經好過」的產業，不是外移到開發中國家去，就是逐漸陷入停滯。如果一個經濟體累積愈來愈多類似的產業（就像英國在二十世紀初期一樣），那麼該國距離經濟衰退的日子就已經不遠了。

沒有國家可以合理指望自身的整個經濟都只有好產業，因為某些壞產業還是不可或缺的類別。比如說，就算現在理髮師的生產力並不比兩百年前高，人們還是不能不理頭髮。而且，即使是停滯不前的類別，還是能貢獻一點產出，也可以雇用一些人。但是，一個國家的好產業愈多，其當下的經濟就會愈強，而未來的成長前景也會愈好。

深陷壞產業泥淖的經濟體

第三世界成長緩慢的貧窮經濟體，之所以會是今天這樣，主要就是因為它們的產業大多是壞產業，而進入產業的路徑倚賴特性則把它們困在那裡。它們陷在沒有報酬遞增、沒有科技進展、及沒有階梯外部效果的產業中。這些問題會彼此強化，日積月累後就變得盤根錯節，最後遂成為硬經濟學中眾所皆知的「富者愈富」現象的基礎（馬克思正確地察覺到這種現象的存在，但他卻誤以為這是因為富者**剝削**貧者所致。雖然有時的確是如此，但這並不是最根本的問題）。聯合國開發計畫署曾估算，世界各國中，最富有的前五分之一與最窮困的後五分之一，其所得差距在 1820 年為 3 比 1、1870 年為 7 比 1、1913 年為 11 比 1、1960 年則為 30 比 1，到了 1997 年時，更擴大為 74 比 1 [40]。

諷刺的是，十九世紀殖民主義如日中天的時候，窮國與富國間的所得差距反而比今天小得多。可是這其實很合理，因為**相對來說**，一百五十年前，可以在殖民地掠奪到的東西更多；但今天，一個先進國就沒有什麼理由要去征服盧安達了，因為，其平均國民所得是盧安達的七十五倍。如果我們把殖民主義當成一種刻意的經濟策略，那麼不論其形式是傳統或現代、顯性或隱性，它都是在試圖**把屬國困在壞產業裡**[41]。例如，英國政府曾於 1699 年，禁止羊毛布出口至英國列島之外的地方，藉以扼殺愛爾蘭正要萌芽的工業[42]。愛爾蘭順服地回頭專心務農，甚至因此成為成功的農業出口國；然而，愛爾蘭在自己人民餓肚子的狀況下，還是持續出口食物，因為，當時他們沒有能力生產任何其他的東西。

　　殖民主義本身在此並不是問題，因為這些造成傷害的經濟機制，還是能在政治上獨立的國家中順利運作（我們在第六章曾提到西班牙這個例子）[43]，而且，不是每個殖民地都會受到這種待遇。事實上，有幾個擁有豐富原物料資源的小殖民地國家，都清楚了解被困在壞產業中的危險，並得以擺脫這個宿命。澳洲、加拿大、紐西蘭、以及（很特別的）南非就是典型的例子。大英帝國當年，曾試圖使美國成為一個香蕉共和國，故允許前述各殖民地調高對英國商品的關稅，以促進他們自身的工業化。這些國家，全都是英國這個失敗策略的受惠者[44]。

壞產業的病症

　　自由貿易不會自動把好產業分配給各國。這就是根本的問題；自由貿易會依據各國當下的比較利益行事，因此很容易會讓某些國家分到壞產業。短期來說，這可能是最理想的作法，但是如果某國今天的比較利益是生產香蕉，那麼三十年以後，該國的生產力還是會被侷限在與今日大約相同的水準[45]；不過，像電腦或汽車等產業就不是如此。由於目前各國工資水準存在相當大的差距，所以在自由貿易之下，低工資的國家自然而然就容易吸引到壞產業，因為這正是他們當下的比較利益之所在。

　　自由貿易與壞產業的交互作用，會產生多種不同的有害結果；雖然，不一定每個看起來都明顯與貿易相關。例如，自由貿易常會使所有現代農業的「壞習慣」更為嚴重。這是因為，它嘗試從一個報酬遞減的產業榨取更多回報，以彌補衰退的貿易條件；這將帶來持續不斷的無情壓榨。土地的開墾面積會因而增加，進而危及自然保育計畫；殺蟲劑及肥料的使用，通常會更加密集；大規模的飼養場及單一作物農業，常會取代多樣化的經營模式；特色作物往往因而減少，大宗商品反而增加。而且，主控權還常會因此落入「不在場的所有者」(absentee owner)[28]手中，致使家庭農業及農村社區受到危害。

　　第一世界緩和（與解決不同）這個問題的方式，就是農業補貼，因為他們負擔得起。但這個舉動對第三世界卻有不幸的外溢效果(spillover effect)；它引發了一波摧毀農場工作的廉價出口食物浪潮，就好像進口工業製品摧毀了工業國家的工廠工作機會一樣。若考慮到美國、歐盟、及日本等國的農業補貼總和（包括一些隱藏式的補貼，如廉價的用水等），幾乎相當於撒哈拉以南非洲國家**整體所得**的75％，那就難怪非洲的農夫（舉例來說）會沒有競爭的空間了[46]。他們一旦無法靠土地維生，就只能跑到都市討生活，其中大部分都住在貧民窟。第三世界國家把自己的糧食生產轉為外銷導向，並開始依賴進口食物時，就會變得很容易受到其出口市場波動的影響。生質燃料這類大宗商品的泡沫，會使問題更嚴重，因為一旦泡沫結束，根本不可能來得及恢復糧食生產，以避免發生糧食暴動。

　　原物料的開採，也是壞產業中另一種名聲很差的類別；它常具有許多與農業相同的病症，再加上幾個自己特有的變體。如石油之類的原物料開採，就以會孕育出寄生蟲般的菁英階級而聞名；這個階級，包含了能在政治上掌握產油地點的各路人馬。不像那些身處製造業導向經濟體中的菁英，他們對自己所掌控的經濟體，不論在

㉘　編譯按：指擁有不動產的個人或組織，其不動產並非位於其擁有者所在的地區。

管理能力或科技技術方面，幾乎毫無貢獻可言。即使他們治國失當的程度，已足以毀掉任何一個製造業導向經濟體的生產力，他們也不須付出什麼代價。他們不需要廣為分享開採原物料所創造出來的財富（當地的軍閥及保安部隊除外），也幾乎沒有誘因從這筆財富中，撥出比一點點稍多的比例，去投資這個產業。

在冷戰時期，許多反對資本主義的聲浪，並非出於對私有財產的憎恨（更不是出於對共產主義的熱愛），而是因為一種根深柢固的恐懼，那就是：先進工業的現代化，會是專屬於美國及西歐的封閉俱樂部[47]。其他國家擔心自己永遠都打不進去那個圈子，並會永遠都陷在壞產業之中——這就等於註定他們會淪於貧困，並在政治上居於附庸地位。雖然，仿效蘇聯的經濟模式，明顯是個極端的作法，但社會主義似乎仍是當時唯一的出路，而蘇聯則是地緣政治上的終極依歸。不過，一旦某國明瞭前述導致開發不足的**背後原理**，或更進一步，懂得如何藉由保護主義及產業政策來加以操控，就會發現完全放棄資本主義，只是另一種不必要的極端對策。日本及其東亞的跟隨者都明白這一點，這也是他們在這段期間，如此堅決反對共產主義的主要理由。但世界的其他地區則沒有搞懂，所以會覺得社會主義要來得有趣得多。

好與壞的產業政策

如果自由市場及自由貿易並不永遠都是最好的，那麼，只要透過適當的設計及執行，**必然**就有可能獲得另一種更優的政策。至少，這是讓成功的保護主義及產業政策成為可能的理由。

所以，理所當然地，在回顧世界各地流傳的自由貿易成功故事時，常會發現其背後藏的就是保護主義及產業政策。例如，在巴西，鋼鐵及航空產業是過去進口替代政策的產物[48]；在墨西哥，是汽車；在智利，則是葡萄、林產品、及鮭魚。事實上，智利在 1993 年的前二十大出口企業中，至少有十三個，是由同一個政府單位——「智利經濟部產業發展署」(Corporación de Fomento de la Producción, CORFO)——所創建的[49]。

過去這四十年來，出現過兩個重要的保護主義及產業政策的實驗所：東亞及拉丁美洲。就在距今不久前的 1970 年代，兩個地區的經濟地位相差無幾；其實，拉丁美洲在二次大戰的尾聲時期，是遠較東亞富裕的[50]。然而，東亞在經濟上成功了，拉丁美洲卻自 1975 年一直到不久之前，都還不斷原地踏步（前述的幾個例子，算是例外的快樂結局）。保護主義及產業政策，顯然可以分成「有效」與「無效」兩類；而兩者都無權迴避嚴格的檢視。

我們現在就要去了解，為什麼有些會成功、有些卻失敗[51]。哈佛的經濟學家羅德瑞克指出，兩個地區都使用了關稅、工業補貼等「胡蘿蔔」，來幫助其產業。可是只有東亞國家的政府，有足夠的政治紀律，能同時祭出某些必要的「棍棒」；也就是一些可以避免產業將政府的協助直接變現，而不是用來提升其長期能力的措施。

「出口標準」規定，就是「棍棒」的一個例子。這可以改善國家的貿易收支，並強迫國內生產者去達到全球對品質及成本的標準。這類政策可以用很多不同的方式去執行，有些看來沒有那麼直截了當，像是根據公司的出口實績，來核發其進口原物料的配額。另一種手段則是所謂的「逐年增加自製率規定」，也就是要求進口商品的公司，逐漸增加該產品的最終價值中，於國內生產的比率。這種作法提供了一種壓力，能促進本地生產，但又**不至於**讓生產活動過於偏離市場現況，而造成令人絕望的低效率。

東亞還逐漸醞釀出了其他型態的成功產業政策：他們傾向於維持國內產業內部的競爭，而不是將資源集中於一個表面上看來很強的明星企業身上[52]。他們常會包含本國人對於核心技術的掌握**及**了解，而不是對精密的投入要素，進行「樂高積木」式的不精密處理。他們傾向於結合對教育及對產業的投資，使產業真的可以吸納受過教育的勞工。對他們而言，國內市場的開放程度，常是促使外國企業將部分生產移至本地的談判籌碼，而不只是作為國內生產者的保護傘，或作為一項關稅收入來源，最後被當成政治牛肉浪費掉（拉進高水準的外國製造業者，也可以使國內業者上緊發條，但又**不至於**把經濟體推入失控的進口浪潮）。

那麼，拉丁美洲做錯了什麼呢？他們放任國內的競爭環境衰微；他們永久性地保護那些應該已能自力更生的成熟產業；他們對出口不感興趣，所以也沒有鞭策自己的產業要達到國際標準。缺乏出口，就造成外匯短缺，導致他們無法輸入最先進的生產技術；但他們也從未發展出可與外國相匹敵的國內技術來源，他們的工業知識因此落後全球。而且，拉丁美洲的國家若非不注重教育，就是未能創造適當的產業，無法吸收受過教育的勞工。後者造成的結果就是：對教育的投資最後變成為人作嫁，堪用的人才都流向海外，而非成為國內累積的人力資本。

最糟與最佳的產業政策

在開發中國家，最糟的產業政策往往仗恃生產要素（第一名通常是便宜的勞工，第二名大概是便宜的原物料，之後則是便宜的土地）價格較低，就試圖進入新的產業。不幸的是，以廉價勞工為基礎的產業會持續吸引新進者，因為廉價勞工彼此之間差別不大，而且在全世界各地都找得到。可是，一旦進入這些產業，退路就會被已付出的成本給擋住，最後使自己被困在這些產業之中。今天最低廉的勞力來源，隨時都可能會被更便宜的勞工給取代；而彼此競爭的各國政府，甚至可能會在成本沒有先天優勢的情況下提供補貼[53]。這就是大家爭相搶進眼前比較利益的悲哀結局。

關於這種不明智的策略，墨西哥在美墨邊界的一大堆保稅加工出口廠，提供了殷鑑不遠的例子。這三千多間的美資工廠，雇用了逾 100 萬名勞工。雖然，它們通常都有最新的生產技術，而且生產力勇冠墨西哥全境，但它們卻完全無法在當地孕育出任何產業革命。雖然，這些工廠常會用上一些相當先進的技術（透過進口資本設備的方式取得），但它們**用**這些技術**來做**的事，卻不怎麼先進，所以，墨西哥的經濟不能累積人力或其他任何種類的資本。此外，在當地生產的產品，**在組裝階段**，都沒有至關重要的規模經濟[54]。例如，在托魯卡 (Toluca) 有間主要工廠的特百惠 (Tupperware) 公司，其執行長葛因斯 (Rick Goings) 認為，墨西哥未能掌握 NAFTA 所給予的機會：

突然間，邊界開放了。裝配線創造出所有這一切〔工作〕，並回送〔產品〕給美國；但他們並沒有趁機進行應有的投資，以加強墨西哥勞工的技術基礎。所以現在到那裡，你會聽見他們抱怨什麼？工作機會都流到中國去了。你只要看 Nike 過去二十五年的發展模式就好了，從南韓、中國、到越南。你只是繼續跟著低工資走；你只是尾隨著那條惡龍。除非你在這些國家建設基礎建設，並打好技術基礎，否則，他們即使具有短期優勢，也無法長久[55]。

這類產業就是科技和經濟上的死胡同。如果想藉著從事、甚或持有這類產業，來學習或發展出些什麼的話，還不如乾脆用手工去摘採咖啡豆、或擁有一片農場來得實際。一個國家對其產業應該要常常檢視的是：「還能不能從中學到什麼？」如果不能，那就該讓其他位於工業發展階梯下一級的國家，接手該產業，然後再向前走。如果不可能繼續往前，那就表示該國的產業策略出了問題，因為該國卡住了。國家要獲致成長，就要能持續升級。

最成功的產業政策，看起來是什麼樣子呢？當經濟體嘗試由第三世界躍升成新興工業化國家，終至躋身於第一世界時，其達到經濟成長的真正關鍵在於：主動積極地與李嘉圖**唱反調**；也就是說，**擺脫**自身當下的比較利益。經濟體應嘗試去**塑造**比較利益，而不只是屈從於它。

最重要的是，好的政策意味著：遠離「既有的生產要素」所帶來的優勢，並轉而仰仗以「**創造出來的**生產要素」為基礎的優勢。它的最終意涵，就是從所謂的低階優勢來源，轉換至高階來源。就像哈佛商學院的麥可‧波特所解釋的：

> 相對而言，低成本勞工及低價原物料這一類低階優勢，很容易被模仿。競爭者只要找另一個低成本的地點或供應來源，就能輕易地予以複製；或者，他們可以藉由在相同的地點生產或取得原料，來予以抵銷……另外，在優勢的排序上，同樣位居底層的，就是那些純粹靠著來自於競爭對手，或很容易為其所取得的技術、設備、或方法，來促成規模經濟所產生的成本優勢……。

> 高階優勢就較為持久。例如，專有製造技術、透過日積月累的行銷努力所創造的產品差異性、或受到轉換供應商的高昂成本保障的客

戶關係等。高階優勢有許多特徵。首先，要獲得這類優勢，必須具備更先進的技術及能耐。例如，擁有專業且受過高度訓練的員工；具備內部的技術能力；以及能與主要客戶維持密切的關係。其次，高階優勢通常需要針對實體設施，及專業化（往往風險很高）的學習、研發、或行銷等，進行**持續累積的投資**[56]。（粗體為原文強調處）

產業政策，美國風格

對現代的美國人來說，在了解產業政策及保護主義時，常會構成障礙的迷思是：我們最成功的產業，都是在沒有政府協助的情況下，白手起家的。我們常會認為，產業政策（如果我們不排斥的話）或許適合正在起步的國家，但對於我們這種早已抵達目的地的國家，並不適用。但事實上，在我們自己的經濟裡，產業政策的痕跡，俯拾皆是；即使是在二次大戰結束後，自由貿易日漸抬頭的時代中，情況亦然（大約在 1980 年後，自由放任主義的論調更見高漲）[57]。讓我們來看看美國兩個最受稱道的產業：半導體及航空業，並了解它們如何**真的**變得如此強大，進而探討自由市場與自由貿易所說的經濟成長模式，究竟為何錯得那麼離譜。

矽谷是自由企業著名的成功故事，而且大致而言，它是實至名歸。然而，它其實是在政府的協助下才崛起的；如果沒有政府的支持，它或許根本就不會存在。事實上，世上的任何一個地方，只要有發展半導體產業，該產業就一定曾是該國產業政策的目標[58]。

整個半導體產業，都是以電晶體為根基。電晶體是貝爾實驗室在 1947 年所發明的。不過，貝爾實驗室不是自由市場資本主義的產物，而是昔日經美國政府許可的獨佔事業「美國電話電報公司」(AT&T) 的研究機構。這間公司享有免除價格競爭壓力的保護，並獲得保證，不用擔心自己的發明之商業價值遭競爭者奪走；此外，它也致力於長期研究。正**因為**它有權進行獨佔，所以才能養得起員工都是諾貝爾獎級科學家的昂貴實驗室。它是重要的證據，能用來證明以下謬傳的錯誤，就是：大型、官僚、受政府補貼、享受免受外國競爭保護的公司，沒有創新的能力（這不是說，這些特徵本身是正面的優點；但是的確有助於顯示，真正影響工業成長動能的因素，通常都不是那些自由放任的陳腔濫調）[59]。

半導體產業從一開始就接受了大量的幼稚產業補貼。從 1950 年代末到 1960 年代初期，當半導體產業剛孕育成長時，幾乎百分之百的產出都是由美國軍方所購買[60]。在大部分的家用電器仍使用真空管的年代，只有美國軍方的導彈系統，才會需要這些昂貴、高性能的半導體。即使到了 1968 年，將近四成的美國製半導體還是由五角大廈所購買[61]。軍方的需求使美國業者沒有後顧之憂，因而能在別人不願花大錢購買他們的尖端科技時，仍有能力作高風險的投資[62]。這也使他們得以建立專業知識，能在日後用於民間市場，並達成規模經濟，以便將成本降低至消費大眾負擔得起的水準。

航空業是另一個例子，能用來說明美國最成功的產業，亦依賴產業政策起家。波音整個 7X7 系列的飛機，都是來自於 1950 年代後期發展出來的 707。707 是 KC-135 在民間的雙胞胎兄弟，後者正是波音替美國空軍建造的空中加油機。波音公司其實在開始經營商用機的最初二十年，都是**賠錢的**[63]。以下會再提出一些例證，說明美國民航機產業與軍方的關係，是如何讓它們成了氣候的：

洛克希德 (Lockheed) 出售其 C-130、C-141、及 C-5A 的商用機型。〔洛克希德的 L-1011、麥克唐納—道格拉斯的 DC-10〕及波音 747 都是運用 C-5A 引擎的技術突破，才得以孕育成形的。簡言之，只要是新的民航用機，每一代都非常依賴軍方所發展出來的技術[64]。

還有其他的產業，是在美國政府的產業政策下誕生的。近期的例子當然就是網際網路了；它是源自於軍方為了使國防研究用的電腦之間，能彼此溝通而發展出來的 ARPANET 系統。即使是自由市場最大的「酒香不怕巷深」的成功故事 Google，作為其基礎的數位圖書館研究，也是創始人培吉 (Larry Page) 及布林 (Sergey Brin) 在史丹佛大學時，接受美國國家科學基金會的補助金所進行的[65]。此外，生化產業則受到美國國家科學基金會及美國國家衛生研究院 (National Institutes of Health) 的培植；其所依賴的基礎研究，亦接受前述單位的資助。

不幸地，如果依照目前的趨勢持續下去的話，聯邦補助的產業政策，所能帶給美國的收穫將會逐漸減少。即便是軍方本身，目前也陷入遲滯的狀態。根據五角大廈「先進技術及後勤部」(Advanced Technology and Logistics) 前部門主管約翰・楊 (John Young) 的說法：

> 國防部正在坐享上一世紀基礎科學投資的成果，但同時也逐漸失去收割這些投資所獲得的戰力乘數 (force multiplier)[29]。過去十五年來（自蘇聯解體以後），國防部從眾多科學領域大舉撤離。然而，科學知識正是今天支持美國，在大多數領域得以維持領先的基礎[66]。

---

[29] 編譯按：指能夠大幅提高部隊戰鬥力的因素。例如，完成某項任務原本需要一百人，在運用了某套裝備後，所需人數減為二十人，則此裝備所提供的戰力乘數就是五。

看來，蘇聯人造衛星對我們的貢獻，比我們想像中的還大！打敗蘇聯的需要，顯然是督促美國政府去追求有效產業政策、最具決定性的**那個**因素。而冷戰結束時，產業政策被認真看待的日子，似乎也隨之劃下句點。

在雷根總統任內發起的最後一波冷戰攻勢中，國防部情報局 (Defense Intelligence Agency) 及 CIA 制定了「蘇格拉底計畫」(Project Socrates)，其目的是了解美國經濟及科技競爭力的衰退情形，並發展出因應的產業政策；但是，就在該計畫即將開花結果時，柏林圍牆倒下了。繼任的布希總統，在意識型態上對產業政策充滿敵意，因此，他有系統地摧毀了這個計畫[67]。他將國防部先進研究計畫局 (DARPA) 的總裁費爾茲 (Craig Fields) 調職，並下令銷毀該計畫的所有記錄，以阻撓《資訊自由法案》(Freedom of Information Act) 的要求[68]。這個原本可以成為冷戰時期產業政策的顛峰之作（也就是有系統地編纂這些政策對於經濟的真知灼見），就此宣告夭折。諷刺的是，該計畫的一些主要成員，後來就到波蘭及馬來西亞等國家，幫忙訂定經濟策略，而這些國家也一直努力不懈地運用這些知識來與美國競爭。

在冷戰結束後，即使是純軍事用途的產業政策，其最基本的組成元素，也開始遭到草率地處理。一個例子就是，五角大廈不再關心買的是不是美國貨；當時的國務卿錢尼 (Dick Cheney)，在該項轉變中扮演要角。根據他的說法，支持美國國防工業廠商的政策，「會令人開始質疑，我把錢花在一些能用更便宜的價格，在別的地方買到的東西；也會引發疑慮，讓人擔心我們在特定領域裡，只能仰仗未達第一流水準的科技[69]。」拜近二十年來實施的這種政策之賜，美國現在如果不使用任何潛在敵人所製造的零組件，就沒有辦法讓任何一架軍用飛行器順利升空。2005 年美國國防部的報告是這麼說的：

> 這次結構重整的潛在效果非常不合理、且影響深遠，其中還暗藏許
> 多可能造成危害的風險。要不是美國自己大力支持這項轉變，它八
> 成會被視為，敵國暗中破壞美國軍事力量策略的重大勝利[70]。

　　五角大廈目前正面臨軍方體系中一連串的仿冒電子零件問題，這會造成美國門戶大開，因而無力抵禦我們自己曾用來對付海珊等敵人的蓄意破壞行動[71]。我們現在也面臨外國供應商基於政治動機，拒絕提供美國所需零件的問題。最為人所知的一個例子是：一家名為 Micro Crystal AG 的瑞士公司，在伊拉克戰爭時期，拒絕供應「聯合定向攻擊炸藥」(JDAM) 精靈炸彈中，導引系統所使用的壓電定時水晶[72]（我們最後找到了一家倖存的美國公司）。軍方並不是不了解這種情況，可是他們已被國防包商的政治力量所牽制；而這些包商發現，將零組件轉包海外，獲利相當可觀[73]。

產業政策的相反：去工業化

　　「去工業化」其實比一般認為的要來得複雜得多，它不只與裁員、廢棄坍塌的建築有關；事實上，它是**產業政策的相反面**。因此，了解產業政策，有助於闡明產業凋零的複雜過程。

　　美國生產者被從外國及本國的市場擠出來時，損失的不只是當下的利潤，衰退的業績還會破壞他們的規模經濟、推升他們的成本，並使他們的競爭力進一步下滑。利潤變低，就代表可以用來開發未來技術的資金變少；失去進入成熟外國市場的通路，則意味著接觸先進外國科技及外國買主多元需求的機會減少[74]。一個產業萎縮時，

就不再能支持自己所依賴的複雜技能網絡；其中，許多技能是在這個產業以外的地方。這些技能通常需要很多年的時間才能上手，所以只有在產業（及沿著供應鏈上溯許多層級、給予其支持的各式產業）仍能維持營運的情況下，它們才有可能存續。同樣的情況也適用於專業化的供應商。《金融時報》(*Financial Times*) 的金吉 (James Kynge) 因此就認為：

> 波音海外轉包得愈多，供應波音的機床公司倒閉的速度就愈快；這讓位於中國的競爭對手，有機會買到他們所需要的科技，以加強其對於波音這類公司的供應能力[75]。

同樣地，美國那些正在掙扎或逐漸衰亡的產業，本來是有機會可以孕育出某些未來產業的；但現在，美國通往未來產業的大門，卻開始在不知不覺間逐漸關上。例如，科技公司執行長艾爾庫斯就這麼認為：

> 就像美國失去卡式錄放影機 (VCR) 時，美國參與設計及製造廣播錄影設備的能力遭到徹底消滅一樣；美國若失去了家用電子相機的設計及製造，就等於保證其專業相機市場的終結……因此，一旦美國失去自己在家用電子產品市場上的地位，其於商用電子產品的競爭基礎，也會開始消失。這些彼此相關的基礎產業的失敗，會開始對其他下游產業造成負面影響，其中很重要的一種就是汽車業……**富競爭力的經濟體，就好像生態系統一樣，是個遠大於其個別部分之總和的整體**[76]。（粗體為本書作者所加）

這種以「整體大於組成部分之和」來看待經濟體的觀點，遭到自由市場經濟學有系統地予以否認，因為它原則上假定：市場永遠會為經濟體的每個**部分**，作出正確的標價，所以不可能會出現「整體價值高於個體總和」的綜效。現在，這種簡化式思考所造成的後果，在美國經濟中隨處可見。

　　例如，美國的半導體在過去產業政策底下所建立的地位，現在正不斷地往下滑落，這從美國相對於世界其他國家，對半導體廠的投資日漸減少，就可看出端倪。2010 年，全球對半導體的資本投資中，整個北美地區只佔了 14%；相對地，流向中國、日本、南韓、及臺灣的比例則高達 70%[77]。此外，美國目前在超昂貴的照相微影步進機 (photolithographic steppers) 領域，可說是連個影子都沒有；但這是當今最複雜精密的科技裝置之一，可以將電腦晶片極精微的電路「印」到矽晶圓上頭。美國在步進機產業沒有搶到一片灘頭，就表示在美國境內，已經很不容易見到這些機器的生產者與使用機器的公司進行緊密合作的情景了。傳統上，這種合作關係會推動晶片及步進機產業，雙雙創造產業的高峰。美國公司 1980 年時，曾擁有 90% 的全球市場，但現在只剩下不到 10%[78]。

　　與此相關的印刷電路板 (PCB) 產業，其衰退也訴說著同樣的故事。2008 年從《製造業及科技新聞》(*Manufacturing & Technology News*) 中摘錄的一段文字，值得參考：

> 這個產業的狀況，自 2005 年以後每況愈下；它昔日的光景，似乎已是亙古之前的事了。北美地區的裸版印刷電路產業病得極為嚴重，許多設備製造廠不是人間蒸發，就是只剩下以前留下來的一副空殼子。許多業者選擇跟著他們的客戶到亞洲去，並在當地建造機器，許多原料商也都消失無蹤了。

基本上，現在還留在美國的，都是非常脆弱的製造業者。他們資本薄弱，以沒有利潤的價格掙扎著供應〔原本的設備製造業者〕。剩下來的這些廠商，絕大部分都應該稱之為「店家」了。他們都是校長兼工友，不僅自己經營，還雇用自己人。他們的規模都很小，也都幾乎快要無法生存下去了；他們無力進行投資，其中大多數都只能承接少量、回收快的訂單。如果還有所謂研發活動的話，數量也是屈指可數。他們買不起設備；他們的設備已經陳舊得快要發霉。規模稍大一點的公司，只是背負著更沉重的債務罷了。沒有足夠的利潤可以用來再投資；人才不再會被這種死氣沉沉的產業所吸引，而僅存的廠商，也已削減了所有的誘因。

PCB 製造商需要原料來生產商品，但銅箔基板產業幾乎已經不存在了；鑽針現在都來自國外。想像一下，原料、特殊化學品、金屬表面處理化學藥劑、薄膜、及資本設備等產業，全都從美國消失的景象。如果原料一定要從國外取得的話，那麼只保留 PCB 商家，是不能挽救任何事的。隨著 PCB 製造商大舉東進，它們的供應鏈也跟著過去了。

整體的狀況才是應該被正視的。沒有任何一間北美店家成功做到垂直整合，因而也無法獨立供應電路板。目前還在營運的店家，幾乎都是靠「代理」亞洲電路板才能維持下去[79]。

整個美國境內，其他的產業也以類似的模式，靜靜地崩壞著。在關鍵技術領域中失勢，就意味著：未來，不論美國人在新創的小公司中，想出多麼傑出的點子，在美國境外將這些創意大規模商業化的情形，會愈來愈多。英國當年也曾遭逢類似的命運：他們發明了戰後時期極為重要的數項產品，如雷達、噴射客機、及電腦斷層 (CAT) 掃描機等；但最後，他們只能眼睜睜地看著，以這些發明為基礎的巨型產業，在美國落地生根。

美國愈來愈破碎的科技基礎，也使其嚴重受制於提供「關鍵性」及「關卡性」科技的他國供應商。雖然這些科技本身的名氣並不大，其金錢價值也不高，但只要少了它們，其他的主要科技就無法發揮功用[80]。例如，中國最近限制「稀土」金屬的出口，然而，從耳機到電動車的各式產品，都需要使用以稀土製造的高級磁石。這個問題的另一種型態是：寡佔的供應商不願意很快就將自己最好的科技賣給美國公司；但他們在供應自己的企業夥伴時，就不會出現這種情形[81]。我們不需要發揮太多想像力，就可以看得出來，他國的產業政策如何能將這種情形，轉化為對付美國產業的有力競爭武器。例如，日本現在供應了全球約 57% 的鋰電池，剩下的部分則大多由南韓及中國瓜分[82]（美國只佔了大約 1%）；這將使這些國家在電動車產業上，佔有關鍵性的優勢。

不可能沒有產業政策

由於政府的決策對產業的影響是如此巨大，所以「沒有產業政策」根本不是個選項。可供選擇的，只有好的與壞的產業政策。雷根時代的美國聯邦貿易委員會 (Federal Trade Commission) 主席米勒三世 (James C. Miller III) 曾表示：「在討論產業政策之前，要先認清我們目前是有產業政策的。真正的問題就是：是哪一種類型[83]?」拒絕有意識地制定產業政策的國家，實質上還是有產業政策存在；因為不論是有心或無意，其各種戰術層級的短期選擇，累積加總以後，仍然會形同於一個戰略層級的長期選擇。

先不管其他的，至少他國施行重商主義的殘酷事實，代表著選擇真正自由貿易的權利，早就已經從我們手中被拿走了。泰森是這麼說的：

> 我們絕對不能被以下的甜言蜜語所哄騙：如果沒有美國政府的干預，美國高科技產業的命運，將由市場力量來決定。但其實，這些產業會被我們貿易對手國的貿易、管理、及產業政策所操弄[84]。

自由貿易以及沒有經過政府刻意訂定的產業政策，並不是一種免受政府干預的中性作法；它們**本身**就是**紮紮實實的策略賭注**，只有在其所根據的經濟假設為真的情況下，才能有成果，這個假設就是：不論在國內還是國外，純粹的自由市場永遠是最好的；但採取反對「中央計畫」的意識型態，根本就是沒搞清楚重點。因為，讓自己威信掃地的，其實是**社會主義式**的中央計畫模式，這與我們在說的東西，完全是兩回事。同樣地，基於意識型態而嚴厲譴責「由政府挑選贏家」的論點，也誤解了聯邦政府輔助所扮演的角色。矽谷「X/Seed 資本」創投公司的創辦合夥人波魯斯 (Michael Borrus)，對美國國家科學和技術中心 (National Institute of Science and Technology) 的「先進科技計畫」(Advanced Technology Program, ATP)，作了如下的說明：

> ATP 有時候會被貼上「挑選贏家與輸家」的標籤，這不僅是嚴重的誤導，它也是認知錯誤的結果。坦白說，這完全是錯的。在科技創新這個領域裡，沒有任何民間或官方的投資者，有能力去決定贏家與輸家；事實上，市場（顧客）才是真正的決定者。相對來看，美

國政府確實是在藉著 ATP 及其他的聯邦科技計畫，協助將長期科技發展的種籽，播種於民間市場失靈、或是大眾具有迫切需要的領域。這些科技的種籽，有些會發芽，有些則不會；可是，如果想要有效地收割長期的經濟成果，那麼整體而言，播種這個動作必須持續下去[85]。

反對產業政策的人宣稱，他們是反對所有的產業政策；但其實他們反對的，只是某些他們不認同的類別。雖然，自由放任主義的迷思宣稱，產業政策因為冷戰的結束而失信於天下，但羅德瑞克是這麼解釋的：

事實是，過去這二十年之中，產業政策像雨後春筍般遍地開花，而且這種情況，在那些堅定採用正統〔自由市場〕改革議程的經濟體中，更為常見。如果這個事實未能引起注意，那是因為那些可議的優惠政策，獨厚出口及外國投資，它們是《華盛頓共識》時期受人迷戀的兩大聖物。另一個理由則是，它們被自己的擁護者稱為「對外導向策略」、或其他聽起來相類似的名字，而不是什麼產業政策[86]。

加工出口區就是這種「掛羊頭賣狗肉」的產業政策的一個例子。在這些特區裡，可以免稅取得原物料及零組件，而企業、個人、及財產，都能享有租稅假期 (tax holiday)。此外，它們也免受一般法規的限制（包括勞動法規），同時，還能享有政府補貼的基礎建設。其他的例子，還包括各種千變萬化的補貼，像是優惠稅率，以及為了鼓勵外人直接投資 (FDI) 而採「單一窗口」(one-stop-shop)[30]的方式，

㉚　編譯按：原指「什麼都賣，能讓客人一次滿足所有購物需求」的商店經營模式，後可用來指「單一窗口供人辦理各式手續」的作法；這能讓申辦人享受更高的便利性。

協助業者因應當地的官僚體系。

同一時期，聯邦政府還是繼續把頭埋在沙堆裡，不去面對現實。例如，1996 年它開放 SEMATECH 半導體研究集團，准許他國製造廠商加入，該集團因而形同解體[87]。美國半導體產業在 1980 年代後期所遭遇的競爭困境，被視為是暫時性的異常現象，只需要技術性的干預即可解決。當局並未注意到，這其實是美國產業試著靠自己的力量，去對抗獲得有效產業政策撐腰的他國業者時，遭遇到困難所產生的症狀；而且，這些症狀必然會重複發生。過去美國對研發所給予的免稅額，曾是全世界最慷慨的，但現在已被其他十七國超越了[88]。而且，這還是在下述情形為真的情況下發生的。根據 1988 年某份嚴謹的研究報告：

> 雖然有管道可以取得專利權，但研發對個人與社會的投資報酬率，兩者間仍存在很大的差距。社會的投資報酬率約在 50% 至 100% 之間，所以保守來說，研發的超額報酬，會比一般資本高出約 35% 至 60%[89]。

小布希政府廢除了唯一一個、特別為了增強美國產業競爭力而設計的計畫。這個計畫，能資助民間部門所無法獨力籌資的科技發展；它就是前面所提到的「先進科技計畫」。自由市場派的思想家，不斷汙衊這項計畫是在為企業謀福利，但事實上，備受尊崇的「美國國家科學院」(National Academy of Sciences) 在審核後證實，該計畫的確可以產生遠超出其成本的經濟效益[90]。例如，單一個 550 萬美元的補助，就可以為小型硬碟產業種下未來發展的種籽，並讓 iPod、iPhone、TiVo、及 Xbox 等，得以開花結果[91]。該計畫最後被「科技創新計畫」(Technology Innovation Program) 給取代；後者是經過謹慎調整，以避免遭遇相同指控的替代方案。這項計畫推動得很不錯，但它獲得的經費少得可憐，每年僅有 6 千 5 百萬美元[92]。

　　歐巴馬政府只比小布希政府略勝一籌。雖然，它並未被崇拜自由市場的意識型態所蒙蔽，但它分配可觀金額補助的優先順位，顯然在別的地方。因此，政府 2009 年通過的天文數字振興經濟方案，包含了各式各樣五花八門的「討好選區法案」(pork barrel) [31]，但卻一毛也沒撥給在產業政策之中，擁有保護及創造工作機會最佳記錄的「製造技術推廣合夥計畫」(Manufacturing Extension Partnership, MEP) [93]。歐巴馬在競選時，曾承諾會將該計畫的補助提高一倍[94]。這個計畫要在各州設立彼此連結的中心，以協助美國製造廠商採用創新的技術。根據某個評估，這種網絡每年可為製造業者節省約 13 億美元的成本，並增加留住 62 億 5 千萬美元的業務。這些全都是來自聯邦所撥的區區 8 千 9 百萬美元年度款項[95]。

　　美國對產業政策疏忽的結果就是，美國在生物計算、計算機結構、軟體、光電、航空、先進材料、工廠自動化、感應器、能源轉換及儲存、奈米生產、及機器人等領域，極度缺乏相關的基礎及應用研究。美國未來數十年內，將會為此付出慘痛的代價。如果我們跟隨、而不是塑造自身的比較利益，那我們終究會邁向工業的衰退。

---

[31]　編譯按：指政治人物將政府經費用於自己的選區，以換取民眾支持的法案。

第十章 |
多重均衡革命

我們在前一章看到，經濟成長的真正源頭，與自由市場、自由貿易經濟學所說的，相去有多遠。真實世界的成長不在於如何遵從比較利益，而是在於如何塑造它。真實世界的成長是路徑倚賴的，需要依靠規模經濟及「好」產業；而且，以純粹自由市場的標準來說，它是無效率的。最後一點最為重要，因為它表示：在經濟政策的立場上採取純粹的自由市場觀點，也就是拒絕對外的保護主義及對內的產業政策，其產生的結果，**必然**會比運用這兩者的效果來得差。雖然，多國政府（包括美國）都已了解這一點，而且數世紀以來行之如儀，但是作為其基礎的經濟理論，卻從未被妥善地予以數學化。這一直是二次大戰後，美國對這方面知識的致命傷。因為，學術界的經濟學家正是基於這點，而認為這些理論無須嚴肅以對。直到現在，才終於有人找到方法，可以將這些出色的實務智慧轉化為深奧的數學形式，以讓經濟學家願意將其認定為「嚴肅」的經濟學。這個學術上的創新，或許最終能夠永久性地終結經濟學家對自由貿易的信心[1]。

這項理論上的突破，是由經濟學家羅夫·格莫里 (Ralph Gomory) 和威廉·鮑莫爾 (William Baumol) 所提出。他們從 1991 年開始醞釀想法，並將所有精華之大成，匯集於他們 2000 年合著的《全球貿易與國家利益衝突》(*Global Trade and Conflicting National Interests*) 一書[2]。格莫里擁有普林斯頓大學的數學博士學位，他目前擔任紐約市紐約大學史騰商學院 (Stern School of Business) 的研究教授。他在 IBM 公司服務的三十年間，負責管理該公司全球知名的研究部門，並擔任其科學及科技單位的資深副總裁（在他的管理之下，該單位出了兩位諾貝爾獎得主）。鮑莫爾目前為史騰商學院的創業管理系教授，他是普林斯頓大學的經濟學名譽教授，曾擔任美國經濟學會 (American Economic Association) 的總裁。在他開始致力研究貿易經濟學之前，他最為人所知的，就是為企業家在經濟理論中開創了一片天。

　　所以，雖然這個理論走在時代的前端，也因而富有爭議性，但它的確是很嚴肅的經濟學。它不是什麼古怪的理論、意識型態口號、利益團體的感性訴求、或學術上的短暫熱潮。除此之外，它短期內也絕對不會消失；它肯定會挑戰現有的自由貿易共識，直到其中一方倒下，或有新的綜合理論出現為止[3]。

將規模經濟數學化

　　要了解格莫里及鮑莫爾的研究成果，最簡單的方法就是：將第五章裡所提出的比較利益理論有問題的假設之清單，再新添一筆：

第八個有問題的假設：規模經濟並不存在。

與此相反，格莫里及鮑莫爾假設規模經濟是存在的。這個假設不僅是對的，它還像我們在前一章中所看到的一樣，充滿了許多衍生的意涵。具有規模經濟的產業，是經濟成長活動的發生之處，也是先進經濟體在貿易戰場上的兵家必爭之地。它們是高度資本化和知識密集的產業，也是最強而有力地**否定**李嘉圖經濟理論的產業。格莫里及鮑莫爾的分析，極適合用來幫助了解這些「自由貿易並**不是**美國最佳選擇」的產業。因此，對任何想要批評自由貿易（及找出合理替代方案）的人來說，他們的理論提供了最佳的分析。

何謂可保留產業？

格莫里與鮑莫爾的分析，是根據他們從某個有關規模經濟產業的關鍵事實所推導出的觀念。因為，就定義而言，這些產業每單位產出的成本，會隨著其產出增加而下降。所以，當其他條件不變時，哪個國家會是世界上的低成本生產者，取決於哪個國家的產量**較多**。因此，任何國家只要能**最先**達到規模經濟產業中的最大產量，就能成為該產業在世界上的低成本生產者。接下來，勝出者的成本優勢，就會把其他國家擋在門外。

在這些情況下，挑戰者要成功的唯一辦法就是：讓自己一開始就達到衛冕者的產量。這幾乎像是痴人說夢。因為挑戰者一出手，就必須要有相當於衛冕者的投資水準，才可能達成大量生產；而且，這麼做還只能換得皮拉斯式 (Pyrrhic) 的勝利[32]：這是與基礎穩固的對手硬碰硬的結果。由於這種競爭，往往會把利潤壓低至近乎零的地步，所以就財務的觀點來看，在既有的條件下挑戰衛冕者是極不划算的。格莫里及鮑莫爾把具有這種特性的產業，稱為「可保留產業」(retainable industry)。如果某國可以在這類產業裡攻下山頭，通常也能維持自己在該產業中的地位。

這裡的重點是「把別人擋在門外」的閉鎖 (lockout) 現象。即使另一個國家，理論上**可能**是成本更低的生產者，但搶得先機的國家

---

[32] 編譯按：這個用法源自希臘古國伊庇魯斯的國王皮拉斯 (Pyrrhus)，有得不償失的意思。皮拉斯在西元前三世紀初遠征義大利，並兩度擊敗羅馬人，但他的勝利都是以重大犧牲所換來的。

因為紮根深厚，所以後進者永遠不可能有機會。這恰好與李嘉圖的模型完全相反。李嘉圖的模型承認，歷史上的確有些國家曾出於偶然，而先行達到大規模量產，但這根本**無關緊要**，因為他們之後就會被競爭的力量給淘汰。具有優越潛力的後起之國，將展現他們的潛在優越性，並獲得勝利。所以，即使某國比另一國更早達到高量生產，也根本不值一提。李嘉圖並不允許規模經濟存在；而在規模經濟缺席的情況下，某國贏在起跑點，並不能使該國的成本永久性地低於其競爭對手。所以，一旦沒有了規模經濟所構築的深溝高壘，就不可能將別國擋在門外。

　　為什麼這個世界有一半的大型民航機會在西雅圖建造，而三分之二的高級手錶卻是由瑞士製作？當然，閉鎖效應才是箇中原因。李嘉圖的比較利益無法解釋以下的現象：孟加拉外銷大量的 T 恤，卻很少出口足球，而巴基斯坦的出口結構，卻恰好相反。為什麼南韓出口那麼多微波爐，卻幾乎不出口腳踏車，而臺灣卻是顛倒過來？其實，並沒有任何先天上的條件，註定會使南韓成為製造微波爐的好地方；能提供堅實壁壘的規模經濟，才是真正的理由。

完全競爭，再見!

　　如前一章所提及，規模經濟與完全競爭是無法並存的。擁有規模經濟的公司會受到保護，得以免受競爭的壓力（至少，就某種程度而言），並因而獲得準獨佔的利潤。如果同一產業中，有二或三家公司擁有規模經濟，則會使該產業成為寡佔市場。因此，對這些產業的業主及工作者來說，不完全競爭 (imperfect competition) 通常是件美妙的事；因為，這些產業會有高於一般水準的收益及薪資。對於先進工業國的居民特別具有吸引力的是，如果這類產業規模經濟夠大的話，就可以獲得屏障，不受廉價外國勞工的衝擊。

從一般大眾的角度來看，這類產業最棒的地方就是：它們付給勞工的薪資比較高。理論上，它們會讓老闆賺更多的錢，但實證資料顯示，勞工得到的好處其實更多。關於這個問題，最具權威性的研究，是由哈佛經濟學家凱茲 (Lawrence Katz) 及桑默斯 (Lawrence Summers，曾任哈佛校長及財政部長，後為歐巴馬總統的首席經濟顧問) 所作的。他們發現：「產業間的勞工租值差異〔額外工資〕，至少比股東獲得的租值差異〔額外收益〕，多出二至三倍[4]。」除此之外，他們的分析也改變了對產業政策的評價。就像他們針對歐洲航空業所提出的看法：

> 一旦將勞工的租值列入考量，評估空中巴士計畫對歐洲福祉影響的整體結果，就會從些微負面轉成極為正面。即使情況不甚理想，這些補貼所導致的福祉增加，也還是能達到大約等同其一半成本的水準……如果不考慮勞動市場上的種種瑕疵，則某些旨在促進國內生產的政策，就會看起來不太令人滿意。不過，一旦承認這些瑕疵的確存在，就會發現，這些政策所產生的效益，其實是非常大的[5]。

不完全競爭還有其他好處。就像前面提到的，它能支持創新活動。因為，要使創新活動有利可圖的唯一方法就是：讓投入資金的公司，在其創新的應用上，至少可以獲得**某種程度**的獨家銷售權利。而且，由於一項創新的成本，會隨著產品的銷量增加而被逐漸攤銷，因此，知識**本身**就能帶來規模經濟，而這整個過程會不斷地自我強化。更多的創新，會帶來更多的規模經濟，而這又會創造更多的利潤，以及更多可以挹注創新的資金。因此，只要擁有健全又著眼於長期的金融體系，則規模經濟通常就會驅動經濟體無止盡地追求創新。

所以，人們雖然有以下的迷思：高科技是完全競爭的最終競技場，而自由市場則為通往創新的萬能鑰匙；但事實上，高科技往往是純粹的自由市場原則所**無法**發揮作用的領域。根據某份 OECD 的報告：

> 今日，在高科技產業中的競爭優勢及國際分工型態，取決於各公司與各政府之間的寡佔競爭及策略互動，而不是取決於市場力量那隻看不見的手[6]。

格莫里在 IBM 服務時，曾仔細思考過這個現象。IBM 在大型電腦市場的市佔率曾高達 70%，當時，還因此面臨美國司法部的反托拉斯調查[7]。

李嘉圖式的效率，再見！

我們在第五章第一次檢視比較利益理論時提及，在李嘉圖的世界裡，每一種產業，都會自動移轉到成本最低的生產者手中[8]。可是，在格莫里和鮑莫爾的世界裡，這種情況可能會發生，也可能不會；因為，歷史的偶然可能會影響結果。事實上，在格莫里和鮑莫爾的世界裡，對於「哪個國家**是**成本最低的生產者」這個問題，答案就**不只一個**。相對地，這個問題有無限多個可能的答案；一切完全要視哪個國家最先達到大量生產而定。

這會帶來一些影響深遠的意涵。首先，它表示某些可能的結果是「壞」結果；因為勝利的國家，會封殺生產效率可能更高的對手。如果當年率先搶佔製錶業的是日本，而不是瑞士，世界是否就能享受到更為便宜的精緻手錶呢？我們永遠都不得而知，因為，將製錶業安置於瑞士所偶然達成的均衡，現在已經根深柢固了。如果先搶到小型車產業的是巴西，而不是日本，那世界會不會出現更棒的小型車？這是同樣無解的問題。如果「錯」的國家在多種產業贏得了競賽，那麼世界經濟就會因此卡在「機會成本較高」的困境裡；如果贏的是別的國家，則這種困境就可以避免了[9]。因此，世界會因為錯的國家勝出，而浪費許多機會，其生產力也會低於原來可能的水準。由此可知，所有關於自由貿易所產生的結果，必然會對整體世界經濟最為有利的說法，根本全都不成立[10]。

同樣的問題，也適用於個別國家。德國當年如果能在航空業（而不是汽車業）拔得頭籌，今天是不是會更富裕？或許會，或許不會。自由市場將德國的生產要素導向汽車業，並**不保證**這是最能發揮德國優點的領域[11]。因為，在閉鎖效應的影響之下，自由貿易未必會讓每個國家分到最適合自己的產業。有時候，僅只是運氣不好，就可能會奪去原本是最適合該國的產業。

另外還有一個重點：李嘉圖假設被淘汰的產業，會自動被更好的產業所取代。關於這點，曾於第五章說明第三個有問題的假設（生產要素可輕易地在各產業之間流通）時討論過。然而此處，它的問題更大。因為，閉鎖效應會在通往替代產業的正確道路上，構成阻礙。畢竟，過去生產汽車的密西根州，不可能無縫接軌地直接轉進直升機產業。

權衡各種可能的結果

如果，李嘉圖的論點（自由貿易總是會帶來最佳的結果）已經不再站得住腳，那麼下一個問題顯然就是：其他各種可能的結果，究竟**會有多好**？而且是從哪些國家的立場來看？格莫里及鮑莫爾似乎在暗示，由於歷史上的偶發事件，會使良好、可預測的經濟效率觀點失準，所以事情的發展，某種程度上有如隨機決定的。然而，這些看似偶然的結果，是否其實有個簡單明瞭的模式可循？我們需要某種**地圖**，能顯示出各國在可保留產業裡的各種可能版圖，從而了解，誰會在何時得到何種產業，以及當他們得到時，其經濟效益究竟有多少？

格莫里及鮑莫爾根據自己的理論，建立一個電腦模型，而其研究的主題正是：這些可保留產業在各國間的可能分配型態。這個模型，針對產業會如何在 A、B 兩個假想國家之間分配，推演出了所有不同的可能結局。在某些結局裡，A 國贏得的產業，包括汽車、航空、及半導體，再加上另外兩種；而 B 國則贏得其他所有的產業。在其他結局裡，B 國贏得前述的那些產業，再加另外三種；而 A 國則囊括所有其他的產業。雖然這個模型僅包含兩個國家（聯合國承認的國家，總共有一百九十四個）及十種產業（美國商務部認定大約有 1 千 8 百種產業）[12]，但這兩國之間的產業分配，卻有高達 1 千多種可能。因此，雖然與真實世界相比，這個模型是經過高度簡化的，不過，該模型已足以勾勒出格莫里及鮑莫爾觀點的關鍵意涵。

貪心，但不要太貪心

不論何時，當某國掌握了某種產業後，該產業的產出將成為其 GDP 的一部分，於是該國就會因此而變得比較富有。乍看之下，這可能會讓人誤會，以為一國的最佳策略，單純就是盡可能地搶佔更多的可保留產業；也就是說，要盡快在這些產業達到大量生產的規模。可是，如果再仔細檢視下頁由電腦模型所做出來的附圖，就可以看出，事情並沒有那麼簡單[13]。

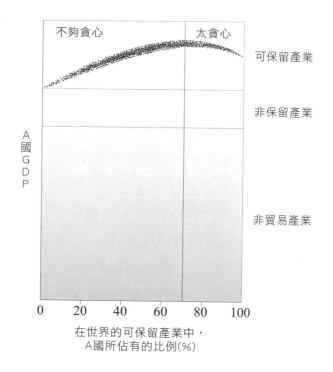

這張圖中的每個點都代表了一種**結局**：也就是 A 國與 B 國間，可保留產業的一種可能分配型態。非保留產業會依李嘉圖的模式予以分配；而非貿易產業則完全不會受貿易（直接）影響，所以它們會在圖的下方形成一個不變的經濟活動基礎。橫軸顯示出全世界的可保留產業當中，A 國取得的部分所佔的百分比（B 國取得其餘的部分），而縱軸則顯示 A 國的 GDP。因此，代表某一結局的點，只要愈往右偏，就表示 A 國取得的可保留產業愈多；而該點的位置愈高，則表示 A 國愈富有。

這張圖顯示出，一般而言，A 國取得愈多的可保留產業，其 GDP 也會愈高。這並不令人意外。可是，讓人出乎意料的是：對 A 國而言，取得世界上所有的可保留產業，**並不是**最明智之舉！如果它真的做到了這點，與僅取得 70%（舉例來說）的可保留產業相比，它反而會比較窮。因此，那堆位在圖形最右邊的點，會比稍為左邊一些的點還來得低。顯然對 A 國來說，最明智的作法就是**有點貪心，但又不要太貪心**。

　　有一些原因會導致出現這樣的情形。首先，A 國將全世界的可保留產業一網打盡，意味著 A 國的運氣雖然很好，但它拿下的某些產業，其實根本不適合自己（如前所述，一個國家有時會是個「壞」贏家）。如果某種產業在 B 國的效率明顯比較高，則 A 國將其生產要素轉到別的產業，並自 B 國進口那些商品，可能還會過得比較好一點。為什麼呢？因為，某些可保留產業的商品，由 B 國生產會便宜得多，此時，如果 A 國把這些產業贏過來，雖然能得到獨佔的利益，但也必須付出自行生產的李嘉圖成本。這讓 A 國必須在兩者之間作一平衡。

　　我們早已知道，什麼是李嘉圖成本。就是：當一國公然違抗自由貿易，並自行製造該國應該進口的產品時，所產生的成本。在格莫里及鮑莫爾的理論中，並沒有任何東西可以讓這些成本消失。但是，他們的理論指出：準獨佔的利得，有時可以超越這些成本。目前美國從瑞士進口的精緻手錶，如果換成由美國自己生產，對美國會不會比較好？或許吧，因為這意味著美國多掌握了一個精密的高薪產業。但答案也可能是否定的。事實可能證明，我們是超差的次等生產者。此時，即使有額外增加的薪資及收益，也會因為必須使用較貴的次級手錶所產生的成本，而變得得不償失。

　　李嘉圖很清楚產業取捨時的李嘉圖成本的面向，但他並不了解獨佔利潤的那一面。在他的世界裡，並**沒有**獨佔利潤，因為所有的產業，永遠都是在完全競爭底下運作。可是基本上，如果沒有規模經濟及閉鎖效應的話，國際上就不可能出現獨佔或準獨佔的情形。

　　此外，A 國拿下所有的可保留產業，還會出現另一個問題：這就表示，A 國必須將有限的勞動力及資本，分給這些產業。這會使 A 國的勞動力及資本太過分散，以致無法在每種產業都達到最大的規模經濟。美國因為經濟體的規模很大，所以常不會認真看待這個問題，但對大多數的國家來說，這卻是輕忽不得的。例如，芬蘭擁有世界級的手機業者 (Nokia)，可是芬蘭很可能不夠大，無法同時支持手機產業，以及世界級的航空航太電子設備、奈米科技、光纖、及基因工程等。所以，A 國也必須在獨佔利潤與規模經濟之間求取平衡點。

　　最後一個問題就是：取得所有的可保留產業，則代表剝奪了 B 國本身的可保留產業。因此，B 國將不會有足夠的高價值產品出口，也就沒有能力購買許多來自 A 國的進口品。然而，B 國要能負擔得起 A 國的產品，A 國才可能更進一步增加其**拿手**項目的出口。所以，A 國也必須以其獨佔利潤，去平衡貿易的損失。

　　A 國這種擁有一大堆取捨的情況，有個很好的例子，可以用來說明：有個樣樣通、卻又樣樣不精的傢伙，他特別地幸運，因而在某個前不著村、後不著店的小鎮裡，獨佔了所有獲利最豐的工作。他是那個小鎮的律師、醫生、銀行家等等。很顯然地，在一定程度內，這可能非常賺錢。可是，他與其什麼都一把抓，不如讓出幾個工作給別人，反而還會賺得比較多。什麼是他的最佳對策？那就是：不管是不是有人比他更能勝任，他只要選定某幾個令人神往的職業就對了。同時，他也要注意：①不要去搶自己很不在行的工作；②不要讓自己過度透支、心力交瘁；③不要讓其他人完全沒有獲得好工作的機會。①是說：沒有必要因為別人會拿走你的夢想工作，就強迫自己什麼都要很厲害。同樣地，如果你並不精通醫術，那你也不應該當自己的醫生。②是說：雖然身兼數職可以領好幾份薪水，但是，如果你每天都只花少少的時間在一項工作上的話，沒有一項工作是能大獲成功的。③是說：能有全鎮最棒的工作固然很好，但除非別人也有好的工作，否則你不會有太多客戶。

很明顯地，老式李嘉圖邏輯在格莫里和鮑莫爾的世界中，還是佔有一席之地。只是它已今非昔比，不再是故事的全部了。對於國家或是個人而言，要能成功地在經濟上追求自利 (self-interest)，就必須在「單純地抓住自己想要的」與「屈服於效率的各種限制」這兩者之間，作出**取捨**。國家與個人一樣，能從進口及出口之中獲益。因為，進出口讓他們能把自己有限的產能，分配至最富生產力的活動上。但是，國家**也**像個人一樣，會因為掌握到獨佔地位（國家掌握到好產業、個人把握到好工作）而獲益，**不論**這麼做是否有效率。正如同第五章中所提到的，國家進行貿易的理由，與個人是一樣的。

格莫里和鮑莫爾的分析，也警告我們：當**別人**掌握了賺錢的工作時，他們會利用它，來從我們身上吸取獨佔利潤。而且，他們可能根本不是該份工作的最佳人選，只不過是搶先鞏固了自己的地盤罷了。這個推論也可以套用到國家身上：贏得好產業固然有利可圖，但同樣重要的是，如果其他國家擁有好產業，而我們只能看他們臉色的話，那就會非常**不利**。因為如此一來，我們就得支付額外的獨佔利潤，有如在向他們進貢（你會覺得受到剝削，而他們也未必會是最好的供給者）。美國人只有在碰到自然寡佔 (natural oligopoly) [33] 的 OPEC，才會真正意識到這個問題。不過，如果三十年後，我們的太陽能經濟，必須仰賴日本製的太陽能電池，那我們的處境將會

---

[33] 編譯按：市場由於先天結構，只能容許少數生產者存在，此時就會形成自然寡佔。

與現在完全相同。而且，這情形還會令人更為扼腕；因為，我們只要早一點振作起來，並好好發展這個產業，美國製的太陽能電池，很可能會是更好、也更便宜的。

雙贏與有輸有贏的貿易

前述分析中的 A 國有個孿生兄弟，那就是它的貿易夥伴 B 國。A 國擁有全球百分之百的可保留產業時，B 國則完全沒有；A 國擁有九成時，B 國則只有一成；其餘以此類推。B 國在前述那些假定的情境之下，會是什麼模樣？讓我們把這兩個國家放在同一張圖上，再作一次觀察[14]。

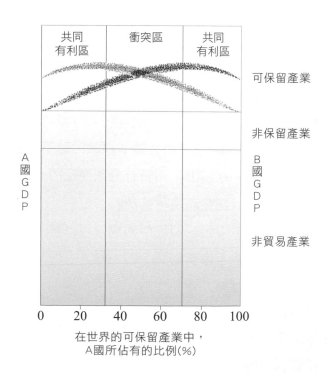

這張圖有趣的地方是：在兩側的區域（標示為共同有利區）裡，

只要 A 國所掌握的產業比重，發生任何有利於 A 國的改變，則 B 國也會同時獲益。只要 A 國掌握的產業比重增加，致使其 GDP 上升，則 B 國的 GDP 也會上升；只要 A 國掌握的產業比重減少，致使其 GDP 下降，則 B 國的 GDP 也會下降。所以，任何一國增進自身利益的行為，**同時也會**有利於其貿易夥伴。這代表的是一個沒有經濟競爭的局面，因為所有的結果都是雙贏（李嘉圖的信徒深信，這個世界永遠都是如此）。然而，你也可以看到，在圖中間的部分，會出現相當不同的情況。在這裡，某國的獲利會與另一國的損失同步發生。在這個區域，經濟競爭就是殘酷的現實。

在這裡，格莫里和鮑莫爾肯定掌握了某種關鍵，因為他們想出了一套辦法，能拉近以下兩種觀點之間的距離：一種是李嘉圖對「國際貿易永遠是雙贏」的盲目樂觀，另一種則是「國際貿易就是戰爭」的過度悲觀。前者過於天真，而且，即使**不看**格莫里及鮑莫爾的論點，單憑第五章的第五個（資本無法在國際間自由流動）、及第七個（貿易不會在他國促成不利於我們的生產力增長）有問題的假設，也能看出它是站不住腳的。後者則忽略了經濟的確**不是**戰爭的事實，因為它是個正和賽局。在其中，不只有分配商品的行為，還會有生產商品的活動，所以共創雙贏是可能的。

到這裡，我們終於得到一個理論架構，可以符合我們實際經歷到的經濟現實。它不會不像李嘉圖主義一樣，一味地對我們說教，告訴我們什麼才是「應該」要發生的。它所描繪的世界，既會「你爭我奪」，**也會「禮尚往來」。經濟學走到這裡，終於同意常理也有可能是正確的了。**很顯然地，格莫里及鮑莫爾的分析，只是以全新角度看待國際貿易的一個開始；它還必須經過數十年的深化論述之後，才能成為一套全新、完整的世界經濟理論。不過，他們研究成果的重要性，早已顯而易見。它對未來的經濟學（及現實世界中，依據它所作的政策決定），將造成巨大的影響。

在對的產業擁有比較利益

格莫里及鮑莫爾的研究成果，在政策上又具有哪些意涵？基本上，聰明的國家願意讓其他國家，也能在世上的所有產業裡分一杯羹。但他們也會努力藉著靈活的保護主義、以及前一章所討論過的產業政策，來為自己爭取**最好的**產業。然後，他們會放手（此時，自由放任就顯得合情合理）讓世界的其他國家去競爭，讓別的國家去生產他們自己不想生產的產品；他們會坐視他國短兵相接，任由自己不願涉足的自由市場，透過完全競爭來壓低價格。總之，還是讓**別人**待在自由市場裡面比較好。

這裡，李嘉圖的鬼魂又出現了：比較利益仍然是有效的法則。只是，一國的最佳選擇，不再是單純根據自己已經擁有的比較利益，去進行貿易；而是應該要在最好的產業裡，**獲得**比較利益。李嘉圖主義關心的是：什麼才是某國固有比較利益的最佳運用方式（這被誤以為是全部的問題）？格莫里和鮑莫爾的理論，則是關於：某國最好應該**擁有**何種比較利益（第九章就是在談要如何獲得）？

一國若在頂尖的可保留產業具有比較利益，則會是最為有利的，其次，才是次級的可保留產業。較佳的可保留產業應具備哪些特質？理想上，好的可保留產業應該要規模大、很難被搶走，而且具有潛力，能在長遠的未來持續創新、並衍生眾多的副產業。麥可・波特稱之為「結構迷人」的產業，他如此說明：

結構迷人的產業，在科技、特殊技術、通路管道、及品牌聲譽等方面，都具有不易跨越的進入門檻；它們通常意味著高勞工生產力，而且資本報酬率更為誘人。一個國家的生活水準，取決於該國的廠商是否能成功切入結構迷人的產業。從某產業的規模、成長速度、或所使用的科技有多新等面向，不一定可以看出該產業是否迷人。雖然，這些多半都是企業經理人及政府決策者所注重的特質[15]。

　　如果擁有的產業難以保留、不具有規模經濟，那就是**最壞**的情況。這類產業的運作，大多遵循古老的李嘉圖模型：它們會在自由市場裡，進行完全競爭的肉搏戰，導致價格、利潤、及工資通通下滑。說得毒一點，這正是聰明的國家，希望其貿易夥伴能專精的領域。

　　不過，這並不表示，聰明的國家會希望自己的貿易夥伴一貧如洗。因為，如此一來，他們就沒有多少可以做貿易的產業；就算有，其生產力也會很低。這會使人與他們進行貿易變得無利可圖（一國即使再精明、再有效率，甚或善於巧取豪奪到了極點，還是不可能藉著與愛斯基摩人做生意而致富。因為，愛斯基摩人根本就沒有那麼多**東西**）[16]。相反地，最理想的貿易夥伴，就是能夠完全與自己國家較先進的經濟**互補**的國家。理想的貿易夥伴比較不像奴隸（這是殖民剝削的作法），反倒比較像是個完美的員工。他可以熟練地完成所有老闆**不想做**的事情，讓他的老闆有餘力去做價值更高的工作。不過，他又**沒有**厲害到能威脅老闆的穩固地位，老闆還是可以保有自己想做的事。這就像是每位律師都希望身邊有個高效率的助理，但沒有律師會希望：自己的助理本領高強到有能力在隔壁另開一家律師事務所，與自己競爭！

　　因此，理想的貿易夥伴應該是在某國**不想**加入競爭的產業裡，生產力最高；但對於該國想要爭取的產業，則僅擁有低落的生產力[17]。例如，日本是石油的淨進口國，所以日本應該會希望，所有石油出口國都能成為最有效率的石油生產者，因為這樣才能供應日本最便宜的石油。然而，日本大概不會想要科威特成為高效率的汽車製造者。

這其中有個根本上不對稱的情形：日本汽車業若能提高生產力，會有利於科威特，因為這使科威特能買到更便宜的汽車。但是，科威特汽車業的生產力增加（因為他們目前並沒有汽車業，所以從零開始計算），卻**未必**能嘉惠日本。唯一可能的例外是：科威特開始製造某些汽車零件，使日本得以製造**更優良**的汽車；或者，科威特開始生產廉價汽車，讓日本可以不用再為自己的國內市場生產此類汽車，並轉而製造更高價的車種。領先者（日本）的生產力成長，永遠會帶來雙贏，但若是跟隨者（科威特）的生產力出現成長，則可能會有贏有輸[18]。這正是為什麼，高分貝要求保護主義的聲音，會出現在受到威脅的領先國，而成功的保護主義及產業政策，則可以在急起直追的國家裡看到。根據格莫里和鮑莫爾的假設條件，再來看這些現象，就會發現一切都很合理。相對地，它們在李嘉圖派的思維裡，則只會成了由利益團體的政治運作所策動的不當抱怨，以及針對那些必然會成功的產業所實施的多餘保護主義。

捍衛可保留產業

我們剛才觸及了一個嚴肅的話題。「可保留產業」是真實存在的，但並非絕對不變，而且有必要持續地加以捍衛。因為，老產業會衰敗成過時的古董，而新產業則會崛起，使得昨日佔據的穩固地位變得無關緊要。如前所述，可保留產業之所以存在的根本理由就是：規模經濟會鞏固各國間的生產力差異，而生產力的差異，則會使各國間的產業分配愈來愈難改變。可是，如果生產力差異不是來自於規模經濟的鞏固 (entrenched) 效果；而只是**存在著**，沒有經過鞏固，那情況又是如何？事實上，只要它們一直維持這樣的狀態，就會與鞏固效果所構成的生產力差異，產生一模一樣的影響；只不過**這些**影響，會相當不穩定。所以，格莫里和鮑莫爾的分析，在此同樣有效。但不幸的是，這也表示格莫里和鮑莫爾的分析中，有贏有輸的結局可能會發生。因此，圖形會有衝突區及共同有利區，而世上會有和諧共處與敵對競爭的景象，也會有贏家及輸家。某國的生產力增長，對另一國可能有益、也可能有害，這要看他們雙方在圖中的位置而定。

這一點極為重要。因為，它終於給了我們一個健全的理論基礎，讓我們能據以說出一般美國人認為極為明顯的道理（縱使大多數的美國經濟學家看不出來）：

他國生產力的提升，會在沒有提供任何利益補償的情況下，從我們手中拿走整個產業[19]。

這可不是由特殊利益團體所打造出來的幻象，也不是由喜歡興風作浪的政客所編織的迷思。在這裡，李嘉圖主義完全與現實脫節，而且錯得無可救藥。

短暫的生產力差異，能創造出具有永久優勢的錯覺，解釋了第六章所提到的某個事實[20]：處於經濟實力巔峰的國家，例如 1860 年代的英國、或 1960 年代的美國，可能會獲致一個錯誤的印象，那就是：自由貿易對他們有百利而無一害。但這種錯覺靠的是他們與競爭對手間的生產力差異，而這種差異是不可能永恆不變的。我們在之前的第七個有問題假設（貿易不會在他國促成不利於我們的生產力增長），曾提過這個問題的溫和版本。當時的分析還沒有運用多重均衡的觀念，所以我們只提到：他國生產力的提升，可能會降低貿易帶來的**既有**利益。但這裡所談的問題，其實還要嚴重得多了。

產業具有國籍嗎？

最後，對於整個格莫里和鮑莫爾的分析，還有一點非常重要，需要加以注意。我們曾提過，全世界有一半的大型客機是在西雅圖製造，而精密手錶則有三分之二是由瑞士所生產。我們之所以能這麼說，主要的原因在於：美國航空業及瑞士製錶業，相對來說比較**本土化**。也就是說，雖然構成這些產業的公司擁有國際部門，但它們與自己國家的總部，仍有非常緊密的關係（如第一章所述，即使是跨國企業，大多也都是如此）[21]。因此，討論這些企業位於哪個國家，並進一步討論各國的產業，才會具有意義。

這點非常關鍵，因為規模經濟大部分是發生在公司身上，而不是真的存在於產業裡。因此，如果公司是真正地國際化了，那麼格莫里和鮑莫爾的分析就難以適用在它們身上，而且，它們愈國際化，適用的程度就愈低。因此，任何對策只要以這個分析作為基礎，就愈不可能成功。很幸運地，容易促使公司去除國籍的，正是自由貿易**本身**。所以，保護主義反而能對抗去國籍化。根據格莫里和鮑莫爾觀點所訂定的成功保護主義，因而會是個一石二鳥的政策：首先，它能讓企業保有足夠的本土色彩，以確保國家層級的政策能夠發揮功效；其次，它能落實正確的國家政策。

嚴格來說，其實事情是遠複雜於此。真正重要的並不是某公司生產活動的本土化程度，而是其生產活動中，具有**規模經濟的階段**有多麼本土化。在一個產品的供應鏈裡，從開採原料到賣給消費者的各個階段，其規模經濟的強弱可能差異極大。最經典的例子就是消費性電子產品：在矽晶片、液晶顯示器、及其他主要零件的製造階段，規模經濟都很強烈；但在將這些零件組裝為成品的最終階段，規模經濟卻相對微弱。前面的那些階段，依賴大量的研發；實際製造時，則需要昂貴又精密的機器，而且還必須雇用受過高度訓練的工程師及科學家。後面的階段大多不需要研發，而且通常是在開發中國家，由半技術勞工 (semiskilled labor) 以手工進行（或許是用 1920 年代的裝配線）。這所衍生的可能策略之一是：整體而言，對於公司位於何處，採取不聞不問的態度；但是努力掌握它們生產過程中，享有規模經濟的部分。事實上，這大約就是新加坡所採取的策略。新加坡（不像日本）沒有國際知名的廠牌，但是透過積極的產業政策，仍得以有系統地掌握了外國企業供應鏈中的高價值部分。

第十一章 | 天然策略性關稅

如我們之前所見，自由貿易所根據的一長串假設，往往是錯的。所以，沒有道理去假定自由貿易會是最佳的政策。不過，雖然這意味著，採取某種形式的保護主義是比較好的作法，但我們還是無法確切知道，究竟應該採取哪種形式的保護主義。也就是說，我們應該對哪些進口品課稅？稅率多少？何時課徵？如果我們課徵關稅的方法不當，那造成的結果就是：美國人被迫購買更貴的國產貨，但薪資增加的幅度卻不足以彌補損失。究竟該怎麼做才對？我們目前所擁有的線索，只是之前檢視自由貿易的各種漏洞時，所獲得的一些片段論述。它們東一點、西一點地顯得雜亂無章，所以，我們需要一套綜合理論，來將這些論述整合成有條理的政策觀點。雖然，格莫里及鮑莫爾的突破性創見能告訴我們,比自由貿易更好的結果，**看起來像**什麼樣子（更多好的產業，也就是具有規模經濟及可保留性的產業），但它卻不能告訴我們，如何獲致這種結果。美國的許多產業都會抱怨，但僅是把它們心中的「關稅許願清單」釘在一起，根本就無濟於事；因為，其中缺乏具體的理性經濟策略。

不過，我們的確還是有一個清晰的起點，能用來推導出適當的關稅政策。如果自由貿易之所以錯誤的原因，正是我們在清單上所記下的種種漏洞，那麼有系統地予以**改善**，是不是就能制定出正確的政策？事實上，有一整個學派，就是想以這種方式，來「重建自由貿易失去的清白」[1]。這些漏洞之中，有許多（不是全部）都是因為自由市場未能妥善運作所致，所以這個方法最大的賣點就是，它能滿足那些在意識型態上喜歡自由貿易的人。這些人認為，自由貿易的理想目前只是有些破損，只要予以修復，終究還是可以實現的。

這個方法有用嗎？讓我們瀏覽列舉自由貿易漏洞的清單，看看是否可以藉由實施某些政策，來讓其有問題的假設成立，以修補好自由貿易。以下逐一來看：

第一個有問題的假設：貿易是可以永續下去的（原討論請見第 57 及 130 頁）

環境永續性是整個現代工業經濟的固有問題。就貿易而言，簡單的解決之道，就是針對消耗非再生性資源的貿易活動課稅。

在第二章中，曾對財務永續性 (financial sustainability) 作過詳盡的分析。它可以藉由管制貿易、或管制支付貿易款項時的相對應資金流動來達成[2]。

這個問題可以解決嗎？可以。

但不終結自由貿易可以解決這個問題嗎？不行。

第二個有問題的假設：沒有外部效果（原討論請見第 131 頁）

類似環境破壞等的負面外部效果，最簡單的解決辦法就是，針對會以破壞環境的方式生產的進口品課稅。

類似科技外溢等的正面外部效果，可藉由對研發活動提供扣抵稅額的手段來處理。從某種程度來說，這已經是美國的政策了。可是，若不搭配保護主義的話，最後會演變成我們對研究提供補貼，但研究成果的價值，卻是被海外生產所攫取。這又再度顯現了保護主義與產業政策之間的密切關係[3]。

這個問題可以解決嗎？可以。

但不終結自由貿易可以解決這個問題嗎？不行。

第三個有問題的假設：生產要素可輕易地在各產業之間流通（原討論請見第 133 頁）

問題大多出在勞動力。對此，我們能做的很少，因為美國的勞動市場，已經是已開發國家中最富彈性的了。我們可以擴大緩衝調整計畫及勞工訓練，但是這些作法對於問題的解決，效果極為有限，其理由已於第三章中作過分析[4]。

這個問題可以解決嗎？不可以。

不終結自由貿易可以解決這個問題嗎？不行。

第四個有問題的假設：貿易不會使所得不均惡化（原討論請見第 41 及 136 頁）

自由貿易會惡化美國的所得不均現象，因為它降低了稀少生產要素（勞動力）的報酬率，並增加豐富生產要素（資本）的報酬率[5]。它對低技術勞工的衝擊，亦大於對高技術勞工的衝擊[6]。雖然，其他國家藉著各種非貿易政策，或多或少地緩和了這些問題，但是這種平頭式的干預，不太可能在美國實施。

這個問題可以解決嗎？可以。

但不終結自由貿易可以解決這個問題嗎？不行。

第五個有問題的假設：資本無法在國際間自由流動（原討論請見第 137 頁）

對國際間的資本流動進行管制，會使人聯想到新的布列敦森林式固定匯率制度；這種作法有助於解決問題[7]。不過，除非我們認為，用來支付貿易貨款的資金流動即使缺乏自由，也還是自由貿易，否則上述作法不能算作自由貿易式的解決對策[8]。

這個問題可以解決嗎？可以。

但不終結自由貿易可以解決這個問題嗎？不行。

第六個有問題的假設：短期效率帶來長期成長（原討論請見本書第 140 頁）

如第二章所分析般[9]，如果人們注重的期間長度很短（這個問題只有威權政府才有辦法加以糾正），那麼短期效率可能會具有強大的破壞力。

如第九章所分析般[10]，即使著眼的期間長度很長，經濟成長大多仍是與階梯外部效果及相關的動能有關。能充分掌握這些關鍵的有效策略，大多是違背自由貿易的。因為，李嘉圖主義（包含自由貿易）就是關於如何充分利用**當下的**比較利益[11]。

這個問題可以解決嗎？可以。

但不終結自由貿易可以解決這個問題嗎？不行。

第七個有問題的假設：貿易不會在他國促成不利於我們的生產力增長（原討論請見第 142 頁）

如果不放棄自由貿易，要解決這個問題簡直難如登天。因為，它涉及發生在他國境內的事件，但這並不在我們的掌控範圍之內。停止進口那麼多的東西，尤其是我們貿易夥伴的尖端科技產品，顯然能拖慢他們的腳步，但其效果仍屬有限。

這個問題可以解決嗎？不可以。

不終結自由貿易可以解決這個問題嗎？不行。

第八個有問題的假設：規模經濟並不存在（原討論請見第 268 頁）

規模經濟的存在，是現代工業的基本事實。這並不是任何特定政策的產物。所以，除非重新回到現代科技以前的時代，否則是不可能令其消失的。

這個問題可以解決嗎？不可以。

不終結自由貿易可以解決這個問題嗎？不行。

所以看起來，要在不放棄自由貿易的情況下，解決這八個問題，根本就是緣木求魚。上述的清單，提示了某些可以減少自由貿易害處的政策，可是它們全都治標不治本。在這種情況下，自由貿易即使獲救，也早已面目全非。

有沒有天然策略性關稅？

以下是困擾美國所有批評自由貿易者的惡夢：萬一這些批評所顯示的意涵是，美國需要一套複雜的技術官僚關稅政策，那該怎麼辦？這看起來似乎是真的，因為，自由貿易的缺陷是那麼地複雜，而拒絕自由貿易最為成功的那些國家，的確都**擁有**複雜的技術官僚關稅政策。但這對美國而言將是個大麻煩，因為要想達成共識採取這種策略，其政治上的難度有多高，大家心知肚明。布蘭德是柯林頓時期的經濟顧問委員會成員，他也曾任聯準會副主席。根據他的說法：

不論是過去還是現在，日本的產業政策都是由一群聰明、備受敬重、且大權在握的技術官僚所負責。這些技術官僚，大體而言，都不會受到政治干預，而且，他們是以謀求國家利益為目標。但是，美國恐怕就太過民主，不能如法炮製了。政治考量很快就會壓倒經濟效益；而產業政策，會變得比較像是讓垂死產業苟延殘喘的工具，而不是催生新興產業的溫暖羽翼[12]。

　　事實上，把這些政治上的難處當成無所作為的藉口，是非常誘人的。特殊利益團體接掌大局的危險，並不是空穴來風。但是，我們在面對政治難關時，不能膽怯退步，因為我們的競爭對手早已成功地克服了。不論我們喜不喜歡，他們已經拉高了美國需要達到的標準。美國若承認自己無法像競爭對手一樣，在國家政策中某個至關重要的領域也能順暢運作，就等於是自願讓國家日漸衰微。

　　億萬富翁巴菲特曾說，他選擇投資標的公司的一項標準就是：該公司必須有一種業務是連傻瓜都會經營的；因為遲早總會有個傻瓜來接手。相同的道理，應該能作為我們制定關稅政策時的指引。我們需要基礎深廣的政策，能經得起實施時的瑕疵，以及政治上的胡亂干預；因為，這些問題在某種程度上是無法避免的。我們**不需要**複雜、脆弱、難度又高的政策；這種政策，只會為官僚、律師、及政治說客創造工作機會。而且，政策如果複雜到社會大眾無法了解的程度，則民主制度就無法進行有效的監督；然而，民主監督卻是確保關稅政策，能以公眾利益為目標的唯一最終保證。

　　如第六章中所提及的[13]，美國經濟史上最大的謎團之一就是：美國過去在不怎麼精密的關稅制度之下，怎麼有辦法如此成功？這時，所謂「天然策略性關稅」(natural strategic tariff) 的概念，正好能派上用場。這個概念是說，課徵關稅時，有某個簡單的**規則**可循，能產生我們所需要的複雜**政策**。這個簡單的規則，會與目前經濟體的複雜狀況互動，而產生一套複雜的政策。不過，所有的複雜之處，都會出現在「經濟體」那一邊，而不是「政策」這一邊。因此，所有**具體的**決定，包括保護哪些產業、提供多少保護、及何時提供等等，全都會交給自由市場負責。如此一來，就不會涉及複雜的理論、困難的技術官僚專業、或易生腐敗的政治決策過程。

　　很顯然地，天然策略性關稅有許多可能的類型。我們以下要看的（或許是最好的），其實正是最簡單的一種：

　　對所有進口的商品及勞務，課徵單一的稅率。

第一眼看去，就策略而言，這似乎毫無道理，因為它對國內所有產業的生產，提供了同等的保護及鼓勵。可是，如果關稅能為美國贏得較佳的工作機會，那麼它勢必得在好的產業（定義請見第九章及第十章）中，為我們卡到更多的位子。雖然，單一關稅稅率有助於改善赤字，但它帶給國內的電腦晶片及洋芋片的生產誘因，是完全相同的，所以，並不能把我們的經濟推向好的產業⋯⋯。

　　還是，事實上它會？天然策略性關稅就是賭它會。最關鍵的理由是：

　　各產業對進口競爭的敏感度及反應，並不相同。

雖然這個議題很複雜，但只要看看下述頗為明顯的事實，就會發現其根本大勢清楚可見：單一關稅會促使某些產業回流美國，但其他的產業則仍會留在國外。例如，課徵 30% 的單一關稅（只是隨意取一個還算合理的數字），並不會促使成衣業從國外移回美國。因為本國與海外的勞動力成本，差異實在太大，所以即使價差達到 30%，也無法讓這種以半技術勞工為基礎的產業倒向美國。不過，對於半導體之類的高科技製造業而言，30% 的關稅就非常可能**會**促使它們回流。這就是關鍵所在：這些產業，正是美國**應該**希望能回流的產業。它們擁有規模經濟，能帶來可保留性、高報酬率、高薪資、以及所有好產業所產生的影響。**因此，單一關稅其實是具有策略性的。**

關稅對規模經濟產業的影響

天然策略性關稅會以出人意表的精巧方式，與不同的產業發生互動。這裡的篇幅，並不足以逐一討論，但至關重要的一個例子就是：它會對位於單位生產成本曲線上不同階段的產業，造成不同的影響。這裡的關鍵在於，規模經濟產業的成本曲線是向內凹的 (concave)。也就是說，它的走向是像 ⌣，而不是 ﹨。這裡並不適合討論細節，但無論何時，只要生產成本包含資本投資（實體、人力、或智能的資本）及每新增一單位產出的增量成本，它就**註定**會是一條內凹曲線[14]。因此，這類曲線的斜率，在早期階段會比後期階段更為陡峭。儘管它們確切的形狀不盡相同，但它們看起來大致會像下圖所畫的模樣：

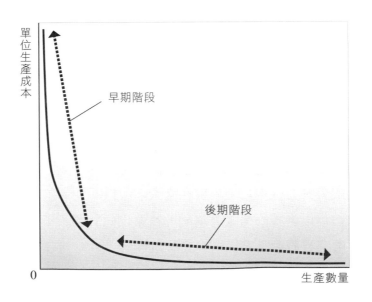

　　早期與後期之間的斜率差異是關鍵所在。當某產業位於其成本曲線的早期階段時，對其進口課徵關稅，則產出只要能少量增加，它的單位生產成本就會快速下降。因為，如果我們從上圖的左上角出發，並往右移一點點，則曲線就會俯衝直下（請見下方附圖）。因此，若在規模經濟產業處於早期階段時，給予關稅保護，致使其國內產品銷售增加，則該產業的單位生產成本即可大幅降低。而這種**人為造成**的成本下降，會增加該產業面對外國競爭對手的成本優勢，此增幅甚至可能大於關稅本身。這會造成銷售進一步增加、成本進一步下降，以此類推，直到其成本曲線觸底為止。因此，單一關稅在這種情況之下，會引發一種良性循環；而且關稅稅率不用太高，就可以為國內生產者帶來事半功倍的最終成本優勢。此優勢將比關稅所提供的保護更為持久，並能鎖住可保留性（最極端的狀況是，這個良性循環會持續下去，直到本國產業幹掉所有外國競爭對手，並成為全球霸主後才停止）。

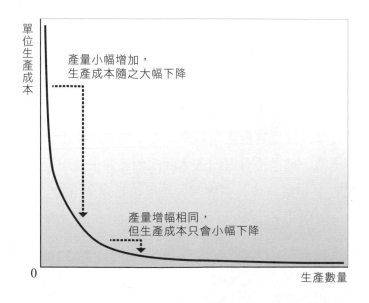

從另一個角度來說，對某成熟產業施以關稅保護（以定義來說，該產業會位於其單位生產成本曲線上的**後期**階段）時，由於其成本曲線的斜率相對較平，所以，即使造成國內產品銷售大幅增加，也不會使單位生產成本出現多大的變化。因此，關稅保護並不會引發良性循環，而國內產業由此而生的成本優勢，也不會大幅超越關稅本身。

「對某些產業衝擊強烈、對其他產業則影響微弱」的效果，綜合來看，就會構成一種能激勵特定類型產業的傾向；這類產業必須符合兩個條件：①有內凹的單位生產成本曲線；②位於該曲線之早期部分。這類產業，必然會是**剛起步不久的規模經濟產業**。「剛起步」符合第二個條件，「擁有規模經濟」則符合第一個條件。換言之，單一關稅會**自動精確對準我們應該要視為目標的那些產業**。

這個機制並不是完美無缺的。在現實世界中，它將會遭逢為數眾多的小抱怨、併發症、及例外情形。有時候，它甚至會出現反效果。不過，由於它夠實際，所以值得去做。況且，真正重要的是這個機制的平均功效。

當然，這種作法很類似典型的幼稚產業關稅，但它能免除一些富有爭議的問題，像是「應該以何種產業為目標」，或是「要實施多久」等。嚴格來說，真正的幼稚產業關稅，會具有與天然策略性關稅相同的效果，只是它會更有效率一點。因為，它不會浪費任何關稅優惠在成熟、或是沒有內凹成本曲線的產業上。可是，就如同之前所說明的[15]，從經濟成長更廣闊的路徑倚賴現象來看，幼稚產業只不過是第一階段罷了。所以，即使實施完美的幼稚產業關稅，效果也不盡理想。

好到讓人難以置信？

若對於萬靈丹有所懷疑，是理所當然的。所以值得去了解一下，為什麼天然策略性關稅，既不是中看不中用，也沒有好到脫離現實。它並不是魔術戲法，無法讓經濟動能憑空出現；它也不是防摔安全網，無法幫助懶散或不具競爭力的美國產業硬撐在半空中。若有人是基於這些理由來支持它的話，那肯定會感到失望透頂。

基本上，天然策略性關稅之所以奏效，是因為它能與美國經濟**現有的**競爭優勢互相作用。更具體而言，它會有用的理由是：

1.美國在好產業（而不是壞產業）中比較具有成本上的競爭潛力。

2.美國國內市場夠大，可以支持規模經濟產業。

3.對處於成本曲線上不同階段的產業而言，關稅會有不同的效果。

由此可見，如果我們不栽培自身經濟的現有長處，天然策略性關稅就無法為我們帶來多大好處。這種關稅若加以實施的話，就能成為貿易改革的基石。沒有它，其他的措施也不會有多好的效果。不過，即便如此，我們還是需要改善我們不夠完善的教育制度、逐漸崩解的基礎建設、及短視近利的金融體系等。我們還是需要在某種程度上，恢復美國從漢米爾頓到雷根以來所奉行的產業政策傳統[16]。

世界其他地區

其他的國家呢？他們應該怎麼辦？其實，大多數國家的因應之道，都不會是前述的天然策略性關稅。我們以哥斯大黎加為例，說明第三世界國家的情況。若哥斯大黎加決定課徵天然策略性關稅，則其經濟並不會因此就朝好的產業邁進。理由是：哥斯大黎加不像美國，他們在好產業的成本競爭潛力，並沒有高於壞產業。這是因為，他們不論在技術勞工、資本、還是科技知識等方面，都不比其他國家豐富。而且，由於哥斯大黎加的國內市場太小（比佛羅里達州的最大城市傑克森維爾 (Jacksonville) 還小）[17]，不足以支持諸如一個完整的航空業之類的產業，故其國內市場並不是重要的規模經濟產業的堪用跳板。

對與哥斯大黎加具有相似處境的國家來說，正確的政策重點應該在於：

1. 如第二章所討論的，要避免出現貿易赤字、資產拋售、及對外舉債等情形[18]。

2. 如第七章所討論的，要避免自由貿易淘汰掉開發中國家最先進的部門[19]。

3. 對於第八章所討論的 WTO 及相關機構，應迴避其威權主義的作法[20]。

4. 執行第九章所討論的，新興工業化國家的好產業政策[21]。

開發中國家所面臨的最大抉擇就是：要立志建立具有全球競爭力的產業，進而躋身第一世界之列？還是只要達到輕鬆自在的中庸狀態就好（絕不是指貧困)？經濟學家雷納特認為，後者是創造中等所得國家的失傳藝術[22]。基本上，這是主流經濟學中並不存在的一種概念。根據全球自由市場的標準來看，這種國家是無效率的。但是，與其試圖藉著自由貿易，默默追求世界級的標準，然後再一敗塗地，還不如做個受保護的經濟體，以成功達到較低的標準；後者的日子反而會過得比較好。如同第七章所作的分析，這些國家致力於培育自己的工業部門。因為，這些部門即使缺乏效率，還是能使自己國家的人民，免於被困在附加價值較低的傳統農業之中[23]。

這些又喚起一個重要的問題：美國與開發中國家的貿易，是否存在一種「我們對抗他們」的基本互動關係？我們所謂的完善貿易政策，是不是最後只以犧牲其他國家為代價（尤其是比較窮困的國家），來讓我們得以掌握經濟上的優勢？不是的。美國及其他已開發國家的主要經濟對手，都是些不需要任何人為他們擔心的「大男孩」。我們沒有必要對於從日本手中奪走產業，而感到良心不安。同樣的道理，甚至也適用於印度及中國等國家的先進產業，雖然，這些國家整體而言仍屬貧困，但是與我們進行有意義競爭的，並不是他們的第三世界農村經濟；而是那些猶如處在第三世界中的第一世界產業列島，也就是他們的「已開發」部門。住在班加羅爾的雅痞，的確是我們合理的競爭對手。

　　國際貿易的真正衝突，比較不是富國與窮國的對抗，而是重商主義國家與非重商主義國家的較量。揭露重商主義者賴以成功的經濟學，通常會拉平前、後兩者的競爭基礎。第三世界國家真正需要的，就是像全球化國際論壇中所提到的：

> 擁有權力，俾能控制資金進出國境、對外來投資訂定規範、優先考慮本國人的投資資金及企業所有權、對資源開採設限、及鼓勵提高外銷商品在當地的附加價值[24]。

以上各項，對美國的繁榮都不會構成重大威脅，所以我們沒有反對的理由。這些政策會為較貧窮的國家帶來顯著的利益，對我們造成的負擔也微乎其微。美國的企業利益團體當然會抱怨，而且毫無疑問地，一定會把自己的抱怨，美化成「關係到美國整體經濟利益」的問題。但整體而言，我們沒有理由認為，這些政策會對美國造成重大的傷害。事實上，任何以剝削窮國為基礎的政策，對美國來說，都只是一種時間的浪費。就像第九章和第十章中所分析的殖民主義一樣[25]，它是一種會被其他較佳策略打敗的劣質經濟策略。我們應該與日本、歐洲、及高科技產業的新興勢力決一勝負，而不是奮力禁止可可加工產業外移到迦納去。

對政治免疫的解決對策

天然策略性關稅並不完美，但絕對比自由貿易好上千萬倍，而且相對而言，它對政治比較具有免疫力。最重要的是，這個政策不會挑出特定的產業作為保護對象，所以大眾不太可能會基於錯誤的理由（如生產者的特殊利益）而予以支持。因此，它會讓選民及國會有最強的動機，去評估保護主義「是否對國家整體有利」；而這才是他們**應該**要問的問題。它也可以在各種特殊利益團體的施壓下，取得適當的平衡：有些利益團體支持高關稅，有些則支持低關稅。這正是讓辯論具有建設性的先決條件，因為天然策略性關稅表示，兩種觀點各自都有可以容身的研究機構，也都擁有政治上的支持者。

應該將關稅訂在哪個水準，尚未有定見。之前以 30% 作為例子，是因為這個數字，是在美國關稅訂定的歷史範圍之內[26]，而且也接近美國在沒有營業加值稅 (VAT) 的情況下，其貿易收支所面臨的淨壓力[27]。適當的稅率不會是無關痛癢的，例如 2%；也不會高得嚇死人，例如 150%。但不論如何，絕對沒有理由說它不能是 25% 或 30%。此外，這種彈性還可以提供必要的議價空間，讓關稅案能在國會順利闖關。

天然策略性關稅還有其他的好處。首先，它可以避免以下的危險：國家被某些關稅政策困住而動彈不得。這些關稅政策一開始實施時都非常合理，但一段時間後，卻漸漸不合時宜，成為某些利益團體的禁臠。這個問題一直都是關稅政策的風險。此外，雖然天然策略性關稅是個固定的政策，但其效果卻不會一成不變，而是會隨著時間，自動順應產業的進化。例如 1900 年時，這個政策可以保護美國的成衣業，免受他國（當時主要是歐洲國家）的競爭壓力影響；但在今天就不行。因為，什麼算是好產業，會隨著歲月的流逝而改變。所以，哪些產業會受到保護，也會因此而有所不同。

這種「關稅對所有產業一視同仁」的作法，也能避免掉因為「上游產業有關稅保護，但下游產業卻沒有」所產生的一些問題。例如，如果以鋼鐵為原料的產業沒有關稅保護，但鋼鐵產業卻有，則這些產業在面對外國競爭者時，就會因為美國製的鋼鐵成本較高而處於劣勢。況且，為什麼鋼鐵產業的勞工可以被保護、免受外國的競爭壓力，其他人卻要因此被迫支付較高的價錢，去購買內含鋼鐵的商品？唯一比較合理的解決之道就是：鋼鐵業勞工也應該以關稅保護下的價格，去購買**他們**想要的商品。這個邏輯最後會推導出一個結論，那就是：所有商品都應該適用相同的關稅稅率。

此外，對不同的產業課徵不同的關稅，容易引發政治爭議，這點也讓單一關稅顯得比較有利。就像我們在第六章中所見的，從 1972 到 1974 年間，由於不同的產業無法對共同的關稅案獲得共識，導致關稅政策胎死腹中[28]。因此，單一關稅是可以讓最多產業團結起來的政策。

在意識型態上，天然策略性關稅也比其他大多數的關稅對策更受歡迎。最重要的是，它尊重自由市場，因為，它把關稅會對哪些產業有利的決定權，交給了市場機制。因此，對自由市場意識型態的忠實信徒來說，它比由某個聯邦機構所制定的關稅計畫，要容易接受得多；那些計畫，容易導向自由市場論者的夢魘：「**由政府挑選贏家**」。在現實世界裡，要政府在經濟事務上做到零干預是不可能的，所以對經濟自由及小政府的信徒來說，問題在於如何設計出某種政策，能以**影響最小、經過慎選**的干預手段來達成目的。這正是天然策略性關稅能夠做到的，因為它只在我們經濟的邊緣運作，所以不會碰觸到經濟體內的絕大部分機制。事實上，只要我們愈明智地管控自身的經濟國界，大概就愈不需要去控制我們經濟的內部情形[29]。

反對關稅的合理理由　首部曲：國內

一個很明顯的反對理由就只是：關稅代表加稅。的確是這樣沒錯。可是，如果它所創造出來的收入，是用來資助其他減稅措施的話，那它就不會造成**淨稅負**的增加。為了能使政策辯論保持「乾淨」，任何關稅提案都應該要包括削減其他稅率作為補償的議案。如此一來，大家才能純粹針對「關稅作為貿易政策的優劣」進行辯論，而不會因為對於課稅總水準有不同意見，而陷入泥巴戰之中。

另一個相關的憂慮是：關稅是對消費行為課稅。大體來說，這會比對所得課稅要好，因為它能獎勵儲蓄，並避免懲罰工作者。不幸地，消費稅也會削弱稅務制度的累進原則，因為，較窮困者的所得當中，有較高的比例是用於消費，而不是儲蓄。所以，任何以關稅為財源的退稅制度，設計時也應該保持整體稅制的累進原則[30]。

另一種反對關稅的論點是：如果美國的產業獲得關稅保護，它們就會躲在關稅後面睡大覺。許多產業的確很想把外國競爭關在門外，並與國內的對手達成一種疏懶的緩和態勢，然後，在不須投入太大心力於創新，就能坐享高利潤的情況下，輕鬆度日。天然策略性關稅正好可以避免這種危險，因為它並不提供無限上綱的保護；它只會做到一定程度，僅此而已。如果某些產業無法控制成本，使其接近外國競爭者的水準，那它也無法讓這些產業起死回生。雖然對輸家來說，這種紀律很令人不快，但這正是我們要想擁有一個真正**有用的**關稅時，所必須付出的代價。我們並不希望：關稅會完全消除外國競爭所帶來的紀律，並保護所有的產業，絲毫無視於這些保護是否對整體經濟有所幫助。

有時候，會有人提出異議：保護主義會扼殺競爭。這的確也是個真實的威脅。因此，反托拉斯政策將比現在還更為重要。此外，我們很幸運地還能獲得某個補償性的好處：國內廠商之間的較量，比起與外國廠商的較量，其實好像**更**富含有效的競爭力量。哈佛商學院的麥可・波特的觀察心得是：

國內競爭者除了競爭市佔率之外，還會爭搶人才、技術突破、及白話一點來說的「囂張的權利」。相對地，外國競爭者常會被人用分析的角度來加以看待。它們在提供市場訊號 (signaling) 及刺激國內廠商等方面，比較沒有效果，這是因為它們的成功遠在天邊，而且常會被歸因於「不公平」的優勢。但在面對國內競爭對手時，就沒有藉口可以推託了。

國內的較量，不僅會帶來創新的壓力，還會讓創新變得可以**提升**該國業者的競爭優勢。因為，國內競爭對手的存在，會使那些純粹是因為位於某國裡而擁有的優勢失效；比如說，生產要素成本、國內市場的通路或優惠、本土的供應商基礎、或是外國公司必須負擔進口成本等等……這會迫使一國的廠商，追尋**更高階**、最終因而更持久的競爭優勢來源[31]。（粗體為原文強調處）

所以，用激烈的國內競爭來取代外國競爭，很可能利大於弊。具有

驚人競爭力（且受到保護）的日本汽車業及消費性電子產業，就清
楚地說明了這一點[32]。

　　如果關稅能把市佔率還給公司，並讓它們調高價格，它們很可
能只會獲利了結，而不是把利潤拿去再投資，以幫助公司長期成長。
正如之前所提到的，這就是近年來，美國最大規模的保護主義行動
（對日本汽車產業實施《自願設限協定》）所遭遇到的問題[33]。另外，
之前也曾提過，產業政策是有效還是無效，其最主要的一個差異在
於：有效的產業政策不只包含關稅、補貼等「胡蘿蔔」，還有一些作
為「棍棒」的手段，以避免企業只求利潤落袋為安，而不將增加的
營收用於可提升自身實力的長期投資[34]。這是否表示，任何一種關稅
都應該搭配有關投資水準要求的協議？不是的。因為我們所需要的
投資，也可能必須在另一種產業進行。所以，解決之道大概就是針
對投資行為，提供**一般性的**誘因。由於即使我們把貿易排除在外，
擴大投資仍然是件好事；而且，以稅制獎勵投資的作法，也已獲得
各種意識型態的支持，所以在政治上，這種作法應該不是太難接受
的。

反對關稅的合理理由　二部曲：國外

　　另一個常見的反對關稅論點是：我們的貿易夥伴會補貼其出口
商，以甩掉關稅負擔[35]。這會迫使我們落入一場永無止盡的競賽：必
須不斷針對各個國家、各個產業、甚至各種產品作出回應。不過，
我們貿易夥伴提供這種補貼的能力有限，因為現實的狀況是：**在面
對美國的關稅時**，這種補貼會變得非常昂貴。目前，他們只是因為
不需要跨越美國關稅這面高牆，所以相對還付得起這種補貼，可是
如果情況相反，他們的成本就會鉅幅增加。假如再把時間拉長的話，

唯一足堪負擔的補貼，大概就只剩下匯率操縱了（即使如此，最後還是會出問題）；因為這牽涉到買進外國的資產及負債，所以能累積財富，而不只是增加支出。然而，其他的補貼，全都等同於出口國對進口國的捐贈。雖然，這種情況並不一定能完全阻止他們，但至少可以設下一個限度。而我們所需要的，就只是這個而已；特別是因為，不管有沒有關稅，我們並不可能消除或反制**所有的**外國補貼。

　　同樣的道理，也適用於以下的反對理由：我們的貿易夥伴會讓他們的貨幣貶值。如前所述，我們只要對外國人提供我們融資或購買我們資產的行為，予以限制或課稅，就可以隨時終結他們的匯率操縱[36]。要做到這點，我們必須先提高自己的儲蓄率（或願意面對揚升的利率）──不論如何，我們本來就應該這麼做。

　　另一個異議則是：要使關稅夠高、具有影響力，就會對美國及全球經濟造成突然的衝擊，並使全球經濟陷入蕭條。這種衝擊最著名的例子，就是 1973 到 1974 年間的石油危機。這個擔憂是合理的，因為，如果管理經濟活動的規則，變化速度快到讓經濟體跟不上的話，經濟體通常會適應不良。即使突然課徵 25% 的關稅，會使科羅拉多州製造的磁碟機，比在日本九州製造的更符合經濟效益，科羅拉多州也不會在一夕之間就冒出許多工廠。所以，除非美國及日本的經濟，都已經適應了彼此之間新出現的產業分配型態，否則兩國都會失去平衡，表現亦將因而不盡理想。不過，花費大約五年的時間逐步施行關稅，應該就可以減緩所帶來的衝擊。

　　還有一種反對的意見是：關稅會在我們與貿易夥伴之間，引發一連串的報復及反報復行動，並導致全球貿易失速崩潰。但這種冤冤相報的末日預言，其實不太可能會成真。最重要的原因就是，我們的貿易夥伴知道，會因此失去巨大貿易順差的是**他們**而不是美國。

他國很可能也會稍稍調高關稅，但是我們沒有理由認為這個過程會失去控制。畢竟，這個世界早就已經在他們的貿易壁壘下存活很久了。

事實上，還有另一種相反的可能：假設我們告訴其他國家，調高關稅是為了報復他們自己設下的各種貿易障礙（當然，這個說法絕大部分是真的）。假設我們接著威脅：如果他們再不開放的話，我們會將關稅調得更高，但是如果他們選擇開放，我們就願意稍稍讓步；這時，我們的貿易夥伴，甚至可能會**降低**他們的貿易障礙，作為我們課徵關稅的回應。雖然看起來有點矛盾，但我們課徵關稅的作法，反而可能會促使全球貿易更為開放，而不是更為封閉。

我們可以稱這種替代方案為「管理式的開放貿易」(managed open trade)；它與自由貿易是兩回事。更完整深入地說，它將會以國際共同的雙重目標「零關稅及零赤字」作為基礎。雖然，現實中存在著國際競爭，也沒有能夠強制落實這些目標的更高權力機構，但大家對這些目標還是有志一同的。因為，每個國家都知道：①對其他國家順差過大，將招致這些國家採取報復手段；②除此之外，唯一的選擇就是讓現有體系土崩瓦解，大家一起玉石俱焚[37]。自由貿易的這個替代方案，可以免除許多神聖不可侵犯的意識型態禁忌，因為如果成功的話，它就會相當接近於自由貿易（不論如何，許多以為自己是在捍衛自由貿易的人，其實是在捍衛零關稅的隱性管制貿易）。不過，成敗與否取決於當別國不理會我們的放話時，我們是否能言出必行、落實我們的關稅威脅。亦因此，應端視我們是否擁有可配合關稅實行的其他因應計畫。因此，即使是自由貿易派人士，如果想要盡可能地搶救自由貿易，也應該認真考慮天然策略性關稅這個選項。

天然策略性關稅的替代方案

目前檯面上，有好幾個解決美國貿易問題的替代方案。或許其中最有名的，就是億萬富翁巴菲特提議的進口憑證 (Import Certificates)。他建議，只要出口商每出口 1 美元的商品，就發給 1 美元的憑證；而進口商每進口 1 美元的商品，則需要先向出口商購買 1 美元的憑證。當然，這會迫使美國的貿易收支自動趨於平衡。

這個主意不壞，可是它並不是表面上看到的那個樣子。如果憑證能在公開市場上交易（一如他的提議），那麼就會產生一個均衡價格，而這個價格實質上就有如進口關稅。由於出售憑證的收入會流向出口商，所以這個計畫會等於進口關稅，再加上出口補貼。由於這樣的關稅會是單一稅率，因此它會與天然策略性關稅，有一樣的效果。

巴菲特的點子與天然策略性關稅，兩者最主要的不同之處在於：巴菲特的提議是同時對進口及出口實施，而且它不會為政府帶來金錢。正因為它不能籌募資金，所以也無法資助維持累進課稅原則的其他稅率削減；這會讓稅制變得偏向累退稅率（它亦會將大筆財富轉移給我們的出口產業）。巴菲特計畫最大的過人之處就是：它能自動將關稅設在一個可使貿易赤字歸零的水準。但是單一關稅（或是課徵美國的 VAT）也可以隨著時間進行微調，以達到此一效果。

另一個可能性就是，在美國設立 VAT 制度[38]。雖然這是經過多方嘗試的稅制，而且其他每個已開發國家都在使用，但是在美國，它普遍被視為是歐洲人奇怪的矯揉造作，所以人們很可能無法理性地予以評估[39]。儘管美國參議院預算委員會主席康瑞德（Kent Conrad，北達科塔州的民主黨議員）等人，在最近提出了這個可能性，但是他們遭遇到強烈的反對[40]。與天然策略性關稅一樣，它並不一定會使稅賦出現**淨增加**，而且，也不一定會改變稅制整體的累進特性。VAT 最大的優點就是：天然策略性關稅及進口憑證，會使美國廢除對 NAFTA、WTO、及其他條約所負的法律義務，但 VAT 卻不會。VAT 對下述類型的人來說，是個很有吸引力的選項：像是美國國務院的守法官員、擔心破壞國際法律基礎架構的人、以及希望能脫離自由貿易，卻又因為意識型態而打迷糊仗的人（另一個比較少人討論的明顯替代方案，即所謂的「邊境調整稅」(Border Adjustable Tax, BAT)；它與 VAT 很像，但並不具備其國內的那些面向，所以會牴觸法律）。VAT 另一個很大的優點就是：它與關稅一樣，屬於消費稅。而它最大的缺點則只是：國內必須施行 VAT 制度。也就是說，單純為了解決對外的貿易問題，而對國內的租稅政策作出巨大改變。

　　另一個天然策略性關稅的替代方案是：針對原料及農產品以外的工業製品課徵關稅。這差不多就是傳統重商主義已經施行將近四百年的措施；它是漢米爾頓在 1791 年所建議的手段；它也與 1872 年之後，處於關稅時期的美國政策差不多[41]。它的基本概念在於，我們並不想掌握原物料或是農作物等產業。而其主要的問題則是：如果未經加工的商品能免稅進口，但加工品卻要被課以關稅，那麼①我們會失去單一關稅政治中立的單純性；②我們必須處理邊界、以及加工的各個階段的問題；③我們迴避了美國依賴他國原物料的問題。不僅如此，我們唯一最大宗的進口原物料就是石油，為了節約能源及國家安全的考量，本來就有理由對石油課稅。此外，如果生產農產品及原物料的各州必須自力更生，而其他州的產業卻能受到保護，那這些州的國會議員，勢必會加以反對的。

　　最後還有一個重點，實施天然策略性關稅時，需要對用於再出口的商品進行退稅，以避免傷害美國的出口商。這會包括：未經加工即轉口出去的商品、以及增加附加價值後再出口的商品。後者的範圍，從用進口可可製造的巧克力、到用進口晶片製造的電腦等產品，全部包含在內。上述作法並不是該政策的額外附加品，而是源自該政策的基本邏輯，也就是「對國內的消費課稅」。如前所述[42]，其他的國家也都是根據相同的邏輯，把 VAT 退給其出口商。

第十二章 |
自由貿易聯盟的終結

美國有沒有機會可以獲得自身所需的貿易政策？想嘗試大膽地猜測這個議題未來的政治發展，就要先了解其背後的社會驅動力[1]。其中的關鍵在於，掌握一般選民對自由貿易的感受：

自由貿易，等同於以商品形式呈現的廉價勞力。

雖然，正如我們所討論過的，我們的貿易問題**其實**不能完全簡化為外國廉價勞力，但這仍然是主流的大眾意識，因而也主導了大眾的政治意見。

這種看法所隱含的第一個分歧點存在於主要靠勞力賺錢的人，與所得主要來自於資本報酬的人之間。屬於後者的人，顯然會希望所有形式的勞動力都愈便宜愈好；而屬於前者的人，會希望他們所消費的勞動力（不論是直接消費，或透過商品的形式）愈便宜愈好，但他們所提供及銷售的勞動力，也就是他們自己的薪資，則愈高愈好。

這就意味著，某種選舉人聯盟 (electoral coalition) 有存在的可能。這種聯盟會讓社會上的某群人想要犧牲另一群人的利益，好享受廉價的外國勞力。只要自認屬於廉價勞力受益者的人，多過自認是受害者的人，這種聯盟在政治上就會是可行的。例如，所有**不屬於**製造業勞工的人（他們佔勞動力的比例，從 1950 年的 66%，增加至 2011 年的 91%）[2]，可以組成一個聯盟來對抗製造業的勞工。雖然，製造業勞工苦於來自外國廉價勞工的競爭壓力，但其他的人都能享受到便宜的外國工業製品，所以大多數的人都很開心。製造業衰退的間接影響，不是沒有被注意到（有部分原因是因為人們不太了解），就是在美國累積債務及拋售資產能力的掩蓋下，延至數年後才顯現。

不過，這並不代表這些間接影響不存在。就如同我們已經討論過的，它們其實是難以抵擋的[3]。但是，如果上述比例，由 10% 的人受害、90% 的人獲利，改變為 20 比 80、30 比 70、50 對 50，甚或反過來，達到 70 比 30，那情況又會如何？答案是：我們所說的聯盟就會開始互解。我們現在處於哪種比例之下？這個問題不可能進行精確的量化，但在 1995 年時，評論家菲利普斯 (Kevin Phillips) 曾估算，自由貿易「顯然對大約 10% 至 15% 的人有利，但對 30% 到 50% 左右的人不利」，而情況從那時候以來，已經出現明顯的變化[4]。

自由貿易派人士辯稱，即使我們的人口當中，有 90% 甚或 100% 都因為與外國廉價勞工競爭而受傷害，但美國人還是會過得比較幸福，因為商品的價格會比較便宜。問題是，商品降價的重要性，永遠也比不上失去工作。對任何一個被資遣的勞工來說，只要曾站在平價賣場沃爾瑪 (Walmart) 的便宜商品前精打細算，就會發現這個道理再也簡單不過了。有多少人曾經因為自己失業或未充分就業，而不把選票投給現任的政治人物？再去比較一下，又有多少人曾因為無法用 0.99 美元買到一把剪刀而這麼做？另外，街頭是否曾因為第二種情形，而出現示威活動？而且正如同本書中數度提及的，沒有任何經濟學的法則，可以保證對大多數人而言，自由貿易以低價型態帶來的利益，一定會超越它所造成的工作機會流失及工資下降等代價[5]。

美國經濟中,已經沒有什麼是能在貿易的壓力下安然無事的了。即使是佔我國經濟 70% 的非貿易部門,大部分也都因為海外轉包,而不可避免地逐漸轉變為可進行貿易的類別;而且,可貿易部門的失業勞工,也開始拉低非貿易部門的工資水準。目前仍免受波及的僅存職業為:

1. 必須由人在當地執行的工作,如維持治安、烹飪、雜貨裝袋、學校教書、或當罪犯等等。

2. 必須在某些過大、過重,因而無法自海外運進來的實體物件上進行的工作,如建築業。

3. 與地點固定的目標物相關的工作,如農業、礦業、及運輸業。

4. 美國享有顯著科技優勢的工作。這種工作與寡佔的產業,或當地專業化的勞動力群 (labor pool)[34]緊密結合。此類型的工作目前正逐漸減少中。

5. 仰賴對美國特有知識的工作,如法律事務或廣告。但即使是這類工作,現在也因為法律事務所將業務轉包海外的這類行為,而開始逐漸瓦解。

6. 依賴主權力量的工作,例如軍職。但是,由於我們在戰爭中運用「民間的保全承包商」(civilian security contractor),所以這種工作也可能會以出人意料的方式被吃掉。另外,如第八章所述[6],WTO 希望促成更多公共服務事業的民營化,但這也會為它們開啟海外轉包的大門。

雖然以上列了不少項目的工作,但麻煩就在於,這些職業類別並不足夠。特別是,這些工作即使總合起來,也無法提供足夠的**高薪**工作,因為它們大多數(不是全部)的工資水準都相對較低。於是,

---

[34]　編譯按: 指受過訓練的可用人力資源。

這種「以鄰為壑」(beggar-my-neighbor) 的聯盟開始崩潰。那接下來又會發生什麼事？

左派與右派的貿易政策都搞錯了

對共和黨來說，壞消息是，我們可以稱之為**心理上的中產階級** (psychological bourgeoisie) 已經開始萎縮。這個名詞是指：不論自身收入的絕大部分是否來自投資所得，但在情感和政治上認同資本所有權的那些人。工作可能被轉包到海外的華爾街金融分析師，就是最顯著的例子，不過，全美各地也都有屬於這個類型的人。到目前為止，這些人在說服自己接受當前的體系時，所持的關鍵理由就是：經濟力量只會發生在**別人**身上（在這種情況下，一個人可能會支持冷漠得令人詫異的經濟效率觀點）。

對民主黨的壞消息則是：他們在總統及政黨領導人的這個層級，於柯林頓執政時期，相當徹底地投奔了自由貿易（而且從未回頭）。民主黨花了七十年時間建立的先天立場，也就是，作為保護美國人不受資本主義粗糙稜角傷害的政黨，至此完全被拋棄了。共和黨的八年執政製造了混亂的經濟局面，民主黨應該在此時趁勢收復失土。然而，對於貿易及其他大多數的經濟議題，歐巴馬卻連試都沒試。

目前，美國的左派及右派，都在貿易議題上玩兩面手法。

中間偏右派的美國人，一般都希望聽到美國的貿易問題是由我們的貿易夥伴，以不公平的手段扭曲自由市場所造成的。當然，就某種程度來說，的確是如此。但是，也如同我們所說明過的，即使百分之百純正的自由貿易，也不能解決美國的問題。而且，我們的貿易夥伴，大多數就像我們以前一樣，是這場競賽中冷酷無情的玩家。跨國企業右派（還有其他的派別存在，但都力量不足，對共和黨的經濟政策毫無置喙之餘地）根據李嘉圖派的基本觀點宣稱，自由貿易是符合國家利益的。可是一旦面對反面證據的壓力時，他們的企業首腦又馬上退防，表示自身所屬公司的經營方式非常國際化，而其股東和員工的國籍也相當多元，因此並沒有理由效忠美國。

中間偏左派的美國人，則普遍希望聽到美國的貿易問題是由貪婪的企業及剝削的資本主義所造成。可是，問題並不在於企業本質上是否貪婪，而是企業對利潤的追求，已經因為自由貿易而與美國整體經濟的成敗脫鉤了。雖然經濟學的確顯示，貿易中可能出現剝削的情形，但它並沒有說，自由貿易一定要出現剝削才會造成傷害。美國的左派也與右派一樣陷入矛盾之中：他們總有一天必須選擇，是要為了維護一般美國大眾的利益而反對自由貿易，還是要為了維護世界整體的利益而反對自由貿易。從理智和情感上來說，他們顯然應該選擇後者，但這不太可能在皮奧利亞 (Peoria) [35]獲得支持。

反對自由貿易最理想的政治立場，應該是某種形式的國家自由主義 (nationalist liberalism)，可是這種杜魯門式（或傑克森式）的立場，在今日的美國政壇並不存在[7]。

常有人爭論，保護主義到底是左翼或右翼的政治。就這一點而言，它的確很令人困惑，因為不論是從意識型態或是歷史發展來說，它與兩邊都有很深的淵源。事實上，儘管保護主義明顯與**自由市場**右派（1952 年，共和黨古老的保護主義派系塔夫脫 (Taft) 崩潰後，這就成了美國的主流）水火不容，但它與老式的「古早」保守主義、國家主義右派、及中產階級家長主義等，可說是志同道合到了極點。

---

[35] 編譯按：皮奧利亞位於美國伊利諾州，是全美第三大城。它的人口分布猶如整個美國的縮影。一般認為，一個法案只要能通過皮奧利亞的民意考驗，在美國就能夠順利過關。因此「在皮奧利亞行得通」，就意指能獲得美國主流民意的支持。

而且，雖然保護主義與具有柯林頓及布萊爾（指英國前首相 Tony Blair）等風格的現代全球主義左派矛盾，但它與某些其他種類的左派，卻極為契合；這類左派真心地關懷美國勞工和全球環境，也關注經濟的民主式治理，以及在海外以自由貿易壓迫窮國等問題。如果我們接受本書最基本的論點，也就是正確地實施保護主義是有益的，那麼最精確的說法會是：當保護主義的好處主要是由勞工獲得時，它就是左派；當主要的受惠者是資本家時，它就是右派；當勞資雙方平均受惠時，它則是中間派。

從右派的派崔克・布坎南，到左派的羅夫・納達 (Ralph Nader)，這些立場迥異的不同黨派人士，全都反對自由貿易。這個情形並不是意識型態自相矛盾的跡象，它反而是保護主義的助力；因為它表示，保護主義可以讓政治光譜兩端的選民都一致接受。保護主義只要經過包裝，就可以變成大肆宣揚「美國第一」的右翼訴求，或是變成穿著手染衣服的左翼嬉皮的悲情故事；更棒的是，它還可以被包裝成「對中產階級社會」中庸又合理的「承諾」，以吸引中間選民。不論你相不相信，下面這段話是摘錄自 1972 年的**共和黨黨綱**:

> 如果到海外設廠，只是為了利用外國的低工資，來生產主要於美國銷售的商品，那我們將對這樣的行為予以譴責。我們將採取行動，以阻止這種不公平的破壞行為，避免美國因此而喪失工作機會[8]。

我們墮落得多麼深啊！要是歐巴馬在 2008 年這麼說，即使沒被罵成是秘密社會主義者，也一定會被抨擊為經濟學的文盲（如果麥肯這麼說的話，人家會以為他角逐的是精神病院的床位）。然而，只要社會菁英對自身利益的看法改變，「合乎理性」一詞馬上就能重新定義（主要是透過媒體）。《時代雜誌》(*Time*) 或《紐約時報》(*New*

York Times) 只要作一次封面故事報導；或者，任何一位內閣層級的官員，只要能在總統公開支持的情況下，對保護主義發表一場演說，就可以讓保護主義再度成為受人敬重的話題。

自由貿易將會如何崩潰？

　　未來幾年之內，人們對自由貿易的支持可能會開始分崩離析。以 2012 年年中來說，因為還有以下四個條件，讓自由貿易的問題不至於爆發：

1. 大家的注意力都還在金融危機、其後遺症、及復甦進度身上。尤其是就業市場的恢復情形，更是備受矚目。
2. 民眾及立法者的心中仍殘留著某種印象，他們覺得自由貿易雖然有很多問題，但其背後的經濟學畢竟是健全的。所以，我們或許還是應該繼續悶頭吃我們的菠菜，因為這對我們終究會有好處。
3. 目前檯面上並沒有明確可見的替代政策。相反地，還有一大堆自由貿易的議題，例如中國的匯率操縱。在缺乏可靠的替代方案下，更強化了這種「沒有根本解決之道」的心態。
4. 還沒發生某個特定的危機，來迫使這套體系擺脫過去的運作方式，並使之前的政策在任何情況下都變得無以為繼──就像 2008 年的次級房貸災難，顛覆了我們的金融體系一樣。

　　上述第一點，只要假以時日，遲早會過去。因為衰退，甚至是雙底衰退 (double-dip recession) [36]，終究有結束的一天。況且 2008

---

[36]　作者：在本書定稿時，美國似乎已經走出衰退（這是從數字上來看；在大眾的感受裡，經濟仍未復甦）。然而，在 2012 年 5 月，美國經濟似乎又有再次陷入衰退的跡象。因此，美國是否會經歷雙底衰退，仍然是個未知數。

年的金融危機，也已挽救成功（雖然付出的代價為天文數字，而且
並未徹底解決根本問題，以至於有再次發生的風險）。

至於第二點，只要由具有公信力的人士進行充分的公開辯論，
就可以讓自由貿易在大眾的認知中，成為一個**正反兩面**各有其道理
的議題。就像讀者看到這裡大概已經明白，一旦認真檢視自由貿易
背後的經濟學，則即使沒有大徹大悟，也會很難否認，它應該是個
富有爭議性的議題。「在百分之百的時候，讓全世界百分之百地進行
百分之百的自由貿易」，這種純粹的立場在智識上根本就不夠嚴謹[9]。
所以，當公開辯論起了頭以後，自由貿易很快就會失去純潔無瑕的
面貌。

一旦保護主義被視為是一個**合理的**選擇，它將成為很多人**真正**
的選擇；這些人直覺上支持保護主義，但一直誤以為這是種無知的
立場而自我壓抑。他們不需要精確掌握**為什麼**這是合理的；他們只
需要知道它**是**合理的就夠了。美國參議員薛洛德‧布朗（Sherrod
Brown，俄亥俄州的民主黨議員）是參議院中反對自由貿易最積極
的人之一，他的記錄顯示：從他 1993 年進入國會以來，每次只要表
決自由貿易的法案，白宮就會預言「如果法案不通過，經濟災難必
將降臨」[10]。每次他們都預測會引發貿易戰爭、股市下挫、及經濟衰
退等。然而，用這類說法來威脅恐嚇的情況即將終結。保護主義將
不再像謠傳的那麼可笑，而會真的成為另一種政策選項。

關於前述第三點（無明確的替代方案），只要某位重量級政治人
物，提出可擄獲大眾想像的關稅議案，問題就會迎刃而解。或者，
目前凝聚反對自由貿易勢力的大量個別議題，也可能會迫使國會彙
整出一個綜合性的議案。

我們很難預測第四點（突發的危機）的情況何時會發生，但可

以確定的是：無法維持的趨勢，到最後就是無法持續下去。總有一天，美國對世界其他國家鉅額透支的狀況，會劃下句點。雖然，我們的政府仍想把算總帳的日子盡可能地往後延，但是那一天終究還是會來的。即使國務卿希拉蕊一再地飛往中國，懇求中國政府繼續購買美國公債（2009 年 2 月她就這麼做過），但到頭來，情況也不會有什麼太大的差別。

一旦保護主義被認可成為一種合理的政治立場，那麼，只要自由貿易不受歡迎的程度，持續以過去十年的速度增加，最後保護主義終將贏得公共辯論（這個速度如果出現改變的話，很可能只會加快）。當這種情況發生時，美國政治的寡佔雙頭必須達成秘密協議，現狀才有可能維持下去。在這種協議底下，兩黨必須同意：不論決定採取何種戰術性的偽裝，都不要把貿易視為一個重要的議題。只要擁護這種協議的利益，大於背棄它的利益，這種協議就能繼續維持下去。也就是說，讓贊助兩黨的企業開心所帶來的好處，勢必得大過贏取更多選票的好處。一旦有一黨背棄協議，則另一黨就會被迫跟隨，因為保護主義只要經過理性地設計及適當地執行，幾乎可確定將會獲得足夠的實際功效（因而受到歡迎）。相對來說，如果有一黨在這個重大議題上，仍堅持自廢武功、死守住不得人心的立場，那就會像 1860 到 1932 年、及 1932 到 1980 年等期間一樣，出現一黨獨大的政治局面。

自由貿易已漸褪流行

這幾年，自由貿易的人氣已經大不如前。民意調查顯示，即使是富裕的選民，也早已開始失去當年對網路公司時代 (dot-com era) 的狂熱。2004 年一項由馬里蘭州立大學所作的調查揭露，年收入逾

10 萬美元的美國人中，有四分之三反對再新簽任何自由貿易協定[11]（直到 1999 年為止，曾有同樣比例的人表示支持）[12]。這些人的影響力之大，遠遠超越一般人。因此，如果有人是自由貿易的受惠者，並進而成為支持者的話，那一定就是他們了。NBC 與《華爾街日報》在 2007 年 9 月，對很可能是投給共和黨的初選選民作了一次調查，其中有段敘述是說：「外國貿易不利於美國經濟，因為自外國進口的行為，已減少了美國製商品的需求，造成本國工作機會流失，並生產了對安全具有潛在威脅的產品」。結果，有 59% 的受訪者支持這個論點，而支持另一個自由貿易選項的比例，則只有 32% [13]。由此可知，自由貿易天生的支持者，已開始產生懷疑。如果自由貿易連這些人都無法留住的話，那它也不可能留住其他任何人。

不過，美國民眾對於貿易的看法還是非常矛盾[14]。另一份 2007 年的調查顯示，雖然多數的民主黨、共和黨、及無黨派人士，仍表示自由貿易對國家是好的，但**也**不諱言，它會造成工作機會喪失，並降低美國的工資水準[15]。可是，這種不一致的立場顯然不太穩定，因此不論如何，最後必定會發生改變，而改變的方向極不可能會有利於自由貿易。就目前而言，社會大眾主要只是深刻地感受到，美國的貿易政策有很大的**問題**。以這一點來說，2006 年的一項民調發現，「保護美國工作機會，抵禦外國競爭的壓力」，是大眾對美國政府外交政策議題中，覺得最不滿意的一項[16]。不過，民眾並不真正了解應該如何看待或處理這個問題。根據同一項民調：

> 大眾似乎也對應該找誰負責感到沮喪。接近八成 (78%) 的受訪者表示，政府在保護美國工作方面應能有所作為。但是有一大部分的人 (52%) 卻認為，政府要控管海外轉包的行為，並不可行。然而，這

些受訪者也不認為，美國的企業應該負起責任。接近四分之三 (74%) 的人認為，在其他地區的勞工比較便宜的情況下，期待公司會將工作機會保留在美國境內，是不切實際的[17]。

所以，雖然選民一有機會就會表達抗議，但在其他時候，他們還是進退維谷，沒辦法釐清他們到底想要何種解決對策。有許多選民，被某些政治人物出於好意的言辭所慫恿，因而偏好類似「讓貿易既自由**又**公平」的解決方法。雖然，這種陳腔濫調能圓滑地調和辯論的正反論點，但它本身完全自相矛盾，因此也不可能成為一項政策。

對於最近的公共民意調查，最令人感到困惑的地方就是：雖然選民在分辨議題的輕重緩急時，一直都把經濟排在很前面，但貿易本身卻沒有這樣的待遇。這顯示，選民還沒有把所有的線索串連起來，因而還不了解，貿易為何是造成美國眾多經濟問題的根本原因。可是，如果貿易**真的是**問題的根源，那麼，這種情況最終還是會為大眾所了解，而貿易在選民心中的優先順序，也將往上移動。

現在，讓我們來檢視一下，最近幾次的美國大選，看看前述的驅動力，是如何在選舉中，逐漸顯露出蠢蠢欲動的跡象。雖然，貿易議題羽翼未豐，還無法以自身的力量來積極牽動政治，但選舉的跡象所展現出來的是：在美國的政治表面之下，有個議題正在不斷沸騰，即將爆發。

2004 年：布希對抗凱瑞

海外轉包這個問題，第一次成為政治爭論的焦點是在 2004 年。海外轉包過去也曾造成工作機會喪失，但這次不同於以往，其差別當然就在於，這一次它威脅的是白領中產階級。可是，從是否導致重大的政治版圖重組或政策變動的角度來說，這個爭議最後還是不了了之。兩黨都正式將海外轉包判定為一個政治引爆點，但也認為它基本上只是另一個政治議題罷了，並不會帶來任何重大的改變，因而應該以對待大多數政治議題的方式處理：也就是，在已確立的政策共識中，進行巧妙操作以爭取支持。

於是，政治人物決定要在這個議題上贏得選票，但又**不打算**採取重要的行動，以避開隨之而來的風險。以 2004 年參選總統的參議員約翰・凱瑞 (John Kerry) 為首的民主黨，試圖提出影響幅度最小的政策議案，好讓他們在面對關心這個議題的選民時，可以將自己定位為「好人」，同時又能向其他人傳達他們不會作得太過火的訊息。在同一時期，共和黨則使用自由貿易議題上，一再被援用的相同古老論點（基本上就是李嘉圖式的說法），以護衛那個他們和民主黨同樣有責任的現狀。上述的兩種反應，都是華盛頓政治每天上演的例行公事；這正是它們之所以發生的理由。

1993 年曾投票贊成 NAFTA 而遭到扣分的凱瑞，的確在 2004 年的初選中稍稍左傾。由於言行實在的蓋哈特（Dick Gephardt，密蘇里州的民主黨議員）眾議員及機會主義者愛德華（John Edwards，北卡羅萊納州的民主黨議員）參議員高聲反對 NAFTA，於是，凱瑞開始抨擊將工作機會轉移到海外去的企業；這些企業被他稱之為「班那迪克・阿諾」(Benedict Arnold) [37]。這種說詞有效地減弱了愛德華及蓋哈特對他票投 NAFTA 的攻擊；他因而能在俄亥俄州、威斯康辛州、密西根州、及其他受到自由貿易較多傷害的工業州中勝出。然後，當他在 5 月確定獲得提名後，凱瑞又再度轉向右傾。他

---

[37] 編譯按：美國革命時期的一位將軍，後來叛逃加入英軍。

在接受《華爾街日報》訪問時，宣稱「班那迪克・阿諾」的說法遭人錯誤解讀：

> 「班那迪克・阿諾」並不是指在正常營運下，準備到海外設立據點，並把工作機會帶到海外的企業。這種情況的確會發生，而我支持這一點，我也了解這一點。我當時所指的是，那些單純為了稅務目的，而想利用非經濟交易（也就是不法勾當）、並放棄美國公民權的人[18]。

當然，「設籍海外以避稅」與「海外轉包」是完全不同的議題。但凱瑞就這樣棄守了。

從那個時候開始，這個議題就真的從競選活動中消失了。凱瑞拒絕與小布希就貿易問題交戰的情況，在第三次總統辯論中達到最低點。當時哥倫比亞廣播公司 (CBS) 的主持人希佛 (Bob Schieffer) 問布希，他會對「那些工作被薪水只有美國薪資零頭的外國勞工奪走的人說些什麼」[19]，布希隨即搬出共和黨的那套制式說辭。他提到創造屬於二十一世紀的新工作、改進初級及中級教育、擴大貿易調整協助計畫、增加提供給大學生的聯邦清寒獎學金 (Federal Pell Grants)、及協助失業勞工進入社區大學就讀等等（我們在第三章已經檢視過，為什麼這些解決方案並不足夠）。

在這個競選活動的關鍵時刻，布希給了凱瑞表明自己政治立場的絕佳機會。可是，凱瑞非但沒有就貿易問題死咬住布希，反而表示接受布希的基本論調：自由貿易是最佳選擇，而布希所提出的解決對策是有效的。他並轉而攻擊布希削減工作訓練基金、聯邦大學無償助學金、及柏金斯學生低利貸款 (Perkins loans) 等的作法[20]。凱瑞來了一次**犧牲短打**。令人訝異的是，幾分鐘之後，希佛給了凱瑞第二次機會在這個議題上好好發揮。但凱瑞又浪費掉這個機會；雖然，他用政治勇氣包裝自己難為情的失敗主義式回答：

> 海外轉包就是會發生。我在全美各地的工會演講時，都已承認這一點。我曾碰過不少商店店員站起來問我：「你可以保證未來你會中止這種海外轉包嗎？」而我都會看著他們的眼睛回答：「不行，我沒辦法這麼做[21]。」

換言之，貿易**根本就不是個政治議題**，因為政府什麼事都不能做。針對這個議題，共和黨與民主黨不僅大同小異，而且他們也不可能可以有所差別。凱瑞接著開始離題，他談到企業租稅漏洞、違反國際貿易規則的情形、空中巴士的補貼、中國的匯率操縱、及財政紀律問題等等[22]。布希因為對手棄權，不戰而勝。

事後回想，若說凱瑞決定用短打處理貿易議題，讓他輸掉了俄亥俄州，並進而輸掉整個 2004 年的大選，是相當合情合理的[23]。事實上，他的作法所造成的問題，已遠遠超出了貿易的狹窄範圍。要與布希的經濟觀點有所區隔，貿易會是最好的單一議題（布希在這個部分的觀點與中間選民的距離最遠），但凱瑞卻拒絕在這方面採取不同立場。他反而允許那些可被總結為「上帝、槍枝與同性戀」的社會議題，來決定在中低階層及勞工階級的選舉結果；而這些選民，過去一直是他的大票倉。這個問題不斷持續惡化：2008 年，揚斯敦州立大學的「勞工階級研究中心」(Center for Working-Class Studies)針對俄亥俄州的選舉進行了研究，其報告顯示，拜柯林頓 1993 年支持 NAFTA 之賜，勞工階級的選民「到現在還是不相信民主黨，而且迄今也尚未重返民主黨陣營[24]。」這些選民常覺得共和黨和民主黨都一樣，不太可能會保護他們的經濟利益，所以他們投票時，會改為根據經濟以外的其他議題（湯姆斯・法蘭克 (Thomas Frank) 曾對這個全美的趨勢作過分析。他在自己寫的書《堪薩斯州怎麼了?》(*What's the Matter with Kansas?*) 中，以堪薩斯州作為這項研究的案例)[25]。

2002 到 2006 年：自由貿易反對者開始躍居上風

共和黨從來沒有在輸掉全美帶頭大哥俄亥俄州的情況下，還能贏得總統大選。貿易議題具有決定國會議員競選成敗的能力，是在 2002 年該州第十七選區（在揚斯敦附近）的選舉，第一次被注意到。在民主黨初選中，1993 年投票支持 NAFTA 的現任參議員索伊爾 (Tom Sawyer)，已經連續八屆當選。他面對的是年僅 28 歲的萊恩 (Tim Ryan)。萊恩過去曾在高中擔任美式足球四分衛，他當時則是第一次當選州參議員。約翰・尼可拉斯 (John Nichols) 在自由派雜誌《國家》(*The Nation*) 中，這麼描寫這場選戰的戰況：

> 索伊爾與他的民主黨挑戰者，在大多數的議題上都意見一致。貿易議題則是兩者的分水嶺，而且貿易議題關係重大；這在揚斯敦，及其他位於馬賀寧峽谷附近、受到重創的鋼鐵廠社區，更是如此。雖然，索伊爾在某些貿易相關議題上（包括 12 月的快速通關試辦），都與勞工站在同一陣線，但是他在俄亥俄州，還是以「支持 NAFTA 的民主黨員」著稱。對失業的鋼鐵業勞工及其家庭來說，NAFTA 喚起了最苦澀的回憶[26]。

結果，索伊爾輸了**十三個百分點**。沃爾森 (Howard Wolfson) 是位於華盛頓的「民主黨國會競選委員會」(DCCC) 的執行理事，他在事後寫了一篇幽默諷刺的檢討報告，裡面指出：「在美國的某些選區，支持自由貿易的立場,對選情並沒有幫助[27]。」

　2006 年的期中選舉,證明了沃爾森有先見之明。在這些選戰中,有好幾位共和黨員也學到了索伊爾的那個教訓:反對自由貿易,可以在競爭激烈的選戰中掌握優勢。根據左傾的納德主義派 (Naderite)[38] 集團「全球貿易觀察」(Global Trade Watch) 在選後所作的分析,在該次選舉中,至少有七個參議院及三十個眾議院的席次,由原來支持自由貿易的陣營,轉移到反對自由貿易派的手中[28]。**獲勝**的民主黨候選人之中,有 73% 在競選時特別強調貿易議題;而敗北的民主黨參選者,則有 72% 並未這麼做[29]。兩黨中,沒有任何參選者在談論自由貿易時,將其視為正面的目標;而不論在參議院或眾議院,沒有任何反對自由貿易的參選者,是輸給自由貿易派人士的[30]。

　有幾場特定的個別選戰,可以作為此次選舉的貿易面向的縮影。在賓州費城北部的第八選區,民主黨的默菲 (Patrick Murphy) 挑戰當時在位的共和黨代表費茲派崔克 (Mike Fitzpatrick,他是《中美洲自由貿易協定》(CAFTA) 的支持者)。因為大家不認為默菲會贏,所以他並未獲得 DCCC 的大力支持,因此,也沒有受到 DCCC 不拿自由貿易當成議題的決定的影響。默菲對費茲派崔克發動攻勢,說他投下決定性的一票支持 CAFTA,導致當地經濟陷入「癱瘓」[31]。這項攻擊,加上主打貿易的催票計畫 (get-out-the-vote program),使他得以用 1,521 票的差距,氣跑費茲派崔克。在佛羅里達州中部的第十六選區,馬賀尼 (Tim Mahoney) 也將 CAFTA 作為**他**成功競選活動的重頭戲,順利取代因醜聞而下臺的共和黨的弗利 (Mark Foley)[32]。在愛荷華州東南部的第二選區,民主黨的羅布賽克 (Dave

---

㊳　編譯按:指主張保護消費者權益的人士。

Loebsack) 以貿易為題大作文章，成功趕走了大老黨（GOP，即共和黨的俗稱）在任三十年的自由貿易死忠派李奇 (Jim Leach)[33]。

貿易浪潮在 2006 年也襲捲了參議院。俄亥俄州的布朗 (Sherrod Brown)、密蘇里州的麥卡斯奇 (Claire McCaskill)、蒙大拿州的戴斯特 (Jon Tester)、賓州的凱西 (Bob Casey)、羅德島的懷特豪斯 (Sheldon Whitehouse)、及維吉尼亞州的韋伯 (Jim Webb) 等六位反對自由貿易的民主黨員，再加上佛蒙特州的無黨籍人士桑德斯 (Bernie Sanders)，全都奪下了原來被自由貿易派所掌握的席次。

除了前述的勝利之外，據估算，另外還有 10% 到 20% 的民主黨候選人，如果也對自由貿易開砲的話，**應該**會當選[34]。不幸地，DCCC 當時是由拉姆・艾曼紐 (Rahm Emanuel) 所領導。艾曼紐曾出任芝加哥郊區的國會議員，之後成為歐巴馬總統的幕僚長，他當時則是芝加哥市長。艾曼紐在 1993 年擔任柯林頓的白宮幕僚時，扮演了主導的角色，以確保民主黨的票數足以為 NAFTA 護航過關。在這次選舉中，他決定不使用這個議題[35]。要不是這個決定，民主黨的莫菲 (Lois Murphy) 很可能會擊敗共和黨的格拉克 (Jim Gerlach)。格拉克屬於費城西北部的賓州第六選區，他被無黨籍觀察家評比為全美最可能中箭落馬的現任 GOP 之一[36]。然而，由於 DCCC 有效否決了主打貿易的催票計畫，格拉克遂以 1.2% 的得票差距僥倖勝出[37]。

2008 年：歐巴馬、希拉蕊、及麥肯

就像四年前的凱瑞一樣，歐巴馬在民主黨初選時，常高調批評自由貿易。在與希拉蕊辯論，或是回覆類似「賓州公平貿易聯盟」(Pennsylvania Fair Trade Coalition) 的問題時，他不僅譴責中國的匯率操縱，還承諾將對傾銷採取嚴格立場，同時，反對擴大快速通關

協商單位的權限，並對 NAFTA 加以撻伐[38]。隨著 3 月 4 日關鍵的俄亥俄州初選愈來愈近，他對自由貿易的譴責分貝更見拉高。他雖然連贏了十一場初選，並在黨內支持率上維持領先，但他在該州的表現卻嚴重落後。於是他寄發文宣，指控「希拉蕊認為 NAFTA 能『提振』經濟」；他並斷言，「在我們的工作機會岌岌可危時，她並沒有與俄亥俄州站在同一邊」，同時宣稱：「只有歐巴馬一直堅持反對 NAFTA[39]。」希拉蕊隨後也作出反擊，她發出的文宣上記錄了歐巴馬過去支持自由貿易的言行；她還組成電話大隊致電選民，向民眾解釋歐巴馬曲解了她過去的記錄[40]。

這兩位候選人的唇槍舌戰，在 2008 年 2 月 26 日於克里夫蘭州立大學的辯論，達到最高點。在回答主持人羅塞特 (Tim Russert) 的問題時，兩人都表示，如果加拿大及墨西哥拒絕重新協商，他們會退出 NAFTA：

> 希拉蕊：我已經說過，我會重開 NAFTA 的談判，所以很顯然地，你一定要向加拿大及墨西哥說明，這就是我們將要做的事……是的，我很認真……我會說，除非重新談判，否則我們會選擇退出 NAFTA；而且，我們重開的談判，條件一定會有利於美國全體。

> 歐巴馬：我會確保我們重啟談判，方式則與柯林頓參議員（指希拉蕊）所說的一樣。其實我認為，柯林頓參議員對這個問題的回答是正確的。我認為，我們應該利用選擇退出的可能性，作為談判利器，以確保我們能真正獲得具體落實的勞工及環境標準[41]。

大體而言，在貿易議題上，雙方平分秋色。兩個人都以高分貝反對自由貿易，但是都不足以說服略知他們過去記錄的人。

　　選民的疑慮，很快就獲得證實。四年之前，參議員凱瑞至少還等到自己確定獲得政黨提名後，才開始對貿易議題變臉。相對之下，歐巴馬自己在競選活動中，都**還在**抨擊 NAFTA 的同時，就已開始對外發出訊息：他反對自由貿易，只是擺擺姿態罷了。2008 年 2 月 8 日，他派自己旗下的首席經濟顧問（芝加哥大學的古斯比 (Austan Goolsbee) 教授），與加拿大駐芝加哥的外交人員會晤，以緩和加國對歐巴馬自由貿易立場的疑慮。加拿大的官員莫拉 (Joseph De Mora) 後來在一份官方備忘錄中所作的會談摘要，流到了美聯社的手裡：

> 他很坦白地表示，初選必須以國內議題為焦點，尤其是在中西部。許多聽起來為保護主義者的言論，反映的只是政治操作，而不是政策。他提醒，這些訊息不應該被斷章取義，而且，應該被視為是迎合選民的政治立場調整，而不是對政策計畫的明確闡釋[42]。

雖然，歐巴馬陣營一再否認，但在俄亥俄州初選前六天的 2 月 27 日，這項會談的消息還是走漏出去[43]。歐巴馬想要在該戰役中勝出，至此已變得完全無望，最後他以 45% 比 53% 敗北。不過，在後來的六個星期內，八場初選中他還是贏了七場。唯一的敗仗是發生於賓州，這也透露了一些訊息。賓州在 2001 至 2007 年之間，喪失了 20 萬 8 千個製造業的工作機會，而且實質中間工資也降低了 2%[44]。希拉蕊在此地贏了九個百分點，其中最主要的力量，來自藍領階級的白人男性。在這個類別，她贏了三十個百分點[45]。

　　在確認獲得提名之後，歐巴馬在貿易議題上，就全速開倒車了。他收回在克里夫蘭所作的承諾(如果加拿大及墨西哥拒絕重新談判，美國將會退出 NAFTA)；並將他的談話，歸因於選戰活動的「過熱」言論。他慎重地解釋：「政治人物總是如此，我也不能免俗[46]。」
由於他對自由貿易豎起白旗，而麥肯又畢生支持自由貿易，這意味
著 2008 年的總統大選，將是連續**第四次**不針對貿易議題作任何真正
全國性辯論的總統大選。上一次討論貿易議題的總統大選，已經是
1992 年第三黨候選人佩洛特參選的那次。

當然，麥肯對貿易議題採取的是典型的凱旋論 (triumphalism) 立
場。他在 2008 年 6 月 28 日，對「拉丁裔民選暨官派官員協會」
(National Association of Latino Elected and Appointed Officials) 演講
時表示：

> 經濟全球化是不會改變的。我們不能對外國競爭築起高牆；況且，
> 我們為什麼要這麼做呢？美國人什麼時候怕過競爭？美國是全世界
> 最大的出口者、進口者、生產者、儲蓄者、投資者、製造者、及創
> 新者。美國人不會逃離全球化經濟的挑戰。我們是世界的領導者，
> 而領導者是不會畏懼改變、躲避挑戰、緬懷過去、及憂慮未來的。
> 這就是我拒絕經濟孤立主義的虛幻優點的理由。任何有信心、有能
> 力的政府都應該擁抱競爭（它可使我們更為強壯），而不是規避我
> 們的競爭對手，並欺騙我們的消費者及勞工。我們可以選擇參與競
> 爭，並獲得勝利，就像我們過去以來所做的一樣；或者，我們也可
> 以自願被拋在後頭。降低貿易障礙，可以創造更多又更好的工作、
> 以及更高的工資[47]。

若想看一看這番言論有多麼陳舊（以及該言論所預測的經濟成功記
錄為何），可以回顧本書第 36 頁的 1846 年英國演講。

當然，共和黨人會有這種想法是無可厚非的。可是，擁有更多
選擇的歐巴馬，卻在密西根州面對蕭條的芬林特 (Flint) 地區勞工演

講時，採取了非常類似的立場（美國著名紀錄片導演麥可‧摩爾 (Michael Moore)，在 1989 年以去工業化為題所拍的紀錄片《羅傑與我》(*Roger and Me*)，發人深省又充滿黑色幽默；這部片的拍攝對象正是衰退中的芬林特）：

> 有些人相信：我們一定要嘗試在這個新世界裡，讓時光倒轉；要維持我們生活水準的唯一機會，就是在美國四周建築堡壘；並停止與其他國家的貿易、不再接受移民、不再依賴老舊產業。我不同意。除了因為全球化的浪潮已無法轉向以外，想要這麼做的努力，也只會讓我們更不幸。不要畏懼未來；相反地，我們必須擁抱它。美國有能力在二十一世紀競爭且獲勝，對此我毫無疑問。而且我也清楚知道，決定成功與否的關鍵，不在於我們的政府，而在於美國人的活力、決心、及創意[48]。

我們在第一章已經檢視過，為什麼經濟全球化**不是**個無法控制的力量[49]；在第三章則檢視了為何活力、決心、及創意不能拯救美國[50]。

2008 年國會大選

　　雖然 2008 年的總統大選在貿易方面無所作為，但在眾議院及參議院，事情仍持續出現進展。DCCC 在 2006 年拒絕製作廣告攻擊自由貿易，但該議題即便遭到忽略，仍具有強大的影響力。對此 DCCC 感到十分震驚，亦因而決定鬆綁，並於 2008 年開始公開討論這個議題。無黨派的《國會日報》(*Congress Daily*) 在大選前一個星期，就發現了這種策略上的轉變，並作出以下的報導：

> 有許多提到「扼殺工作機會的貿易協定」、海外轉包、及反中國情

緒的字眼；有超過一百個與貿易相關的廣告，而且數量還在增加之中⋯⋯對這些活動給予協助的，正是參眾兩院的民主黨競選委員會。該委員會已投入大量財力，製作批評共和黨貿易立場的廣告[51]。

在那次大選期間接近尾聲時，DCCC、民主黨參議院競選委員會 (Democratic Senatorial Campaign Committee, DSCC)、及個別的候選人，已經在全美各地推出了一百六十多種不同的反自由貿易廣告[52]。

當一切塵埃落定之後，眾議院多了 36 張反對自由貿易的新面孔。其中有 13 位戰勝了現任議員，20 位爭取到開放的席次，其餘 3 位，則是在特別選舉中脫穎而出（有 8 位反對自由貿易的參選者落選，所以總計增加了 28 席）[53]。此外，有 7 位新加入自由貿易反對陣營的參選者，獲勝進入參議院。他們分別是阿拉斯加州的貝吉許 (Mark Begich)、科羅拉多州的尤達爾 (Mark Udall)、新罕布夏州的金・沙希恩 (Jeanne Shaheen)、新墨西哥州的尤達爾 (Tom Udall)、北卡羅萊納州的海根 (Kay Hagan)、奧勒岡州的默克里 (Jeff Merkley)、及明尼蘇達州的艾爾・法蘭肯 (Al Franken) 等[54]。這個回合中，最具指標性的貿易競賽，當屬賓州西北部的第三選區。這一役，民主黨的達爾肯帕 (Kathy Dahlkemper) 氣跑了大老黨的現任議員英格利許 (Phil English)。當年 CAFTA 只差兩票就可以過關時，英格利許就提供了他的一票[55]。勝選者還包括了 10 位反對自由貿易的**共和黨**參選人。這些在競選期間與自由貿易唱反調的人，不是保住了老位子，就是成功贏得了新的席次[56]。

歐巴馬政府

歐巴馬總統上任後，對於自由貿易的信念並未改變。諷刺的是，或許短期而言，這對他才是正確的立場。因為，他似乎除了一般公認的李嘉圖派基本常識之外，對貿易一無所知，因此，也沒有合理的替代方案。這從他任命的美國貿易代表人選，就可以看得出來——他找上了自由貿易派的前達拉斯市長科克 (Ron Kirk)。科克在喬治城大學發表第一次政策演講時向聽眾保證，歐巴馬絕對相信針對自由貿易問題的傳統分析結果，因此，他會堅決推動現行政策：

> 雖然，有時候貿易帶來的痛苦會很集中，但它的益處卻是維持久遠、而且範圍深廣的。美國製造業的工作中，早就有六分之一是由貿易來支撐。農產品的出口，又額外提供了將近 100 萬個工作機會……而出口商品所提供的工作，工資比全美平均高出 13% 至 18%……所以，我們會藉由拒絕保護主義，並支持以規則為基礎的全球貿易體系……來設法強化美國的貿易政策、及維持今日全球的貿易基礎[57]。

與上述的立場一致，歐巴馬指派前往重要的「經濟復甦顧問委員會」(Economic Recovery Advisory Board) 就任的人，清一色都是自由貿易派人士。唯一的例外是 AFL-CIO 的理查·特魯普卡 (Richard Trumpka)，他從那時起，獲選為該組織的領導者[58]。

2009 年 4 月，歐巴馬宣布他不會重啟 NAFTA 談判；這違反了他競選時的承諾[59]。他並持續施壓，希望能通過更多的自由貿易協定，例如，已提案的《泛太平洋戰略經濟夥伴關係協定》(Trans-Pacific Partnership Agreement，包括新加坡、智利、紐西蘭、汶萊、澳洲、秘魯、及越南等)。他對抗被國會納入 2009 年鉅額刺激景氣方案中的「購買美國貨」條款；他把該條款視為是保護主義那個老鬼魅[60]。2009 年 3 月，他推翻之前的立場，在安全考量仍有疑慮的情況下，同意讓墨西哥的貨車開上美國高速公路，使美國貨運業暴露於外國的競爭之下[61]。他公開反對「總量管制與交易制度」(Cap & Trade) 法案中的碳關稅；該法於 2009 年 6 月獲得眾議院通過[62]。歐巴馬最後只同意了效力遭到大幅削弱的版本——雖然，能源部長朱棣文 (Steven Chu) 支持嚴格的碳關稅[63]，而 WTO 也已宣布了其謹慎默許的立場[64]，但歐巴馬仍絲毫不為所動。

歐巴馬總統就像之前的總統一樣，總是很有技巧地運用犧牲短打；從他嘴裡說出來的話，總是兩邊都不得罪，以免細小的貿易爆點一發不可收拾。例如，2009 年 9 月，他對中國進口輪胎課徵關稅，以報復其傾銷行為。雖然，此舉還是引起那些反對人士老班底的意識型態焦慮，但這其實只是非常微小的動作，他甚至沒有全額課徵 WTO 規定所允許的 55% 關稅——這是中國在加入 WTO 時同意的稅率，同時也是「美國國際貿易委員會」(International Trade Commission) 所建議的水準；相對地，他只課徵了 35%。很顯然地，這是在告訴緊張的自由貿易派人士：「我不是認真的[65]。」2010 年 12 月，他宣布將會敦促國會通過小布希在 2007 年提出的《韓美自由貿易協定》(Korea-U.S. Free Trade Agreement)。

自由貿易的殘局

歐巴馬總統沒有辦法永遠支持自由貿易。危機終將來臨，或許是在美元終於崩盤的那天。到了那個時候，大眾就會開始探問，為什麼會發生這種事？進而質疑美國的貿易政策是否明智。美元遽然重挫，會引發一波物價膨脹的衝擊，也會使利率發生巨變。這些都會引起大眾注意，而且很可能會把美國的經濟再度打入衰退[66]。

諷刺的是，一個徹底的危機，反而可能會有助於歐巴馬的政治前途，因為這讓他有運作的空間，可以擺脫之前所採取的自由貿易立場，但又不至於看起來像個自打嘴巴的笨蛋。危機也可以提供一股力量，來打破目前固守自由貿易的特殊利益團體所建構的障礙。這些利益團體即使在 2012 年年中的現在，看起來仍是所向披靡，但其實他們腳下的地基已經漸漸崩壞。理由有二：首先，目前的貿易秩序，在金融上依賴美國的國際信用，但後者勢必會出現問題；其次，目前的貿易秩序在政治上要能立足，有賴大眾持續相信自由貿易是來自健全的經濟學。

　　其他的事情也可能是造成自由貿易崩潰的最後一根稻草。例如，幫助關鍵產業紓困，已經成為美國政府心照不宣的責任，銀行業和汽車業首開其例。到目前為止，政府援用《破產法》，加上挹注大量公共資金，還能順利進行紓困。可是，就汽車產業來說，政府一直不願意去做最能幫助該產業的事，那就是把進口品佔據的市佔率還給它們。在危機發生初期，政府曾經有口無心地考慮過課徵關稅，但遭到由阿拉巴馬州參議員雪比 (Richard Shelby) 帶頭的「豐田共和黨」給否決。這位參議員所屬的阿拉巴馬州，是現代、本田、賓士、及豐田等汽車廠的大本營[67]。不過，在沒有關稅保護的情況下，只要提供產業更多紓困金的成本，膨脹到無法容忍的程度，那麼課徵關稅的作法，終究還是會變得難以抗拒。當美國政府賒借的能力逐日下降，不再能夠靠著貸款來支付紓困金時，情況更是如此。

　　另一個可能讓自由貿易步入最終瓦解階段的因素，就是全球暖化[68]。即使是克魯曼這一類的自由貿易派經濟學家，最近也承認，即使是根據最傳統的經濟學假設來看，對未能作好污染管控的國家課徵關稅，其經濟理論基礎也是無懈可擊的[69]。就本書而言，要了解這點，我們並不需要第九章或第十章中那些尚有爭議的分析，只要看看第五章的第二個有問題假設（沒有外部效果）即可。在美國人的想像之中，上述作法通常都意味著，美國對中國等汙染國課徵關稅[70]。然而，這其實很可能也意味著，像歐洲各國及日本等環保標準高於我們的國家，會據此對美國課徵關稅！就像前法國總統薩科奇(Nicholas Sarkozy) 2009 年 9 月份所說的：

> 我不會接受這種……進口品來自不尊重這些〔減碳〕規則的國家的制度。我們需要在〔歐洲〕邊境課徵碳稅；我會在這場戰役中身先士卒。

這是管理式貿易，不是自由貿易。

貿易議題更深層的政治現實面

追根究底來說，或許保護主義的最大好處，並不直接出現在經濟面，而是出現在政治面。如果，將**由**美國人產製的商品賣給美國人，是資本家的主要獲利方式，那麼這就會**迫使資本家關心**美國生產及消費的能力；而這兩者的適切組合，恰好就會等同於繁榮。

但在資本家真正會開始這樣地關心之前，兩個政黨都早已感受到，美國面臨的全球經濟挑戰強度日益增加，他們並積極尋求方法，以解除選民承擔的壓力。

從自由貿易抽身（到達一個有待界定的程度），已逐漸成為民主黨的共識——即使該政黨的領導者還未體認到，驅動這個趨勢的力量有多大，也不清楚這個趨勢可能會走到哪個地步。

共和黨最近顯現出來的因應之道，則似乎是在保留自由貿易的同時，反對移民。這其實並不能擴大美國縮小中的經濟大餅，但確實可以讓餅少劃幾刀，使每位選民能分到比較大的餅片。因此，這在政治上是有它的賣點的[71]。

　　這一套新興的共識，有兩次的國會投票結果可以作為明證：2005 年 7 月 27 日對 CAFTA，以及 2007 年 6 月 28 日對移民寬赦的表決。在這兩次投票之前，美國的政治立場，大略可分成互相對抗的國家主義與國際主義兩者。支持自由貿易及支持移民的觀點，通常會聚集在其中一方，而反自由貿易及反移民的觀點，則集中在另一邊。由於支持的那一方在兩黨都佔有優勢，所以即便反對的一方代表的是大多數或近多數的民意，他們對公共政策的影響力，實質上也已遭剝奪[72]。可是，這兩次的投票卻出現一種情形：國會中的民主黨員，大多擁抱可被合理歸類為左派的立場，也就是「支持移民、反對自由貿易」；而國會中的共和黨員，則多數擁抱可被合理歸類為右派的立場，也就是「反對移民、支持自由貿易」[73]。在兩黨之中，國家主義或國際主義立場的支持者，已經所剩無幾[74]。

　　因此，這兩黨似乎在當時又回歸到他們原本的黨派立場，針對同一個根本問題，提供左翼及右翼的解決之道，相互較量（如前所述，保護主義**本質上**既非右派、亦非左派。但只要共和黨繼續遵循自由市場路線，那在當前的美國政界，保護主義就會屬於中間偏左的立場）。這些意識型態的爭戰路線逐漸成形，暗示貿易議題或許會在左派與右派的經典駁火戲碼之下，獲得解決。當然，這種透明且能加以究責的黨派選擇，才是民主政治該有的樣貌。

2012 年版更新內容

　　本書於 2010 年初發行初版。自此以後，有些貿易議題的狀況已如預期般地發展，但也有一些出現歧異。

　　如當初所預料般地，民意持續對自由貿易感到不滿。美國國家

廣播公司 (NBC) 與《華爾街日報》在 2010 年 9 月間所作的民意調查顯示，有 53% 的美國人相信，自由貿易協定傷害了美國；只有 17% 的人認為這些協定是有利的。1999 年，這兩者的比重卻是 30% 比 39% [75]。此外，對於「美國未能完全自衰退中復甦，並創造工作機會的原因」，有 86% 的受訪者認為，到低工資國家進行委外生產是其中的關鍵；這個比率遠高於聯邦政府赤字等其他選項 [76]。這種轉而反對自由貿易的態度轉變，在高所得者之中最為明顯；而且這種態度，跨越了各個社會階級、地區、及政治傾向。

2010 年針對貿易的最大立法行動是《公平貿易貨幣改革法》(Currency Reform for Fair Trade Act)。該法案在 9 月於眾院通過，共有 249 位民主黨員（總票數為 255 票）及 99 位共和黨員（總票數為 173 票）投下了贊成票 [77]。這個法案如果也在參議院通過，並獲得總統簽署，則業者未來可以要求商務部，對匯率操縱國的出口品課以較高的稅率。這個原來由「美國工商理事會」(U.S. Business and Industry Council) 的科恩斯 (Kevin Kearns) 所設計的措施，雖然絕對會有正面幫助，但我們也已在本書第 91 至 95 頁說明過其侷限性。而且，很不幸地，由於後來選出了新的國會，所以該法案需要再次表決通過，但任期從 2011 到 2013 年的新任共和黨眾院領袖已表達反對的立場。

2010 年的期中選舉，成為亂開支票的歐巴馬政府的挫敗公投。這次選舉掀起了一陣共和黨狂潮，遮蔽了貿易及許多其他特定的議題。結果，這次選舉並未增加國會中反對自由貿易的人數。不過，民意的轉變還是具有極為顯著的效果：反對自由貿易的民主黨候選人，勝選率比支持自由貿易者高出了三倍 [78]。而反對自由貿易的共和黨候選人，則達到創記錄的 75 位之多，其中有 43 人獲勝 [79]。

這次選舉中，最出乎意料的就是民眾的**保守**意見出現急轉彎，開始轉而反對自由貿易。例如，雖然茶黨運動 (Tea Party movement)[39] 在許多國內議題上，都遵循自由意志主義的路線，而且接受支持自由貿易的經濟利益團體的大量金援，但受訪的茶黨會員中，有 61% 表示，自由貿易已經傷害了美國[80]。由此可知，這個右翼的民粹主義運動，已經變得比一般選民更反對自由貿易。不幸地，該運動的基層支持者與「茶黨國」(Tea Party Nation) 一類的全國性組織，在這個議題上未能達成共識——後者宣稱，是他們在領導這股鬆散的反動力量。

很顯然地，這在共和黨內部開闢了另一個戰場。共和黨的領導階層已經在共和黨的初選中敗給茶黨，所以如果雙方全面開戰的話，他們很可能會敗北。這些領導階層只能指望，最好可以用有名無實的退讓，來搪塞一下自由貿易的反對者。但他們還是必須有所節制，因為這麼做會有一個風險，那就是民主黨可能會在大選中，靠著貨真價實的反自由貿易立場勝出。

截至目前為止，共和黨的菁英階級仍牢牢地掌握著共和黨，2011 年 10 月時，他們並與民主黨的歐巴馬總統攜手合作，通過與南韓、巴拿馬、及哥倫比亞的自由貿易協定。雖然民意的確是反對自由貿易協定的，不過，人民對於這項議題的關注仍嫌不足，所以政黨的領導人無須擔心流失太多選票。

羅姆尼 (Mitt Romney) 幾乎篤定獲得共和黨提名角逐 2012 年的總統大選。他支持自由貿易及自由貿易協定，但他也承諾，如果在 11 月順利當選，將會宣布中國是匯率操縱國。這可能成為引爆美

---

[39] 編譯按：茶黨運動始於 2009 年，其主要訴求為減稅、削減政府的開支、債務、及赤字。茶黨本身並不是一個政黨，其會員大多是共和黨的支持者。

中的貿易大戰的最終導火線；不過，這也可能只是政治話術罷了。中國在美國的貿易問題裡，佔了相當重的分量，所以美國如果能重整與中國的貿易關係，就能重整對世界整體的貿易關係。同時，大概也能迫使許多第三世界國家，就彼此之間的貿易關係進行重整。

結　論

　　在美國，貿易辯論的態勢目前尚未完全成形，民主程序因而無法確實掌握這個議題。這在未來可能會實現；或者，它也可能會順著黨派路線而逐漸成形，但卻因為陷入次要議題的泥沼，而使其他的議題成為決定兩黨選戰成敗的關鍵。這很容易會讓貿易立場與多數選民相左的政黨取得政權。

　　幸好，即使是零碎、不一致的辯論，還是可以導出一個可接受的政策結果。例如，在立即性的危機發生時，美國並不需要在根本上改變意識型態，就可以採用緊急應變措施；而這些措施將會證實是有效的，意識型態因而必須跟進，以合理化這些措施。這類緊急措施最明顯的前例就是：1971 年尼克森總統所實施的 10% 關稅（但不幸地，後來又放棄）[81]。這種特別的解決之道，大約也就是大蕭條時期，事情演變的經過。當時採用的其實是福利國家式的凱因斯理論，而其意識型態架構則是後來才落地生根的。這或許不是最乾淨或最聰明的政策制定方式，但是，它在過去歷史上，的確是相當有效的。

註　解

■ 序　論　我們為什麼不能相信經濟學家？

1. Margaret Thatcher, speech to Scottish Conserviative Conference, Perth, Scotland, May 8, 1981.

2. "U.S. Trade in Goods and Services—Balance of Payments (BOP) Basis," U.S. Census Bureau, June 10, 2009, www.census.gov/foreign-trade/statistics/historical/gand.pdf.

3. 2006 到 2009 年的資料來源："U.S. International Trade in Goods and Services," U.S. Census Bureau；2010 年的數據則是在本書付印前，根據當年 1 到 9 月的資料計算。美國的貿易赤字可能比這裡的數字還要多出 10% 到 15%，因為一件 1988 年的訴訟案，迫使美國政府必須以產品剛在外國出廠時的價格計算其價值，而非使用它們入境美國時的價格。請參見：Richard McCormack, "The Plight of American Manufacturing" in Richard McCormack, ed., *Manufacturing a Better Future for America* (Washington: Alliance for American Manufacturing, 2009), p. 61.

4. 作者的計算是根據："U.S. International Transactions Accounts Data," Bureau of Economic Analysis, www.bea.gov/international/xls/table1.xls. 資料取得日期為 2009 年 11 月 28 日。

5. 百分之五。

6. "Employees on nonfarm payrolls by industry sector and selected industry detail," Bureau of Labor Statistics, www.bls.gov/webapps/legacy/cesbtabl.htm.

7. Paul Craig Roberts, "The New Face of Class Warfare," *Counterpunch*, July 2006.

8. "International Comparisons of Hourly Compensation Costs in Manufacturing, 2008," Bureau of Labor Statistics, August 26, 2010, p. 4.

9. Louis Uchitelle, "As Output Gains, Wages Lag," *The New York Times*, June 4, 1987.

10. "ADB's Poverty Reduction Strategy," Asian Development Bank, April 18, 2008, p. 1.

11. "Bush Decision on Chinese Imports Leads to Loss of 500 Very Good Jobs," *Manufacturing & Technology News*, March 29, 2007, p. 6.

12. Polyurethane Foam Association, written testimony submitted to hearing on "Aiding American Businesses Abroad: Government Action to Help Beleaguered American Firms and Investors," Committee on Foreign Affairs, U.S. House of Representatives, July 17, 2008.

13. Dan Fuller and Doris Geide-Stevenson, "Consensus Among Economists: Revisited," *Journal of Economic Education*, Fall 2003, p. 372.

14. John Maynard Keynes, *The General Theory of Employment, Interest and Money* (Hamburg: Management Laboratory Press, 2009), p. 395.

15. Paul Krugman, *Strategic Trade Policy and the New International Economics* (Cambridge, MA: MIT Press, 1986), p. 3.

16. 接受調查的經濟學家中，約有 20%「有條件地」支持自由貿易。資料來源：Dan Fuller and Doris Geide-Stevenson, "Consensus Among Economists: Revisited," *Journal of Economic Education*, Fall 2003, p. 372.

17. Henry George, *Protection or Free Trade: An Examination of the Tariff Question with Especial Regard to the Interests of Labor* (New York: Doubleday, 1905), p. 169.

18. 例如，一份報告指出，鋼鐵業可因此獲得的確切金額為 32 萬 6 千美元。資料來源：Pete DuPont, "Bush's Steel Crucible: Will He Help Big Industry at Consumer's Expense?" *The Wall Street Journal*, January 2, 2002.

19. 經濟學中有一個稱為「公共選擇理論」的學派，試圖將上述問題納入他們的模型之中。不過，他們目前仍無法讓這份理想達到客觀專業的標準，反而容易推導出對人性悲觀、立場偏右的結論。

20. 與一般人的認知相反，日本近來其實表現得挺不錯的。詳情請參見網站：unsustainble.org。儘管中國的 GDP 總額最近超越了日本，但中國的人均 GDP 與日本比較，仍只是一小部分，而且，由於日本成為已開發國家已經有數十年了，所以，它所累積的財富遠勝於中國。

21. "Balance of Payments (MEI): Current Account Balance," Organization for Economic Cooperation and Development, 2009, stats.oecd.org.

22. "International Comparisons of Hourly Compensation Costs in Manufacturing, 2007," Bureau of Labor Statistics, March 26, 2009, Table 1, www.bls.gov/news.release/pdf/ichcc.pdf.

23. "International Trade (MEI): International Trade Exports," Organization for Economic Cooperation and Development, 2009, stats.oecd.org.

24. 列舉這些公司的名稱，單純是為了作為這個行業的實例。從這個角度來看，這些公司既沒有特別壞，也沒有特別好。

25. Paul Craig Roberts, "How the Economic News is Spun," *Manufacturing & Technology News*, March 17, 2006, p. 10.

26. Richard McCormack, "U.S. Military Fails to Learn An Ancient Military Lesson: No Industrial Economy Equals No Army," *Manufacturing & Technology News*, October 17, 2008, p. 1.

27. Joseph I. Lieberman, White Paper, "National Security Aspects of the Global Migration of the U.S. Semiconductor Industry," Office of Senator Lieberman, June 2003.

28. 或許還有一些其他原因也不一定。可參考：Bruce Bartlett, *Impostor: How George W. Bush Bankrupted America and Betrayed the Reagan Legacy* (New York: Doubleday, 2006).

29. "Presidential Debates: Not Much Stuff Amidst the Fluff," *Manufacturing & Technology News*, October 17, 2008, p. 4. 當時也有一些言論，可算是拐彎抹角地觸及了貿易赤字。這場辯論的內容記錄請參見：www.debates.org/pages/debtrans/html.

30. Gregory Tassey, *The Technology Imperative* (Northampton, MA: Edward Elgar, 2009), p. 36.

31. 資料來源同上：p. 303.

32. Paul Krugman 的兩本書 *Pop Internationalism* (Cambridge, MA: MIT Press, 1996) 及 *Peddling Prosperity* (New York: W.W. Norton & Co., 1994) 的內容，都包含了對競爭力概念的廣泛攻擊。也可參見：Cato Institute's Daniel T. Griswold, "The U.S. Trade Deficit: A Sign of Good Times," testimony before U.S. Trade Deficit Review Commission, August 19, 1999.

33. 當然，即使經濟學家並不接受，但目前其實有許多可供使用的正式定義。

34. Matthew Craft, "Crash of the Rocket Scientists," *Forbes*, 11 May 2009.

35. 這裡並不是說，數學在經濟學裡一無是處，因為，只要生產、消費、及財富能夠被量化，數學就會有它的功用。這裡僅是點出，數學提供了許多機會，讓某些偏見可以拿它的客觀性當作掩護。

36. 就技術而言，封閉解 (closed-form solutions) 有很大的吸引力。如果能得出這種解，那顯然是比較理想的，因為它有很強的解釋能力。然而，即使它很有價值，也不能用來當成藉口，而忽略其他解法，或是扭曲事實，以達到封閉解所需的條件。

37. 他主要是在指那些忽略規模經濟的貿易模型。請參見：Paul Krugman, *Rethinking International Trade* (Cambridge, MA: MIT Press, 1994), p. 5.

38. 像 Paul Samuelson 在他 1947 年劃時代的著作《經濟分析之基礎》(*Foundations of Economic Analysis*) 中所作的一樣，將經濟學的概念基礎簡化為一套數學系統的作法，可能有其優點，但這並不代表將經濟學整體數學化必然是件好事。

39. 對於經濟學過度數學化的危險的警告，可以回溯至 1752 年。當時義大利數學家 Ignazio Radicati 曾對某些朝此方向發展的經濟學家，寫了以下文字：「你們對政治經濟學所做的事，就像那些學究對哲學所做的事一樣。一旦你開始讓事情變得愈來愈細碎難懂，你就會欲罷不能。」引述自：Erik S. Reinert, *How Rich Countries Got Rich and Why Poor Countries Stay Poor* (New York: Carroll and Graf, 2007), p. 45.

40. 這裡主要的問題在於，某些數理經濟模型可導出具有封閉解的等式，但有些卻不行。經濟學家強烈偏好前者，而且願意簡化模型的前提假設，以模型的準確性來換取封閉解。例如，在貿易模型裡，他們忽視規模經濟的效果。可是，一如第十章所說的，這其實非常地關鍵。

41. 例如，不論是 Michael Porter 的 *The Competitive Advantage of Nations* (New York: The Free Press, 1990)、Eamonn Fingleton 的 *Blindside* (New York: Simon & Schuster, 1995)、或是 Eric Reinert 的 *How Rich Countries Got Rich and Why Poor Countries Stay Poor* (New York: Carroll & Graf, 2007)，全都未使用基本統計學以外的數學。這並非一個全新的現象：回溯到幾十年前，像 John Kenneth Galbraith 及 Joseph Schumpeter 等極具分量的經濟學家，就是出了名地很少使用數學。

42. 他們的經濟觀點與數學形式主義並不投機。詳情請參見：Eamonn Fingleton, *Blindside: Why Japan Is Still on Track to Overtake the U.S. by the Year 2000* (New York: Houghton Mifflin, 1995).

43. 今日，即使這類價值判斷在這門學科有容身之處，那也是屬於從經濟學外面所引進的假設，而非確實經過經濟學證明所得出的結果。此外，繁榮的概念常被簡化為「對各式偏好的滿足」。正如我們會在第二章所看到的，這會導出一種結論：即使對短期的偏好，在長期會對經濟帶來負面後果，也是沒有關係的。

44. 例如，可以想想自由貿易人士 Hugo Grotius (1612)、Francisco Suarez (1612)、及 Alberico Gentili (1612)，或是保護主義者 Antonio Serra (1613)、Edward Misselden (1623)、及 Charles King (1721)。

45. 不過，凱因斯學派因為 2008 年的金融危機，得以在現實世界的政策制定上，獲得了某種程度的復興，而他的許多想法，也被納入了經濟學界的共識當中。

46. Herman E. Daly and John B. Cobb, Jr., *For the Common Good* (Boston: Beacon Press, 1989) p. 235.

47. 柯林頓的勞工部長 Robert Reich 的書 *The Work of Nations* (New York: Alfred A. Knopf, 1991)，其前五章對於這句話所指為何，以及其帶出了哪些問題（特別是對美國業界而言），曾作了很好的討論。

■ **第一章 支持自由貿易的壞論點**

1. 這句話取自自稱為「激進自由貿易派人士」的湯瑪斯‧佛里曼的著作。請參見：*The Lexus and the Olive Tree: Understanding Globalization* (New York: Farrar, Straus & Giroux, 1999).

2. 英國自由民主黨的議員 Vincent Cable 列舉了五種反全球化人士：國家主義者（就其完整的意義而言）、重商主義者（經濟國家主義者）、地方主義者（存在於歐盟或其他區域性組織裡）、依賴理論學家（經過現代化的列寧主義者）、及忠實的綠色環保人士。請參見：Vincent Cable, *Globalization and Global Governance* (London: Royal Institute of International Affairs, 1999), pp. 121-123.

3. David Hummels, "Time as a Trade Barrier," Center for Global Trade Analysis, Purdue University, July 2001, p. 25.

4. 這個說法是來自劍橋大學的學者張夏準 (Ha-Joon Chang)。

5. Peter Schwartz and Peter Leyden, "The Long Boom: A History of the Future, 1980-2020," *Wired*, July 1997.

6. Michael Bordo, "Globalization in Historical Perspective," *Business Economics*, January 2002, p. 22.

7. 此處的繁榮程度，是以平均每人的經濟產出來衡量。衡量全球化程度隨著時間所出現的相對變動，可參見：Michael Bordo, "Globalization in Historical Perspective," *Business Economics*, January 2002.

8. Letter to Henry Cabot Lodge, 1895, quoted in Jacob Viner and Douglas A. Irwin, eds., *Essays on the Intellectual History of Economics* (Princeton, NJ: Princeton University Press, 1991), p. 246.

9. "Why Cessna Outsourced Manufacture of Its Skycatcher to Chinese Fighter Jet Company," *Manufacturing & Technology News*, December 21, 2007, p. 2.

10. 此為芝加哥大學 (University of Chicago) 諾貝爾獎得主 Gary Becker 的估算。請參見：Gary S. Becker, "The Age of Human Capital," in Hugh Lauder, ed., *Education, Globalization & Social Change* (Oxford, UK: Oxford University Press, 2006), p. 292.

11. 此數據是以世界銀行的 Kirk Hamilton 等人所估算的無形資本，扣除前述 Gary Becker 的估計值。請參見：Kirk Hamilton, et al., "Where is the Wealth of Nations? Measuring Capital for the 21st Century," World Bank, 2006, p. 20.

12. 關於這點，首度有人作出的嚴謹實證研究，請參見：Kenneth French and James Poterba, "Investor Diversification and International Equity Markets," *American Economic Review*, January 1991. 儘管自那時開始，本國偏誤的情形已出現減弱，但仍相當重要。請參見：Amir A. Amadi, "Equity Home Bias: A Disappearing Phenomenon?" Department of Economics, University of California at Davis, 2004.

13. Mitchell L. Moss, "Why Cities Will Thrive in the Information Age," *Urban Land*, October 2000, p. 2.

14. 請參見（舉例而言）：Richard Florida, "The World is Spiky," *The Atlantic Monthly*, October 2005, p. 48.

15. Michael Porter, *The Competitive Advantage of Nations* (New York: Free Press, 1990), p. 19.

16. Winfried Ruigrok and Rob van Tulder, *The Logic of International Restructuring: The Management of Dependencies in Rival Industrial Complexes* (New York: Routledge, 1996), p. 159. 儘管這份研究，以及緊接著所引述的另一份研究，都是在 1990 年代中期所作的，但自此以後，情況並未出現太大的轉變。根據一份 2003 年的研究：「在總計二十家的高度國際化跨國企業當中，只有六家堪稱具有全球性的策略和結構。而且，據觀察，即使是這些企業，也都具有地方性的元素。剩下的其他幾家公司，若非主要以經濟三巨頭（美國、歐盟、日本）作為大本營，就是來自於三巨頭周圍的小國家，並將營運重心置於三巨頭的市場。其餘八十家前一百大的跨國企業，大多數的全球性色彩甚至更弱，而且若非屬於某國的國內公司，就是以自己母國為主的跨國企業。也就是說，地點和區域對於跨國企業同樣具有重要性。」請參見：Alan M. Rugman and Alam Verbeke, "Regional Multinationals and Triad Stategy," *Research in Global Strategic Management*, vol. 8 (Greenwich, CT: JAI Press, 2003). 根據一份 2008 年的研究，「並沒有證據顯示，國際商業活動呈現出邁向全球化的趨勢。」請參見：Alan Rugman and Chang H. Oh, "Friedman's Follies: Insights on the Globalization/Regionalization Debate," *Business and Politics*, August 2008, p. 12.

17. Paul Hirst and Grahame Thompson, "Globalization," *Soundings*, Autumn 1996, p. 56.

18. Alan Rugman and Chang H. Oh, "Friedman's Follies: Insights on the Globalization/Regionalization Debate," *Business and Politics*, August 2008, p. 13.

19. 別忘了，距離也算是一種會隨遠近不同而累加的貿易障礙（即便並非不連續的數字）。

20. 此為 2008 年的數字，取自："U.S. International Trade in Goods and Services: Exports, Imports, and Balances," Bureau of Economic Analysis, 2009, www.bea.gov/newsreleases/international/trade/trad_time_series.xls.

21. John McCallum, "National Borders Matter: Canada-U.S. Regional Trade Patterns," *The American Economic Review*, June 1995, p. 616.

22. James E. Anderson & Eric van Wincoop, "Trade Costs," *Journal of Economic Literature*, September 2004, p. 694.

23. Graham Dunkley, *Free Trade: Myth, Reality, and Alternatives* (New York: Zed Books, 2004), p. 88. 關於跨國企業，請參見：Alan M. Rugman and Alain Verbeke, "Regional Multinationals and Triad Strategy," *Research in Global Strategic Management* (Stamford, CT: JAI Press, 2003), p. 1.

24. Stephen Tokarick, "Quantifying the Impact of Trade on Wages: The Role of Nontraded Goods," International Monetary Fund, 2002, p. 14.

25. Paul Krugman, "A Global Economy Is Not the Wave of the Future," *Financial Executive*, March 1, 1992.

26. *World Trade Organization Annual Report, 1998* (Geneva: WTO Publications, 1998), pp. 37–38.

27. 911 事件剛過一個星期，美國的貿易代表 Robert Zoellick 便以反恐作為立論根據，在《華盛頓郵報》上撰文，支持在進行貿易談判時，擴張總統運用快速通關模式的職權。請參見："Countering Terror with Trade," *The Washington Post*, September 20, 2001. 也可參見（舉例而言）：Brink Lindsey, "The Trade Front: Combating Terrorism with Open Markets," Cato Institute, August 5, 2003.

28. 這並不是說，一定得把貿易政策當作政治工具使用（這個問題會在第八章討論）；然而，WTO 帶給我們的卻是兩個極端中，各自最壞的情況：在貿易上讓步，又沒有換來任何政治上的規範效果。

29. "Global Trends 2015: A Dialogue about the Future with Nongovernment Experts," Central Intelligence Agency, December 2000, pp. 10, 38.

30. John Cavanagh, Jerry Mander, et al., *Alternatives to Economic Globalization: A Better World Is Possible* (San Francisco: Berrett-Koehler, 2002), p. 118. 平心而論，雖然 WTO 至今尚未正式對這個議題作出裁決，但它的協議，內容似乎禁止在貿易上，基於政治理由而對不同國家採取差別待遇。布魯塞爾的確是這麼認為的：1998 年，歐盟針對美國麻州的某部法律向 WTO 提出訴訟。該法律因為緬甸的人權記錄，禁止該州與在緬甸活動的公司有生意往來。由於美國最高法院在 WTO 審理該案之前，就已推翻了該部麻州法律，所以 WTO 並未作出任何裁決。我們當然可以主張，這類制裁行動符合 WTO 的規定，但這類論述也只能依賴 WTO 的「維護公共道德」這種薄弱的條款。請參見："Are EU Trade Sanctions on Burma Compatible with WTO Law?" Robert L. Howse and Jared M. Genser, *Michigan Journal of International Law*, Winter 2008, pp. 184–188.

31. 自由貿易派人士套用這種模糊不清的邏輯，已經有數世紀之久。自由貿易派經濟學家 Arthur Latham Perry 在 1883 年左右曾寫道：「放寬商業體系，不加以限制的作法，本身就與這個時代的精神相符。而主要的商業國家（只有美國除外）也正持續放寬他們對工商業體系的規範。」請參見：Giles Badger Stebbins, *The American Protectionist's Manual* (Detroit: Thorndike Nourse, 1883), p. 19.

32. 請參見（舉例而言）：Peter Schwartz and Peter Leyden, "The Long Boom: A History of the Future, 1980–2020," *Wired*, July 1997. 或參見：John Nye, "No Pain, No Gain: Opposing Free Trade Means Opposing Innovation," *Reason*, May 1996.

33. 這條鐵律宣稱，平民永遠都只能獲得勉強足以餬口的工資。因為一旦收入調高，他們就會生育更多的小孩，直到他們的生活水準又再度回到溫飽線為止。

34. Thomas Friedman 的版本如下：「面對吧：共和黨中的文化保守派與俄亥俄州揚斯鎮的鋼鐵工人、中國鄉下的農夫、沙烏地阿拉伯中部的伊斯蘭教士，想法上是很像的，他們都想要更多的牆。他們不像因世界抹平而受益的華爾街投資銀行家，不像與全球經濟連線的矽谷服務業工作者。」請參見：Thomas Friedman 著／楊振富、潘勛譯 (2005)，《世界是平的》(*The World Is Flat*)，雅言文化，頁 198。Friedman 也曾在他的專欄中寫道：「這些反對 WTO 的示威者……對食古不化者、贊同保護主義的工會、及追尋他們 1960 年代解藥的雅痞而言，正是一艘諾亞方舟。」請參見：Thomas Friedman, "Senseless in Seattle," *The New York Times*, December 1, 1999.

35. Tim Reid, "Barack Obama's 'Guns and Religion' Blunder Gives Hillary Clinton a Chance," *The Times*, April 8, 2008.

36. 自由貿易派人士玩弄這套手法，已行之有年。某位保護主義者曾在 1883 年抱怨道：「把自由貿易當成是某種理想，是高尚的人及舊大陸的智者所崇尚的；而保護主義則被視為粗鄙、自私的東西，是由那些較不重要且較為狹隘的文化所支持的。這種觀點在我們的許多大學裡都蔚為風潮。」Giles Badger Stebbins, *The American Protectionist's Manual* (Detroit: Thorndike Nourse, 1883), p. 19.

37. 自由貿易及保護主義的立場，究竟是左派還是右派？這的確充滿爭議；本書在最後一章將予以說明。在此先將當代美國政治中，對於這類議題的傳統看法當作是給定的條件。

38. David Croteau, "Challenging the 'Liberal Media' Claim: On Economics, Journalists' Private Views Are to Right of Public," *Extra!*, July/August 1998, p. 8.

39. 資料來源同上：p. 5.

40. 此為 1846 年 1 月 27 日的演講。請參見：Augustus Mongredien, *History of the Free Trade Movement in England* (New York: G.P. Putnam's Sons, 1881), p. 155.

41. "U.S. International Trade in Goods and Services," Exhibit 1, U.S. Census Bureau, www.census.gov/foreign-trade/statistics/historical/exhibit_history.xls, and "Trade in Goods (Imports, Exports, and Trade Balance) with China," www.census.gov/foreign-trade/balance/c5700.html#2011.

42. Eamonn Fingleton, *In the Jaws of the Dragon: America's Fate Under Chinese Hegemony* (New York: St. Martin's Press, 2008), p. 66.

43. Income: "Gross national income per capita 2008, Atlas method and PPP," World Bank, 2008.

44. Ron Hira, "The Globalization of Research, Development and Innovation," in Richard McCormack, ed., *Manufacturing a Better Future for America* (Washington: Alliance for American Manufacturing, 2009), p. 171.

45. "Worldwide and U.S. Business Process Outsourcing 2006–2010," IDC, November 14, 2006.

46. Alan S. Blinder, "Free Trade's Great, but Offshoring Rattles Me," *The Washington Post*, May 6, 2007, p. B4.

47. Benno Ndulu, "Challenges of African Growth: Opportunities, Constraints, and Strategic Directions," World Bank, 2007, p. 33.

48. United Nations Development Programme, "Human Development Report 2003," UNDP, 2003, p. 34.

49. 詳情請見第 189 頁。

50. 這是目前所能獲得的最新資料。作者的計算是根據：Thomas Anderson, "Foreign Direct Investment in the United States," Bureau of Economic Analysis, June 2009, p. 55. 雖然我們可以辯稱，他國對既有的公司進行投資，讓美國的資本能用於創建新的公司，而且情況的複雜程度，遠非這個單一的統計數據所能衡量，但這項事實還是強烈顯示出，這個領域出了問題。

51. 作者的計算是根據：

2000 年的數據："2000 National Occupational Employment and Wage Estimates, Architecture and Engineering Occupations," Bureau of Labor Statistics, www.bls.gov/oes/2000/oes_17Ar.htm.

2009 年的數據："May 2009 National Occupational Employment and Wage Estimates, United States," Bureau of Labor Statistics, www.bls.gov/oes/2009/may/oes_nat.htm#17-0000.

52. 一如哈佛的 Dani Rodrik 所說：「並沒有任何定理能保證，消費者因為價格降低所獲得的利益，會大於面臨進口品競爭的生產者，在部分均衡 (partial-equilibrium) 情況下的損失。」請參見：2007 年 4 月 28 日在部落格發表的文字，rodrik.typepad.com/dani_rodriks_weblog/2007/04/can_the_wrong_a.html，於 2009 年 11 月 29 日摘錄。

53. "Employment, Hours, and Earnings from the Current Employment Statistics Survey

(National)," Bureau of Labor Statistics, data.bls.gov/cgi-bin/surveymost, accessed January 2, 2011.

54. "International Unemployment Rates and Employment Indexes, Seasonally Adjusted, 2007–2010," Bureau of Labor Statistics, January 6, 2011.

55. 將獄友計入失業者，男性失業率將提高超過一個百分點，某些特定族群的失業率則會增加更多。此外，比起其他已開發國家，美國有更高比例的人從事低薪、沒有前景的工作。

56. 「雖然，美國的平均每人所得（2006 年）比同類型國家的平均值高出 25%，但其中只有十二個百分點的差異，是出於較高的生產力；另外十個百分點，是因為美國勞工每年的平均工作時數較長；而其餘三個百分點，則是因為美國人口中，有較高的比例投入就業。」請參見：Lawrence Mishel, Jared Bernstein, and Heidi Shierholz, *The State of Working America 2008-2009* (Ithaca, NY: Cornell University Press, 2009), p. 366.

57. 資料來源同上：p. 380.

58. Paul Krugman, "Trouble With Trade," *The New York Times*, December 30, 2007.

59. Wolfgang Stolper and Paul Samuelson, "Protection and Real Wages," *Review of Economic Studies*, November 1941, p. 58.

60. 這當然不是事情的全貌，不過對於現階段的分析而言，已經夠貼近現實了。

61. Dani Rodrik, *Has Globalization Gone Too Far?* (Washington: Institute for International Economics, 1997), p. 12. 所得分配不均程度的惡化，也是 Edward Learner 用包含三種生產要素（非技術勞工、技術勞工、及資本）的模型所預測得出的結果。請參見："Wage Effects of a U.S.-Mexican Free Trade Agreement," *The Mexico-U.S. Free Trade Agreement*, P. M. Garber, ed. (Cambridge, MA: MIT Press, 1993), pp. 57-125.

62. Joseph Stiglitz, *Making Globalization Work* (New York: W.W. Norton & Co., 2006), p. 45.

63. Angus Maddison, "Historical Statistics of the World Economy 1-2006 AD," University of Groningen, March 2009, www.ggdc.net/maddison/Historical_Statistics/horizontal-file_-3-2009.xls.

64. Robert C. Feenstra, *Advanced International Trade: Theory and Evidence* (Princeton, NJ: Princeton University Press, 2004), p. 101.

65. 請參見：Peter H. Lindert and Jeffrey G. Williamson, "Does Globalization Make the World More Unequal?" National Bureau of Economic Research, April 2001, p. 33. 這也是以下這份資料所估計的高點值："The U.S. Trade Deficit: Causes, Consequences and Recommendations for Action," U.S. Trade Deficit Review Commission, 2000, pp. 110-118. 根據 William Cline 在 *Trade and Income Distribution* (Washington: Institute for International Economics, 1997) 一書中所寫，近年來，所得分配不均的惡化，有 37% 是肇因於貿易。也可參見：Thomas Palley, "Accounting for income inequality in the U.S.," AFL-CIO Technical Papers, 1999. 其中指出，若考量貿易對於工會組織率 (unionization rates) 的負面影響，則所得分配更為不均的情形，有 34% 可歸咎於貿易的擴大。

66. Josh Bivens, "Globalization and American Wages: Today and Tomorrow," Economic Policy Institute, October 10, 2007, p. 2. 技術上而言，這篇學術論文衡量的是貿易量增加所帶來的衝擊，而非自由貿易本身所造成的影響。

67. "New Wage and Benefit Structure for Entry-Level Employees," United Auto Workers, www. uaw.org/contracts/07/gm/gm03.php.

68. Peter Whoriskey, "UAW's Sacrifices Look to Some Like Surrender," *The Washington Post*, December 20, 2008.

69. Louis Uchitelle, "Two Tiers, Slipping Into One," *The New York Times*, February 26, 2006.

■ 第二章 赤字、期間長度、及負面的效率

1. 想看自由貿易派人士如何將貿易赤字描繪成一種正常財（人民所得愈高，需求愈大的商品），請參見：Cato Institute's Daniel T. Griswold, "The U.S. Trade Deficit: A Sign of Good Time," testimony before U.S. Trade Deficit Review Commission, August 19, 1999.

2. Dan Griswold, *Mad about Trade* (Washington, DC: Cato Institute, 2009), p. 73.

3. 很顯然地，這個上限會隨著時間而改變，但這不代表它在任何一個時間點上都具有無窮的彈性。債信評比機構會存在不是沒有道理的。

4. 這裡有一個例外，那就是：如果我們的赤字是來自於資本財的進口，而非消費財的進口。然而，這不過是表示，我們進口了可以用來生產更多商品的東西，所以，我們又回到了①的情況。

5. 此為初步數字，而非增減相抵後的淨額。

6. 這些是初步數字，而非淨增加的工作機會。那些本來會受雇製造飛機的勞工，大概都能找到其他的工作（循環性及摩擦性失業者除外）。

7. James K. Jackson, "Foreign Ownership of U.S. Financial Assets: Implications of a Withdrawal," Congressional Research Service, January 14, 2008, p. 1.

8. "U.S. Net International Investment Position at Yearend 2009," Bureau of Economic Analysis, June 25, 2010.

9. Greg Jensen and Jason Rotenberg, "Bridgewater Daily Observations," Bridgewater Associates, March 25, 2003, p. 1.

10. "International Investment Position of the United States at Yearend, 1976–2008," Bureau of Economic Analysis, 2009, www.bea.gov/international/xls/intinv08_t2.xls.

11. 此為 2004 年的資料。作者的計算是根據 Robert Scott 的論文中，David Ratner 的附錄。請參見：Robert Scott, "Revisiting NAFTA," Economic Policy Institute, 2006, Tables 1-1a, 1-1b. 需要注意的是，這裡的工作機會指的是毛額，而非淨額（即新增的工作機會，扣除喪失的工作機會）。因為，受到進口影響而失去工作的勞工，最終大概都會找到其他的工作（雖然這些工作的待遇可能很差）。所謂的失業率，主要是景氣循環及實質最低工資的函數，而非貿易所帶來的收穫或損失。

12. Raymond L. Richman, et al., *Trading Away Our Future: How to Fix Our Government-Driven Trade Deficits and Faulty Tax System Before It's Too Late* (Pittsburgh: Ideal Taxes Association, 2008), p. 2.

13. "China's Financial System and Monetary Policies: The Impact on U.S. Exchnage Rates, Capital Markets, and Interest Rates," hearing of U.S.-China Economic and Security Review Commission, August 22, 2006, p. 93.

14. William Bahr, *The Economic Consequences of Blind Faith in Free Trade* (Draft), Ch. 5.

William A. Lovett 在 2004 年估計：「透過更為強健、以對等互惠為基礎的貿易政策，美國的 GDP 應該可以高出 10-20% 的。」請參見：William Anthony Lovett, Alfred E. Eckes, & Richard L. Brinkman, *U.S. Trade Policy: History, Theory and the WTO* (Armonk, NY: M.E. Sharpe & Co., 1999), p. 130. 針對這個問題的規模所進行的另一個估計，是由 MBG Information Services 的經濟學家 Charles McMillion 所作。他指出，在 1980 年之前的二十五年間，美國的實質 GDP 平均每年成長 3.8%；但是在之後的二十五年間，隨著美國的貿易逆差不斷膨脹，其 GDP 的成長速度只剩下 3.1%。請參見：Charles McMillion, "Guest Editorial: Forever in Their Debt," *Manufacturing & Technology News*, October 25, 2006, p. 5.

15. "Fiscal Year 2010 Budget Overview Document," Office of Management and Budget, 2009, Table S-3.

16. 資料來源同註解 7.。

17. Net international obligations, per Mark Whitehouse, "U.S. Foreign Debt Shows Its Teeth As Rates Climb: Net Payments Remain Small But Pose Long-Term Threat to Nation's Living Standards," *The Wall Street Journal*, September 25, 2006, p. A1.

18. Matthew Higgins, Thomas Klitgaard, and Cedric Tille, "Borrowing Without Debt? Understanding the U.S. International Investment Position," Federal Reserve Bank of New York, 2006, p. 7.

19. 由位於布魯塞爾的智庫 BRUEGELA、位於首爾的「韓國國際經濟研究院」(Korea Institute for International Economic Policy)、及位於華盛頓的「彼得森國際經濟研究所」(Peterson Institute for International Economics) 最近所作的一份報告指出：「由市場所引領的調整，可能會涉及全球性衰退、關鍵匯率和資產價格突然且過度的變動，並導致貿易爭端的惡化。全球金融市場最近的動盪，提醒了我們未能及時作出因應所會帶來的危險。」請參見：Alan Ahearne, William R. Cline, Kyung Tae Lee, Yung Chul Park, Jean Pisani-Ferry, and John Williamson, "Global Imbalances: Time for Action," Peterson Institute for International Economics, March 2007, p. 3.

20. Robert A. Blecker, "The Ticking Debt Bomb: Why the U.S. International Financial Position Is Not Sustainable," Economic Policy Institute, June 1, 1999, p. 11.

21. Lawrence Mishel and Jared Bernstein, "Economy's Gains Fail to Reach Most Workers' Paychecks," Economic Policy Institute, August 30, 2007, Figure A.

22. 嚴格來說，這是指個人消費支出 (personal consumption spending)。此為 2012 年第一季的數字。請參見："National Income and Product Accounts Tables," "Table 1.1.10. Percentage Shares of Gross Domestic Product," Bureau of Economic Analysis, bea.gov/iTable/iTable.cfm?ReqID=9&step=1.

23. Diana Farrell, Susan Lund, Eva Gerlemann, and Peter Seeburger, "The New Power Brokers: Gaining Clout in Turbulent Markets," McKinsey Global Institute, June 2008, p. 20.

24. Sovereign Wealth Fund Institute, 2011, www.swfinstitute.org/swfs/government-of-singapore-investment-corporation 及 www.swfinstitute.org/swfs/temasek-holdings.

25. 資料來源同上：www.swfinstitute.org/swfs/norway-government-pension-fund-global.

26. 資料來源同上：www.swfinstitute.org/swfs/kuwait-investment-authority.

27. 資料來源同上：www.swfinstitute.org/swfs/china-africa-development-fund, www.swfinstitute.org/swfs/china-investment-corporation, www.swfinstitute.org/swfs/national-social-security-fund 及 www.swfinstitute.org/swfs/safe-investment-company.

28. Testimony of David Marchick Before U.S.-China Economic & Security Review Commission on "The Extent of the Government's Control of China's Economy, and Its Impact on the United States," May 24, 2007.

29. "The CPP Fund and CPP Investment Board are not Sovereign Wealth Funds," Canada Pension Plan Investment Board, December 10, 2007, www.cppib.ca/files/PDF/SWFBkgr_Dec10_2007.pdf.

30.–31. Diana Farrell, Susan Lund, Eva Gerlemann, and Peter Seeburger, "The New Power Brokers: Gaining Clout in Turbulent Markets," McKinsey Global Institute, June 2008, p. 6.

32.–34. 資料來源同上：Exhibit 2, pp. 6, 9.

35. "Annual Report to Congress: Report Period: CY 2010," Committee on Foreign Investment in the United States, December 2011, p. 2.

36. Ambassador John Veroneau, "The Challenges of Foreign Investment," speech to United States Council for International Business, February 26, 2008.

37. Zhou Jiangong, "China on Wall Street: Buy? Yes. Lend? No," ChinaStakes.com, October 2, 2008.

38. 中國的 GDP："China," *CIA World Factbook*, Central Intelligence Agency, www.cia.gov/library/publications/the-world-factbook/geos/ch.html.
    美國自中國的進口："Trade with China: 2010," U.S. Census Bureau, www.census.gov/foreign-trade/balance/c5700.htm1#2010.

39. "China Says Domestic Demand Can't Fill Export Hole," Reuters, May 14, 2009.

40. "General Agreement on Tariffs and Trade," World Trade Organization, 1947, www.wto.org/english/docs_e/legal_e/gatt47_01_e.htm.

41. "Articles of Agreement," International Monetary Fund, 1945, www.imf.org/external/pubs/ft/aa/aa06.htm#3.

42. 關於這裡的分析，Joseph Stiglitz 提供了一個很好的範例。請參見："Factor Price Equalization in a Dynamic Economy," *Journal of Political Economy*, May/June 1970, especially p. 466.

43. 根據這場思考實驗所假定的，疏懶國進口的是消費財。如果它進口的是資本財，也就是那些可以增加它未來生產力的商品，它大概不會出問題。但美國並沒有這麼做。

44. 想要看與此相似的詳細推導過程，請參見：Joseph E. Stiglitz, "Factor Price Equalization in a Dynamic Economy," *Journal of Political Economy*, May/June 1970, especially p. 466.

45. 請見第 27 頁。

46. 不過，億萬富翁巴菲特並未忽略這點。他將這兩類國家稱為「勤儉村」和「浪費村」，只是他沒有檢視這在理論上的問題究竟有多深。

47. 這是馬克思‧韋伯 (Max Weber) 在他 1905 年的《新教倫理與資本主義精神》(*The Protestant Ethic and the Spirit of Capitalism*) 一書中的著名論點。

48. Robert W. Parenteau, "U.S. Household Deficit Spending," Levy Economics Institute, November 2006, p. 8.

49. "Household Debt Service and Financial Obligations Ratios," Federal Reserve Board, federalreserve.gov/releases/housedebt/default.htm.

50. 作者的計算是根據：

美國的債務：Federal Reserve, "Flow of Funds Accounts of the United States: Flows and Outstandings, Third Quarter 2011," December 8, 2011.

美國的 GDP：Press Release, Bureau of Economic Analysis, "National Income and Product Accounts Gross Domestic Product, 4th quarter 2011 and annual 2011 (second estimate)," February 29, 2012.

51. Don Evans, Hearing before Committee on Financial Services, "U.S. Interests in the Reform of China's Financial Sector," U.S. House of Representatives, June 6, 2007, ftp.resource.org/gpo. gov/hearings/110h/37551.txt.

52. "The China Effect: Assessing the Impact on the U.S. Economy of Trade and Investment with China," China Business Forum, 2008.

53. 在柯林頓執政的時期，美國的貿易代表 Charlene Barshefsky 及商務部長 William M. Daley 提出了這種主張。

54. Henry M. Paulson, Jr., speech before the Economic Club of Washington, March 1, 2007.

55. Gavin Cameron and Christopher Wallace, "Macroeconomic Performance in the Bretton Woods Era, And After," University of Oxford, October 2002, pp. 4-5.

56. Former IMF chief economist Simon Johnson, "The Qiet Coup," *The Atlantic*, May 2009.

57. Kathleen Burke and Alec Cairncross, *Goodbye, Great Britain: The 1976 IMF Crisis* (New Haven, CT: Yale University Press, 1992), p. 5. 不論英國在這段時期有哪些問題，都不會包含超額借貸及資產拋售。

58. John Maynard Keynes, "Proposal for an International Clearing Union," in John Maynard Keynes, *The Collected Writings of John Maynard Keynes*, vol. 25 (Cambridge, UK: Cambridge University Press, 1980), p. 170.

59. Jeffrey W. Helsing, *Johnson's War/Johnson's Great Society: The Guns and Butter Trap* (Westport, CT: Praeger Publishers, 2000), p. 230.

60. 尼克森曾在 1970 年嘗試調高利率來維護這個體制，可是由於 1972 年的選舉即將到來，他的這個措施在政治上的不利影響實在太大，因而又要求聯準會收回成命。

61. Naomi Klein, *The Shock Doctrine: The Rise of Disaster Capitalism* (New York: Metropolitan Press, 2007).

62. Dani Rodrik, "The Rush to Free Trade in the Developing World: Why So Late? Why Now? Will it Last?" in Stephan Haggard and Steven B. Webb, eds., *Voting for Reform: Democracy, Political Liberalization and Economic Adjustment* (New York: Oxford University Press, 1994), p. 81.

63. Eamonn Fingleton, *In the Jaws of the Dragon: America's Fate Under Chinese Hegemony* (New York: St. Martin's Press, 2008), p. 128.

■ 第三章　行不通的貿易問題對策

1. 例如，他在總結 1993 年的該回合 GATT 談判時說道：「這個新協定將帶來出口榮景，因而在美國促成更多的工作機會及更高的所得。」請參見：President Bill Clinton speech, December 15, 1993, quoted in U.S. Department of State Dispatch, December 20, 1993.

2. "U.S. International Trade in Goods and Services, 1992–Present," U.S. Census Bureau, www.census.gov/foreign-trade/statistics/historical/exhibit_history.xls. 運用 "Gross Domestic Product: Implicit Price Deflator" 將 1992 年的數字調整為 2010 年的美元。請參見："Gross Domestic Product: Implicit Price Deflator," Bureau of Economic Analysis, research.stlouisfed.org/fred2/data/GDPDEF.txt.

3. 作者的計算是根據 2008 年的進出口。

4. 1992 年時，美國對墨西哥的出口為 406 億美元；2008 年時，這個數字增為 1,512 億美元。請參見："Trade with Mexico," U.S. Census Bureau, www.census.gov/foreign-trade/balance/c2010.html #2009. 墨西哥只供應了 3% 的初級原物料及包裝。請參見："How Much Maquiladora Output is Made in Mexico," *Cross-Border Economic Bulletin*, June 2001.

5. 作者的計算是根據：
美國的進口及出口：Census Bureau, "U.S. International Trade in Goods and Services," census.gov/foreign-trade/statistics/historical/gands.txt.
美國的 GDP：Bureau of Economic Analysis, "National Economic Accounts: Gross Domestic Product," bea.gov/national/xls/gdplev.xls

6. 作者的計算是根據 2010 年的資料："Value Added by Industry as a Percentage of Gross Domestic Product," Bureau of Economic Analysis, www.bea.gov/industry/gpotables/gpo_action.cfm?anon=108681&table_id=24753&format_type=0

7. 也可參見：David Hale, "Don't Rely on the Dollar to Reduce the Deficit," *Financial Times*, January 25, 2005.

8. U.S. Census Bureau, "U.S. Trade in Goods and Services—Balance of Payments (BOP) Basis," February 10, 2012, www.census.gov/foreign-trade/statistics/historical/gands.txt.

9. 作者的計算是根據："Total Value of U.S. Agncultural Trade and Trade Balance, Monthly: updated 12/10/2010," U.S. Dept. of Agriculture, www.ers.usda.gov/Data/Fatus/DATA/moUStrade.xls.

10. 不論如何，即使單從理論來看，這個關聯只有在均衡時才會存在。如果把各種外生的巨大衝擊納入考量（例如，因為社會主義衰退，導致全球貿易體系突然之間，湧進了數十億的新勞工），則世界可能會有數十年的時間是處於不均衡的狀態。

11. 資料取自："World Cost Curve for Steel Sheet Plants," World Steel Dynamics, quoted in "Steel Industry Trends," International Steel Group, 2004, p. 37.

12. 這當然不是說，直接勞動成本是唯一的生產成本。因為如果真是如此，那麼在這個數字水準下，美國的鋼鐵業者顯然不可能會有競爭力。

13. "Major Sector Productivity and Costs Index," Bureau of Labor Statistics, data.bls.gov/PDQ/outside.jsp?survey=pr.

14. 精確而言，是 10.7%。作者的計算是根據："Major Sector Productivity and Costs Index," Bureau of Labor Statistics, data.bls.gov/cgi-bin/surveymost.

15. Madeline Zavodny, "Unions and the Wage-Productivity Gap," *Federal Reserve Bank of Atlanta Economic Review*, Q2 1999, Chart 2. 也可參見：Lawrence Mishel, Jared Bernstein, and Heidi Shierholz, *The State of Working America 2008/2009* (Ithaca, NY: Cornell University Press, 2009), Chapter 3, Figure 30.

16. William Greider, *One World, Ready or Not* (New York: Touchstone Press, 1997), p. 75.

17. 關於 TAA 的效能，有一份結論較為負面的評估，請參見：General Accounting Office, "Trade Adjustment Assistance: Trends, Outcomes, and Management Issues in Dislocated Worker Programs," GAO-01-59, October 2000. TAA 同時也是一套嚴重喪失功能的計畫。美國國際貿易法庭 (U.S. Court of International Trade) 最近的一項判決指出（BMC 軟體公司前員工與美國勞工部長的訴訟案），TAA 慣於拒絕勞工提出的合理協助要求。

18.-19. Organization for Economic Cooperation and Development, "Education at a Glance 2009: OECD Indicators," OECD, 2009, Tables A1, 2a and Chart A3. 1.

20. Stephane Baldi, Ying Jin, Melanie Skemer, Patricial J. Green, & Deborah Herget, "Highlights from PISA 2006: Performance of U.S. 15-Year-Old Students in Science and Mathematics Literacy in an International Context," National Center for Education Statistics, December 2007, p. iii.

21. "State & County Estimates of Low Literacy," National Assessment of Adult Literacy, nces.ed.gov/naal/estimates/StateEstimates.aspx.

22. Census Bureau figure, reported in Michael Mandel, "College: Rising Costs, Diminishing Returns," *Business Week*, September 28, 2009, p. 20. 2000 年的原始資料是來自："Educational Attainment—People 25 Years Old and Over, by Total Money Earnings in 2000, Work Experience in 2000, Age, Race, Hispanic Origin, and Sex," pubdb3.census.gov/macro/032001/perinc/new03_021.htm；2008 年的原始資料是來自："Educational Attainment—People 25 Years Old and Over, by Total Money Earnings in 2008, Work Experience in 2008, Age, Race, Hispanic Origin, and Sex," www.census.gov/hhes/www/cpstables/032009/perinc/new03_021.htm.

23. David R. Howell, "The Skills Myth," *The American Prospect,* June 23, 1994.

24. Interview, "Why should Democrats be for more trade deficits?" *Manufacturing & Technology News*, January 5, 2007, p. 9.

25. 2010 年的資料。請參見："World Development Indicators," World Bank, databank.worldbank.org/ddp/home.do?Step=12&id=4&CNO=2.

26. Michael Arndt, "The U.S. Is Losing Its Lead in Patents," *Business Week*, April 22, 2009.

27. Richard McCormack, "A Big Lump of Coal: President & Congress Give A Christmas Present to the Federal Science Agencies," *Manufacturing & Technology News*, December 21, 2007.

28. "Budget of the United States Government: Fiscal Year 2009," U.S. Government Printing Office, www.gpoaccess.gov/usbudget/fy09/browse.html.

29. Organization for Economic Cooperation and Development, "OECD Science, Technology and Industry Scoreboard 2007," Graph A-2, oberon.sourceoecd.org/vl=961237/cl=27/nw=1/rpsv/sti2007/ga2-4.htm.

30. "Technology Indicators: Move Over U.S.—China to be New Driver of World's Economy and Innovation," *Georgia Tech Research News*, January 24, 2008, www.gtresearchnews.gatech.edu/newsrelease/high-tech-indicators.htm. 該研究報告登載於：www.tpac.gatech.edu/hti.php.

31. Thomas Friedman 曾寫道：「中國很快就要遇到一個關鍵點，如果政治再不改革，經濟就不能再成長。沒有新聞自由，沒有活躍的公民社會機構，腐敗是不可能根除的。法律不完備，經濟不可能真正有效率的。政治不開放，不讓民怨得以抒發，中國就不可能有能力處理必然會來的經濟衰退。」請參見：Thomas Friedman 著／楊振富、潘勛譯 (2005)，《世界是平的》(*The World Is Flat*)，雅言文化，頁 115。

32. "Article IV Consultation with the People's Republic of China," International Monetary Fund, July 22, 2009, www.imf.org/external/np/sec/pn/2009/pn0987.htm.

33. "Intel CEO Barrett: India and U.S. Are A Lot Alike," *Manufacturing & Technology News*, September 17, 2007, p. 9.

34. International Monetary Fund, "Report for Selected Countries and Subjects," www.imf.org/external/pubs/ft/weo/2009/01/weodata/weorept.asspx?pr.x=25&pr.y=15&sy=1987&ey=2008&ssd=1&sort=country&ds=.&br=1&c=924%2C534&s=NGDPDPC&grp=0&a=.

35. 現居東京的財經新聞工作者 Eamonn Fingleton 對此有詳盡的描述。請參見：*In the Jaws of the Dragon: America's Fate Under Chinese Hegemony* (New York: St. Martin's Press, 2008).

36. "The History of the Sony Walkman," inventors.about.com/od/wstartinventions/a//Walkman.htm.

37. Emst & Young, "Q1'09 Global IPO Update," April 2009, p. 9.

38. 不論如何，日本所擁有的反抗文化創意 (countercultural creativity) 遠比一般人所以為的還要多。

39. Alvin Toffler, *Future Shock* (New York: Bantam, 1970); George Gilder, *Telecosm: How Infinite Bandwidth Will Revolutionize Our World* (New York: Free Press, 2000); Virginia Postrel, *The Future and Its Enemies* (New York: Pocket Books, 1999); John Naisbitt, *Megatrends: Ten New Directions Transforming Our Lives* (New York: Warner Books, 1982).

40. Newt Gingrich, *To Renew America* (New York: Harper Paperbacks, 1995), pp. 56-68.

41. "Value Added by Industry as a Percentage of Gross Domestic Product," Bureau of Economic Analysis, www.bea.gov/industry/gpotables/gpo_action.cfm.

42.-43. Josh Bivens, "Shifting Blame for Manufacturing Job Loss: Effect of Rising Trade Deficit Shouldn't Be Ignored," Economic Policy Institute, April 8, 2004.

44. "Innovation Index: Where America Stands," Council on Competitiveness, 2006.

45. 據估計，中國的出口當中，進口成分所佔的比重約為 50%。Robert Koopman, Zhi Wang, and Shang-Jin Wei, "How Much of Chinese Exports is Really Made In China? Assessing Domestic Value-Added When Processing Trade is Pervasive," National Bureau of Economic Research, June 2008, p. 4.

46. 此為 2005 年的資料。請參見：Greg Linden, Kenneth L. Kraemer, and Jason Dedrick, "Who Captures Value in a Global Innovation System? The Case of Apple's iPod," Personal Computing Industry Center, University of California at Irvine, June 2007, p. 6.

47. 此為 2006 年的資料。請參見：Greg Linden, Jason Dedrick, and Kenneth L. Kraemer, "Innovation and Job Creation in a Global Economy: The Case of Apple's iPod," Personal Computing Industry Center, University of California at Irvine, January 2009, p. 7.

48. Ross Perot and Pat Choate, *Save Your Job, Save Our Country* (New York: Hyperion, 1993), p. 69. 也可參見：Susan Helper, "The High Road for U.S. Manufacturing," *Issues in Science and Technology*, National Academy of Sciences, Winter 2009.

49. Michigan Manufacturing Technology Center, "The National Context: Is Manufacturing in the U.S. Toast?" *ManufactLINE*, September 2007, p. 12.

50. National Research Council, *Dispelling the Manufacturing Myth: American Factories Can Compete in the Global Marketplace* (Washington: National Academies Press, 1992), Chapter 2.

51. Charles McMillion, "The Economic State of the Union, 2008," *Manufacturing & Technology News*, January 24, 2008.

52. 作者的計算是根據：Greg Linden, Kenneth L. Kraemer, and Jason Dedrick, "Who Captures Value in a Global Innovation System? The Case of Apple's iPod," Personal Computing Industry Center, University of California at Irvine, p. 6. 需要注意的是，這 140 美元的數字，包含了中國將進口自其他國家（包含美國）的零組件，再度出口的價值。

53. "Small Manufacturers Make The Case For An Across-the-Board 'Surcharge' On Imports," *Manufacturing & Technology News*, July 24, 2006, p. 11.

54.–56. Paul Craig Roberts, "A Workforce Betrayed: Watching Greed Murder the Economy," *Manufacturing & Technology News*, July 31, 2008.

57. Stephen S. Cohen and John Zysman, *Manufacturing Matters: The Myth of the Post-Industrial Economy* (New York: Basic Books, 1988), p. 8. 顯然地，不應該把這段話解讀成在暗示研究與生產功能是無法切割的，特別是對於那些根據過去的創新所進行的例行性產品生產。不過，實際的情形仍然是：將研究與生產分割的作法，難以與將兩者進行更多整合的作法競爭。

58. Richard Florida and Martin Kenney, *The Breakthrough Illusion* (New York: Basic Books, 1990), p. 8.

59. "SAIC scientist says U.S. needs a broad new system to commercialize technology," *Manufacturing & Technology News*, March 17, 2006, p. 11.

60. Richard J. Elkus, *Winner Take All: How Competitiveness Shapes the Fate of Nations* (New York: Basic Books, 2008), p. 46.

61. Thomas Friedman, *The World is Flat* (New York: Picador, 2005), p. 269.

62. 對於 Thomas Friedman 禁不起實際資料考驗的經濟觀點，這裡提供一份嚴謹的學術批判供作參考：Alan Rugman and Chang H. Oh, "Friedman's Follies: Insights on the Globalization Debate," *Business and Politics*, August 2008.

63.–65. Arie Y. Lewin and Vinay Couto, *Next Generation Offshoring: The Globalization of Innovation* (Durham, NC: Fuqua School of Business, Duke University, 2007), pp. 7, 19.

66. Jeffrey Immelt, "Letter to Shareholders," General Electric, February 6, 2009.

67. Jim Irwin, "General Electric's Immelt says manufacturing jobs should comprise 20 percent of U.S. employment," Associated Press, June 26, 2009.

68. "HDTV Manufacturers," *HDTV Review Lab*, www.hdtvreviewlab.com/hdtv-manufacturers.

69. Eamonn Fingleton, "Boeing, Boeing, Gone," *The American Conservative*, January 31, 2005.

70.–71. David Pritchard and Alan MacPherson, "Strategic Destruction of the North American and European Aircraft Industry: Implications of the System Integratin Business Model," Canada-United States Trade Center, State University of New York at Buffalo, January 2007, p. 6.

72. Speech by Noel Forgeard, CEO of Airbus, to the International Metalworkers Federation World Aerospace Conference in Toulouse, France, June 19, 2002.

73. Dominic Gates, "Boeing 787 Wing Flaw Extends Inside Plane," *The Seattle Times*, July 30, 2009.

74. 每一款大規模量產的美國製汽電混合動力汽車所使用的科技，其部分或全部的授權（或其他形式的協定，例如專利共享），都是來自於豐田汽車或本田汽車。對於福特汽車的交叉授權科技中，有多少是自己原創的，仍存有某些爭議；而通用汽車本身也只發展了適用於公車的汽電混合動力科技。

75. Jonathan G. Dorn, "Solar Cell Production Jumps 50 Percent in 2007," Earth Policy Institute, December 27, 2007, www.earth-policy.org/datacenter/xls/indicator12_2007_3.xls.

76. Per Krogsgaard and Birger T. Madsen, "International Wind Energy Development: World Market Update 2009," BTM Consult ApS, March 25, 2009.

77. Christian E. Weller and Holly Wheeter, "Our Nation's Surprising Technology Trade Deficit," Center for American Progress, March 2008, p. 3.

78. "U.S. Trade with China in Advanced Technology Products," Census Brueau, www.census.gov/foreign-trade/statistics/product/atp/2008/12/ctryatp/atp5700.html, accessed November 30, 2009.

79. "Value of Exports, General Imports, and Imports by Country by 3-digit NAICS: China (5700)," U.S. Census Bureau, censtats.census.gov/cgi-bin/naic3_6/naicCty.pl. 電子產品包含了電腦，但不計入被歸類為電器產品的項目；成衣包含服飾配件；玩具則包含遊戲器材及供孩童騎乘的交通工具。

80. James Burke, "U.S. Investment in China Worsens Trade Deficit," Economic Policy Institute, May 1, 2000, p. 2.

81. Robert E. Scott, "China Dominates U.S. Non-Oil Trade Deficit in 2009," Economic Policy Institute, July 23, 2009. Data from U.S. International Trade Commission.

82. 2009 figure through Q3, "Exports, Imports, and Balance of Advanced Technology Products by Technology Group and Selected Countries and Areas," U.S. Census Bureau, www.census.gov/foreign-trade/Press-Release/current_press_release/exh16a.pdf.

83. "Global Patterns of U.S. Merchandise Trade," U.S. International Trade Administration, tse.export.gov/NTDChart.aspx?.

84. "2007 U.S. Exports of Aerospace Vehicles and Equipment," U.S. Department of Commerce,

www.trade.gov/wcm/groups/internet/@trade/@mas/@man/@aai/documents/web_content/aero _stat_expqtr.pdf 及 "2007 U.S. Imports of Aerospace Vehicles and Equipment," www.trade. gov/wcm/groups/public/@trade/@mas/@man/@aai/documents/web_content/aero_stat_impqtr. pdf.

85. "Akio Morita, Co-Founder of Sony and Japanese Business Leader, Dies at 78," *The New York Times*, October 4, 1999.

86. "International Trade (MEI): International Trade Exports," Organization for Economic Cooperation and Development, 2009, stats.oecd.org.

87. Laura D'Andrea Tyson, *Who's Bashing Whom? Trade Conflict in High Technology Industries* (Washington: Institute for International Economics, 1993), p. 100. 也可參見: William Greider, *One World, Ready or Not* (New York: Touchstone Press, 1997), p. 367. 想了解被併購的壓力，如何驅使管理階層犧牲長期利益以增加短期利潤，可參見以下這份不錯的分析: Jeremy Stein, "Takeover Threats and Managerial Myopia," *Journal of Political Economy*, February 1988.

88. James Jacobs, "The Diminished Role of Training and Education in Manufacturing and the Imperative for Change," in Richard McCormack, ed., *Manufacturing a Better Future for America* (Washington: Alliance for American Manufacturing, 2009), p. 235.

89. William Greider, *One World, Ready or Not* (New York: Touchstone Press, 1997), p. 136.

90. David C. Mowery and Joanne Oxley, "Inward Technology Transfer and Competitiveness: The Role of National Innovation Systems," p. 159.

91. 資料來源同註解 87.: p. 7.

92. "Nominal per capita GDP Tables," World Economic Outlook Database, International Monetary Fund, imf.org/external/pubs/ft/weo/2008/02/weodataweoselgr.aspx.

93. 某個詳細的估計指出，美元應下滑 43%（這份估計的目標略微不同）。請參見: Goldman Sach's Jim O'Neill, "Features of a Dollar Decline," in C. Fred Bergsten and John Williamson, *Dollar Overvaluation and the World Economy* (Washington: Institute for International Economics, 2003), p. 15.

94. 由於美國 82% 的消費是由國內生產（2008 年資料），美國人的消費大都不會受到美元價格的影響。不過，如果美元的國際購買力下跌一半，則意味著在其他條件不變時，美國的消費將減少 9%。

95. Fabric Suitcases: "Another U.S. Industry Gone," *Manufacturing & Technology News*, November 16, 2007, p. 1.

96. "U.S. International Transactions, by Area—Japan," Bureau of Economic Analysis, www.bea. gov/international/bp_web/simple.cfm?anon=71&table_id=11.

97.–98. "Trade in Goods (Imports, Exports and Trade Balance) with Japan," U.S. Census Bureau, census.gov/foreign-trade/balance/c5880.html.

99. 前美國財政部長 George Shultz 在 1971 年時，曾這麼說:「就算我們調整匯率，到了鐵樹也會開花的地步，我們還是會一無所獲。」請參見: Gabor Steingart, *The War for Wealth: The True Story of Globalization, or Why the Flat World is Broken* (New York: McGraw-Hill, 2008), p. 71.

100. Clyde V. Prestowitz, Jr., *Trading Places: How We Are Giving Our Future to Japan and How to Reclam It* (New York: Basic Books, 1993), p. 61.

101. 想了解日本的關係企業集團的「排擠進口效果」(import-excluding effect)，可參見以下這份不錯的分析： Robert Z. Lawrence, "Efficient of Exclusionist? The Import Behavior of Japanese Corporate Groups," Brookings Institution, 1991.

102. "U.S. Automakers Endorse Japan Currency Manipulation Act, Applaud Stabenow Legislation to Force Action Against Japanese Currency Misalignment," Auto Channel, March 28, 2007.

103. 儘管技術上而言，人民幣自 2005 年 6 月開始適用浮動的匯價，但它仍受到中國政府的管控，以免相對於中國的出口市場的貨幣升值太多。

104. "Heavy in Dollars, China Warns of Depreciation," Reuters, September 3, 2010.

105. "Chinese Currency Manipulation Fact Sheet April 2005," China Currency Coalition, www. Chinacurrencycoalition.org/pdfs/0405_factsheet.pdf.

106. 關於數種不同的估計數字，請參見： Peter Navarro, "Benchmarking the Advantages Foreign Nations Provide Their Manufacturers," in Richard McCormack, ed., *Manufacturing a Better Future for America* (Washington: Alliance for American Manufacturing), p. 127. 也可參見："Chinese Currency Manipulation Fact Sheet April 2005," China Currency Coalition, www.chinacurrencycoalition.org/pdfs/0405_factsheet.pdf, p. 1.

107. 關於這類法案的分析，請參見： Vivian Jones, "Trade Remedy Legislation: Applying Countervailing Action to Nonmarket Economy Countries," Congressional Research Service, January 31, 2008.

108. Bunning-Stabenow: HR 2378, S 1027.

109. Benedicte Vibe Christensen, "Switzerland's Role as an International Financial Center," International Monetary Fund, 1986, p. 21.

110. 人民幣緊釘美元也產生了其他問題，例如，負的實質利率，以及資本為了避免存款的低實質報酬率，所導致的股市投機行為。

111. 自 2010 年 6 月開始產生了一些象徵性的收穫。

112. 約為 2%。根據 David A. Hartquist 的口頭敘述。他代表 China Currency Coalition, Senate Task Force on Manufacturing 發言。October 26, 2007, www.chinacurrencycoalition.org/pdfs/STF_Manf/STF_Manf_oral_report.pdf, slide 2.

113. "Treasury Official Says China Currency Change Won't Impact Imports," *Manufacturing & Technology News*, October 31, 2007, p. 10.

114. 這代表的是由國家所主導，讓特定產業集中在特定區域的作法。例如，底特律是汽車製造中心。

115. Peter Navarro, "Benchmarking the Advantages Foreign Nations Provide Their Manufacturers," in Richard McCormack, ed., *Manufacturing a Better Future for America* (Washington: Alliance for American Manufacturing), p. 109.

116. U.S. House of Representatives, Committee on Energy and Commerce, Subcommittee on Oversight and Investigations, Unfair Foreign Trade Practices: Barriers to U.S. Exports, 99th Cong., 2nd sess., May 1986, Cxommittee Print 99-BB, p. 2.

117. "China's economic policies violate the spirit and letter of World Trade Organization membership requirements," according to "2007 Report to Congress," U.S.-China Economic and Security Review Commission (Washington: U.S. Government Printing Office, 2007), p. 3.

118. Trade balance: "U.S. Trade in Goods and Services—Balance of Payments (BOP) Basis," U.S. Census Bureau, www.census.gov/foreign-trade/statistics/historical/gands.pdf.

■ 第四章　對自由貿易應避免的批判

1. Calvin Colton, *The Speeches of Henry Clay* (New York: Barnes & Co., 1857), vol. 5, p. 221.

2. 海關稅款收入："Import Trade Trends, Fiscal Year 2010 Year-End Report," U.S. Customs & Border Protection, p. 4.
   進口金額："U.S. Trade in Goods and Services—Balance of Payments (BOP) Basis," U.S. Census Bureau, www.census.gov/foreign-trade/statistics/historical/gands.txt.

3. 例如，可以參見：Bill McKibben, *Deep Economy: The Wealth of Communities and the Durable Future* (New York: Henry Holt and Co., 2007), p. 12.

4. 這並不表示在合理的範圍內，特別偏愛某些產品（像是當地生產的食物）是錯的。

5. Jagdish Bhagwati, "Optimal Intervention to Achieve Non-Economic Objectives," *The Review of Economic Studies*, January 1969.

6. 基於非文化的理由來作文化方面的選擇，這種行為稱作「庸俗主義」(philistinism)。

7. Gail Billington, "Malaysian Prime Minister: 'We Had to Decide Things for Ourselves'," *Executive Intelligence Review*, February 19, 1999.

8. 由哈佛商學院教授 Michael Porter 估算。請參見："Porter: Unfair Trade Plays a Role in Declining U.S. Competitiveness," *Manufacturing & Technology News*, June 30, 2008, p. 7.

9. "Competitiveness Index: Where America Stands," Council on Competitiveness, 2007, p. 77.

10. Peter Navarro, *The Coming China Wars: Where They Will Be Fought and How They Can Be Won* (Upper Saddle River: Pearson Education, 2008) p. 25.

11. 關於這個議題的延伸討論，請參見：Robert Reich, *Supercapitalism* (New York: Alfred A. Knopf, 2007), p. 213.

12. 2007 年的數字是 0.8%；作者的計算是根據："Annual Report 2007," Fairtrade Labeling Organizations International, p. 11 and World Food and Agriculture Organization, faostat.fao.org/site/567/DesktopDefault.aspx?PageID=567#ancor. 也有一些鼓舞人心的跡象出現，例如，雀巢最近宣布今後要以來自公平貿易的巧克力，製作在歐洲販售的 Kit-Kat 巧克力棒。

13. 這是對於大企業任職的核心員工而言；他們的公司在財力上有足夠的本錢，可以避免採取遣散行動。在其他地方，則適用不同的規則，例如，小本經營或是低階供應商之類的公司。

14. Clyde V. Prestowitz, Jr., *Trading Places: How We Are Giving Our Future to Japan and How to Reclaim It* (New York: Basic Books, 1993), p. 61.

15. James Bovard, *The Fair Trade Fraud* (New York: Palgrave Macmillan, 1992), p. 172.

16. "Key Elements of the AFL-CIO's 301 Petition Regarding Violation of Workers' Rights in China," AFL-CIO, www.aflcio.org/issues/jobseconomy/globaleconomy/upload/china_keyelements.pdf.

17. Testimony of Harry Wu, Executive Director, Laogai Research Foundation, before U.S.-China Economic and Security Review Commission, June 19, 2008.

18. James O'Toole, "State Looks Like Prime Territory for Clinton," *Pittsburgh Post-Gazette*, March 9, 2008.

19. "GDP (per capita) (1970) by country," Economy Statistics, www.nationmaster.com/red/graph/eco_gdp_percap-economy-gdp-per capita&date=1970.

20. 同理也適用於美國所得差距變大之類的問題。例如，西歐諸國在過去三十年所遭遇的經濟處境兩極化程度，遠小於美國。

21. Stephen Tokarick, "Quantifying the Impact of Trade on Wages: The Role of Nontraded Goods," International Monetary Fund, 2002, p. 14.

22. 當然，若我們將給付給個人的資本報酬視同為「工資」，並針對來自國外的報酬及其他合併因素進行適當的調整。

23. 如果我們忽略貿易與非貿易產業之間的聯結關係，所涉及的各種複雜的相互影響效果，則就初步的概算而言，這會是真的。

24. 關於其他抗衡廉價外國勞工的要素，這裡提供一份良好的摘要報告作為參考：Phillip Blackerby, "We're Moving Overseas! Are We Making a Big Mistake?" Blackerby Associates, 2003, www.blackerbyassoc.com/Overseas.html.

25.~26. 作者的推算是根據 2010 年頭十個月的資料："Trade with Japan," U.S. Bureau of the Census, www.census.gov/foreign-trade/balance/c5880.html#2010 及 "Trade with European Union," U.S. Bureau of the Census, www.census.gov/foreign-trade/balance/c0003.htm#2010.

27. 1965 到 2000 年的資料：*OECD Revenue Statistics 1965-2003* (Paris: Organization for Economic Co-Operation and Development, 2004), Table 12.
2004 年的資料："Fundamental Reform of Corporate Income Tax," OECD, 2007, Table 1.12.

28. 這是 Thomas Friedman 的著作《了解全球化：凌志汽車與橄欖樹》的第六章標題。請參見：Thomas Friedman, *The Lexus and the Olive Tree: Understanding Globalization* (New York: Farrar, Straus and Giroux, 1999).

29. "The Global Competitiveness Report 2009-2010," World Economic Forum, 2009, Table 4, www.weforum.org/en/initiatives/gcp/GlobalCompetitivenessReport/index.htm.

30. Dani Rodrik, "Sense and Nonsense in the Globalization Debate," *Foreign Policy*, Summer 1997, p. 26.

31. 雷根及柴契爾未能真的減少政府收支規模與 GDP 之比，也證實了這點。隨著貿易愈來愈自由，美國自身的社會福利也出現了成長；而美國過去還是個高關稅的經濟體時，其社會福利的規模卻是相當小的。這一切都不是巧合。

32. 之所以會如此是因為，如果我們使用第十章所說明的多重均衡國際貿易模型，則多重均衡的概念顯然也適用於經濟體內部。因此，世界上並不存在某個單一的理想經濟模式，會使所有已開發國家都向其靠攏（即使不考量生產要素稟賦差異之類的問題）。

33. Philip A. Klein, *Economics Confronts the Economy* (Northampton, MA: Edward Elgar, 2006), p. 228.

34. 資料來源同註解 28.：p. 104.

35. 根據某份估計，在 VRA 實施之後，豐田的 Corolla 及日產的 Sentra 在日本與美國販售的價差，從約為 500 美元跳升成 3,000 美元。請參見：Robert W. Crandall, "Detroit Rode Quotas to Prosperity," *The Wall Street Journal*, January 29, 1986. 也可參見：Daniel P. Kaplan, "Has Trade Protection Revitalized Domestic Industries?" Congressional Budget Office, November 1986, p. 86.

36. U.S. International Trade Commission estimate, reported in Daniel P. Kaplan, "Has Trade Protection Revitalized Domestic Industries?" Congressional Budget Office, November 1986, p. 86.

37. Rachel Dardis and Jia-Yeong Lin, "Automobile Quotas Revisited: The Costs of Continued Protection," *Journal of Consumer Affairs*, Winter 1985, p. 19. 也可參見：Joshua Yount, "The Voluntary Export Restraint: Bad Medicine for a Sick Patient," *The Park Place Economist*, 1996, p. 24.

38. 來自部落格貼文：Bill Testa, "Regional Distribution of Assembly Lines," Federal Reserve Bank of Chicago, midwest.chicagofedblogs.org/archives/Auto-Assembly-Table.html.

39. 車型年份為 2006 年。請參見：Thomas H. Klier and James M. Rubinstein, "Whose Part is it? Measuring Domestic Content of Vehicles," Federal Reserve Bank of Chicago, October 2007, p. 1.

40. 沃爾瑪支付的平均工資為每小時 8.23 美元。請參見："Wal-Martization of Workers' Wages and Overtime Pay," United Food and Commercial Workers, www.ufcw.org/press_room/fact_sheets_and_backgrounder/walmart/wages.cfm.

41. 關於不同製造業工作的時薪，請參見：Bureau of Labor Statistics, www.bls.gov/oes/2008/may/oes_nat:htm#b51-0000.

■ 第五章　老掉牙的比較利益理論

1. 作者的計算是根據：J. Bradford DeLong, "Estimating World GDP, One Million B.C.–Present," University of California at Berkeley, May 24, 1998, econ161.berkeley.edu/TCEH/1998_Draft/World_GDP/Estimating_World_GDP.html.

2. A. G. Kenwood and A. L. Lougheed, *The Growth of the International Economy 1820–1900: An Introductory Text* (New York: Routledge, 1999), p. 79.

3. 2008 年，全世界的 GDP（根據匯率換算）為 61.07 兆美元，出口則為 15.97 兆美元。請參見：*CIA World Factbook*, www.cia.gov/library/publications/the-world-factbook/geos/xx.html.

4. 李嘉圖的取捨理論定義出一套標準，符合這套標準，自由貿易才會是有益的。就這點來看，其他理論如果想要為自由貿易辯駁，一定得推導出符合或高於這個標準的結果。

5. 「如果相較於我們自行生產，某國能用更便宜的價格供應這種商品給我們，那麼最好用我們自身具優勢的產業所生產的部分產品，來向他們購買那種商品。」請參見：Adam Smith, *The Wealth of Nations*, Book IV, Chapter 2.

6. Patrick J. Buchanan, *The Great Betrayal: How American Sovereignty and Social Justice Are Being Sacrificed to the Gods of the Global Economy* (New York: Little, Brown and Co., 1998), p. 67.

7. Paul Krugman 曾在 1994 年用了一整篇文章 (Ricardo's Difficult Idea)，來抱怨這個理論對人們來說有多麼難懂。請參見：web.mit.edu/krugman/www/ricardo.htm.

8. 這裡所說的「單位」，大小並不必然相同，而此處也暫不考慮價格，以簡化問題。即使將這些複雜因素加入，這個例子的結果仍會相同。

9. 絕對利益是指同一種產品的成本差異；比較利益則是指不同產品間的成本比例。

10. 比較利益是一個極為基本的經濟原理，因而也適用於資本主義以外的地方，像是 1970 年時，共產主義底下的波蘭與保加利亞之間的貿易。其中的差別在於，由於共產主義沒有自由市場，所以無法透過價格體系讓比較利益自行運作。因此，中央計畫的制定者，必須用某種方式來設算各個貿易夥伴的比較利益。

11. 李嘉圖自己的例子如下：「兩人都能製作鞋子及帽子，其中一人在兩項工作上都比另一個人強。不過，如果是製作帽子，他只能比對手多生產五分之一或 20%；如果是製作鞋子，他則可以比對手多生產三分之一或 33%。因此，如果這個比較厲害的人專心製鞋，並讓實力較弱的那個人做帽子，難道不會對兩人都比較有利嗎？」請參見：David Ricardo, *The Principles of Political Economy and Taxation* (Mineola, NY: Dover Publications, 2004), p. 136.

12. Paul A. Samuelson, "Where Ricardo and Mill Rebut and Confirm Arguments of Mainstream Economists Supporting Globalization," *Journal of Economic Perspectives*, Summer 2004, p. 135.

13. Jorge G. Castañeda and Carlos Heredia, et al., *The Case Against Free Trade: GATT, NAFTA, and the Globalization of Corporate Power* (San Francisco: Earth Island Press, 1993), p. 87.

14. Danny M. Lepziger, *Lessons from East Asia* (Ann Arbor, MI: University of Michigan Press, 2001), p. 85.

15. 不論如何，自願性的交易必然帶來雙贏的想法，具有誤導性，因為它完全沒有提到交易發生時，相對議價力量這個背景因素。畢竟，對一個挨餓的人來說，賣掉自己的鞋子也可能算是一種雙贏！

16. James Bovard, *The Fair Trade Fraud: How Congress Pillages the Consumer and Decimates American Competitiveness* (New York: Palgrave Macmillan, 1992), p. 5.

17. 其他的問題，容後詳述。

18. 請參見第 56-58 頁。

19. Joseph Kahn & Jim Yardley, "As China Roars, Pollution Reaches Deadly Extremes," *The New York Times*, August 25, 2007, p. A1.

20. 當然存在某些反向的壓力，因為有些汙染的成本無法被外部化。這與個別企業的情況不同，就國家整體經濟這個層級而言，這種情形尤為真切。舉例來說，這是為什麼中國現在似乎會投入一些心力來管控汙染的原因。此外，也可以從實證上質疑這種「支持汙染」的誘因到底有多強。儘管如此，這裡所說的支持動能顯然是真的，不論其程度大小為何。

21. "Genuine Progress Indicator," Redefining Progress, www.rprogress.org/sustainability_indicators/genuine_progress_indicator.htm.

22. John Cavanagh, Jerry Mander, et al., *Alternatives to Economic Globalization: A Better World is Possible* (San Francisco: Berrett-Koehler, 2002), p. 204.

23. 「汽車勞工的時薪為 70-73 美元」，這個常被引用的數字，其實包含了醫療福利與員工退休成本等。他們的金錢工資約為每小時 28 美元，加上 2.25 美元的薪資稅，以及 7 美元的醫療保險費用。請參見：United Auto Workers.

24. 直到 2010 年 10 月為止，達 33.6 小時。"Employment & Earnings, November 2010," Bureau of Labor Statistics, p. 71, www.bls.gov/opub/ee/empearn201011.pdf. 稍早曾經說過，美國人的工作時數一般都高於西歐的其他已開發國家，但這點與這裡所說的情形並不互相矛盾，因為那些西歐國家的每週法定工作時數甚至比美國的還要來得少。請參見："Annual Hours Worked: Per Capita and Per Worker, 2008," Organization for Economic Cooperation and Development, 2009, stats.oecd.org/Index.aspx?DataSetCode=ANHRS.

25. 此為世界銀行的數據，為 John MacArthur 所引用。請參見：John MacArthur, *The Selling of "Free Trade": NAFTA, Washington, and the Subversion of American Democracy* (New York: Hill & Wang, 2000) p. 81.

26. Sherrod Brown, *Myths of Free Trade: Why America's Trade Policies Have Failed* (New York: The New Press, 2004), p. 137.

27. 較低的消費者物價等同於較高的實質工資（經過物價調整後）。

28. 我們曾在第二章提到貿易逆差會減少眼前的工作機會，我們指的是工作機會的毛額，而非淨額。

29. Betty McGrath, Employment Security Commission of North Carolina, statement before U.S.-China Economic and Security Review Commission, September 6, 2007, p. 3.

30. Bureau of Labor Statistics, quoted in Louis Uchitelle, "Retraining Laid-Off Workers, But for What?" *The New York Times*, March 2, 2006.

31. Quoted in Robert Kuttner, *Everything for Sale: The Virtures and Limits of Markets* (New York: Knopf, 1997), p. 25.

32. 請參見：upload.wikimedia.org/wikipedia/en/r/rd/EffectOfTariff.svg.

33. 請參見：upload.wikimedia.org/wikipedia/commons/0/0a/Actual_potentaial_GDP_output_gap_CBO_Jan_09_outlook.png.

34. 請參見第 41 頁。

35. Dani Rodrik, *Has Globalization Gone Too Far?* (Washington: Institute for International Economics, 1997), p. 30.

36. 請參見第 41 頁。

37. 這也是為什麼經濟學認可國際貿易這個科目；國際貿易的情況與原理和國內經濟是不同的。

38.–39. David Ricardo, *The Principles of Political Economy and Taxation* (Mineola, NY: Dover Publications, 2004), p. 83.

40. 技術上而言，並沒有任何可定理能保證，消費者因為價格降低所獲得的利益，會大於面臨進口品競爭的生產者，在部分均衡 (partial-equilibrium) 情況下的損失。這個問題已有學者正式予以納入模型了，請參見：Masao Oda and Robert Stapp, "Factor Mobility, Trade, and Wage Inequality," in Takashi Kamihigashi and Laixun Zhao, eds., *International Trade and Economic Dynamics* (Berlin: Springer, 2008). 也可參見：Robert C. Feenstra, *Advanced International Trade* (Princeton, NJ: Princeton University Press, 2004), p. 117.

41. 資料來源同註解 38.。

42. Lance E. Davis, Robert E. Gallman, *Evolving Financial Markets and International Capital*

Flows: Britain, the Americas, and Australia, 1865-1914 (Cambridge, UK: Cambridge University Press, 2001), p. 58.

43. Michael Porter, *The Competitive Advantage of Nations* (New York: The Free Press, 1990), p. 21.

44. Nathan Rosenberg, *Inside the Black Box: Technology and Economics* (New York: Cambridge University Press, 1982), p. 73.

45. 請記住，這個簡化版的例子，只適用在加拿大與美國之間的貿易全都屬於玉米與小麥的物物交易的情況。若想了解這整個問題的完整運算分析，請參見：Paul A. Samuelson, "Where Ricardo and Mill Rebut and Confirm Arguments of Mainstream Economists Supporting Globalization," *Journal of Economic Perspectives*, Summer 2004, p. 141.

46. Paul A. Samuelson, "Where Ricardo and Mill Rebut and Confirm Arguments of Mainstream Economists Supporting Globalization," *Journal of Economic Perspectives*, Summer 2004.

47. "International Trade for a Rich Country," lecture before the Swedish-American Chamber of Commerce, New York City, May 10, 1972 (Stockholm: Federation of Swedish Industries Pamphlet, 1972). Samuelson 在 1970 年獲頒諾貝爾獎。

48. 李嘉圖也在 *The Principles of Political Economy and Taxation* 一書的第七章（討論外貿的主要章節）提到了這個問題：「英國出口布料換取葡萄酒，是因為這種作法，能讓它的產業變得更有生產力：比起全都自行生產，它能擁有更多的布與酒；而葡萄牙之所以進口布料、出口葡萄酒，是因為此舉能讓葡萄牙的產業在釀酒方面，能對兩國都有更有效的發揮。然而，假若英國生產布料或葡萄牙釀造葡萄酒變得比較困難了，或者，英國釀造葡萄酒或葡萄牙生產布料變得比較方便了，那麼上述的貿易型態就會隨即終止。」請參見註解 38.的資料來源 p. 86.

49. Paul Samuelson, "Mathematical Vindication of Ricardo on Machinery," *Journal of Political Economy*, April 1988, p. 21. 此處並未引用 Samuelson 所實際提到的段落，因為該段文字較為冗長艱澀。若有興趣，請參見：David Ricardo, *The Principles of Political Economy and Taxation* (Mineola, NY: Dover Publications, 2004), pp. 263-271.

50. 假定各國所擁有的機會成本比例並不相同。

51. 請參見第 290 頁。

52. 其他的問題容後詳述。

53. 就定義而言，這點並不正確；但在實證上，當其他條件不變時，它大多時候是正確的。

54. Stephen Tokarick, "Quantifying the Impact of Trade on Wages: The Role of Nontraded Goods," International Monetary Fund, 2002, p. 14.

55. 這種現象在國內也很常見。眾所周知，美國的汽車產業在全盛時期的高工資，曾推升了美國中西部工業地帶的工資水準達數十年。

56.–57. Frank Ackerman, "The Shrinking Gains from Trade: A Critical Assessment of Doha Round Projections," Global Development and Environment Institute, Tufts University, 2005, p. 19.

58. 也就是說，比凱因斯提出思想的時間還要早。凱因斯是一位英國的經濟學家，他讓我們瞭解，經濟體為何無法自動達到充分就業的均衡狀態，以及赤字支出如何幫助經濟體脫離衰退，因而為經濟理論和實務帶來革命性的改變。

59. 資料來源同註解 56.。

60. 舉例而言，可參見：Scott Bradford, Paul Grieco, and Gary Clyde Hufbauer, "The Pay off to America from Global Integration," in C. Fred Bergsten, ed., *The United States and the World Economy: Foreign Economic Policy for the Next Decade* (Washington: Institute for International Economics, 2005).

61. 資料來源同註解 43.。

■ 第六章　被刻意遺忘的貿易史

1. 在大部分的經濟學博士學程裡，經濟史甚至已經不是必修科目了。

2. 舉例而言，可看看 Douglas Irwin 對 Ha-Joon Chang 的 *Kicking Away the Ladder: Development Strategy in Historical Perspective* (London: Anthem Press, 2002) 一書的評論。請參見：eh.net/bookreviews/library/0777.

3. "About Us," *The Economist*, www.economist.com.about.about_economist.cfm.

4. Ha-Joon Chang, *Kicking Away the Ladder: Development Strategy in Historical Perspective* (London: Anthem Press, 2003), pp. 20-22.

5. William Cunningham, *The Rise and Decline of the Free Trade Movement* (London: Cambridge University Press, 1914), p. 133.

6. Erik S. Reinert and Arno M. Daastol, "The Other Canon: The History of Renaissance Economics," in Erik S. Reinert, ed., *Globalization, Economic Development and Inequality: An Alternative Perspective* (Cheltenham, UK: Edward Elgar, 2004), p. 34.

7. Eric Reinert, *How Rich Countries Got Rich and Why Poor Countries Stay Poor* (New York: Carroll & Graf, 2007), p. 79.

8. John M. Culbertson, *The Trade Threat and U.S. Trade Policy* (Madison, WI: 21st Century Press, 1989), p. 52.

9. 「現代經濟學」有別於上古世界 "oikonomia"（字面上意指「家務管理」），以及中世紀的「公義價格理論」(just-price theory) 之類的經濟神學思想。

10. 舉例而言，可參見（除了在支持自由貿易這點以外，都頗為明智的）William Bernstein 的著作：*A Splendid Exchange: How Trade Shaped the World* (New York: Atlantic Monthly Press, 2008), p. 257.

11. 關於其政策的完整歸納分析，請參見註解 7.的資料來源：p. 82.

12. 資料來源同註解 7. : p. 87.

13. John Maynard Keynes, *The General Theory of Employment, Interest and Money* (Cambridge, UK: Cambridge University Press, 1936), Chapter 23.

14. Mehdi Shafaeddin, "How Did Developed Countries Industrialize? The History of Trade and Industrial Policy: The Cases of Great Britain and the U.S.A.," United Nations Conference on Trade and Development, December 1998, Table 2.

15. 這並不是說，這是處理這個問題的唯一方式。如果一國能成功實施一套出口資本財的策略，則出口資本財可以是一件好事。

16. Peter Schweitzer, "On the Other Invisible Hand...Was Adam Smith, Fabled Free Trader, A Crypto-Protectionist?" *The Washington Post*, July 22, 1990. 也可參見註解 7.的資料來源：p. 133.

17. Donald Grove Barnes, *A History of the English Corn Laws: From 1660-1846* (Abingdon, UK: Routledge, 2006), p. 291.

18. 英國實施自由貿易是一個漸進的過程，而在 1860 年之前，大概還未達到可以稱為自由貿易的階段。

19. Ronald Findlay and Kevin O'Rourke, *Power and Plenty: Trade, War, and the World Economy in the Second Millennium* (Princeton, NJ: Princeton University Press, 2007), p. 330.

20. David Cannadine, *The Decline and Fall of the British Arisocracy* (New Haven, CT: Yale University Press, 1990).

21. William Anthony Lovett, Alfred E. Eckes, & Richard L. Brinkman, *U.S. Trade Policy: History, Theory and the WTO* (Armonk, NY: M.E. Sharpe & Co., 1999), p. 3.

22. Paul Bairoch, *Economics and World History: Myths and Paradoxes* (Chicago: University of Chicago Press, 1993), p. 46.

23. Goderich 議員在一場辯論廢除《梅修恩條約》(Treaty of Methuen) 的會議發言。請參見： Giles Badger Stebbins, *The American Protectionist's Manual* (Detroit: Thorndike Nourse, 1883), p. 26.

24. Peter Matthias, et al., *Cambridge Economic History of Europe* (Cambridge, UK: Cambridge University Press, 1989), p. 62.

25. Kevin O'Rourke, "Tariffs and Growth in the Late 19th Century," *The Economic Journal*, April 2000. 根據 O'Rourke 的估算，平均關稅稅率每調升 10%，每年的經濟成長率就會多增加約 0.2%。

26. B. R. Mitchell and Phyllis Deane, *Abstract of British Historical Statistics* (Cambridge, UK: Cambridge University Press, 1971), pp. 520-521.

27. Joh P. Creegan, *America Asleep: The Free Trade Syndrome and the Global Economic Challenge* (Washington: U.S. Industrial Council Educational Foundation, 1992), p. 59.

28. John Campbell, *F. E. Smith, First Earl of Birkenhead* (London: J. Cape, 1983), p. 192.

29. 技術上而言，張伯倫屬於自由統一黨 (Liberal Unionist Party)。這個政黨是從自由黨分裂而來，他們行事有如保守黨，最終也於 1912 年與之合併。

30. C. W. Boyd, ed., *Mr. Chamberlain's Speeches*, vol. 2 (London: Houghton Mifflin, 1914), p. 428.

31. Thomas Friedman, *The Lexus and the Olive Tree: Understanding Globalization* (New York: Anchor Books, 1999), p. xvii.

32. Sonali Deraniyagala and Ben Fine, "New Trade Theory Versus Old Trade Policy: A Continuing Enigma," *Cambridge Journal of Economics*, November 2001, p. 3.

33. William Cunningham, *The Case Against Free Trade* (London: John Murray, 1911), p. 142.

34. Walt Whitman Rostow, *The World Economy: History & Prospect* (Austin, TX: University of Texas Press, 1978), Table II-2.

35. Merrill D. Peterson, *The Jefferson Image in the American Mind* (Charlottesville, VA: University Press of Virginia, 1998), p. 24.

36. Claude Halstead Van Tyne, *The Causes of the War of Independence* (New York: Houghton Mifflin, 1922), p. 65.

37. The Tariff Act of 1789 (1 Stat. 24), July 4, 1789.

38. Alexander Hamilton, *Report on the Subject of Manufactures: Made in His Capacity of Secretary of the Treasury* (Philadelphia: William Brown, 1827), p. 29.

39. 資料來源同上：pp. 50-61. 此處採用 Ha-Joon Chang 的解釋。請參見註解 4.的資料來源：p. 232.

40. Alexander Hamilton, *Report on the Subject of Manufactures: Made in His Capacity of Secretary of the Treasury* (Philadelphia: William Brown, 1827).

41. Cynthia Clark Northrup, *The American Economy: A Historical Encyclopedia* (Santa Barbara, CA: ABC-CLIO, 2003), p. 233.

42. Emory R. Johnson, et al., *History of the Domestic and Foreign Commerce of the United States* (Washington: Carnegie Institute, 1915), vol. 2, p. 35.

43. 資料來源同註解 4.：p. 51.

44. 布坎南總統支持關稅僅是出於增加歲入的理由，而非為了刺激工業發展。這讓他被歸類為支持低關稅或反關稅的陣營，一如當時人們對他的看法一樣。

45. Alfred E. Eckes, Jr., *Opening America's Market: U.S. Foreign Trade Since 1776* (Chapel Hill, NC: University of North Carolina Press, 1995), p. 57. 馬克思 (Karl Marx) 形容 Carey 是唯一一位具有重要性的美國經濟學家；而馬克思很清楚，以關稅為基礎的家長主義可能會對他主張的共產主義造成何種威脅。

46. 在美國的環境裡，為何以奴隸為基礎的社會難以工業化，這個問題的相關討論請參見：Fred Bateman and Thomas Weiss, *A Deplorable Scarcity: The Failure of Industrialization in the Slave Economy* (Chapel Hill, NC: University of North Carolina Press, 2002), p. 29. 也請參考下述內容：對於需要技術能力及自我監督的工作，奴隸通常適應不良；不僅如此，蓄奴的菁英階級常會把新產業（這是他們無法進入的事業）視為是對他們權力的威脅，且需要有一些他們不想要的社會政策的配合（諸如，教育普及化）。

47. 資料來源同註解 45.：p. 59.

48. Article I, Section 8, Clause 1.

49. 資料來源同註解 7.：p. 85.

50. 資料來源同註解 21.：p. 48.

51. William Graham Sumner, *Protectionism, the Ism That Teaches That Waste Makes Wealth* (New York: Henry Holt and Co., 1885).

52. Karl Marx, "Speech to the Democratic Association of Brussels at Its Public Meeting of January 9, 1848," in *Marx & Engels Collected Works*, Volume 6 (London: International Publishers, 1975), p. 450.

53. Congressional Record, May 6, 1913.

54. 資料來源同註解 51.：p. 28.

55.-56. 資料來源同註解 45.：p. 46.

57. 資料來源同註解 21.：p. 49.

58. Ramesh Ponnuru, "The Full McCain: An Interview," *National Review*, March 5, 2007.

59. 請參見他與 Anna Jacobson Schwartz 合著的 *A Monetary History of the United States, 1867-1960* 一書的第七章。諾貝爾頒獎典禮上，曾被引述作為他獲獎的理由之一。

60. William J. Bernstein, *A Splendid Exchange: How Trade Shaped the World* (New York: Atlantic Monthly Press, 2008), p. 354.

61. 關於貿易在 1930 年的《Fordney-McCumber 關稅法》底下的情形，與在 1931 年的《Smoot-Hawley 關稅法》底下的情形，兩者之間的比較，請參見註解45.的資料來源：p. 107. 美國主要貿易夥伴的貨幣貶值，也使得《Smoot-Hawley 關稅法》的效果打了折扣。

62. 資料來源同註解45.：p. 106.

63. 事實上，美國在 1857 到 1872 年的衰退期之前，才剛「削減」了關稅。請參見註解45.的資料來源：p. 112.

64. Peter Temin, *Lessons from the Great Depression* (Cambridge, MA: MIT Press, 1989), p. 46.

65. Alfred Eckes Jr., quoted in Sherrod Brown, *Myths of Free Trade: Why America's Trade Policies Have Failed* (New York: New Press, 2004), p. 180.

66. 這個迷思源自於，古怪的供給面經濟學家為了對經濟大恐慌提出不同的解釋的需要。請參見：Paul Krugman, *Peddling Prosperity: Economic Sense and Nonsense in an Age of Diminished Expectations* (New York: W.W. Norton & Co., 1994), p. 93.

67. Gertrud Fremling, "Did the United States Transmit the Great Depression to the Rest of the World?" *American Economic Review*, December 1985.

68. Cordell Hull, *The Memoirs of Cordell Hull* (New York: Macmillan Company, 1948), p. 81.

69. Cynthia Clark Northrup and Elaine C. Prange Turney, *Encyclopedia of Tariffs and Trade in U.S. History* (Westport, CT: Greenwood Press, 2003), p. 172.

70. Michael A. Butler, *Cautious Visionary: Cordell Hull and Trade Reform, 1933-1937* (Kent, OH: Kent State University Press, 1998), Chapters 2, 3, 4.

71. 資料來源同註解45.：p. 143.

72. Nitsan Chorev, *Remaking U.S. Trade Policy: From Protection to Globalization* (Ithaca, NY: Cornell University Press, 2007), p. 57.

73. Douglas A. Irwin, "The GATT's Contribution to Economic Recovery in Post-War Western Europe," Board of Governors of the Federal Reserve System, March 1993, p. 10.

74. 美國的貿易順差：E. A. Brett, *The World Economy Since the War* (Santa Barbara, CA: Praeger Publishers, 1985), p. 106.
美國的 GDP："Gross Domestic Product," Bureau of Economic Analysis, www.bea.gov/natinal/nipaweb/TableView.asp?SelectedTable=5.

75. 資料來源同註解45.：p. xix.

76. Stephen D. Cohen, Robert A. Blecker, and Peter D. Whitney, *Fundamentals of U.S. Foreign Trade Policy: Economics, Politics, Laws, and Issues* (Boulder, CO: Westview Press, 2003), p. 36.

77. 資料來源同註解7.：p. 180.

78. 資料來源同註解45.：p. 158.

79. Unpublished pages from "memoirs," Truman Library, Independence, Missouri, quoted in Alfred E. Eckes, Jr., *U.S. Trade Policy: History, Theory, and the WTO* (Armonk, NY: M.E. Sharpe, 2004), p. 62.

80. 這句話出自於蘇聯總理赫魯雪夫 (Nikita Khrushchev) 在 1956 年的一場著名演說。

81. 套用歷史學家，也是美國國際貿易委員會 (U.S. International Trade Commission) 前主席 Alfred Eckes 的話：「從歷史的角度來看，甘迺迪回合關稅減讓談判是一個分水嶺。從 1893 到 1967 年的七十四年間，美國每年都享有商品貿易順差（商品出口超過進口）。在 1967 到 1972 年落實甘迺迪回合關稅減讓的時期，美國的貿易順差消失了，並出現了金額可觀的逆差。」請參見註解 45. 的資料來源：p. 202.

82.–83. 資料來源同註解 45.：pp. 204, 197.

84. Galbraith to Johnson, March 11, 1964, White House Central File, Lyndon B. Johnson Library, Austin, TX, quoted in Alfred E. Eckes, Jr., *Opening America's Market: U.S. Foreign Trade Policy Since 1776* (Chapel Hill, NC: University of North Carolina Press, 1995), p. 202.

85. "U.S. International Transactions Accounts Data," Bureau of Economic Analysis, www.bea. gov/international/xls/table1.xlx.

86. Interview, "Fritz Hollings on How to Make Government Work for American Manufacturers," *Manufacturing & Technology News*, August 29, 2008, p. 8.

87. Lewis Branscomb, ed., *Empowering Technology: Implementing a U.S. Strategy* (Cambridge, MA: MIT Press, 1993), p. 64.

88. 此舉的目標是要強迫其他國家重估他們的幣值，以挽救固定匯率的布列敦森林體制。此舉發揮了效果，1971 年的《史密松寧協定》(Smithsonian Agreement) 應運而生。但這項協定不久後，就因為美國國內的經濟問題而崩壞了。請參見：Cynthia Northrup, *The American Economy: A Historical Encyclopedia* (Santa Barbara, CA: ABC-CLIO, 2003), p. 260.

89. John B. Judis, *The Paradox of American Democracy* (New York: Routledge, 2001), p. 114.

90. 資料來源同註解 72.：p. 89.

91. 在卡特任期接近尾聲時，VRA 開始實施，但雷根選擇予以落實。

92. 關於雷根的一連串保護主義措施，請參見：Sheldon L. Richman, "Ronald Reagan: Protectionist," *The Free Market*, May 1988.

93. 資料來源同註解 21.：p. 149.

94. Eamonn Fingleton, *Blindside: Why Japan Is Still on Track to Overtake the U.S. by the Year 2000* (New York: Houghton Mifflin, 1995). 也可參見 Robert Locke, "Japan, Refutation of Neoliberalism," *Post-Autistic Economics Review*, January 2004.

95. Kozo Yamamura, "Caveat Emptor: The Industrial Policy of Japan," in Paul Krugman, ed., *Strategic Trade Policy and the New International Economics* (Cambridge, MA: MIT Press, 1987), p. 177.

96. Transcription from Meeting, March 26, 1955, International Trade Files, RG 43, National Archives; quoted in William A. Lovett, Alfred E. Eckes, Jr., and Richard L. Brinkman, *U.S. Trade Policy: History, Theory, and the WTO* (Armonk, NY: M.E. Sharpe, 2004), p. 64.

97. 根據瑞銀環球資產管理 (UBS) 及高盛證券 (Goldman Sachs) 的內部估計,資本位於日本的平均成本約為 4%,位於美國則為 8%。請參見：Robertson Morrow, "The Bull Market in Politics," Clarium Capital Management, February 2008, p. 10.

98. "2008 Production Statistics," International Organization of Motor Vehicle Manufacturers, oica.net/2008-production-statistics.

99. 這個為求簡便的說法不無道理，不過，它並不是詳盡的文化分析。

100. Roy Hofheinz, Jr. and Kent E. Calder, *The Eastasia Edge* (New York: Basic Books, 1982), p. 46.

101. 此為 2007 年數字，不包含年營收在 500 萬人民幣以下的企業。Ligang Song and Wing They Woo, eds., *China's Dilemma: Economic Growth, the Environment and Climate Change* (Washington: Brookings Institution Press, 2008), p. 164. 關於中國國營企業持久不斷影響，其分析請參見：Xiao Geng, Xiuke Yang, and Anna Janus, "State-owned Enterprises in China: Reform Dynamics and Impacts," *China's New Place in a World in Crisis: Economic, Geopolitical and Environmental Dimensions* (Canberra: Australian National University Press, 2009).

102. Mikael Mattlin, "Chinese Strategic State-owned Enterprises and Ownership Control," Brussels Institute of Contemporary China Studies, p. 13.

103. Kaname Akamatsu, "A Historical Pattern of Economic Growth in Developing Countries," *Journal of Developing Economies*, March-August 1962. 關於這個概念的不同形式，其摘要介紹也可參見：www.bookrags.com/wiki/Flying_Geese_Pardigm.

■ 第七章　自由貿易的蠅頭小利

1. 確切的內容如下：「然而，國際貿易分析有個不可告人的小秘密。保護主義政策的可量化成本（可歸因於關稅及進口配額的實質所得減少），其實並沒有那麼高昂。」請參見：Paul Krugman, "Dutch Tulips and Emerging Markets: Another Bubble Bursts," *Foreign Affairs*, July/August 1995. 克魯曼也列出了一些他能接受的自由貿易例外情形，例如環境外部效果；請參見他的部落格貼文：June 26, 2009, krugman.blogs.nytimes.com/2009/06/26/the-wto-is-making-sense/. 也可參見自由貿易的主要擁護者 Jagdish Bhagwati 的言論：「自從 Harberger 及 Johnson 估算了保護的成本以後，也就是相當於 GDP 的 2% 到 3% 的無謂損失（deadweight loss，也就是所謂的哈伯格三角形），便產生了一種印象：即便自由貿易是最佳策略，你也不太需要對於保護的作為感到憂慮，因為其成本是相當微小的。」請參見：Jagdish Bhagwati, *Free Trade Today* (Princeton, NJ: Princeton University Press, 2002), p. 33.

2. 這段話並不是用來作為論證性的經濟論述，僅是用來作為例證，以建立直覺的合理性。

3. "Gross Domestic Product," Bureau of Economic Analysis, www.bea.gov/newsreleases/international/trade/trad_time_series.xls.

4. 除了荷屬阿魯巴、百慕達群島、及摩納哥等超級小國。"GDP, Per Capita GDP－US Dollars," National Accounts Main Aggregates Database, United Nations Statistics Division, unstats.un.org/unsd/snaama/selbasicFast.asp, accessed January 15, 2010.

5. "The Economic Effects of Significant U.S. Import Restraints: Seventh Update 2011," United States International Trade Commission, August 2011, p. ix.

6. "2008 Industry Review," National Confectioners Association, p. 23, www.candyusa.com/files/2008_Annual_%20Review.ppt.

7. 舉例而言，請參見：Kym Anderson, Will Martin, and Dominique van der Mensbrughe, "Doha Policies: Where are the Pay-offs?" in Richard Newfarmer, ed., *Trade, Doha and Development: A Window into the Issues* (Washington: World Bank Publications, 2005).

8.- 10. Frank Ackerman, "The Shrinking Gains from Trade: A Critical Assessment of Doha Round Projections," Global Development and Environment Institute, Tufts University, 2005, pp. 2, 8.

11. 這兩個模型所使用的原始資料都來自 GTAP。

12. 資料來源同註解 8.：p. 3. 目前還有一個 2008 年的 GTAP 資料庫，不過，尚未由其推導出任何模型。

13. "Fortune 500 2009," *Fortune*, May 4, 2009.

14.- 17. 資料來源同註解 8.：pp. 8, 5, 9, 5.

18. Mark Weisbrot, David Rosnick, and Dean Baker, "Poor Numbers: The Impact of Trade Liberalization on World Poverty," Center for Economic and Policy Research, 2004, p. 6.

19. 我們在第五章所檢視過的邏輯，也就是「不論富裕或貧窮，任何國家都能從貿易中獲利」的論點，與該章中所指出的比較利益理論的各種缺失糾結不清。這套邏輯也無法保證來自貿易的利益，能抵銷交易成本所造成的阻礙（交易成本包含了從運輸到政治腐敗所衍生的一切成本）。因此，某些國家其實無法從貿易獲得任何好處，是完全可能會發生的情形。

20. 資料來源同註解 8.：p. 7.

21. 舉例而言，請參見：Rajesh Makwana, "Reforming International Trade," *Share the World's Resources*, February 2006.

22. Robin Broad and John Cavanagh, "Global Economic Apartheid," in John Cavanagh, Jerry Mander, et al., *Alternatives to Economic Globalization: A Better World Is Possible* (San Francisco: Berrett-Koehler, 2002), p. 34.

23.- 24. "2008 World Development Indicators: Poverty Data Supplement," The World Bank, 2008, pp. 10, 11.

25. 有些證據指出，古巴（雖然不是北韓）的表現其實比傳統 GDP 所顯示的還要好。

26. 「在沿海省分，人口貧窮指數剛好低於 20%，但在內陸的貴州，則超過 50%……。」請參見："Human Development Report 1999," United Nations Development Programme, p. 3.

27. Statement of Joshua Muldavin, hearing on "Major Internal Challenges Facing the Chinese Leadership," before the U.S.-China Economic and Security Review Commission, U.S. House of Representatives, February 2-3, 2006, p. 95.

28. Theo Sommer, "Is the 21st Century Going to Be the Asian Century," *Asien*, July 2006, p. 74.

29. Statement of Joshua Muldavin, Hearing on "Major Internal Challenges Facing the Chinese Leadership," before the U.S.-China Economic and Security Review Commission, U.S. House of Representatives, February 2-3, 2006, p. 95.

30. Branko Milanovic, *Worlds Apart: Measuring International and Global Inequality* (Princeton, NJ: Princeton University Press, 2005), p. 78.

31. Ricardo Hausmann and Dani Rodrik, "Doomed to Choose: Industrial Policy as Predicament," John F. Kennedy School of Government, Harvard University, 2006, p. 3.

32. Kevin Watkins, ed., "Human Development Report 2005," United Nations Development Programme, 2005, p. 37.

33.- 34. Branko Milanovic, *Worlds Apart: Measuring International and Global Inequality* (Princeton, NJ: Princeton University Press, 2007), pp. 47, 61.

35. Syed Mansoob Murshed, "The Conflict-Growth Nexus and the Poverty of Nations," Institute of Social Studies, 2007, p. 2.

36.–38. Eric S. Reinert, *How Rich Countries Got Rich and Why Poor Countries Stay Poor* (New York: Carroll & Graf, 2007), pp. 161–164, 183.

39. Jose Antonio Ocampo, Jomo K. S., and Rob Vos, *Explaining Growth Divergences* (New York: Zed Books, 2007), p. 161.

40. John Cavanagh, Jerry Mander, et al., *Alternatives to Economic Globalization: A Better World Is Possible* (San Francisco: Berrett-Koehler, 2002), p. 214.

41. Eric Reinert, "International Trade and the Economic Mechanisms of Underdevelopment," PhD diss., Cornell University, 1980.

42. 從 1990 到 1993 年。請參見："Trade with Canada: 1990, 1991, 1992, 1993," U.S. Census Bureau, www.census.gov/foreign-trade/balance/c1220.html#1990.

43. "Trade with Canada: 2006," Census Bureau, www.census.gov/foreign-trade/balance/c1220.html#2006.

44. "Trade with Mexico: 1993," Census Bureau, www.census.gov/foreign-trade/balance/c2010.html#1993.

45. "Trade with Mexico: 2010," Census Bureau, www.census.gov/foreign-trade/balance/c2010.html#2010.

46. 根據「NAFTA 貿易調整協助計畫」(NAFTA-TAA) 所認定，因為進口而失業的勞工數字。請參見：Gary Clyde Hufbauer and Jeffrey Schott, *NAFTA Revisited: Achievements and Challenges* (Washington: Institute for International Economics, 2005), p. 41.

47. Bruce Campbell, Carlos Salas, and Robert E. Scott, Economic Policy Institute, "NAFTA at Seven: Its Impact on the Workers in All Three Nations," Economic Policy Institute, April 2001.

48. *Business Mexico*, April 1997.

49. John R. MacArthur, *The Selling of "Free Trade": NAFTA, Washington, and the Subversion of American Democracy* (New York: Hill and Wang, 2000), p. 81.

50.–51. Paul Krugman, "The Uncomfortable Truth about NAFTA: It's Foreign Policy, Stupid," *Foreign Affairs*, November 1993.

52. Paul Krugman, "How Is NAFTA Doing? It's Been Hugely Successful—As a Foreign Policy," *The New Domocrat*, May/June 1996.

53.–54. Joseph Stiglitz, *Making Globalization Work* (New York: W.W. Norton & Co., 2006), p. 64.

55. Joseph Stiglitz, "The Broken Promise of NAFTA," *The New York Times*, January 6, 2004.

56. John H. Christman, "Mexico's Maquiladora Industry Outlook: 2004–2009 and Its Future Impact on the Border Economy," Global Insight, Inc., December 3, 2004, p. 5.

57. Demetrios Papademetriou, John Audley, Sandra Polaaski, and Scott Vaughan, "NAFTA's Promise and Reality: Lessons from Mexico for the Hemisphere," Carnegie Endowment for International Peace, November 2003, p. 20.

58. Mexican farmers produce maize at 4 cents/lb, vs. 6 cents/lb for American farmers. But American maize is subsidized down to 3 cents/lb. Craig Sams, "Subsidized Theft," *Resurgence*, May/June 2006, p. 14.

59. 例如，美國貿易代表辦公室的 Richard Mills，以及前美國貿易代表、現任職於世界銀行的 Robert Zoellick，就曾經這麼說。請參見：Richard Mills, *The Washington Post*, Letters, July 28, 2001, and Robert Zoellick, "Countering Terror with Trade," *The Washington Post*, September 20, 2001, p. A35.

60. 資料來源同註解 49.：pp. 257, 264, 275.

61. 資料來源同註解 47.：p. 19.

62. 資料來源同註解 53.：p. 65.

63. Ralph Nader, William Greider, et al., *The Case Against Free Trade: GATT, NAFTA and the Globalization of Corporate Power* (San Francisco: Earth Island Press, 1993), p. 211.

64.– 65. "U.S. FTAs," Bilaterals.org, www.bilaterals.org/rubrique.php3?id_rubrique=55.

66. Peter Ping Li and Steven Tung-Lung Chang, "The Effect of Property Rights on International Joint Ventures in China," in Ilan Alon, ed., *Chinese Culture, Organizational Behavior, and International Business Management* (Westport, CT: Praeger, 2003).

67. 相對於印度的經濟規模，其全球貿易仍然是不成比例地少，而且仍維持相對較高的關稅稅率。關於印度的關稅稅率，請參見：*2009 National Trade Estimate Report on Foreign Trade Barriers* (Washington: Office of the United States Trade Representative, 2009), p. 235.

68. Dani Rodrik & Francisco Rodriguez and Dani Rodrik, "Trade Policy and Economic Growth: A Skeptic's Guide to the Cross-National Evidence," in Ben Bernanke and Kenneth S. Rogoff, eds., *Macroeconomics Annual 2000* (Cambridge, MA: MIT Press, 2001), pp. 261–325.

69. "World Development Indicators Database," World Bank, April 2009, ddp-ext.worldbank.org/ext/ddpreports/ViewSharedReport?REPORT_ID=9147&REQUEST_TYPE=VIEWADVANCED.

70. Edsel Beja, "Things are ifferent When you Open Up: Economic Openness, Domestic Economy, and Income," Manila University, January 2009.

71. Jose Antonio Ocampo, Jomo K. S., and Rob Vos, *Explaining Growth Divergences* (New York: Zed Books, 2007), p. 174.

72. Dani Rodrik, *One Economics, Many Recipes* (Princeton, NJ: Princeton University Press, 2008), p. 217, based on Dollar and Kraay 2000 dataset.

73. David N. DeJong 及 Marl Ripoil 也指出：「我們無法在全球找到證據，能證明成長與我們能直接衡量的貿易障礙之間具有負向關係 ……。」請參見：David N. DeJong and Marl Ripoil, "Tariffs and Growth: An Empirical Exploration of Contingent Relationships," *The Review of Economics and Statistics*, October 2006.

74. Kevin Watkins and Penny Fowler, *Rigged Rules and Double Standards* (Oxford, UK: Oxfam International, 2002), p. 5.

75. 資料來源同註解 53.：p. 78.

76. Martin Wolf, *Why Globalization Works* (New Haven, CT: Yale University Press, 2004), p. 213.

77.-78. 根據購買力平價的基礎計算，以排除匯率所造成的扭曲。數字請參見: Graham Dunkley, *Free Trade: Myth, Reality, and Alternatives* (New York: Zed Books, 2004), p. 195.

■ 第八章 自由貿易虛偽的法律及外交

1. John MacArthur, *The Selling of "Free Trade": NAFTA, Washington, and the Subversion of American Democracy* (New York: Hill & Wang, 2000), p. 135.

2. 舉例而言，可參見第十一章 NAFTA 的相關內容。

3. John Cavanagh, Jerry Mander, et al., *Alternatives to Economic Globalization: A Better World is Possible* (San Francisco: Berrett-Koehler, 2002), p. 23.

4. Jorge G. Castaneda and Carlos Heredia, et al., *The Case Against Free Trade: GATT, NAFTA, and the Globalization of Corporate Power* (San Francisco: Earth Island Press, 1993), p. 25.

5. 美國仍對第戎 (Dijon) 芥末醬、洛克福 (Roquefort) 起司、及松露巧克力維持報復性關稅，這些產品的價值超過每年 1 億 2 千 5 百萬美元。

6. 《洛梅協定》(Lome Convention) 在 2000 年時被《科托努協定》(Cotonou Agreement) 給取代。這個協定對適用國設定了更多的條件，被設計成一套與個別國家的貿易和合作條款。

7. "The WTO Erodes Human Rights Protections: Three Case Studies," Global Exchange, November 15, 1999.

8. Ross Perot and Pat Choate, *Save Your Job, Save Our Country* (New York: Hyperion, 1993), p. 20.

9. 自 1960 年以來，美國參議院批准了超過二十五份條約（其中包含核子武器之類的敏感性事項），但全都沒有運用阻擾議事的權利。

10. Colgate-Palmolive 的財務長 Cyrill Siewert 曾如此描述:「美國對我們的資源並沒有號召力。『把這個國家視為第一』的心態，並不存在。」Louis Uchitelle, "U.S. Businesses Loosen Link to Mother Country," *The New York Times*, May 21, 1989.

11. Ha-Joon Chang, *Bad Samaritans: The Myth of Free Trade and the Secret History of Capitalism* (New York: Bloomsbury Press, 2008), p. 36.

12. William Greider, "The Battle Beyond Seattle," *The Nation*, December 9, 1999.

13. U.S. Department of State, "North American Free Trade Agreement," December 17, 1992, Article 104, Section 1. 美國另有兩個較不重要的協定（分別與墨西哥及加拿大簽訂）也受到保護。

14. Peter Dauvergne and Jennifer Clapp, *Paths to a Green World: The Political Economy of the Global Environment* (Cambridge, MA: MIT Press, 2005), p. 146.

15. "Ardent Foes of Trade Promotion Authority Begin to Make Their Case with Congress," *Manufacturing & Technology News*, February 23, 2007, p. 1.

16. Gary Clyde Hufbauer and Diana Orejas, "NAFTA and the Environment Lessons for Trade Policy," speech delivered at the Bildner Center, New York, February 28, 2001.

17. John Cavanagh, Jerry Mander, et al., *Alternatives to Economic Globalization: A Better World is Possible* (San Francisco: Berrett-Koehler, 2002), p. 76.

18. 內容如下:「本憲法、及依據本憲法所制定的美國的法律，及以美國之權利所締結或將締結之條約，均為全國之最高法律，縱與任何州之憲法或法律有所牴觸，各州法院之法官均應遵守而受其約束。」
不論其制定日期為何，州法都會被推翻；而聯邦法只有在條約簽訂之前者才會被推翻。

19. 西藏。

20. Ennio Rodriguez and Stephany Griffith-Jones, *Cross-Conditionality, Banking Regulation and Third World Debt* (Basingstoke, UK: Palgrave Macmillan, 1992).

21. 拒絕提供貸款的情形請參見：Ennio Rodriguez and Stephany Griffith-Jones, *Cross-Conditionality, Banking Regulation and Third World Debt* (Basingstoke, UK: Palgrave Macmillan, 1992).

    停止外援的情形請參見：Kanaga Raja, "North Tactics to Split Developing Country Alliances Exposed," *Third World Network*, July 26, 2004.

22. Joseph Stiglitz, *Making Globalization Work* (New York: W.W. Norton & Co., 2006), p. 321.

23. Vandana Shiva, *Stolen Harvest* (New York: Zed Books, 2001), pp. 85, 89.

24. Randeep Ramesh, "India Moves to Protect Traditional Medicines from Foreign Patents," *The Guardian*, February 22, 2009.

25. Robert Weissman and James Love, "U.S.-Chile Free Trade Agreement," Press Release, Health Gap Global Access Project, January 29, 2001, www.healthgap.org/press_releases/01/012901_EA_CPT-TRADE_CHILE.html.

26. Rohit Malpani and Mohga Kamal-Yanni, "Patents Versus Patients: Five Years After the Doha Declaration," Oxfam International, November 14, 2006.

27.– 28. William Anthony Lovett, Alfred E. Eckes, & Richard L. Brinkman, *U.S. Trade Policy: History, Theory and the WTO* (Armonk, NY: M.E. Sharpe & Co., 1999), pp. 178, 141.

29. 這不只包含這裡所提的這些集團，還包括多個不同機構的前身。John Cavanagh, Jerry Mander, et al., *Alternatives to Economic Globalization: A Better World is Possible* (San Francisco: Berrett-Koehler, 2002), p. 226.

30. Edward F. Buffie, *Trade Policy in Developing Countries* (Cambridge, UK: Cambridge University Press, 2001), Ch. 9.

31. William Greider, *One World, Ready or Not* (New York: Touchstone Press, 1997), p. 362.

32. Jose Antonio Ocampo, Jomo K. S., and Rob Vos, *Explaining Growth Divergences* (New York: Zed Books, 2007), p. 3.

33. Nitsan Chorev, *Remaking U.S. Trade Policy: From Protection to Globalization* (Ithaca, NY: Cornell University Press, 2007), p. 163.

34. Testimony of Robert E. Lighthizer, hearing on "Trade Enforcement for a 21st Century Economy," Finance Committee, U.S. Senate, June 12, 2007.

35. 例如，WTO 的裁決反對在傾銷案中，使用「歸零 (zeroing) 法則」；並將美國的「外銷公司」(foreign sales corporation) 條款視為出口補貼；此外，它還否決了烏拉圭回合的共識（WTO 會在傾銷案件中，接受各國政府的決定）。

36. "EU Commission Puts Forward Proposal for Sanctions Against U.S. Byrd Amendment," Delegation of the European Commission to the U.S.A., March 31, 2005.

37. 僅允許少數的象徵性示威。

38. 雖然，這句話其實是前 WTO 秘書長 Renato Ruggerio 的話遭人誤傳的結果。請參見：Bernard M. Hoekman, *The Political Economy of the World Trading System*, 2nd ed. (New York: Oxford University Press, 2001), p. 3.

39. 此估計值來自：Lawrence B. Krause, University of California at San Diego, quoted in William Greider, *One World, Ready or Not* (New York: Touchstone Press, 1997), p. 137.

40. Jan Orbie, *Europe's Global Role* (London: Ashgate Publishing, 2008), p. 58.

41. 補償交易也可包含合作生產、授權生產、外包轉包交易、科技移轉、指導投資、及出口推廣。

42. 修訂後的第四條，在 1978 年生效。

43. 「在美國及其他地方，對汽車產業的紓困案大多落入了 WTO 所定義的可起訴的補貼的範疇。」這是 Claire Brunel 及 Gary Clyde Hufbauer 所作出的結論，但仍有很多模糊空間。請參見：Claire Brunel and Gary Clyde Hufbauer, "Money for the Auto Industry: Consistent with WTO Rules?" Peterson Institute for International Economics, February 2009, p. 10.

44. 世界的平均值取自："Border Tax Equity Act: Legislative Overview," Coalition for VAT Fairness, www.nationaltextile.org/VAT/problem.htm.

45. Alfred E. Eckes, Jr., *Opening America's Market: U.S. Foreign Trade Since 1776* (Chapel Hill, NC: University of North Carolina Press, 1995), p. xvi.

46. Jeff Garten, "Business and Foreign Policy," *Foreign Affairs*, May/June 1997, pp. 70-71.

47.–48. 資料來源同註解 31.：p. 188, 139.

49. Interview "Behind the Sound Bites of Republican Presidential Hopeful Rep. Duncan Hunter: U.S. Multinationals Have Become Chinese Corporations," *Manufacturing & Technology News*, March 13, 2007, p. 1.

50. William Anthony Lovett, Alfred E. Eckes, and Richard L. Brinkman, *U.S. Trade Policy: History, Theory and the WTO* (Armonk, NY: M.E. Sharpe and Co., 1999), p. 139.

51. Sherrod Brown, *Myths of Free Trade: Why America's Trade Policies Have Failed* (New York: The New Press, 2004), p. 19.

52. 資料來源同註解 31.：p. 192.

53. 請參見第 164 頁。

54. 資料來源同註解 31.：p. 132.

55. 資料來源同註解 8.：p. 19.

56. 資料來源同註解 33.：pp. 112, 137.

57. U.S. Senate, Committee on Finance, *Trade Reform Act of 1974*, pp. 94-95; Public Law 93-618.

58. "United States Promotes Development through Aid for Trade," Press Release, United States Trade Representative, December 16, 2008.

59. 資料來源同註解 31.：p. 189.

60. Eamonn Fingleton, *Blindside: Why Japan Is Still on Track to Overtake the U.S. by the Year 2000* (New York: Houghton Mifflin, 1995), p. 47.

61. "Country and Product Trade Data: Partner Country (no product detail)," U.S. Census Bureau, census.gov/foreign-trade/balance/country.xls.

■ 第九章　成長到底來自何處？

1. 即使現實情形是 99% 或 98% 的自由貿易，但其背後的邏輯仍須仰賴 100% 自由貿易的概念。

2. 人們當然可以主張，商品的自由貿易與資本的自由移動是不同的議題，一如 Jagdish Bhagwati 在 *Free Trade Today* (Princeton, NJ: Princeton University Press, 2002) 一書中第 10 頁所說的。可是，如果自由流通的商品，並沒有自由流通的資金來加以支付，那這也只能算是一種耍嘴皮的「自由」貿易：就像是有購物的自由，卻沒有付款的自由一樣。

3. "Explaining the Mystery," *The Economist*, January 4, 1992.

4. Jean Imbs & Romain Wacziarg, "Stages of Diversification," *American Economic Review*, March 2003. 也可參見：Bailey Klinger & Daniel Ledermaan, "Diversification, Innovation, and Imitation Inside the Global Technological Frontier," World Bank, 2006.

5. Dani Rodrik, *One Economics, Many Recipes* (Princeton, NJ: Princeton University Press, 2008), p. 103.

6. 「正因為經濟理論關注的是靜態均衡，而非經濟發展的動態機制，所以，很難在傳統理論裡為競爭力或經濟發展找到有系統且具有建設性的政策理論基礎。」請參見：Stephen S. Cohen and John Zysman, *Manufacturing Matters: The Myth of the Post-Industrial Economy* (New York: Basic Books, 1988), p. 214.

7.–8. Michael Porter, *The Competitive Advantage of Nations* (New York: The Free Press, 1990), pp. 103, 139.

9. 這些外部效果遠遠及科技本身。請參見註解 7.的資料來源：p. 144. 地理區位科技外部效果存在的進一步證據，就是產業往往會群聚在特定的城市或區域，而這是中國今日常刻意運用的一種策略，其形式就是第 95 頁的表格所提過的「產業群聚網絡」。

10. 關於日本的關係企業集團、義大利的家族企業、及南韓的財閥，請分別參見：Michael Porter, *The Competitive Advantage of Nations* (New York: The Free Press, 1990), pp. 153, 446, 472. 近年來，企業集團在美國的名聲很差。這主要是因為像是 ITT 及 Gulf+Western 一類的美國企業集團，其經營模式並未善加利用這些外部效果。有做到這點的企業集團（像是 GE 及 3M），其實都非常成功。這裡舉出一個案例：GE 運用其某一軍用設備部門的數位影像科技，成功地從 EMI 公司手中搶下電腦斷層掃描機 (CAT scanner) 的市場。

11. 如果期間長度 (time horizon) 超過五年，美國的創業投資公司就會有運作上的困難。

12. Richard J. Elkus, *Winner Take All: How Competitiveness Shapes the Fate of Nations* (New York: Basic Books, 2008), p. 67.

13. Clyde Prestowitz, *Trading Places: How We Are Giving Our Future to Japan and How to Reclaim It* (New York: Basic Books, 1993), pp. 139–141.

14. 技術上而言，李嘉圖式的比較利益理論根本就不是「梭羅成長模型」(Solow growth model) 這一類的經濟成長模型。可是，如果它對於如何獲致成長無法提供任何意見，那它就和政策制定沒什麼關連。

15. Lester Thurow, "Microchips, Not Potato Chips," *Foreign Affairs*, July/August 1994.

16. Laura D'Andrea Tyson, *Who's Bashing Whom? Trade Conflict in High-Technology Industries* (Washington: Institute for International Economics, 1993), p. 12.

17. Stephen S. Cohen and John Zysman, *Manufacturing Matters: The Myth of the Post-Industrial Economy* (New York: Basic Books, 1988), p. 216.

18. Paul Krugman, *Rethinking International Trade* (Cambridge, MA: MIT Press, 1994), p. 157.

19. 嚴格來說，比較利益理論將比較利益假定成是外生的（也就是給定的），來巧妙應付這個問題。這在邏輯上是前後一致的，但卻會讓這套理論在「如何取得最佳比較利益」的問題上，完全派不上用場。

20. Eric S. Reinert, *How Rich Countries Got Rich and Why Poor Countries Stay Poor* (New York: Carroll & Graf, 2007).

21. Ricardo Hausmann, Jason Hwang, and Dani Rodrik, "What You Export Matters," Center for International Development, Harvard University, March 2006. 需要留意的是，這些出口產業一定要是真正可以生存的產業，而非某些需要一直仰賴補貼的溫室花朵。

22. Ricardo Hausmann and Dani Rodrik, "Doomed to Choose: Industrial Policy as Predicament," John F. Kennedy School of Government, Harvard University, p. 6.

23. Ricardo Hausmann, Jason Hwang, and Dani Rodrik, "What You Export Matters," *Journal of Economic Growth*, March 2007.

24. John M. Culberson, *The Trade Threat and U.S. Trade Policy* (Madison, WI: 21st Century Press, 1989), p. 72.

25. 資料來源同註解 20.： p. 262.

26. 詳情請參見： William Easterly, *The Elusive Quest for Growth: Economists' Adventures and Misadventures in the Tropics* (Cambridge, MA: MIT Press, 2002), p. 49.

27. "The Facts About Modern Manufacturing," 2002 data, per National Association of Manufacturers, 7th ed., October 2, 2006, Section 2, p. 24.

28. 資料來源同註解 16.： p. 32.

29. 嚴格來說，「租值」是指生產要素獲得的報酬，超過要讓該要素願意投入生產所需報酬的價值。由於在純粹的自由市場底下，競爭會使報酬降到最低限度，因此，任何超過這個限度的收益，就是租值。

30. Erik S. Reinert, "Competitiveness and Its Predecessors—A 500-year Cross-National Perspective," STEP Centre for Innovation Research, p. 5.

31. 資料來源同註解 7.： p. 89.

32. 這個現在已經褪流行的用語，是出自經濟學家 John Kenneth Galbraith 在 1952 年的著作： *American Capitalism: The Concept of Countervailing Power* (Boston: Houghton Mifflin, 1952).

33. 亞當・斯密早已點出這件事的重要性（李嘉圖並予以引述）：「每個人對食物的欲望，都受限於人類狹小的胃囊容量，可是對於建築、服飾、用具、及傢俱所提供的便利及光彩，卻似乎無窮無盡。」請參見： Adam Smith, *The Wealth of Nations*, Book I, Chapter XI, Part II, quoted in David Ricardo, *On the Principles of Political Economy and Taxation*, Chapter 21.

34. Hans Singer, "The Distribution of Gains Between Investing and Borrowing Countries," *American Economic Review*, May 1950; Paul Prebisch, *The Economic Development of Latin*

America and Its Principal Problems (Lake Success, NY: United Nations Department of Economic Affairs, 1950).

35. *Board of Trade Journal*, August 4, 1951, reprinted in B. R. Mitchell and Phyllis Deane, Abstract of British Historical Statistics (Cambridge, UK: Cambridge University Press, 1962), p. 332. 這件事已為人所知很久了；Alexander Hamilton 曾於 1791 年的著作中作過詳盡的探討。請參見：*Report on the Subject of Manufactures* (Philadelphia: William Brown, 1827), pp. 44-45.

36. 在過去十年間，中國的工業化推升了原物料的價格，但從較長遠的歷史時間角度來看，這個趨勢仍是正確的。

37. 世界銀行駁斥這點，它指出，自己僅直接資助了越南咖啡產業的一小部分。

38. 資料來源同註解 20.：p. 112.

39. 據估計，印度農業的現代化，會使 6 億人口需要新的工作機會。請參見：Colin Tudge, "Time for a Peasant Revolution," *Resurgence*, May/June 2005, p. 14.

40. "Human Development Report 1999," United Nations Development Programme, p. 3. 需要注意的是，印度及中國的經濟成長，意味著若將人口權重納入考量，則全球的貧富不均的程度在 1992 年達到高峰，之後開始些微下滑。

41. 當然，有些殖民勢力不了解經濟運作的原理，因此做不到這點，而有些殖民地（像是加拿大），從經濟的角度來看，並不算是殖民地；或者，以滿洲國為例，其運作模式是根據全然不同的經濟策略。此外，有些殖民主義甚至還走不到這麼遠，只是透過欠缺經濟內涵的單純掠奪或領土征服來運作。

42. Lawrence A. Peskin, *Manufacturing Revolution: The Intellectual Origins of Early American Industry* (Baltimore: Johns Hopkins University Press, 2003), p. 20.

43. 請參見第 169-170 頁。

44. Paul Bairoch, *Economics and World History: Myths and Paradoxes* (Chicago: University of Chicago Press, 1993), p. 38.

45. 關於這個問題的詳細李嘉圖式分析（從「生產力隨著時間改變」的角度來看），請參見：Frank D. Graham, "Some Aspects of Protection Further Considered," *The Quarterly Journal of Economics*, February 1923.

46. Joseph Stiglitz, *Making Globalization Work* (New York: W.W. Norton & Co, 2006), p. 85. OECD 的補貼總額取自：OECD, *Agricultural Policies in OECD Countries: Monitoring and Evaluation* (Paris: OECD, 2005), p. 7.

47. 在說服蘇聯菁英放棄馬克思主義的過程中，日本的成功是一個隱性的因素。而中國的成功，則讓蘇聯菁英別無選擇，因為在可預見的未來裡，蘇聯將會失勢，變得無足輕重。由於美國需要將日本留在反共陣營，因而使其有了喘息的空間，能夠重建在 1945 年遭遇災難性損失的經濟機器，因此，也可說是冷戰贏在東京。

48. Marcelo de P. Abreu, Afonso S. Bevilaqua, and Demosthenes M. Pinho, "Import Substitution and Growth in Brazil, 1890s-1970s," Department of Economics, Pontifical Catholic University of Rio de Janiero, p. 21.

49. Betsy Rakocy, Alejandro Reuss, Chris Sturr, et al., *Real World Globalization* (Boston: Economic Affairs Bureau, 2007), p. 210. 智利不為人知的故事之一，就是在皮諾契 (Pinocher) 政

權下，惡名昭彰的自由市場「芝加哥小子」(Chicago boys)，與軍事政府中的右翼對手之間的鬥爭。這些右翼對手傾向支持威權發展主義 (authoritarian developmentalism)，厭惡自由市場，一如南韓朴正熙將軍及西班牙佛朗哥將軍的軍國主義政權。

50. Anthony Elson, "What Happened? Why East Asia Surged Ahead of Latin America and Some Lessons for Economic Policy," *Finance & Development*, June 1, 2006.

51. 這個部分大多是根據註解 20. 的資料來源：pp. 311-312.

52.–53. 資料來源同註解 7.：pp. 117, 15.

54. 資料來源同註解 20.：p. 182.

55. "Americans are Misinformed: Caterpillar, Deere and NAM Say Multinationals Are Saving the U.S. Economy," *Manufacturing & Technology News*, June 30, 2008, p. 6.

56. 資料來源同註解 7.：p. 50. Porter 這段話，實際上所指的是競爭優勢 (competitive advantage)，而非比較利益，但這兩者在這個情境下，具有同樣的意涵。

57. Martha Caldwell Harris and Gordon E. Moore, eds., *Linking Trade and Technology Policies: An International Comparison of the Policies of Industrialized Nations* (Washington: National Academies Press, 1992), p. 125.

58. 資料來源同註解 16.：p. 85.

59. 細心一點的讀者會發現，AT&T（還有 IBM 及其他準獨佔企業）的例子與稍早宣稱「競爭有益」的主張互相矛盾。這其中的確存在著矛盾，但實際情況相當複雜，且在不同產業有不同的狀況，因此，全都不在本書的討論範圍之內。

60. 資料來源同註解 16.：p. 88.

61. Michael Borrus, "Responses to the Japanese Challenge in High Technology: Innovation, Maturity, and U.S.-Japanese Competition in Microelectronics," Berkeley Roundtable on the International Economy, University of California at Berkeley, 1983.

62. Dieter Ernst and David O'Connor, *Competing in the Electronics Industry: The Experience of Newly Industrialising Economies* (Paris: Development Centre Studies, OECD, 1992).

63. Office of Technology Assessment, *Competing Economies: America, Europe, and the Pacific Rim* (Washington: U.S. Government Printing Office, 1991), p. 346.

64. Sydney Carroll, "The Market for Commercial Airliners," in R. Caves and M. Roberts, eds., *Regulating the Product: Quality and Variety* (Cambridge, MA: Ballinger Publishing Co., 1975), p. 148.

65. "Method for Scoring Documents in a Linked Database," U.S. Patent Office, Patent ID U.S. 6799176, www.patents.com/Method-scoring-documents-a-linked-database/U.S.6799176/en-U.S./

66. John Young, "Department of Defense Science and Technology (S&T) Program," Memorandum to Robert Gates, Secretary of Defense, August 24, 2007, p. 5.

67. 根據作者與蘇格拉底計畫總監 Michael C. Sekora 在 2009 年 5 月 22 日的電話交談。

68. 資料來源同上：July 2, 2009.

69. "Cheney: Don't Expect Pentagon to Bail Out Industrial Base," *Aerospace Daily*, January 23, 1992, p. 115.

70. "Report of the Defense Science Board Task Force on High Performance Microchip Supply," Office of the Under Secretary of Defense for Acquisition, Technology, and Logistics, February 2005, p. 15.

71. "Defense Industrial Base Assessment: U.S. Integrated Circuit Design and Fabrication Capability," Bureau of Industry and Security, March 2009, p. 96.

72. "Swiss Delay of Military Parts Sparks 'Buy American' Push," *The Washington Times*, July 24, 2003.

73. 2003 年的美國國防部次長 Paul Wolfowitz 曾在一份當時的備忘錄（這份備忘錄未受重視）中說：「國防用 IC 供應商社群的健全性，仰賴更大的商用 IC 工業基礎的健全性……因此，在商用產品的採購上，國防部支持能提供公平國際競爭環境的政策。」請參見：Richard McCormack, "DOD Broadens Trusted Foundry Program to Include Microelectronics Supply Chain," *Manufacturing & Technology News*, February 28, 2008, p. 1.

74. 產業從內部瓦解及失去鞭策自身追求完美的動能的複雜過程，Michael Porter 在他的書裡作了很好的探討。請參見：Michael Porter, *The Competitive Advantage of Nations* (New York: The Free Press, 1990), p. 166.

75. James Kynge, *China Shakes the World* (New York: Houghton Mifflin, 2006), p. 112.

76. 資料來源同註解 12.：p. 75.

77. "Growth for Semiconductor Equipment Sales in 2011 but Down in 2012," Semiconductor Equipment and Materials International, December 6, 2011.

78. 資料來源同註解 12.：p. 149.

79. "Commentary: Manufacturers Know All About Economic Collapse," *Manufacturing & Technology News*, September 30, 2008, p. 4.

80. 資料來源同註解 16.：p. 146.

81. 舉例而言，可參見：Christine Tierney, "Ford Slams Toyota on Hybrids," *Detroit News*, August 8, 2005.

82. Marcy Lowe, Saori Tokuoka, Tali Trigg, and Gary Gereffi, "Lithium-ion Batteries for Electric Vehicles: The U.S. Value Chain," Center on Globalization, Governance & Competitiveness, Duke University, October 5, 2010, p. 18.

83. Anthony H. Harrigan, et al., *Putting America First: A Conservative Alternative* (Washington: United States Industrial Council Educational Foundation, 1987), p. 21.

84. 資料來源同註解 16.：p. 14.

85. Testimony of Michael Borrus before the Committee on Science and Technology, Subcommittee on Technology and Innovation, U.S. House of Representatives, February 15, 2007.

86. Dani Rodrik, *One Economics, Many Recipes* (Princeton, NJ: Princeton University Press, 2008), p. 119.

87. "Sematech History," SEMATECH, 2009, www.sematech.org/corporate/history.htm.

88. "The Research & Development Credit: Creating Jobs, Growing America's Economy," R&D

Credit Coalition, October 21, 2009, p. 1, www.investinamericasfuture.org/PDFs/TalkingPoints 10212009.pdf

89. Martin Neil Baily and Alok K. Chakrabarti, *Innovation and the Productivity Crisis* (Washington: Brookings Institution Press, 1988), p. 39.

90. Charles W. Wessner, *The Advanced Technology Program: Assessing Outcomes* (Washington: National Academies Press, 2001), p. 5.

91. Richard McCormack, "The Plight of American Manufacturing," in Richard McCormack, ed., *Manufacturing a Better Future for America* (Washington: Alliance for American Manufacturing, 2009), p. 45.

92. Wendy H. Schacht, "The Technology Innovation Program," Congressional Research Service, August 20, 2008.

93. "A Stimulus for Everyone Save Domestic Manufacturers," *Manufacturing & Technology News*, February 20, 2009, p. 1.

94. "Barack Obama Campaign Promise No. 7: Double funding for the Manufacturing Extension Partnership, a Program that encourages manufacturing efficiency," *St. Petersburg Times*, www.politifact.com/truth-o-meter/promises/promise/7/double-funding-for-the-manufacturing-extension-par/. 在 2010 年的一般預算中，該計畫的預算的確增加了 13.4%。

95. "What the Data Show," Manufacturing Extension Partnership, www.mep.nist.gov/manufacturers/services/business-operations/results.htm, accessed December 31, 2009.

■ 第十章　多重均衡革命

1. Gomory 及 William Baumol 本人基於種種因素，大多否認他們的研究成果具有保護主義政策意涵。

2. 他們出版的第一份多重均衡貿易理論的研究成果：Ralph E. Gomory, "A Ricardo Model with Economies of Scale," *Proceedings of the National Academy of Sciences*, September 1991. 他們的第一本著作：Ralph Gomory and William Baumol, *Global Trade and Conflicting National Interests* (Cambridge, MA: MIT Press, 2000).

3. Gomory 及 Baumol 並非經濟學界中，首先發現贏得可保留產業的價值，或建立穩固基礎的理論基礎以證明政府干預可能有助於一國贏得這類產業的人。這些古老的真理能重見天日，並享有現代經濟學的理論框架，要歸功於加拿大卑詩大學 (University of British Columbia) 的 James Brander 及 Barbara Spencer。他們在 1983 年左右發展出一套理論，即所謂的策略貿易 (strategic trade)。他們未使用 Gomory 及 Baumol 的多重均衡方法，其理論重點在於：對於具有獨佔性的產業而言，一國政府若運用適時的補貼，讓該國的產業率先達到大規模生產，就能使這類「贏者全拿」的產業轉移到自己手中。

4.-5. Lawrence F. Katz and Lawrence H. Summers, "Can Interindustry Wage Differentials Justify Strategic Trade Policy?" in Robert C. Feenstra, ed., *Trade Policies for International Competitiveness* (Chicago: University of Chicago Press, 1989), pp. 86, 103.

6. Dieter Ernst and David O'Connor, *Competing in the Electronics Industry: The Experience of Newly Industrialising Economies* (Paris: Development Centre Studies, Organization for

Economic Cooperation and Development, 1992), p. 27.

7. Paul E. Ceruzzi, *A History of Modern Computing* (Cambridge, MA: MIT Press, 1998), p. 248.

8. 請參見第 124-125 頁。

9. 關於機會成本的最初說明，請參見第 124 頁。

10. 技術上而言，每個這一類型的均衡都是最理想的「地方性」均衡（比任何其他相似的資源配置方式更有效率），但卻不一定會是最理想的「全球性」均衡（比任何可能的資源配置方式更有效率）。因此，若要追求全世界及任何特定國家的產出最大化，則任何現存的實際資源配置方式，都可能會是次佳的結果。

11. 當然，德國汽車業的一大部分，都是各種特意制定的非自由市場產業政策（始自馬歇爾計畫）的產物。

12. 項目數量是根據：North American Industry Classification System (NAICS) codes.

13.–14. 圖改繪自：Ralph Gomory and William Baumol, *Global Trade and Conflicting National Interests* (Cambridge, MA: MIT Press, 2000), pp. 31, 37.

15. Michael Porter, *The Competitive Advantage of Nations* (New York: The Free Press, 1990), p. 36.

16. 當然，如果他們的確具有某些深具價值的東西（例如對於藥用植物的知識），那情況就會改觀了。

17. 其他的不說，這意味著殖民地推入壞產業的舊式殖民主義，並非最有利可圖的全球經濟策略。若非如此，處於十九世紀末殖民時代顛峰時期的英國，經濟表現是不可能會被德國給超越的。

18. 這個結果的正確性，其實與 Gomory 及 Baumol 的高明見解無關；在經濟學中，它被稱為希克斯定理 (Hicks Theorem)。請參見：Hicks, John, "An Inaugural Lecture," *Oxford Economic Papers*, June 1953.

19. 運用假設檢定方法比較虛擬的科技先進國與未開發國家，也得出了相似的結果。請參見：Paul R. Krugman & Anthony Venables, "Globalization and the Inequality of Nations," *The Quarterly Journal of Economics*, November 1995.

20. 英國請參見第 163 頁；美國請參見第 178 頁。

21. 請參見第 29 頁。

■ 第十一章　自然策略性關稅

1. Jagdish Bhagwati, *Free Trade Today* (Princeton, NJ: Princeton University Press, 2002), p. 27.

2. 請參見第 67 頁。

3. 當然，在某些時候，這會是我們樂見的情形，例如，海外生產能有效地與國內的研發互補。不過，一般而言，重點在於抓住以研發為基礎的工作，而非擺脫它們。

4.–7. 請參見第 72、41、136、63-67 頁。

8. 人們當然可以主張，商品的自由貿易與資本的自由移動是不同的議題，一如 Jagdish Bhagwati 在 *Free Trade Today* (Princeton, NJ: Princeton University Press, 2002) 一書中第 10 頁所說的。可是，如果自由流通的商品，並沒有自由流通的資金來加以支付，那這也只能算是一種強詞奪理的「自由」貿易：就像是有購物的自由，卻沒有付款的自由一樣。

9.–11. 請參見第 54-60、66、232-233、141 頁。

12. Quoted in Ralph E. Gomory and William J. Baumol, "Toward a Theory of Industrial Policy-

Retainable Industries," C.V. Starr Center for Applied Economics, New York University, December 1992, p. 25.

13. 請參見第 171-172 頁。

14. 我們在談的是平均成本 (average cost)，不是邊際成本 (marginal cost)。讀者可以用 Excel 或其他的圖表軟體，輕易得出這樣的結果。

15. 請參見第 234-235 頁。

16. 一如第九章中所提及的，雷根的產業政策純粹是軍事方面的，因而受到認真看待。不過，繼任的各個總統卻連軍事方面的產業政策都沒有實施。

17. 哥斯大黎加的資料：*CIA World Fact Book 2012*, www.cia.gov/library/publications/the-world-factbook/geos/cs.html.

傑克森維爾市的資料：Bureau of Economic Analysis, "Gross Domestic Product by Metropolitan Area," www.bea.gov/iTable/iTable.cfm?ReqID=70&step=1.

18.－21.請參見第 56-58、196-198、248-253 頁。

22. Eric S. Reinert, *How Rich Countries Got Rich and Why Poor Countries Stay Poor* (New York: Carroll & Graf, 2007), p. 271.

23. 請參見第 198 頁。

24. John Cavanagh, Jerry Mander, et al., *Alternatives to Economic Globalization: A Better World is Possible* (San Francisco: Berrett-Koehler, 2002), p. 230.

25. 第九章的內容請參見第 250 頁；第十章的內容請參見第 285-286 頁。

26. 請參見第 173 頁。

27. 關於 VAT 的最初說明，請參見第 221 頁。

28. 請參見第 180-181 頁。

29. 例如，保護主義與產業政策之間存在某種反向的關係，這種關係可以在某些國家的身上看到，像新加坡就有頗為自由的貿易，但非常積極的產業政策。

30. 大多數課徵 VAT 的國家會比美國更偏向福利國家，這並非偶然，因為這種作法顯然能減輕 VAT 不是累進稅的這個問題。

31. Michael Porter, *The Competitive Advantage of Nations* (New York: The Free Press, 1990), p. 119.

32. 這種情形也發生在許多其他的日本產業上。請參見註解 31.的資料來源：p. 118.

33.－34.請參見第 112-113、249 頁。

35. 這些貿易夥伴對於自身競爭地位所面臨的威脅，保持著高度的警覺性。例如，《中國日報》(*China Daily*) 最近報導，中國提高了 3 千 8 百多項出口品的出口退稅，以「維持成長」。請參見："China Raises Export Rebate to Spur Growth," *China Daily*, March 28, 2009.

36. 請參見第 92 頁。

37. 換句話說，我們可以合理預期，終會出現一個近似於奈許均衡 (Nash Equilibrium) 的結果，當然，過程中會出現一些亂流。

38. 關於 VAT 的最初說明，請參見第 221 頁。

39. 特別是，儘管在 1980 年代早期，這種作法獲得了大多數保守派經濟學家的支持，但現在美國的保守派卻激烈反對。請參見：Bruce Bartlett, "Support the VAT," Forbes.com, October 23, 2009.

40. Lori Montgomery, "Value-added tax, once taboo, is getting attention in Washington," *Los Angeles Times*, May 28, 2009.

41. Victor Selden Clark, *History of Manufactures in the United States: 1607-1860* (Washington: Carnegie Institution, 1916), p. 288.

42. 請參見第 221 頁。

■ 第十二章　自由貿易聯盟的終結

1. 這份分析最初是以修改版的形式出版。請參見："Things Fall Apart: The Coming End of the Free Trade Coalition," *The American Conservative*, September 2004.

2. 2011 年的資料："The Employment Situation, March 2012," Bureau of Labor Statistics, April 6, 2012.

   1950 年的資料：Ronald E. Kutscher, "The American Work Force, 1992-2005: Historical Trends, 1950-92, and Current Uncertainties," *Monthly Labor Review*, November 1993, p. 6.

3. 這個部分是改寫自原刊登於 *The American Conservative* 的一篇文章。請參見："Things Fall Apart," originally published in *The American Conservative*, September 27, 2004.

4. Kevin Phillips, *Arrogant Capital* (New York: Little, Brown & Co., 1995), p. 89.

5. 技術上而言，並沒有任何定理能保證，消費者因為價格降低所獲得的利益，會大於面臨進口品競爭的生產者，在部分均衡 (partial-equilibrium) 情況下的損失。請參見第一章及第五章。

6. 請參見第 208 頁。

7. Michael Lind 在 *The Next American Nation* 一書中，對這種立場的可能樣貌，作了饒富趣味的描述。請參見：Michael Lind, *The Next American Nation: The New Nationalism and the Fourth American Revolution* (New York: Free Press, 1995).

8. "Republican Party Platform of 1972," The American Presidency Project, University of California at Santa Barbara, www.presidency.ucsb.edu/ws/index.php?pid=25842.

9. 當然，自由貿易派人士會回應，他們當中其實並沒有半個是相信真正的 100% 自由貿易。不過，讀者可以自行判斷，這與他們所相信的各種 99% 的自由貿易，是否有顯著的差異。

10. Sherrod Brown, *Myths of Free Trade: Why American Trade Policy Has Failed* (New York: The New Press, 2004), p. 11.

11.-12. Peronet Despeignes, "Poll: Enthusiasm for Free Trade Fades Dip Sharpest for $100K Set; Loss of Jobs Cited," *U.S.A. Today*, February 24, 2004.

13. "NBC/*Wall Street Journal* GOP Primary Voters Survey," Hart/Newhouse, September 2007, p. 5.

14. "Support for Free Trade Recovers Despite Recession," Pew Center for the People and the Press, April 28, 2009, people-press.org/reports/pdf/511.pdf.

15. Scott Keeter and Richard Morin, "The Complicated Politics of Free Trade," Pew Center for the People and the Press, January 4, 2007.

16.-17. Ana Maria Arumi and Scott Bittle, "Confidence in U.S. Foreign Policy Index," *Public Agenda*, Winter 2006, pp. 17, 11.

18. "Excerpts From An Interview With John Kerry," *The Wall Street Journal*, May 3, 2004.

19.– 22. "Debate Transcript: The Third Bush-Kerry Presidential Debate," Commission on Presidential Debates, 13 October 2004.

23. 小布希以 286 張對 251 張的選舉人團票數勝出；凱瑞則輸掉了擁有 20 張選票的俄亥俄州。

24. "Ohio Voters Don't Trust Democrats on Economic Issues," *Manufacturing & Technology News*, March 14, 2008, p. 1.

25. Thomas Frank, *What's the Matter with Kansas?* (New York: Metropolitan Books, 2004).

26.– 27. John Nichols, "A Congressman's Defeat Spells Trouble for Business Democrats," *The Nation*, May 10, 2002.

28. Todd Tucker, "Election 2006: No to Staying the Course on Trade," *Public Citizen*, November 8, 2006, p. 4, www.citizen.org/documents/Election2006.pdf.

29.– 30. Chris Slevin and Todd Tucker, "The Fair Trade Sweep," *The Democratic Strategist*, January 7, 2007.

31. Greta Wodele, "Fitzpatrick Touts Record, Murphy National Issues In Debate," *Congress Daily PM*, October 26, 2006.

32. Jeremy Wallace, "Democrats Say Venus Man Can Beat Foley," *Sarasota Herald-Tribune*, December 12, 2005.

33. 資料來源同註解 28.。

34.– 36. Chris Slevin and Todd Tucker, "The Fair Trade Sweep," *The Democratic Strategist*, January 7, 2007, pp. 6, 5.

37. Stuart Rothenberg, "Rothenberg's Ten Most Endangered House Incumbents," *The Rothenberg Report*, February 21, 2006.

38. "2008 Presidential Candidate Questionnaire," Ohio Conference on Fair Trade, www.citizen.org/documents/ohioCFTQuestionnaireObama.pdf.

39. "NAFTA Takes Center Stage in Ohio Primary Battle," *The Wall Street Journal*, February 25, 2008.

40. Susan Davis and Nick Timiraos, "Washington Wire," *The Wall Street Journal*, February 25, 2008.

41. "The Democratic Debate in Cleveland," *The New York Times*, February 26, 2008.

42. "Report on U.S. Elections–CHCGO Meeting with Obama Advisor Austan Goolsbee," memorandum, Consulate General of Canada, Chicago, February 2008, www.nytimes.com/images/promos/politics/blog/20070303canmemo.pdf.

43. "Obama Staffer Gave Warning of NAFTA Rhetoric," CTV, February 27, 2008, www.ctv.ca/servlet/ArticleNews/story/CTVNews/20080227/dems_nafta_080227/20080227.

44. Robert Scott, "Pennsylvania Stagnation: Is NAFTA the Culprit?" *The New York Times*, April 15, 2008.

45. Real Clear Politics, "Pennsylvania Democratic Primary," www.realclearpolitics.com/epolls/2008/president/pa/pennsylvania_democratic_primary-240.html.

46. Nina Easton, "Obama: NAFTA Not So Bad After All," *Fortune*, June 18, 2008.

47. John McCain, speech to National Association of Latino Appointed and Elected Officials, June 28, 2008.

48. Barack Obama, "Renewing American Competitiveness," speech in Flint, MI, June 16, 2008.

49. 請參見第 24-31 頁。

50. 請參見第 73-78 頁。

51. Paul Cohn, "Dems Ads In Tight Races Tap into Anti-Trade Sentiment," *Congress Daily*, Wednesday, October 29, 2008.

52. 此數字為大選期間，個別候選人及「民主黨國會競選委員會」(DCCC) 和「民主黨參議院競選委員會」(DSCC) 所刊登的貿易議題廣告數量之加總。請參見："Election 2008: Fair Trade Gets an Upgrade," Global Trade Watch, November 5, 2008, pp. 4-5.

53.–56. "Election 2008: Fair Trade Gets an Upgrade," Global Trade Watch, November 5, 2008, pp. 2, 3, 5.

57. Ron Kirk, "Trade and the Economic Agenda: Serving America's Families and the Global Recovery," speech at Georgetown University Law Center, April 23, 2009.

58. 加州大學柏克萊分校的 Laura D'Andrea Tyson 教授是一位貢獻卓著的保護主義理論家。不過近年來，她的公開發言已開始從這種立場退卻。

59. Doug Palmer, "No Need to Renegotiate NAFTA to Improve It—USTR," Reuters, April 20, 2009.

60. David Sanger, "Senate Agrees to Dilute 'Buy American' Provisions," *The New York Times*, February 4, 2009.

61. "Mexican Truck Program Revival Clears First Hurdles," *Today's Trucking*, July 28, 2009.

62. John M. Broder, "Obama Opposes Trade Sanctions in Climate Bill," *The New York Times*, June 28, 2009.

63. Ian Talley and Tom Barkely, "Energy Chief Says U.S. Is Open to Carbon Tariff," *The Wall Street Journal*, March 18, 2009.

64. Fiona Harvey, "WTO Signals Backing for Border Taxes," *Financial Times*, June 26, 2009.

65. Alan Tonelson, "Obama's Tire Tariff Decision: False Promise from a Free-Trade Administration," *American Economic Alert*, September 18, 2009.

66. Peter Morici, "Trade Deficit Threatens a Double-Dip Recession, Economic Armageddon," *Online Journal*, November 13, 2009, onlinejournal.com/artman/publish/article_5260.shtml.

67. Senator Richard Shelby, *NBC Meet the Press*, November 16, 2008.

68. 在本書付梓之際，全球暖化爭議的結果仍有待揭曉。

69. Paul Krugman, blog entry of June 26, 2009, krugman.blogs.nrtimes.com/2009/06/26/the-wto-is-making-sense/.

70. 由於中國平均每元 GDP 的碳排放量約為美國的八倍，因此，此舉將會有強烈的保護主義效果。根據加拿大帝國商業銀行 (CIBC)Jeff Rubin 的說法：「非 OECD 國家每多排放一公噸的二氧化碳到大氣當中，OECD 國家對碳排放的容忍度就減少一分，環保主義不久就會成為舉足輕重的貿易障礙。美國針對中國出口品所含的碳排放課徵碳稅，不僅會消除中國現階段因為碳排放而享有的隱性出口補貼，其金額還大到足以扭轉目前的貿易及海外轉包模式。」請參見： research.cibcwm.com/economic_public/download/smar08.pdf.

71. 這個部分是根據： Robertson Morrow, "The Bull Market in Politics," Clarium Capital Management, February 2008, p. 14.

72. 1992 到 2008 年針對貿易議題的民意調查： "Polls on NAFTA and Free Trade," American Enterprise Institute, June 26, 2008, p. 3, www.aei.org/docLib/20031203_nafta2.pdf.
針對移民議題的民意調查： Tim Bolin, "Public Opinion on Immigration in America," Mirage Foundation for the American Dream, p. 8, www.meragefoundations.com/MFAD%20Occasional%20Papers/Immigration%20Occaional%20Paper.Final.10.27.05.pdf.

73.–74.眾議院對於 CAFTA 的最終投票結果顯示，幾乎每一位民主黨議員都是反對的，而幾乎每一位共和黨議員都是支持的。在參議院，有 78% 的共和黨議員予以支持，76% 的民主黨議員予以反對。參議院對於移民寬赦條款的投票結果顯示，有 12 位共和黨及 34 位民主黨的議員投票支持，37 位共和黨及 15 位民主黨的議員投票反對（眾議院未曾針對該法案或類似的法案進行表決）。請參見： Robertson Morrow, "The Bull Market in Politics," Clarium Capital Management, February 2008, p. 15, 16.

75.–76. NBC News and *The Wall Street Journal*, "Survey; Study #101061," September 28, 2010, p. 19, 20, online.wsj.com/public/resources/documents/WSJNBCPoll09282010.pdf.

77. 提案人為共和黨參議員 Bunning 及民主黨參議員 Stabenow。此法案在眾議院的編號為 HR 2378；在參議院則為 S 1027。

78.–80.在開放席位且有多人參選的選戰當中。請參見： Todd Tucker, "Election 2010: The Best Defense Was a Good Fair Trade Offense," *Public Citizen*, November 3, 2010, pp. 6, 3, 14.

81. 請參見第 180 頁。

現代經濟成長與傳統儒學

孫 震／著

1980 年代，世界經濟發展從自由化進入全球化，席捲幾乎所有國家。

在全球化過程中，若干新興國家崛起，經濟快速成長，改變了世界經濟版圖。最顯著的例子是中國，目前已成為世界第二大經濟體，並結合東亞國家，與北美、西歐鼎足而三，臺灣應「維持分離而敗，抑開放疆界而贏？」

全球化改變了物價變動的方向，商品價格膨脹緩和，導致各國貨幣政策寬鬆，利率降低，資產價格膨脹惡化，引起世界金融市場動盪不安。全球化也使世界勞動市場供給增加，工資下降，所得分配趨於不均。